우리는 왜
서로를 미워하는가

WHY WE'RE POLARIZED

우리는 왜
서로를 미워하는가

● ✖

편 가르기 시대
휘둘리지 않는 유권자를 위한
정당정치 안내서

에즈라 클라인 지음 — 황성연 옮김

윌북

추천의 글

훌륭하게 연구하고 집필한 수작. 방대한 사회과학 연구를 소화하고 이를 매력적인 형태로 제시한다. 현시대의 핵심적인 정치 퍼즐에 대한 매우 유용한 지침을 제공하는 뛰어난 책.

프랜시스 후쿠야마 | 『역사의 종말』 저자

에즈라 클라인은 미국에서 가장 예리한 정치 관찰자다. 정치 양극화를 다룬 책 중 가장 독보적이다. 이 책을 읽는 것은 수많은 연구로 무장한, 매우 똑똑하고 설득력 있는 친구와 대화를 하는 것과 같다.

에이미 추아 | 예일대학교 로스쿨 교수

양극화는 오늘날 미국 정치의 이야기이다. 양극화는 미국인들의 정치적 삶의 모든 면에 영향을 미치고 있고, 훌륭한 역사적·실험적 접근법을 동원하는 다양한 시각을 가진 학자들이 이를 연구해왔다. 그렇다면 누군가가 이 모든 연구를 소화하고 통합한 다음, 그 모든 것에 대한 이해를 담은 책을 펴낸다면 대단한 일이 되지 않겠는가? 그리고 에즈라 클라인이 바로 그 일을 해냈다.

파리드 자카리아 Fareed Zakaria | CNN 〈파리드 자카리아 GPS〉 진행자

양극화를 풍부한 정치적·역사적·심리학적 연구를 통해 분석하는 대단히 흥미로운 책.

데이비드 레온하트 David Leonhardt | 《뉴욕 타임스》 칼럼니스트

클라인의 이 세심한 책은 서로 다른 정체성을 가진 수많은 사람들이 어떻게 각자의 렌즈로 정치를 바라보는지 설명하고, 얼마나 다양한 심리적 기제가 양극화된 세계에서 자신의 행동을 합리화하는지 살펴본다. 이 책은 클라인 저널리즘이 성공할 수 있었던 이유를 보여준다.

댄 홉킨스Dan Hopkins | 《워싱턴 포스트》 칼럼니스트

읽어야 할 충분한 이유가 있는 책.

앤드루 설리번Andrew Sullivan | 《뉴욕 매거진》 칼럼니스트

양극화에 대한 명쾌한 설명과 깊은 통찰력이 돋보이는 책. 현재의 무질서한 정치 지형을 꿰뚫는 명확하고 유용한 가이드.

《커커스 리뷰》

정치 양극화 시대, 우리가 왜 서로를 미워하는지 궁금한 사람을 위한 책. 정치와 역사를 저널리즘과 결합함으로써 현실에 더 가깝게 다가간다.

《라이브러리 저널》

집단 심리 이론과 미국 정치사를 엮어, 공화당과 민주당이 사실상 구분되지 않던 시기부터 오늘날까지의 양극화를 추적해낸다. 《복스》의 트레이드마크인 엄밀하고 논리적인 스타일과 저널리즘적 시선이 돋보이는 책.

엠마 레비Emma Levy | 《시애틀 타임스》

차례

일러두기

1. 옮긴이의 주는 글자 크기를 줄여 고딕체로 표기하였습니다.

2. 지은이의 주는 ◆ 기호로 구분하여 본문에 표기하였습니다.

들어가며

–

일어나지 않은 일

힐러리 클린턴은 『무슨 일이 있었나What Happened』에 이렇게 썼다. "2016년 11월 8일 이후 나는 매일, 하루도 거르지 않고 단 하나의 질문을 골똘히 생각했다."[1]

『무슨 일이 있었나』는 독특한 책이다. 2016년 미국 대통령 선거가 끝난 지 몇 개월도 채 지나지 않아 출간된 이 책은 선거에 패배한 후보가 왜 자신이 실패했는지 이해하려고 노력한 결과물이다. 그 핵심에는 2016년 선거에서 무언가 이상한 일이, 미국 정치에서 흔히 볼 수 있는 타협과 거래의 한계를 넘어서는 특이하고 일탈적인 일이 일어났다는 믿음이 존재한다.

설령 2012년 대선에서 버락 오바마가 아니라 밋 롬니가 승리했더라도 오바마가 『이게 무슨 일이야What the Hell?』 같은 책을 쓸 리는 없을 것이다. 패배는 미국 정치의 자연스러운 일부이기 때문이다. 마찬가지로 존 케리가 설령 2004년 대선에서 승리했더라도 재선에 실패한 조지 W. 부시가 법치 파괴 행위에 골몰하며 극렬 지지자들에게 동참하지는 않았을 것이다2021년 1월 6일 트럼프 전 대통령의 극렬 지지자들이 미국 제46대 대통령 당선인 조 바이든에 대한 연방의회의 공식적인 인준을 막기 위해 국회의사당을 무력 점거했다가 진압된 사건이 있었다. 조지 부시 전 대통령은 이를 두고 역겹고 가슴 아픈 일이라고 말했다—옮긴이. 클린턴의 책에서, 그리고 선거 이후 진보주의자와 '트럼프 절대반대파never-Trumpers'가 쏟아낸 고뇌에 찬 논평에서 묻어나는 건 2016년 선거가 2012년이나 2004년과는 다르다는 믿음이다. 우리는 망했는데, 왜 그렇게 된 건지 알아야 했다.

맞다. 이상한 일이 일어났다. 도널드 트럼프가 대통령이 됐다.

2012년 선거 기간 동안 마야 안젤루Maya Angelou 미국의 시인, 작가, 배우, 인권운 동가. 흑인 여성으로는 처음으로 미국의 25센트 주화에 얼굴이 새겨졌다—옮긴이의 말이 소 셜미디어를 통해 퍼졌다. "누군가 자신이 어떤 사람인지를 보여줄 때는 액면 그대로 믿으십시오." 트럼프는 자신이 누구인지 즐겁게, 끊임없이 보여주었다. 그는 존 매케인이 베트남전쟁 때 포로가 됐던 것을 조롱했 고, 테드 크루즈Ted Cruz 의원의 아버지가 존 F. 케네디의 암살에 일조했 음을 암시했다. 자신의 성기 크기를 자랑했고, 자기 삶을 추동한 동기는 탐욕이었다고 밝혔다. 자신의 편협함이나 성차별주의를 숨기지도 않았 으며, 대문자로 된 음모론을 리트윗하면서 자신을 천재라고 불렀다트럼 프는 트위터에 글을 올릴 때 내용을 강조하기 위해 모든 글자를 대문자로 쓰며 느낌표도 자주 사 용하는 등, 과장된 면모를 보였다—옮긴이.

심지어 트럼프 팀도 그가 선거에서 승리하리라 믿지 않았다. 선거 에서 패배한 뒤에는 특정 텔레비전 채널을 띄우려는 계획이 진행 중이 었다. 그리고 선거 개표가 시작됐다. 출구 조사에서는 61%의 유권자 가 트럼프는 대통령이 될 자격이 없다고 답했지만, 그는 선거인단 득 표수에서 이겼다. 유권자 대부분이 클린턴을 더 높이 평가하고, 트럼프 는 대통령이 되기에 자질이 부족하다고 믿었는데도 말이다.[2] 미국 대통 령직은 신성한 자리이며 그 자리에 앉은 사람은 상상할 수 없는 파괴력 을 휘두를 수 있다. 우리는 그 자리를 툭하면 짜증을 내는 인간에게 넘 겨주었다. 모르고 그런 게 아니다. 우리는 알면서, 의도적으로 그렇게 했다.

클린턴이 『무슨 일이 있었나』를 쓴 것도 바로 이 굴욕감 때문이었 다. 클린턴은 어떻게 트럼프의 승리가 가능했는지 설명하려고 했다. 클 린턴은 면죄부를 찾으려 했지만, 명확한 답은 없고 혼란스러움은 가시질 않는다. 이때 트럼프의 대선 승리 배경이 클린턴에게는 도움이 되었다. 트럼프는 실제 투표에서 수백만 표 차이로 졌고, 선거인단 수 차이는 전체 인구에 비하면 아주 작았다. 클린턴이 책에 썼듯이 "위스콘신주, 미시간주, 펜실베이니아주에서 단 4만 명의 유권자만 마음을 바꿨더라면" 트럼프가 아니라 클린턴이 승리했을 것이다.

총 1억 3600만 명이 넘는 사람이 투표한 상황에서 그 정도의 적은 차이라면, 어떤 것으로도 설명이 가능하다. 클린턴은 바로 그런 점을, 제임스 코미James Comey의 편지2015년 3월 클린턴이 국무장관으로 재직하던 시절에 사적 이메일을 공적인 일에 사용했다는 사실이 국무부 감찰관에 의해서 밝혀져, FBI가 수사에 착수했다. 혐의 없음, 재수사, 무혐의 종결로 이어진 이 사건은 선거에서 클린턴에게 악영향을 미쳤다─옮긴이부터 러시아의 대선 개입, 뿌리 깊은 성차별에 이르기까지 그 모든 것이 승패를 가른 근소한 차이라고(아마 실제로 그랬을 것이다) 설득력 있게 증명해 보이고자 했다.

그러나 이러한 분석은 제대로 된 질문이 아니라 쉬운 질문을 던진 결과라고 할 수 있다. 우리는 트럼프가 어떻게 이겼는지를 묻는 대신 트럼프가 어떻게 승리에 가까이 다가갔는지를 물어야 한다. 애초에 트럼프와 같은, 자신이 대표하는 정당을 멸시하고 자신이 앉고자 하는 직책과는 어울리지 않는 모습을 보여준 후보가 어떻게 해서 대통령을 뽑는 중요한 선거에서 수천 표 이상을 얻을 수 있었던 것일까?

이것은 내가 2017년 중반 밴더빌트대학교의 정치학자 래리 바텔스Larry Bartels에게 던진 질문이었다. 나는 여러 해 동안 정치 보도를 하면서 미국 정치에 대한 바텔스의 냉정한 분석을 높이 평가하게 되었다. 그와의 대화는 듣는 사람이 좋아하든 말든 상관하지 않는 컴퓨터에 질문을 입력하는 것과 비슷하다. 내가 선거에 대한 이론들을 쏟아내자 그는 어리둥절한 표정으로 나를 쳐다보았다. 내 말이 끝난 뒤 그는 늘 나를 괴롭혀온 그 방식으로 대답했다. "이상한 일이 전혀 일어나지 않았다면요?"[3]

바텔스가 차분히 설명한 바에 따르면, 내 질문은 2016년 선거가 이상하다는 것을 전제로 하고 있었다. 그의 말이 옳다. 그것이 나의 전제였다. 나는 미국 정치에서 일어나는 일들을 보았다. 만약 그것이 드라마 〈하우스 오브 카드〉의 한 장면이라면 가소롭다며 비웃고 말았을 것이고, 〈부통령이 필요해〉에 나왔다면 너무 어두운 내용이라고 생각했을 것이다. 그리고 이건 내 불안한 마음에서 나온 히스테리적 반응이 아니다. 내 생각은 당시의 통념과 크게 다르지 않았다. 예를 들어 《뉴요커》에 실린 애덤 고프닉Adam Gopnik의 글을 인용하자면, 트럼프의 승리는 "우리가 컴퓨터 시뮬레이션 속에 살고 있다면 그 시뮬레이션은 뭔가가 잘못되었다"는 가설을 지지하는 것이었다. 하지만 바텔스는 자료를 조사했고, 그런 주장에 동의하지 않았다. 그는 2016년 선거가 많은 면에서 최근에 치른 다른 선거들과 다를 바 없다고 보았다. 마치 컴퓨터 속 가상 도시에 토네이도와 유성을 퍼부었는데 결과는 유리창 몇 개만 부서지는 정도에 그친 것과 같았다. 시뮬레이션은 너무나 안정적이었다. 우려스러운 것은 바로 그 정상 상태였다.

예를 들어 젠더 문제를 보자. 힐러리 클린턴은 주요 정당에서 배출한 첫 번째 여성 대통령 후보였다. 트럼프는 여성의 음부를 만지고 그에게 도전한 사람들의 성적 욕구를 마구 평가한 일을 자랑했다. 그래서 2016년 대선은 근래의 그 어떤 선거보다도 젠더에 따라 사람들을 더 깊이 갈라놓을 선거였다.

하지만 출구 조사를 보자. 2004년 선거에서 공화당 대통령 후보는 남성 유권자 55%의 지지를 얻었다. 2008년 선거에서는 48%의 지지를 받았고, 2012년에는 52%였다. 그럼 2016년은 어땠을까? 트럼프는 롬니의 성적과 정확히 일치하는 52%의 지지를 얻었다. 여성 투표율도 마찬가지다. 2004년 선거에서 공화당은 여성 유권자 48%의 지지를 얻었다. 2008년에는 43%를, 2012년에는 44%를 얻었다. 2016년에는 41%였다. 2016년 트럼프는 2008년 매케인보다 불과 2%p 낮은 지지를 받은 것이다. 지각변동은 없었다.

다른 각도에서 사안을 한번 살펴보자. 2016년 선거는 백인 민족주의 선거였다. 대안 우파가 존재감을 확실히 드러냈다. 크게 승리한 트럼프는 미국 최초의 흑인 대통령 이후 미국을 원래대로 되돌리고, 벽을 쌓고, 미국을 다시 위대하게 만들겠다고 약속했다. 2004년 공화당 대통령 후보는 백인 유권자 58%의 표를 얻었다. 2008년 선거에서는 55%를 얻었고, 2012년 선거에서는 59%를 얻었다. 시계를 빨리 돌려 2016년으로 가면, 그 수치는 57%다.

트럼프가 가장 자주 공격한 집단은 히스패닉계 이민자들이었다. 그는 맨해튼 트럼프 타워의 황금 에스컬레이터를 타고 내려와, 이렇게 선언하면서 대선 캠페인을 시작했다. "멕시코에서 사람들을 보낼 때, 그들은 가장 좋은 사람을 보내지 않습니다. 그들은 우리 같은 사람을 보내지 않습니다. (…) 그들은 마약을 가지고 옵니다. 그들은 범죄를 가지고 옵니다. 그들은 강간범입니다. 물론 어떤 사람들은 좋은 사람이라고 생각합니다." 2004년 선거에서 공화당 대통령 후보는 히스패닉계 유권자 44%의 지지를 얻었다. 2008년 선거에서는 31%를 얻었다. 2012년 선거에서는 27%였다. 2016년에는 28%였다.

공화당은 2004년 대선에서 승리한 이후 지속해서 우세를 보였는

데, 이는 부시 대통령이 백인 기독교인들과 맺은 깊은 유대감 덕분이었다. 백인 기독교인 가운데 78%가 부시 대통령의 재선을 지지했다. 2008년 공화당 대통령 후보도 74%의 지지를 얻었다. 2012년에는 78%까지 그 비율이 상승했다. 하지만 트럼프는 달랐다. 그는 자신의 부를 과시하는 비도덕적이고 타락한 간통자였고, 선거 유세장에서 신에게 용서를 구한 적이 있느냐는 질문을 받았을 때 "그런 적이 있는지 잘 모르겠다"고 대답했다. 그렇다면 그는 백인 기독교인 유권자들에게 어떤 반응을 얻었을까? 80%의 지지를 얻어냈다.

아마도 이런 점은 당파성의 관점에서 보면 아주 명확할 것이다. 2016년 공화당은 불과 몇 년 전에 민주당원이었던, 세 번 결혼한 억만장자를 대선 후보로 지명했다. 그는 《내셔널 리뷰》 표지 기사에서 보수주의에 위협이 되는 인물로 일축된 바 있었고,[4] 공화당과 거의 관련이 없는 데다 이전의 공화당 지도자들을 경멸했으며, 사회보장제도와 메디케어Medicare미국 노인 의료보험 제도로, 사회보장세를 20년 이상 낸 65세 이상 노인과 장애인에게 연방정부가 의료비의 50%를 지원한다-옮긴이, 미국 가족계획협회Planned Parenthood민간 비영리단체로, 임신중단 합법화를 지지한다. 미국 내 약 700개 진료소에서 피임이나 임신중단 같은 가족계획 서비스와 보건 서비스를 제공한다-옮긴이에 대한 애정을 공개적으로 밝혔다. 2004년 대선에서 공화당 후보는 자신을 공화당 지지자라고 생각하는 유권자의 표 93%를 얻었다. 2008년 대선에서는 90%, 2012년에는 93%를 획득했다. 2016년에는 88%를 얻었다. 줄어든 건 사실이지만, 재난적 수준은 전혀 아니었다.

전체 득표수 차이 또한 시사하는 바가 있다. 2004년 대선에서 공화당 후보는 300만 표 차이로 승리했다. 2008년에 민주당은 900만 표 이상의 차이로 승리했다. 2012년에 민주당은 거의 500만 표 차이로 승리했다. 그리고 2016년에 민주당은 거의 300만 표 차이로 다시 승리했다. 물론 선거인단의 개입이 이 차이를 뒤집었지만, 일반 대중의 지지 추세만 본다면, 2016년 대선이 눈에 띌 정도로 예외적인 것은 아니다.

바텔스의 생각은 이렇다. 만약 누군가 당신에게 지난 대선들에 관한 자료를 주고, 이를 바탕으로 어떤 선거가 이상한 선거였는지 골라보라고 한다면, 당신은 이상한 선거를 고를 수 있겠는가? 비록 2016년 대선에서 승리한 후보가 미국 정치사에서 가장 기이한 인물 중 하나이긴 했지만, 2016년 대선의 결과는 2012년, 2008년, 2004년 대선의 결과와 엇비슷해 보인다.

2016년 선거 결과와 관련해서 놀라운 것은 일어난 일이 아니다. 오히려 일어나지 **않은** 일이다. 트럼프가 30% 차로 패하거나 20% 차로 이기는 결과가 나오지 않았다. 투표한 사람 대부분은 2012년에 선택했던 당을 2016년에도 똑같이 선택했다. 그렇다고 해서 고찰할 점이 없다는 것은 아니다. 결정적으로, 대학 교육을 받지 못한 백인 유권자들은 트럼프 쪽으로 급격히 기울었고, 주요 주州들에서 그들이 과잉 대표되며 트럼프를 당선시켰다.◆5 그러나 숫자로만 보면 2016년 대선은 공화당과 민주당 사이의 전형적인 경쟁이었다.

유권자들이 트럼프를 다른 공화당 후보처럼 대했다는 사실은 정당 양극화가 얼마나 심각한지 보여준다. 극심한 양극화는 2016년 선거

◆ 정치학자 앤드루 젤먼Andrew Gelman과 경영전략학 교수 피에르 앙투안 크렘프Pierre-Antoine Kremp는 《복스Vox》에 실은 분석에서 "선거인단을 고려하면 백인은 흑인보다는 16%, 라틴계보다는 28%, 다른 범주에 속하는 사람들보다는 57% 더 많은 힘을 가졌다"고 밝혔다. (https://www.vox.com/the-big-idea/2016/11/22/13713148/electoral-college-democracy-race-white-voters)

를 2012년 롬니와 오바마 사이의 경쟁이나 2004년 케리와 부시 사이의
경쟁과 같은 것으로 만들어버렸다. 정치적 정체성이 너무 강해서 사실
상 마음을 바꿀 만한 어떤 후보도, 정보도, 조건도 없었던 셈이다. 우리
는 우리 편에게 도움이 된다면 그게 뭐가 됐든 거의 모든 것을 정당화
할 것이고, 그 결과는 기준, 신념, 책임감 없는 정치다.

　　그렇다고 우리가 그렇게 많이 변한 것도 아니다. 그렇지 않은가?
우리는 여전히 아이들을 키우고, 부모님을 돌보고, 로맨틱 코미디 영화
를 보면서 울고, 잔디를 깎고, 우리가 벌인 엉뚱한 짓을 보며 웃고, 심한
말을 해서 미안하다고 사과한다. 여전히 사랑받고 싶어 하고, 더 나은
세상을 바란다. 정치에 대한 책임이 없다는 게 아니다. 하지만 정치에서
한 발짝 물러날 때 자주 듣는 이런 한탄을 성찰해보자는 것이다.

　　문제는 시스템이다. 유독한 시스템은 선량한 개인들을 손쉽게 타
락시킨다. 유독한 시스템은 우리에게 가치를 배반하라고 강요하는 게
아니라, 가치를 줄세워서 우리가 서로를 배반하도록 한다. 각자에게 합
리적이고 도덕적인 것이 집단으로 행해질 때는 파괴적인 것이 된다.

　　이 책에서는 미국 정치 시스템이 어쩌다 이렇게 유독해졌는지, 왜
우리가 그런 시스템의 일부가 되었는지, 그리고 그것이 우리의 미래에
어떤 영향을 미칠지 살펴보려고 한다.

시스템적 사고

　　처음부터 분명히 밝혀둔다. 이 책은 사람이 아니라 시스템에 관한
책이다.

　　정치 이야기의 주인공은 보통 정치인 개개인이다. 우리는 그들의

천재성, 자만심, 품위, 속임수에 집중한다. 그리고 그들 사이의 관계와 불화, 사석에서 하는 기지 넘치는 말들, 그들이 친구들에게 털어놓는 개인적인 고통에 관해 이야기를 나눈다. 우리는 정치인이 내리는 결정에서 역사의 중요한 순간들을 찾는다. 이 생각에는 그들이 다른 결정을 내렸을 수도 있었다는, 아니면 그들의 자리에 다른 사람이 있었다면 다른 결정이 내려질 수 있었다는 암시가 깔려 있다. 물론 어느 정도의 진실이 담겨 있지만, 우리가 생각하는 만큼은 아니다. 백악관 회의와 선거운동에 대한 내부자 진술을 듣고 나서 우리가 믿게 되는 것만큼도 되지 못한다.

나는 저널리스트로서 20년 가까이 미국 정치를 공부해왔다. 나는 정치인들, 활동가들, 정치학자들, 기부자들, 유권자들, 비투표자들, 비평가들, 다시 말해 정치에 영향을 주거나 받는 모든 사람의 관점을 고려하려고 노력해왔다. 기사를 써오면서 냉소주의자, 바보, 혹은 악당처럼 행동하는 이들을 만났다. 그들은 미국 정치의 망가진 부분을 대변한다. 우리의 문제를 그들의 도덕성이나 판단력 부족 탓으로 돌리는 것은 빠지기 쉬운 유혹이다. 사실, 우리는 선거가 있을 때마다 정확히 그 유혹에 빠진다. 우리는 시스템에 불만을 품고서 특정 사람을 자리에서 물러나게 하고, 다른 사람을 들인다. 그리고 몇 년 후 시스템이 여전히 고장 나 있는 걸 발견하고, 같은 일을 또다시 반복한다.

나는 한 선거의 영웅이 다음 선거에서 악당으로 변하는 것을 지켜보았고, 합리적인 사람들이 사려 깊은 이유를 들며 저지르는 터무니없는 일을 목격했기에 '이 사람을 뽑으면 모든 게 해결된다'는 식의 이야기를 믿지 않게 되었다. 우리는 시스템적 문제를 덮어놓고 개인에게만 집중한다. 그리고 이때 우리의 정치에 대한 관점과 이해가 흐려진다. 우리는 시스템을 운영하는 사람들을 교체함으로써 시스템을 수리하려고 애쓰지만, 결과적으로 교체된 사람들 역시 시스템의 일부가 된다는 것을 알게 되었다. 나는 매케인에게 표를 던졌어도 오바마에게 희망을 품었던 공화당 지지자들을 안다. 하지만 그들이 깨달은 것은 오바마 역시 또 다른 민주당 대통령일 뿐이라는 사실이었다. 나는 또한 트럼프가 공화당을 새롭게 재구성할 거라는 기대에 차 있던 민주당 지지자들을 안다. 하지만 그들은 트럼프가 공화당이 원하는 거의 모든 법안에 서명하는 것을 보고 크게 실망했다.

몇 년에 한 번씩 새로운 정치인들이 등장해서 당보다 나라를 우선하고, 권력자보다 국민을 대표하고, 파벌을 챙기기보다 공동선을 추구하겠다고 약속한다. 하지만 시간이 흐르면 진보적 저항 세력은 기득권이 되고, 대중의 환멸이 시작되며, 유권자들은 반대편으로 슬슬 움직인다. 이 과정은 쳇바퀴 돌리기처럼 계속되고, 정치에 대한 분노만 계속 쌓여간다. 문제는 계속 나빠지는데, 이미 실패한 방법으로 해결해보려는 것은 미친 짓이다.

나는 개개인을 둘러싸고 있는, 서로 맞물려 있는 시스템을 더 잘 살펴보기 위해 개개인들에게서 멀리 벗어나고자 한다. 특정 정치인을 예로 들겠지만, 그들이 더 큰 세력의 꼭두각시인 한에서만 그럴 것이다. 내가 찾고자 하는 것은 이야기가 아니라 청사진이며, 정치적 결정을 만드는 메커니즘이다.

이를 위해 다른 분야에서는 널리 활용되지만, 정치에서는 종종 무시되는 분석 방법을 활용하고자 한다. 호주 그리피스대학교 안전과학혁신연구소 설립자인 시드니 데커Sidney Dekker는 『재난에 끌려가다Drift into Failure』에서 왜 시스템이 고장 나는지 진단하는 두 가지 다른 방법을 제시했다. 가장 전통적인 접근법은 이렇다. 문제를 발견하면 고장 난 부분을 찾고, 그 부분을 교체하는 것이다. 데커는 비행기 추락이나 기름 유출을 예시로 들었다. 큰 사고가 벌어지면 원인 규명이 뒤따른다. 결함 있는 너트, 빼먹은 점검, 낮은 온도에 파손된 플랩 등을 찾아내서 그것 때문에 사고가 일어났다고 밝힌다. 많은 이들이 이 방법을 정치 분석에도 이용한다. 미국 정치는 고장 났고 그 원인으로 돈, 정치적 올바름, 소셜미디어, 정치 컨설턴트 혹은 미치 매코널Mitch McConnell 미국 상원 공화당 원내 내표―옮긴이을 드는 것이다. 이들은 이 부분만 고치면 문제가 해결된다고 생각한다.

문제는 나름 합리적인 복잡한 시스템들이 종종 '논리적인 방식'으로 개선되지 않는다는 데 있다. 예를 들어, 망가진 나사나 빼먹은 정기 정검을 발견하면, 사고의 원인을 찾았다고 생각한다. 하지만 회사가 관리 비용 삭감으로 주식시장에서 이득을 보았던 사실을 놓친다면, 사고 원인 파악도 재발 방지에도 실패한 셈이다. 데커는 시스템적 사고란 "어떤 한 부분도 고장 나지 않았을 때나 어떤 문제도 없어 보일 때도 어떻게 사고가 일어날 수 있는지를 이해하는 것이다"라고 했다.[6]

미국 정치는 이와는 다르다. 왜냐면 이 시점에서 미국 정치가 망가졌다고 말하는 것은 진부하기 때문이다. 하지만 이는 우리 모두의 잘못이다. 유권자에서 대통령에 이르기까지 미국 정치 시스템은 각자의 동기에 따라 합리적인 결정을 내리는 합리적인 행위자들로 가득 차 있다. 잘 기능하도록 애쓰는 각 부분이 모여 제대로 기능하지 않는 전체가 되어버렸다. 최악의 인물이 성공을 꾸며낸다고 해서 그것이 시스템이 망가졌다는 것을 증명하는 것은 아니다. 오히려 그들이 시스템의 작동 방식을 이해한다는 것을 증명하는 셈이다. 만약 시스템을 바꾸고자 한다

면, 우리는 바로 이 점을 알아야 한다. 데커는 우리가 어떻게 탐색해나
가야 하는지 다음과 같이 설명한다.

> 사례들을 살펴보면, 좁은 범위의 기준을 잘 지키고 수행한 결과 사고가 난다는
> 것을 알 수 있다. 다시 말해, 사고는 현재의 정치·경제·사업 구조 속에서 주어
> 지는 보상을 받기 위해 성과 기준을 잘 따랐기 때문에 일어난다. 어떤 것도 고
> 장 나지 않고, 그 누구도 실수하지 않고, 아무도 규칙을 위반하지 않아도 재난
> 은 벌어질 수 있다.

나는 사람들을 추동하는 보상에 관심이 많다. 나도 그런 동기들 속
에서 있기 때문이다. 나는 시스템 밖에서 안을 들여다보는 사람이 아니
라, 시스템 안에서 밖을 내다보는 사람이다. 나는 저널리스트이고, 전문
가이며, 뉴스 해설 사이트 《복스》의 공동 설립자이다. 나는 정치 미디
어의 일원이고, 어떻게든 숨기려 애쓰긴 해도 우리가 정치적 행위자이
고 우리가 내리는 결정은 우리를 둘러싸고 있는 더 넓은 세력의 원인이
자 결과라는 사실을 알고 있다. 나는 유권자이고, 뉴스광이고, 진보주의
자이다. 나는 종종 내가 싫어하는 체제의 요구를 수행하고 있다는 인식
에 동기부여되고, 내가 나 자신이 아니라 미국 정치의 일부처럼 행동하
고 있다는 것을 깨달을 때 압도하는 좌절감을 느끼는 동시에 동기부여
된다.

그리고 나는 혼자가 아니다. 나는 정치와 관련된 많은 이들을 인
터뷰해왔다. 똑똑하고, 자기 자리에서 최선을 다하는 사람들이다. 그들
은 자신을 둘러싼 이상한 시스템에 곤혹스러워하며, 그런 문제를 해결
하고자 어떤 노력을 했는지 해명한다. 나는 정책 보도 분야에서 경력을

쌓아왔고, 여러 해에 걸쳐 다양한 이슈를 다루면서 같은 패턴이 반복되는 것을 보았다. 어떤 문제든, 일단 다양한 관점을 가진 전문가 패널이 모이는 회의로 시작된다. 이때까지는 지금 상황을 개선할 타협안에 도달할 수 있으리라는 믿음이 존재한다. 그러나 토론과 회의가 계속되는 가운데 정치인들의 관심이 집중되고 언론 보도가 이어지면서 합의는 무산된다. 한때는 합리적인 타협으로 보였던 것이 무리한 요구가 된다. 모두가 이익을 볼 수 있는 포지티브섬 협상이 어느새 제로섬 전쟁이 된다. 이 과정에 참여한 사람들은 자신이 합리적인 결정을 내렸다고 믿는다. 그들의 관점에서 보면, 틀린 말이 아니다.

이처럼 나는 종종 분리된 채 내버려진, 두 가지 형태의 지식을 함께 살펴보아야만 미국 정치를 가장 잘 이해할 수 있다는 사실을 알게 되었다. 하나는 정치인, 활동가, 정부 관료 등 내 보도의 다른 주체들이 공유하는 현장에서 얻은 통찰이고 다른 하나는 정치학자, 사회학자, 역사학자, 그리고 시간, 방법, 전문 지식을 가지고 미국 정치를 연구하는 이들의 좀 더 체계적인 분석이다. 독립적인 상황에서 정치 행위자들은 종종 그들의 결정에 대한 맥락을 놓치고, 학계 연구자들은 정치적 의사 결정을 추동하는 인간의 동기를 놓친다. 그러나, 그들을 하나로 묶으면 미국 정치가 어떻게 작동하는지, 그리고 왜 현실에서는 그렇게 작동하지를 훤히 볼 수 있다.

미국 정치에는 잘못된 점이 많긴 하지만, 나는 이 책에서 그 잘못된 내용의 목록을 제시하지는 않을 생각이다. 하지만 나는 거의 모든 분열을 초래하고 정치 참여자들의 행동을 근본적으로 형성하는 가장 큰 이유가 양극화의 논리라고 믿게 되었다. 간단히 말하자면, 이런 논리다. 양극화한 대중에게 호소하기 위해, 정치 기관들과 정치인들은 더 양극화를 자극하는 방식으로 행동한다. 기관과 정치인들이 점점 양극화함에 따라, 대중은 더욱 양극화하는 방식으로 순환이 이루어진다. 더욱 양극화한 대중에게 호소하기 위해 기관과 정치인은 더욱 양극화해야 한다. 더 양극화한 정치 기관이 많아지면 대중은 더욱더 양극화한다. 그리고 이렇게 과정이 계속된다.

우리가 정치 기관들과의 관계 속에 존재하고, 그들이 우리에 의해 변하고, 그들에 의해 우리가 변한다는 것을 이해하는 것이 이 이야기의 핵심이다. 우리가 우리의 목적을 위해 정치를 이용하는 것처럼, 정치 역시 자신의 목적을 위해 우리를 이용한다.

'정체성 정치' 구하기

양극화에는 여러 형태가 있을 수 있는데, 그중 몇 가지에 관해서는 이 책의 뒷부분에서 논의할 것이다. 내가 초점을 맞출 양극화는 정치적 정체성이다. 그러려면 미국 정치에서 매우 유용해야 하지만 지금은 거의 쓸모없게 된 '정체성 정치'라는 용어에 대해 몇 마디 언급할 필요가 있다.

이 책의 핵심 논점은 미국 정치판의 모든 사람이 정체성 정치를 한다는 사실이다. 이것은 모욕이 아니며, 논쟁거리도 아니다. 우리는 자연스럽게 정체성을 형성하고 변형한다. 정체성은 우리 내부에 자연스럽게 존재하는 것이기 때문에 정치에도 자연스럽게 존재한다. 인간이 어떻게 개인적·집단적 정체성을 형성하고 보호하는지에 대한 문헌(이 책에서 내가 알아볼 문헌)을 읽고 나서도 여기서 벗어날 수 있다고 믿을 방법은 없을 것이다. 그것은 우리의 마음 깊은 곳에 있고, 아주 약한 신호나 멀리 있는 위협에 의해서도 너무 쉽게 활성화된다. 그래서 우리의 정체성이 어떻게 형성되는지 이야기하지 않고서는 우리가 서로 어떻게 관계를 맺는지 진지하게 말할 수 없다.

불행하게도, '정체성 정치'라는 말은 정치적 무기로 사용된다. 특히 역사적으로 소외된 집단의 구성원들의 정치적 행위를 묘사하는 데 가장 자주 사용된다. 만약 당신이 흑인이고 경찰의 잔혹성을 걱정한다면, 그것은 정체성 정치다. 만약 당신이 여성이고 남성과 여성의 임금격차에 대해 걱정한다면, 그것도 정체성 정치다. 하지만 만약 당신이 전 국민 신원 조사를 폭정이라고 비난하는, 시골에 사는 총기 소지자거나, 높은 세율은 경제적 성공을 가로막고 부자를 악마화한다고 불평하는 억만장자 CEO이거나, 공공장소에 예수의 그림을 내걸어야 한다고 주장하는 기독교인이라면? 그것은 그저 선량한 구식 정치일 뿐이다. '정체성 정치'는 교묘하게 소외된 집단에만 따라붙는다.

이렇게 사용되는 '정체성 정치'라는 말은 뭔가를 드러내기보다는 가린다. 이는 정치적 토론의 장에서 더 강한 집단의 관심사를 합리적이고 적절하게 보이게 하고 약한 집단의 관심사는 이기적이고 특수한 호소처럼 보이게 함으로써, 사회적 약자의 관심사를 축소하고 신뢰성을 떨어트리게 하는 데 사용된다. 그러나 우리는 정체성을 칼날처럼 휘두르면서 렌즈로서의 정체성을 잃었고, 정치적 이득을 추구하려는 시도 속에서 우리의 눈은 멀게 되었다. 우리는 자신을 볼 눈을 하릴없이 찾아 헤매는 상황에 놓이게 되었다.[7]

◆ 키앙가-야마타 테일러Keeanga-Yamahtta Taylor는 『우리는 어떻게 자유를 얻었나How We Get Free』에서 '정체성 정치'라는 말의 근원을 컴바히강 공동체Combahee River Collective 흑인

모든 정치는 정체성에 영향을 받는다. 정체성은 눈에 보이지 않거나 논란의 여지가 없을 정도로 만연할 때 가장 강력하다. '미국'이라는 것은 정체성이다. '기독교인'이라는 것도 마찬가지이다. 정치인들이 "신이 미국을 축복하기를"이라는 말로 연설을 끝내는 것은, 그들이 실제로 신에 호소하기 때문이 아니라 미국인들이 공유하는 바위처럼 단단한 정체성에 호소하기 때문이다. 이 말을 못 믿겠다면, 정치 분야에 개방적인 무신론자나 심지어 불가지론자가 왜 그렇게나 적은지 자문해보라.

하지만 정치는 정체성 찾기라는 공식으로 해결되지 않는다. 정체성은 우리의 세계관을 형성하지만, 기계적으로 작동하지는 않는다. 그리고 우리는 종종 정체성이 단수인 양 말하지만, 정체성은 언제나 어지러울 정도로 많은 복수다. 우리에게는 셀 수 없이 많은 정체성이 있다. 그중 일부는 서로 충돌하고, 어떤 것들은 위협을 받거나 우연히 작동될

페미니스트 단체—옮긴이의 1977년 선언에서 찾았다. 그 내용은 이렇다. "우리 자신의 억압에 초점을 맞추는 것은 정체성 정치의 개념에 구현되어 있다. 우리는 가장 심오하고 가장 급진적인 정치는 다른 누군가의 해방을 위해서가 아니라 우리 자신의 정체성에서 나온다고 믿는다. 흑인 여성에게 이것은 혐오스럽고, 위험하고, 위협적이며, 따라서 혁명적인 개념이다. 왜냐하면 지금까지 정치 영역에서 우리보다도 가치 없는 존재는 없었기 때문이다. 우리는 받침대들고상함을 상징한다. 뒤에 나오는 페데스털리즘 참조—옮긴이, 여왕과 같은 품격, 얌전히 열 발짝 뒤에서 걷는 것을 거부한다. 인간, 똑같은 인간으로 인정받고자 한다." 이 단체의 창립 회원 가운데 한 명인 바버라 스미스Barbara Smith는 테일러에게 이렇게 말했다. "우리가 말하고자 했던 것은 우리는 단지 여성으로서, 흑인으로서, 레즈비언으로서, 노동자 계급이나 노동자로서가 아니라 사람으로서 권리가 있다는 것입니다. 우리는 이 모든 정체성을 갖고 있으며, 우리에겐 그러한 현실을 바탕으로 정치 이론을 구축하고, 정의하고, 실천할 권리가 있습니다.

때까지는 휴면 상태에 있다. 선거 때 일어나는 많은 일을 가장 잘 이해하는 방법은 유권자들이 어떤 정체성을 내세우고 선거에 임하는지 이해하는 것이다. 그들은 자신을 상사에게 착취당한 노동자라고 느끼는 걸까, 아니면 연안 엘리트들에게 무시당하는 내륙인으로 느끼는 걸까? 애국가가 연주되는 동안 무릎을 꿇는 NFL 선수들이 못마땅한, 애국 성향의 전통주의자로서 투표하는 것일까, 아니면 아이들이 살아갈 미래의 기후를 걱정하는 부모들로서 투표하는 것일까?

정체성을 빼고는 사람들의 정치적 행동을 이해할 수 없을 정도로, 정체성은 강력한 힘을 발휘한다. 미국 정치에서는 자주 집단 정체성과 지위를 두고 싸움이 일어난다. 주로 정책을 두고 논쟁을 벌일 때 자신을 표현하기 위한 방법으로 동원된다. 어느 한쪽에 의해 화해가 이뤄질 수 없는 싸움이기도 하다. 의료보건 정책은 포지티브섬이지만, 정체성 갈등은 제로섬이다.

물론 정체성은 새로운 것이 아니다. 하지만 우리의 정치적 정체성이 변화하고 있고 강화되고 있다. 오늘날 '정치적 정체성'은 가장 강력한 정체성으로, 최근 수십 년 동안 다양한 다른 정체성을 포괄하고 증폭해왔다. 지난 50년 동안 우리의 당파적 정체성은 우리의 인종적·종교적·지리적·이념적·문화적 정체성과 통합되었다. 그렇게 합쳐진 정체성은 우리의 기관들을 무너뜨리고 이 나라를 하나로 묶어온 유대를 끊어놓을 힘을 지니게 됐다.

이 책의 첫 절반은 20세기 미국 정치가 정체성을 두고 왜 그리고 어떻게 양극화되었는지, 그 양극화가 우리가 세상과 서로를 바라보는 방식에 어떤 영향을 미쳤는지에 관한 이야기다. 이 책의 나머지 절반은 정치 시스템을 위기로 몰아넣고 있는, 양극화한 정치적 정체성과 양극화한 정치 기관들 사이의 순환 고리를 다룬다.

　내가 이 책에서 개진하려는 것은 미국 정치의 문제에 대한 답이 아니라, 그것을 이해하기 위한 틀이다. 내가 그 일을 잘 해냈다면, 이 책은 한 시대의 미국 정치를 이해하는 데 도움이 되는 모델을 제공할 것이다.

　이제 본격적으로 시작해보자.

≡

1장

어쩌다 민주당원은 진보주의자가, 공화당원은 보수주의자가 되었을까

내가 가장 먼저 해야 할 일은 뭔가가 바뀌었다는 것을 당신이 믿도록 설득하는 것이다. 미국 정치는 안정적이라는 환상이 있다. 민주당과 공화당은 1864년 이래로 줄곧 권력과 인기를 얻기 위해 고군분투하며 선거를 지배해왔다. 미국 역사를 샅샅이 뒤져보면 민주당과 공화당은 서로를 비방하고, 서로를 허물어트리고, 상대편에 타격을 주기 위한 음모를 꾸미고, 심지어 신체적인 폭행까지 해왔다는 사실을 발견할 것이다.◆¹ 과거를 힐끔 쳐다보고 나서 요새도 과거와 다를 게 없다고, 오늘날 우리가 정치에 대해 갖는 불만들이 과거 세대의 불만과 비슷하다고

◆ 의회 폭력의 역사를 기록한 놀라운 책 『피의 장The Field of Blood』에서 역사학자 조앤 프리먼Joanne Freeman은 "1830~1860년 사이에 하원과 상원 또는 근처 거리와 결투장에서 70건 이상의 폭력 사건이 있었다"라고 썼다. 프리먼은 이것도 상당히 적게 계산한 결과라고 말했다.

가정하기 쉽다. 그러나 오늘날의 민주당과 공화당은 지난날의 민주당, 공화당과 다르다. 우리는 완전히 새로운 것 안에서 살아가고 있다.

1950년으로 돌아가보자. 그해 미국정치학회APSA, American Political Science Association 정당 분과 위원회는 지금 사람들의 귀에는 풍자처럼 들릴 법한 '전투 동원령'을 발령했다. 미국의 저명한 정치학자 여럿이 공동 집필하고《뉴욕 타임스》1면에도 보도된「더 책임성 있는 양당 체제를 향하여Towards a More Responsible Two-Party System」라는 제목의 98쪽짜리 논문은 좀 더 양극화한 정치 시스템을 요구했다. 이 논문은 정당들이 너무 다양한 의견을 가지고 있으며 너무 쉽게 협력하기 때문에 유권자들이 누구에게, 왜 투표해야 할지 몰라 혼란스러워한다고 한탄했다. 또한 "정당에 그들만의 강령이 없는 한, 대중은 현명한 선택을 할 수 없다"라고 경고했다.[2]

오늘날의 의회에서 당론을 두고 벌어지는 표결과 타협에 대한 경멸을 생각할 때, "정당들은 지금 간절히 요구되는, 의회 내 정당별로 단결하기 위한 노력을 거의 하지 않았다"라는 문장을 읽고 그 이면에 있는 논리를 이해하기는 쉽지 않다. 지금 그 논문을 요약해본다면, 강아지 수를 줄이고 피부 곰팡이를 늘리라는 터무니없는 요청처럼 들릴 수 있다.

하지만 콜게이트대학교의 정치학자 샘 로즌펠드Sam Rosenfeld가『양극화주의자들The Polarizers』에서 주장하듯이, 20세기 중반 정당들이 미국 정치에 일으킨 혼란에 대해 걱정할 만한 이유가 충분히 있었다. 오늘날 우리가 볼 수 있는 양극화된 정치 시스템을 만들기 위해 수년에 걸쳐 가차 없이 노력해온 운동가들과 정치인들에게는 그렇게 할 만한 이유가 충분히 있었다. 그들이 성공을 거둔 결과 발생한 잔해와 더불어 양극화주의자들의 논리를 이해하는 것은 과거에 대한 과도하게 아름다운 회상과 미래에 대한 지나치게 자신만만한 예측에 대비하는, 긴장감을 일깨우는 일종의 해독제다(이후 9장에 나와 있는 해결책들을 읽을 때 이 경고를 명심하길 바란다).

　정치학자들의 우려를 이해하려면, 민주주의에서 정당의 역할을 이해할 필요가 있다. 시민으로서 우리가 정기적으로 판단해야 하는 문제들을 생각해보라. 우리는 이라크, 시리아, 이란, 북한을 상대로 전쟁을 벌여야 하는가? 규제와 의무 가입 조항모든 사람이 의료보험에 가입하도록 강제하는 조항—옮긴이에 굴복한 민간 보험사들을 중심으로 조직된 의료 시스템이라니 말이 되는가? 적절한 저작권 보호 기간은 10년인가, 40년인가? 아니면 100년? 그도 아니면 이 세상이 종말을 맞을 때까지 지속되어야 할까? 연방 세수는 향후 10년간 GDP의 28%와 같아야 할까, 아니면 31% 또는 39%에 맞춰야 할까? 이민자는 매년 얼마나 받아야 하고, 얼마만큼이 경제적 수요에 할당되어야 할까? 부채 한도를 위반하는 것이 정말로 미국의 신용도를 훼손하는 일일까? 우리 가운데 그 누구도 이러한 주제들에 대해 충분한 전문 지식을 축적할 수는 없다.

　정당은 지름길이다. 미국정치학회 보고서는 정당을 '통치에 없어서는 안 될 도구'라고 했는데, 정당이 "조치를 위한 대안들 사이에서 적절한 선택권을 유권자에게 제공하기 때문"이라는 이유에서였다. 우리는 세금의 적정 수준을 모르고, 시리아 상공에 비행 금지 구역을 만드는 게 옳은 건지 모를 수도 있다. 하지만 우리가 민주당, 공화당, 녹색당 또는 자유당을 지지하는지는 안다. 당을 선택하는 행위는 국가가 직면한 광범위한 문제에 대한 우리의 가치들을 정확한 정책 판단으로 바꿀 수 있는, 신뢰할 만한 사람들을 선택하는 행위다. 보고서의 저자들은

"대부분의 미국인에게 있어서 공적인 일에 영향을 줄 수 있는 가장 귀중한 기회는 선거에서 정당 가운데 하나를 선택하는 일이다"라고 썼다.◆

1950년의 문제는 미국의 두 주요 정당이 유권자들의 의도를 존중하지 않았다는 것이다. 1954년 진보 성향의 민주당 상원 후보 휴버트 험프리를 지지했던 한 미네소타주 출신 민주당 의원은 당시 상원에서 가장 보수적이었던 사우스캐롤라이나주 상원의원 스트롬 서먼드가 포함된 그룹을 지지하기도 했다. 정당들은 선택권을 제공하기보다는 허튼소리가 든 보따리를 내놓고 있었다.

이것은 미국정치학회 회원들이 말한 것과 같은 문제였다. 주 정당들은 전국 정당들이 지워버린 선에 따라 정치를 조직했다. 저자들은 "전국 단위 당 조직과 주 단위 당 조직은 대부분 서로 독립적이며, 정당 정책과 전략에 있어 이렇다 할 공통점 없이 각자의 영역에서만 운영되고 있다"라고 불평했다. 미국 의회에는 다수의 공화당 의원보다 더 보수적인 민주당 의원들과 가장 좌파적인 민주당 의원만큼 진보적인 공화당 의원들이 포함되어 있었다. 그들은 유권자들이 정치에 영향을 미칠 가장 귀중한 기회를 빼앗고 있었다.

1923년 아이다호주 출신 공화당 상원의원인 윌리엄 보라William Borah는 이런 상황을 신랄하게 표현했다. 그는 "공화당 예비선거를 치를 수 있는 사람은 누구나 공화당원입니다. 그는 자유무역, 조건 없는 국제

◆ 모든 정치학자가 이 주장에 동의한 것은 아니다. 예를 들어, J. 오스틴 래니J. Austin Ranney는 "통합되고, 기강이 잡혀 있고, 책임을 지는 정당들은 대중의 손에서 모든 공권력을 찾는 통치 체제에**만** 적절하다"라고 주장하며 예언적인 반대 의견을 밝혔다. 미국의 정치 시스템은 다수를 좌절시켜왔고 끊임없는 타협을 요구했다. 그런 종류의 체제에서는 양극화한 정당들이 "매우 부적절하다"라고 래니는 말했다. 그리고 그가 옳았다.

연맹 가입, 주州의 권리, 민주당이 지지했던 모든 정책에 대한 믿음을 가지고 있을 수 있습니다. 하지만, 만약 그가 공화당 예비선거를 치른다면, 그는 공화당원이 될 것입니다"라고 말했다.[3] 공화당원은 보수주의자라는 의미가 아니라 공화당원이 되는 것을 의미했다. 당원이라는 것은 원칙과 관점에 대한 기표가 아니라, 말 그대로 동어반복이었다.

1950년, 전前 뉴욕 주지사이자 1944년 당시 공화당 대통령 후보였던 토머스 듀이Thomas Dewey는 만약 '진정한' 정당의 척도가 '주요 이슈에 대한 국가적 관점을 가진 통일된 조직'이라면 공화당과 민주당 모두 자격이 없다고 솔직히 인정했다. 하지만 듀이는 이것을 큰 강점이라고 생각했다. 그는 이렇게 말했다. "두 정당 모두 종교나 피부색, 인종, 경제적 이익에 얽매여 있지 않기 때문입니다. 한 정당은 어느 정도 다른 정당을 반영하게 됩니다. (…) 이것은 아마도 우리가 가진 엄청난 힘의 비밀 중 하나일 것입니다. 이것은 권력이 한 정당에서 다른 정당으로 옮겨가는 일에는 대개 근원적인 문제들에 대한 국가 전체적인 조처와 정책의 연속성이 내포되어 있다는 것을 의미합니다." 그는 "두 당 모두 트위들디와 트위들덤트위들디Tweedledee와 트위들덤Tweedledum은 동화와 『거울 나라의 앨리스』에 나오는 똑같이 생긴 캐릭터를 일컫는 말로, 서로 차이가 없다는 뜻이다—옮긴이 사이의 선택일 뿐"이라며 양당을 비난하는 사람들이 있음을 인정하며, "만약 비난하는 사람들이 자기들 뜻대로 했다면(해설: 그들은 자기들 뜻대로 할 것이다), 정치판은 정말로 가지런히 정리됐을 겁니다. 민주당은 진보주의에서 급진주의를 포괄하는 정당이 되었을 것이고, 공화당은 보수주의에서 반동주의를 포괄하는 정당이 되었을 겁니다"라고 말했다.[4]

1959년, 당시 부통령이었던 리처드 닉슨(그는 나중에 대통령이 되어 환경보호청을 설립하고, 기본소득을 검토하고, 오바마케어Obamacare보다 더 야심 찬 전 국민 대상 의료보험 계획을 제안한다)은 정당을 신념에 따라 분열시키려는 사람들을 조롱했다. 그는 이렇게 말했다. "우리가 보수-자유 노선이라고 부르는 것에 따라 두 주요 정당을 분열시킨다면 그것은 큰 비극이 될 것입니다. 미국 정치 시스템의 강점은, 행정부가 한 극단에서 다른 극단으로 치닫는 과격한 변화를 피해왔다는 데 있습니다. 그리고 우리가 그렇게 한 이유는 양당 모두에서 의견이 다를 수 있는 여지가 아주 많기 때문입니다."[5]

적어도 이런 점에서 로버트 F. 케네디는 닉슨과 생각을 같이했다. 저널리스트 고드프리 호지슨Godfrey Hodgson은 케네디와의 대화를 기억한다. 그는 이렇게 경고했다. "나라가 이미 인종과 민족에 따라 수직적으로 나뉘어 있으므로, 자유주의자와 보수주의자로 구분해서 나라를 수평적으로 나누는 것은 위험한 일입니다."[6] 이 이야기에서 정치는 분열을 완화하기 위한 것이지, 분열을 조장하기 위한 것이 아니라는 것을 알 수 있다.

1959년 공화당 전국위원회는 당이 뚜렷한 이념적 가치들을 따라야 하는지에 대한 문제를 두고 내부 토론을 벌였다. 공화당 의제 설계를 맡은 '프로그램과 진보 분과 위원회Committee on Program and Progress'는 창립총회에 정치학자 로버트 골드윈Robert Goldwin을 초청했고, 여기서 그는 "주요 정당을 어떤 원칙에 따라 운영하는 것은 불가능하고 바람직하지도 않다"라고 주장했다. 골드윈은 "양당에 진보주의자와 보수주의자가 모두 포함되어 있어서, 그렇지 않았더라면 선거에서 주요 쟁점이 되었을 이견들이 당 내부의 타협으로 해결됩니다"라고 말했다. 그는 또한 "이론적 차이가 첨예화한다면 국민적 통합은 약화할 것입니다"라고 경고했다.[7]

이것은 시간을 들여 생각해볼 가치가 있는 생각이다. 당내 분열이 존재하면 억압이나 타협을 통해 해소된다. 현대 정치에서 찾을 수 있는 좋은 예는 무역 문제이다. 이 문제는 민주당을 분열시키므로, 민주당원들은 그들끼리 싸우지 않기 위해 그 문제에 관해 이야기하는 것을 피하거나 타협점을 찾으려고 노력한다. 결과적으로 나타난 것은 무역에 대한 내부 논쟁의 억압이었다. 그러나 정당 사이에 분열이 존재하면, 그것은 갈등을 통해 해결된다. 당의 단결이라는 억제 장치가 없으면 정치적 불화는 증폭한다. 한 예가 건강보험 분야이다. 민주당과 공화당은 선거 때마다 건강보험에 대한 의견 차이를 강조하는 광고에 수십억 달러를 지출하는데, 이 논쟁이 지지자들에게 동기를 부여하고 대중이 상대방에게 등을 돌리기를 바라기 때문이다. 좋은 점은 중요한 이슈들이 방송을 타고, 때때로 해결된다는 것이다. 나쁜 점은 그런 문제를 둘러싼 분열이 더 깊어지고 분노를 자극한다는 것이다.

이 논쟁은 배리 골드워터Barry Goldwater의 1964년 대통령 선거 연설에서 공론화되었다. 이 연설은 이제 "메아리가 아닌 선택"을 제공하겠다는 골드워터의 약속으로 기억되고 있다. 덜 알려지긴 했어도 더 많은 것을 말해주는 것은 몇 단락 앞서 나온 그의 출마 이유일 것이다. 골드워터는 약간의 혐오감을 내비치며 이렇게 말했다. "나는 출마를 선언한 공화당 후보에게서 다음 대선에서 미국 국민에게 분명한 선택권을 제공하겠다는 양심선언이나 정치적 선언을 들은 적이 없습니다." 이어 골드워터는 이렇게 약속했다. 만약 공화당원들이 그를 대통령 후보로 지명한다면, 선거는 "인물의 싸움이 아니라 원칙에 관한 싸움이 될 것이다." 물론 골드워터는 후보로 지명되었고, 린든 존슨에 크게 패했다.

골드워터의 전당대회는 공화당 내 보수파가 중도파를 몰아내려고 모든 힘을 쏟으며 벌어진 가혹한 파벌 싸움의 현장이었다. 그 여파로 당시 미시간 주지사이자 중도적 공화주의자였던 조지 롬니George Romney는 골드워터와의 의견 차이를 요약한 12쪽짜리 편지를 썼다. 롬니는 "독단적이고 이데올로기적인 정당은 한 국가의 정치·사회적 구조를 분절시키고, 정부의 위기와 교착 상태를 초래하며, 자유를 보존하고 발전을 이루는 데 종종 필요한 타협을 방해합니다"라고 예언의 말을 남겼다.[8] (수십 년 후, 중도 성향의 매사추세츠 주지사로서 아버지의 유산을 이어받은 그의 아들은 '매우 보수적인' 사람으로 변신함으로써 공화당 대통령 후보로 지명된다.)

골드워터의 패배는 이념 주창자들은 선거에서 패배한다는, 그 시대의 통념을 확고히 했다. 클린턴 로시터Clinton Rossiter는 자신의 1960년 저서 『미국의 정당과 정치Parties and Politics in America』에서 "민주당과 공화당 사이에는 진정한 차이가 없고, 있을 수도 없다. 미국 정치의 불문율에 의거하여 정당들은 원칙, 정책, 인물, 매력, 목적 면에서 실질적으로 중복되어야 한다는 요구를 받으며, 그게 아니라면 전국 단위 선거에서 승리하리라는 희망을 품는 정당이 되는 것을 포기해야 하기 때문이다"라고 썼다.[9] 낙선자가 되는 것보다는 메아리가 되는 게 낫다.

정당들 사이의 모호함은 꽤 오래 이어졌다. 스탠퍼드대학교의 정치학자인 모리스 피오리나Morris Fiorina는 제럴드 포드가 지미 카터에 맞섰을 때 유권자 54%만이 공화당이 민주당보다 보수적이라고 생각했다고 지적한다. 거의 30%는 두 정당 사이에 이념적 차이가 전혀 없다고 말했다.[10] 민주당과 공화당 사이의 이념적 차이가 이처럼 희박했던 세상에서 정당 정체성이 얼마나 허약했을지를 상상해보라.

사실, 우리는 상상할 필요가 없다. 그것을 직접 볼 수 있으니까.

부정적인 당파성의 힘

유권자들이 표를 어느 한 당에 몰아주지 않고 쪼개서 나눠주는 것은 흔한 일이었다. 당시 유권자들은 아마도 민주당의 린든 존슨을 대통령으로, 공화당의 조지 롬니를 주지사로 선호했을 것이다. 그리고 만약 당신이 표 분할자이고, 당신이 아는 사람 대부분이 표 분할자라면, 어느 정당이건 자신과 그 정당을 동일시하기는 어려웠을 것이다. 결국, 유권자들은 때때로 두 정당 모두에 투표했다.

「모든 정치는 전국적이다All Politics Is National」라는 분석에서, 에모리대학교의 정치학자 앨런 어브래머위츠Alan Abramowitz와 스티븐 웹스터Steven Webster는 20세기 후반에 어떻게 그런 행동 양식이 약해지고 또 다른 천 년의 경계를 넘으면서 사실상 사라졌는지 보여준다. 어브래머위츠와 웹스터는 경합이 이뤄지는 하원 선거 지역들을 조사한 결과, 1972년과 1980년 사이 하원 선거에서의 민주당 몫과 대통령 선거에서의 민주당 몫 사이의 상관관계가 0.54라는 사실을 발견했다. 1982년과 1990년 사이에 그 수치는 0.65까지 올라갔다. 2018년경에는 0.97에 달했다![11] 40년 사이에 민주당 대통령 후보에 대한 지지는 하원의원 투표에 있어 '도움이 되긴 하지만 신뢰할 수 있는 수준과는 거리가 있는' 지지 예측변수에서 '거의 완벽한' 지침으로 바뀌었다.

표를 나눠주는 것은 두 정당에 대해 편안함을 느낄 때 가능하다. 즉, 한 당에 표를 몰아준다는 것의 이면에는 두 정당에 대한 편안함이 사라졌다는 사실이 있다. 미국 여론조사 기관들이 시민들에게 던지는 수많은 질문 중에는 '느낌 온도계'라고 불리는 것이 있다. 이 온도계는 사람들에게 두 정당에 대해 느끼는 감정을 1도에서 100도 사이(1은 차갑고 부정적임을 뜻하고, 100은 따뜻하고 긍정적임을 뜻한다) 온도로 평가하게 한다. 1980년대 이후 민주당에 대한 공화당원의 느낌과 공화당에 대한 민주당원의 느낌은 벼랑에서 추락하듯 급락했다.

1980년 당시 유권자들은 상대 당의 온도를 45도로 측정했다. 자신이 속한 정당에 준 72도만큼은 아니지만, 그래도 꽤 괜찮은 수치였다. 그러나 1980년 이후 온도는 떨어지기 시작했다. 1992년이 되면 상대 당의 온도는 40도로 내려갔다. 1998년에는 38도로 떨어졌고, 2016년에는 29도로 떨어졌다. 한편, 당원들의 자기 당에 대한 느낌 온도는 1980년 72도에서 2016년 65도로 떨어졌다.[12]

하지만 당원들만 그런 것은 아니었다. 미시간주립대학교의 정치학자 코윈 스밋Corwin Smidt은 그의 중요한 논문 「양극화와 미국 부동층 유권자의 감소Polarization and the Decline of the American Floating Voter」에서 2000년과 2004년 사이의 자칭 무당파들이 1972년과 1976년 사이의 열성 당원들보다 특정 당을 더 확고하게 지지한다는 사실을 발견했다.[13] 나는 한 번 더 말해두고자 한다. 오늘날 지지하는 당이 없는 무당파는 과거의 당원보다 예측 가능하게 두 정당 중 한 당에 투표한다. 이것은 놀라운 사실이다.

하지만 여기에는 이상한 점이 있다. 같은 기간 동안 유권자들이 당에 대해 갖는 충성심은 약해졌다. 1964년에는 유권자들의 약 80%가 자신들이 공화당원이거나 민주당원이라고 말했다. 2012년에는 자신을 어디에도 속하지 않는 무당파라고 주장하는 사람들의 비율이 급격히 상승하면서 민주당이나 공화당 중 하나에 속한다고 말하는 사람은 63%로 떨어졌다. 어브래머위츠와 웹스터는 "미국 선거 연구 역사에서 정당 일체감을 느끼는 사람들의 비율이 가장 낮은 경우"라며 이 사실에 주목했다.

언뜻 보기에 이 두 가지 경향은 상반된다. 어떻게 유권자들이 투표는 이전보다 당파적으로 하면서 당에서는 더 멀어질 수 있을까? 정당에 대한 일관된 지지와 정당에 대한 충성도는 연결되어야 하는 게 아닌가?

여기서 고려해야 하는 핵심적 개념은 '**부정적인 당파성**'이다. 이것은 지지하는 당에 대한 긍정적 감정이 아니라 반대하는 당에 대한 부정적인 감정에서 기인하는 당파적 행동을 말한다. 만약 당신이 지지하는 후보가 썩 마음에 들진 않지만, 단순 무식하거나 사회주의자인 상대 후보의 당선이 두려워서 투표해본 적이 있다면, 당신은 부정적인 열성 당원이었던 것이다. 많은 이가 부정적인 열성 당원이라는 사실이 밝혀졌다. 2016년 여론조사 전문 기관인 퓨 리서치 센터가 실시한 한 조사에 따르면, 자칭 무당파 유권자들은 부정적인 동기에 더 이끌렸다. 공화당이나 민주당 성향을 보이는 대다수 무당파 유권자들은 자신의 성향에 대한 주된 이유를 설명할 때 상대 당의 정책이 나쁘기 때문이라고 말한다. 대조적으로 어느 당의 정책을 지지하기 때문에 그 당을 선택했다고 말하는 사람은 각 집단의 3분의 1에 불과했다.[14]

이쯤에서 지난 50년 동안의 미국 정치를 요약하자면 이렇다. 우리는 투표에서 특정 정당을 더욱 일관적으로 지지하게 되었다. 이것은 우리가 투표하는 정당을 더 좋아하게 되었기 때문이 아니라(사실 우리는 우리가 투표하는 정당을 **덜** 좋아하게 되었다), 반대편 정당을 더 싫어하게 되었기 때문이다. 희망과 변화가 미약해지는 순간에도 두려움과 혐오는 계속된다.

지금 해야 할 질문은 '이 모든 일이 **왜** 일어났는가'이다. 미국 정치에서 어떤 변화가 있었기에 유권자들이 당파적으로 변했을까?

합리적인 열성 당원

'당파적Partisan당파적이라는 형용사도 되지만, 열성 당원이라는 명사도 된다―옮긴이'이라는 단어는 미국에서 경멸적인 의미로 사용된다. "미국인들은 1972년 이후 훨씬 더 당파적으로 변했다"라는 말은 비난하는 말로 읽힌다. 모욕이다. 미국에서 당파성은 나쁜 것으로, 경솔함과 분노에 관한 것이며, 심지어 미국적이지 않은 태도다.

조지 워싱턴은 이임 연설에서 당파적인 열성 당원들을 경고한 바 있다.

(당파적 열성 당원은) 국가 전체의 위임된 의지 대신 한 정당의, 종종 공동체의 작지만 교묘하고 모험적인 소수 집단의 의지를 들이민다. 그리고 다른 여러 정당이 차례를 바꿔가면서 승리함에 따라, 공공 행정은 공동의 대리인들에 의해 다듬어지고 상호 이익에 의해 수정된, 일관되고 건전한 계획의 조직체가 아니라 파벌의 비협조적이고 모순된 계획을 반영한다.

그들은 고약한 존재였다.

워싱턴의 연설은 미국 정치에서 향후 일어날 일의 많은 부분을 예고했다. 프린스턴대학교의 역사학자 숀 윌런츠Sean Wilentz가 『새로운 공화국New Republic』에서 썼듯이, 그 연설은 "당파성과 이를 선동한 저질 선동가들을 공격하기 위해 행해진 매우 당파적인 호소"였다.[15] 워싱턴은 미국이 존 애덤스John Adams와 알렉산더 해밀턴Alexander Hamilton이 이끄는 연방주의자들과 토머스 제퍼슨Thomas Jefferson과 제임스 매디슨James Madison이 이끄는 민주공화주의자 등 양당 체제로 분열되고 있을 때, 해밀턴과 함께 그 연설을 작성했다. 사실상 워싱턴은 연방주의자였

고, 파벌에 대해 경고하기 위해 그가 선택한 후계자들에게 도전장을 내
민 사람들에게 주의하라고 경고한 것이었다. 윌런츠는 "워싱턴의 연설
은 제퍼슨이나 그의 지지자들을 명시적으로 언급하지 않았지만, 조직
화한 정치적 반대에 대한 날 선 공격은 명백히 그들을 향한 것이었다"
라고 썼다.

　　워싱턴의 개입은 당파적이었지만, 그의 본능은 철저히 미국적이었
다. 이것은 미국인들이 그때 이후로 줄곧 유지해온 균형이다. 미국인들
은 이데올로기 주창자와 당파적인 열성 당원을 불신한다. 미국인들은
중도파, 온건파, 무당파를 존경한다. 사마라 클라라Samara Klara와 얀나
크루프니코프Yanna Krupnikov는 실험 대상자들에게 정치적 불화에 대해
생각하게 한 다음, 낯선 사람들의 사진을 건넸다. 그들 중 일부는 무당
파이고 일부는 열성 당원이라고 알려진 사람들이었다. "객관적인 기준
으로 볼 때 열성 당원들이 더 매력적일지라도", 무당파 사람들이 더 매
력적이라는 평가를 받았다. 또 다른 실험에서, 클라라와 크루프니코프
는 미국인들이 낯선 사람에게 좋은 인상을 심어줘야 한다는 말을 들었
을 때, 자신을 '무당파'라고 지칭할 가능성이 60%나 더 높다는 사실을
발견했다. 무당파라는 것은 투표에서 누굴 지지하느냐에 관한 것이 아
니다.[16] 그것은 개인의 브랜드에 관한 것이다.

　　우리가 무당파를 높게 보는 것은 본질적으로 당파성을 나쁘게 보
기 때문이다. 우리는 우리 사이의 의견 불일치가 사라지기를 바란다. 의
견 불일치가 있다면 열성 당원들의 공작 탓으로 돌리는 것이 편하다.
그러나 열성 당원은 사리사욕을 채우기 위해 정치 시스템을 왜곡하는
비합리적이고 나쁜 사람들이 아니다. 그들은(당신과 나도 포함된다) 정
상적인 사람들이고, 전 세계의 정치 시스템에 존재하는 깊은 차이들을

반영한다. 그리고 각 정당이 다를수록 당파성도 더 합리화된다.

최근 수십 년 동안 미국 정치에 일어난 변화는 정당들이 눈에 띄게, 부인할 수 없을 정도로 달라졌고, 이에 대한 대응으로 미국은 더 당파적으로 변했다는 점이다.

퓨 리서치 센터는 1994년부터 미국 정치 여론에 대한 대규모 조사를 시행해왔는데, 그 조사 결과는 적나라하다.[17] 예를 들어, 1994년 민주당원의 39%와 공화당원의 26%는 흑인이 미국 사회에서 '성공할 수 없는' 주된 이유로 차별을 꼽았다. 2017년 이 생각에 동의한 민주당원의 수는 64%로 급증했지만, 공화당원의 경우 14%에 불과했다.

비슷하게, 1994년 민주당원의 32%와 공화당원의 30%는 이민자들이 미국이 강대국이 되는 데 기여했다는 생각에 동의했다. 2017년이 되면 이 수치는 민주당원 사이에서는 84%로 상승했지만, 공화당원 사이에서는 42%에 불과했다.

1994년 공화당원의 63%와 민주당원의 44%는 가난한 사람들이 아무것도 하지 않고도 정부의 도움을 받을 수 있어서 쉽게 살 수 있다는 데 동의했다. 2017년이 되면 이 생각에 동의한 공화당원의 비율은 65%로 약간 증가했지만, 민주당원의 비율은 18%로 하락했다.

보고서는 이렇게 결론을 낸다. "퓨 리서치 센터가 1994년부터 실시해온 조사를 통해 추적한 10가지 척도에 따르면, 평균적인 당파적 격차는 15%p에서 36%p로 증가했다."[18]

이게 무슨 의미인지 분명히 할 필요가 있다. 만약 당신이 민주당원이라면, 2017년의 공화당은 1994년의 공화당보다 더 좋은 사회에 대한 당신의 비전에 더 심각한 위협을 가한다. 공화당 내에서 당신의 의견에 동조하는 사람들의 수가 줄어들었고, 그들은 당신의 관심과 더 거리가 먼 의제를 중심으로 통합된 상태다. 물론 현대의 민주당을 바라보는 공화당원들에게도 상황은 마찬가지다.

이는 단지 여론조사 기관의 기이한 조사 결과물이 아니다. 정당들의 통치 의제를 대충 훑어보기만 해도 드러나는 내용이다. 아마도 이것은 정당들의 의제에서 보이는 첨예한 차이에서 비롯한 것이라고 생각한다.◆

예를 들어, 로널드 레이건 대통령과 조지 W. 부시 대통령 모두 세금 인상 법안에 서명했다. 오늘날의 공화당이라면 이런 일은 상상도 할 수 없을 것이다. 왜냐하면 공화당의 거의 모든 선출직 공직자는 어떤 상황에서도 세금을 인상하지 않겠다고 서약하기 때문이다. 또한 부시 대통령은 장애인법에 서명하고 산성비로 인한 오염 물질을 줄이기 위한 탄소배출권 거래제를 관장했다. 레이건 대통령은, 오늘날 민주당은 숭배하고 공화당은 비난하는 이민 개혁 법안에 서명했다. "나는 비록 과거에 불법으로 입국했을지라도 미국에서 뿌리를 내리고 살아온 사람들은 처벌을 면해야 한다는 생각에 동의합니다"라고 레이건은 말했다.[19]

◆ 이것은 양극화 관련 연구에서 아마도 가장 큰, 닭이 먼저냐 달걀이 먼저냐의 문제일 것이다. 정치 엘리트들은 양극화하고 있고 대중은 그저 따르기만 하고 있는가? 아니면 대중이 양극화하고 있고 정치 엘리트들이 이에 반응하고 있는 것인가? 앞으로 이 책에서 더욱 분명해지겠지만, 내가 종합적으로 내린 판단은 **미국 정치에 관여하는 모든 주체**가 양극화의 광범위한 영향을 받고 있다는 것이다. 결국 우리가 더 참여할수록, 우리는 더 양극화한다. 정치 엘리트들은 전반적으로 대중보다 더 빨리 더 양극화하고 있다. 하지만 대중이 정치 엘리트들의 말에 귀 기울이면서 그들도 더 양극화하고 있다. 그리고 정치인들은 가장 양극화한 일부 집단의 목소리에 가장 민감하게 반응한다. 우리는 모두 극도로 양극화한 체제 속에 살고 있고, 우리의 개인적 양극화 수준과는 관계없이 양극화한 선택에 직면해 있다.

그렇다. **레이건** 대통령이 그렇게 말했다.

한편, 빌 클린턴 대통령은 정권 출범과 함께 적자를 줄이기 위한 예산안을 짰고, 북미자유무역협정NAFTA을 통과시키기 위해 총력을 기울였다. 그는 아칸소주로 돌아와 뇌 손상을 입은 수감자의 처형을 감독하고1992년, 대선 선거운동을 이어가던 빌 클린턴은 자신이 주지사로 있던 아칸소주로 돌아와 1981년에 경찰을 죽인 혐의로 사형수가 된 리키 레이 렉터의 사형 집행을 감독했다. 민주당은 전통적으로 사형 집행에 반대해왔음에도 클린턴은 사형에 찬성했다—옮긴이, 래퍼 시스터 술자Sister Souljah를 공개적으로 비난하는 등1992년 로스앤젤레스 폭동과 관련한 질문을 받은 래퍼 시스터 술자는 폭력을 옹호하는 발언을 했고, 클린턴은 극단주의적인 발언에 비판적인 견해를 내비쳤다—옮긴이 자신이 속한 민주당 내 좌파와 각을 세운 것으로 유명했다. 그는 복지를 줄이고 연방 예산의 균형을 맞추기 위해 의회 내 공화당원들과 협력했다. 두 번째 임기 동안, 그는 "큰 정부의 시대는 끝났습니다"라고 자랑스럽게 선언했다.

건강보험 문제는 더 극명한 예시다. 1965년, 당시 민주당 대통령은 노인들을 위한 대규모의 단일 지급 건강보험 제도를 만들었다. 개념과 집행 측면에서 메디케어만큼이나 진보적이었던 그 제도는 하원에서 공화당원 70명의 표를 얻었고, 상원에서는 공화당원 13명의 표를 얻었다. 반면 오바마케어는 매사추세츠주에서 밋 롬니가 실시했던 개혁을 본떠서 만들어진 것이었고, 공화주의적 아이디어들을 기반으로 만들어졌다. (현재 논란이 되는 의무 가입 조항이 그렇다. 이 점에 대해서는 뒷부분에서 좀 더 다루겠다.) 확대된 보험 적용 범위의 대부분을 민간 보험사에 의존했고, 이는 결국 공공 보험 선택권을 희생한 것이었다. 오바마케어가 설계라는 측면에서 보면 많은 부분 타협한 법안이었고, 오바마 행정부는 초당적 지지를 간절히 원했지만(나는 오바마케어를 두고 그들이 벌인 싸움을 취재했다. 분명히 말하건대, 오바마 행정부 인사들은 공화당의 지지를 위해서라면 뭐든지 했을 것이다), 그 법안은 상원과 하원에서 단 하나의 공화당 표도 얻지 못했다.

1965년의 진보적인 유권자들이 어떻게 해서 공화당원들이 메디케어에 생각이 열려 있을 수도 있다고 생각하게 되었는지를 이해하기는 쉽다(실제로 많은 공화당원이 메디케어에 생각이 열려 있었다). 그러나 오늘날 어떤 정당이 더 많은 건강보험 보장을 지지하는지를 두고서 유권자들이 혼란스러워하지는 않을 것이다. 두 정당 사이의 선택은 훨씬 더 선명해졌다.

또 다른 예로 임신중단 문제를 보자. 1982년 상원의원 조 바이든은 '로 대 웨이드 사건Roe v. Wade'의 판례를 뒤집을 수 있는 헌법 수정안에 찬성했다. 그는 당시 그 투표를 두고 "미국 상원의원으로서 내가 던진 가장 어려운 투표"였다고 말했다. 독실한 가톨릭 신자인 바이든은 자신의 양육 과정을 들어 그 결정을 설명했다. "여러분이 뭐라고 표현하고 싶으시든 간에, 나는 아마도 내 배경의 피해자이거나, 부산물일 것입니다." 그는 또한 정치적 순간의 산물이었다.[20]

제럴드 포드 대통령은 '로 대 웨이드' 사건 판결에 반대했지만, 그의 부통령 넬슨 록펠러는 뉴욕주 주지사로서 임신중단 제한 조치를 폐지했다. 1976년 공화당 정강은 임신중단을 "우리 시대의 가장 어렵고 논쟁적인 질문들 가운데 하나"라고 일컬었다.[21] 이어 "우리 당에는 필요한 경우 임신중단을 허용하는 대법원의 결정을 전적으로 지지하는 사람들이 있고, 모든 임신중단을 금지하는 개헌으로 대법원의 결정이 바뀌어야 한다는 의원들도 있다"라고 하며 공화당 내부의 분열을 인정했다. 의회에서도 비슷한 수의 공화당원과 민주당원이 임신중단에 반대하는 투표를 했다. 여론조사에서도 민주당원이든 공화당원이든 상관없이 임신중단은 어떤 경우라도 합법이어야 한다고 말할 가능성과 어떤 경우라도 불법이어야 한다고 말할 가능성이 같았다.

오늘날 바이든은 '로 대 웨이드' 사건 판례를 뒤집으려는 보수 진영의 노력에 대해 "그것은 잘못된 것이며, 유해합니다. 그리고 우리는 그것을 막아야 합니다"라고 말한다.[22] 마찬가지로, 오늘날의 공화당 정강은 이 문제에 대해 어떠한 말도 하고 있지 않다. 공화당의 2016년 정강에는 이렇게 쓰여 있었다. "우리는 인간 생명의 존엄성을 확고히 하며, 태어나지 않은 아이도 침해 불가한 생명에 대한 기본권을 가지고 있음을 단언한다." 임신중단에 대한 자유로운 선택을 지지하는 공화당원들을 인정하기는커녕, 그러한 입장을 견지하는 민주당원들을 공격한다. 또한 그 정강은 "민주당의 임신중단에 대한 거의 무조건적인 지지와 임신중단에 대한 기본적인 제한에 대한 강경한 반대는 그들을 미국 국민의 생각과 극적으로 멀어지게 한다"라고 선언한다. 건강보험 문제와 마찬가지로, 1970년대 공화당 내에는 임신중단에 찬성하는 사람이 있었고, 또한 임신중단에 반대하는 유권자는 민주당원들 사이에서 비빌 언덕을 찾을 수 있었다. 그러나 오늘날에는 그런 여지가 없다. 민주당은 '로 대 웨이드' 판결을 지지하고 공화당은 반대한다. 정치에 대해 거의 아는 게 없어도 이것은 알 수 있다.

이것은 코윈 스밋의 아주 놀라운 발견을 이해하는 데 도움이 된다. 미국 선거 조사 질문 중 하나는 유권자들이 두 정당 간의 차이를 이해하는지에 대한 것이었다. 오랜 시간에 걸쳐 답변을 연구한 결과, 스밋은 유권자들이 두 당의 차이를 훨씬 많이 인식하게 되었음을 알아냈다. 이러한 변화는 급격했고, 스밋은 "정치에 크게 신경 쓰지 않는 무당파 유권자들은 1980년 이전의 열성 당원이나 정치적인 사람들보다 더 많은 정치적인 문제들에 대해 후보 간의 차이를 인식하고 있었다"라고 썼다.[23]

간단히 말해서, 오늘날 정치에 무관심한 유권자라고 해도 1980년대 정치광만큼이나 양당 간의 차이점을 잘 알고 있다는 것이다. 이는 놀라운 발견이다. 하지만 당연한 발견이기도 하다. 정당 간의 차이가 더 확연하므로 유권자들은(심지어 정치에 관심이 없어도) 그 차이를 더 뚜렷하게 본다. 당나귀와 노새보다 당나귀와 코끼리를 구별하는 일이 더 쉽다.

정당들의 의제가 다양해졌고, 정당들이 서로를 바라보는 시선 역시 다양해졌다. 앞에서 상대 당에 대한 평가가 급격히 하락했음을 보여주는 '느낌 온도계'를 언급했다. 그 자료는 변화를 과소평가했다. 정치는 가장 강한 의견을 가진 가장 헌신적인 운동가들에 의해 움직인다. 그리고 상대 당에 대한 평균적인 평가의 하락보다 더 많은 것을 말해주는 것은 상대 당을 향한 공포심 상승이다. 퓨 리서치 센터의 2014년 조사에 따르면, 공화당원의 37%와 민주당원의 31%가 상대 당을 '국가의 안녕에 대한 위협'이라 생각하는 것으로 나타났다. 2016년 이 수치는 공화당 45%, 민주당 41%까지 상승했다.[24]

하지만 이 또한 완벽하게 말이 된다. 만약 당신이 정부가 사회 프로그램에 너무 많은 돈을 쓰고, 불법 이민자들에게 너무 관대하고, 급진적인 환경론자들에게 너무 휘둘린다고 믿는 공화당원이라면, 실제로 민주당은 당신에게 더 무서운 존재가 되었다. 지난 수십 년 동안 민주당의 통치에 대한 우려가 커지지 않았다면, 당신은 정치에 관심을 기울이지 않았을 것이다.

　　문제는 정당들이 더 확연히 달라짐에 따라 왜 유권자들이 더 확연히 당파적으로 변했는지가 아니다. 물론 그렇게 변했다. 이것이 정당들이 그렇게나 달라진 이유다. 미국인의 삶에 관한 많은 이야기가 그렇듯, 이 중심에는 인종이 있다.

2장

二

딕시크랫 딜레마

1957년 8월 28일 수요일, 상원이 완화된 민권 법안을 심의하는 동안, 스트롬 서먼드는 연설대로 걸어 올라가 미국 역사상 가장 유명한 필리버스터의회 등에서 여러 방법을 동원해서 합법적으로 의사 진행을 지연시키는 것—옮긴이를 시작했다. 서먼드는 48개 모든 주의 선거법을 읽는 것으로 시작했다. 그런 다음 미국독립선언문, 권리장전, 조지 워싱턴의 이임 연설 등을 읽었다. 서먼드는 화장실에 가기 위해 한 번의 휴식을 취했고, 이때 배리 골드워터가 그를 대신해서 단상을 차지했다. 그는 아내가 싸준 차가운 등심 스테이크와 호밀빵을 먹었고, 목캔디를 빨았다. 때때로 그의 목소리는 너무 작아져서 알아듣기가 힘들었다. 서먼드는 말을 시작한 지 24시간 18분 만에 법안에 반대표를 던지겠다고 말하며 발언을 끝마쳤다. 짜증 나고 지친 동료 의원들은 전혀 놀라지 않았다.

서먼드의 필리버스터는 미국 역사상 가장 길었다. 그의 발언은 「연방의회 의사록」의 96쪽 분량을 차지했다. 그리고 그의 필리버스터는 가장 효과가 없었던 필리버스터 가운데 하나였다. 조지프 크레스피노 Joseph Crespino가 『스트롬 서먼드의 미국Strom Thurmond's America』이라는 책에서 설명했듯이, 남부 지역 상원의원들은 몇 달 동안 그 법안을 갈가리 찢어발겼다. 그들은 법무장관이 공공장소에서의 차별에 대한 소송을 제기할 수 있게 한 제3절을 삭제했다. 그리고 투표 방해의 경우에 배심원 재판을 보장함으로써 투표권 조항을 무력화했다. 남부 배심원들은 흑인의 투표를 막은 백인 선거 관리자에게 절대 유죄를 선고하지 않을 터였다. 서먼드는 자신의 업적을 높이 평가했다. 그는 자신이 "민권 법안에서 가장 많은 독이 든 이"를 뽑아냈다고 했고, 민주당 상원의원 리처드 러셀Richard Russell과 린든 존슨은 '대단한 일'을 했다며 칭찬했다. 그러고 나서 그는 그들의 일을 더 어렵게 만들기로 마음먹었다.

러셀과 존슨이 한 거래는, 공화당 의원들과 중도파 민주당 의원들이 법안을 약화할 수 있게 허용한다면, 그들이 나서서 남부 출신 동료 의원들이 그 법안을 통과시키도록 설득하겠다는 것이었다. 클럽과도 같았던 1950년대 상원에서 말은 구속력이 있었다. 미래에 어떤 협정을 성사시키려면 거래 내용을 지켜야 했다. 존슨 측 인사는 만약 남부 의원들이 그 법안을 부결시키면, "민권 법안에 영향을 미칠 수 있는 능력뿐만 아니라 의회 내에서 가지고 있는 영향력도 모두 잃을 수 있다"라고 경고했다. 그래서 남부 상원의원들은 필리버스터를 하지 않는다는 데 동의했다. 《타임》은 서먼드가 "필리버스터를 하지 않는다는 결정에 처음으로 동의한 사람들 가운데 한 명"이라고 보도했다.[1]

그러나 분노한 분리주의자들의 전보와 편지가 날아들기 시작했다. 서먼드는 러셀에게 조직적인 필리버스터를 다시 한번 검토해달라고 요청했지만, 러셀은 거절했다. 그래서 서먼드는 혼자 필리버스터를 단행했다. 법안을 위험에 빠트리진 않았지만, 서먼드는 남부 동료 의원들을 나쁘게 보이게 했다. 남부 의원들은 분리 정책이 지속되게 하려고 침묵했다. 서먼드는 자신의 성공을 위해 더 큰 목소리를 냈다. 그는 큰 목소리를 내서 자신이 남부 지역의 인종적 위계질서를 옹호할 용기를 가진 유일한 상원의원인 것처럼 보이게 행동했다. 존슨의 한 보좌관은 "오, 세상에, 남부 의원들의 원한에 찬 증오심은 정말 대단했습니다"라고 회상했다. 예의 바른 러셀은 서먼드의 필리버스터를 "개인적인 정치 권력 강화"라고 비난했다. 법안은 서먼드의 반대에도 불구하고 통과되었다.

민권 법안에 반대하는 유일한, 거의 역효과를 낸 연설은 서먼드의 가장 유명한 필리버스터지만, 그의 가장 중요한 필리버스터는 아니다. 그의 가장 중요한 필리버스터는 1965년 존슨 대통령이 재선 선거에서 압승하고 민주당이 상원에서 의석의 3분의 2를 차지할 만큼 큰 차이로 다수당 지위를 차지한 후에 있었다. 민주당은 노조의 일터 조직화 능력을 무력화하는 주 노동권리법을 허용하는 태프트 하틀리 조항Taft-Hartley provision을 제거함으로써 수십 년 동안 입지를 다질 기회를 잡았다고 보았다. 법안이 통과되면 노조들은 가장 구속력이 강한 제약에서 벗어나 더 많은 노동자를 조직하고, 민주당에 더 많은 표를 행사할 수 있을 터였다.

상원에 68명의 민주당 의원이 있었기 때문에 그것은 어렵지 않은 일로 여겨졌다. 그러나 서먼드는 남부 민주당 의원들과 보수적인 공화당 의원들로 구성된 집단을 이끌면서 필리버스터를 실시했다. 서먼드는 겨우 5시간 정도 필리버스터를 지속했다. 하지만 더 길게 할 필요가 없었다. 민권 법안에 대한 필리버스터 때와는 달리, 이번에는 서먼드와 함께하는 의원들이 있었기 때문이다. 충분히 통과될 수 있었던 법안을

부결시킬 수 있을 정도의 숫자였다. 이 필리버스터는 노동계의 관에 대
못을 박았고, 아울러 민주당을 약화시켰다.

서먼드는 상원의원이 얼마나 진보적인지를 보여주는 척도인 '미
국인 민주 행동 연맹Americans for Democratic Action'이 매기는 점수에서
0점을 받았다. 그는 공화당 대통령 드와이트 아이젠하워가 상원에서
두 번째로 신뢰하는 동맹이었으며, 골드워터의 가장 가까운 동맹 가운
데 한 명이었다. 서먼드는 인종 문제와 관련해서만 보수주의자가 아니
었다. 반反노동 필리버스터가 보여주듯, 그는 모든 것에 있어서 보수적
이었다. 크레스피노는 서먼드를 현대 보수주의의 조상으로 봐야 한다
고 주장한다. 크레스피노는 "골드워터가 피닉스 시의회 출마를 1년 남
겨두고 있었고 레이건은 여전히 배우였던 1948년, 서먼드는 연방정부
가 개인 사업에 간섭하는 것을 비난하고, 미국에 사회주의적 파장이 커
지는 것을 비난했으며, 국가주의가 갖는 위험을 경계하는 대선 후보였
다"라고 썼다. 그러나 1965년 필리버스터를 하기 몇 개월 전까지 서먼
드는 민주당원이었다. 그는 1954년 민주당원으로 상원에 당선되었고,
1964년까지 공화당에 입당하지도 않았다.

서먼드의 정치 인생은 20세기 미국에서 일어난 정치적 재편의 축
소판이다. 1950년부터 2018년 사이 미국 정치에 무슨 일이 일어났는
지 이해하려면 남부 민주당이 무엇이었고, 그것이 어떻게 변했는지 이
해해야 한다. 유명한 정치학자 V.O. 키 주니어V.O. Key Jr.는 남부 민주
당은 그 자체로 하나의 기관이었다고 말했다. "남부에서 민주당은 전
혀 정당이 아니었고, 공직을 얻기 위해 고군분투하는 여러 파벌의 집합
체였다."[2] 진보주의자와 보수주의자가 함께 있었고, 파벌 정치인과 개
혁가들도 함께했다. 하지만 전국적 정치판에서 남부의 민주당은 단일

화된 전선이었고, "남부가 나머지 지역과의 대외 관계를 수행하기 위한
도구"였다.

남부가 미국 내에서 나머지 지역들을 상대하기 위해 외교 전략 비
슷한 것을 필요로 했다는 것은 별로 놀랍지 않다. 민권법이 의회에서
통과된 것은 남북전쟁이 있은 지 100년밖에 지나지 않은 때였고, 그 공
백기 동안 남부 백인들은 내부적인 최우선 과제(법과 폭력이라는 이중
무기로 유지되는 백인 우월주의의 지속)와 더 넓은 미국으로의 강제적
편입 사이에서 균형을 찾으려고 애쓰고 있었다. 남부 민주당은 남부 백
인들이 그러한 긴장을 협상하는 수단이었다. 간단히 말해서, 남부 민주
당은 남부를 독재적으로 통치하고 전국적인 민주당과 통치를 위한 연
합체를 결성함으로써 자신들의 자치권을 보호한 권위주의적 기관이었
다. 딕시크랫1948년 미국에서 개혁 정책에 반발하며 민주당을 탈당한 사람들을 일컫는 말—
옮긴이은 의회에서 승리하는 데 필요한 표를 전국 단위 민주당에 주었고,
전국 단위 민주당은 딕시크랫이 남부에서 분리주의와 일당 통치를 시
행할 수 있게 허용했다.

딕시크랫과 민주당 사이의 합의는 양극화보다 더 나쁜 것이 있음
을, 지금 미국 정치에서 황금기로 기억되는 시대에 끔찍한 대가가 있었
음을 상기시킨다. 로버트 미키Robert Mickey는 『미국 동남부를 빠져나오
는 길Paths Out of Dixie』에서 이렇게 주장한다.

> 1890년대에 옛 남부연합 소속 11개 주의 지도자들은 '민주'라는 기치 아래 안
> 정적인 일당 통치의 권위주의적 거주지를 건설했다. 중앙 정부와 전국 단위 당
> 에서 조건부 자치를 인정받은 이 통치자들은 유권자의 수를 감축했고, 야당을
> 괴롭히고 억압했으며, 인종적으로 분리된(그리고 상당히 자유롭지 않은) 시민 영

역을 만들고 규제했다. 주 정부가 지원하는 폭력은 값싼 농업 노동력과 백인 우월주의를 보장하는 시스템 내에서 이런 요소들을 강제했다.[3]

만약 소비에트연방 해체 이후의 공화국들에 대해 쓸 때 흔히 사용하는 언어들로 미국을 묘사한 글이 이상하게 느껴진다면, 부분적이나마 그게 요점이다. 『하얀 분노White Rage』의 저자이자 에모리대학교의 아프리카계 미국인 연구학 교수인 캐롤 앤더슨Carol Anderson은 "미국은 야망을 품고 있습니다"라고 말한다. "이것이 미국을 다른 나라와 구분 짓는 요소입니다. 소외된 사람들은 야망에 대해 이렇게 말해왔습니다. '당신은 스스로 야망 있는 사람이라고 하지만, 야망은 당신이 하는 일을 의미합니다.' 하지만 이와 동시에 벌어지는 일은 그러한 야망이 성취의 의미를 갖게 된다는 것입니다. 사람들은 신화적인 과거에 대한 갈망을 품게 됩니다."[4]

우리가 우리의 현재를 명확히 이해하고자 한다면, 과거를 탈신화화하는 작업이 필요하다. 하지만 미국의 과거를 정직하게 들여다보는 일은 꽤 불쾌할 수 있다. 이것은 미국이 진정한 민주주의 국가라는 우리의 생각과 민주당이 영예롭게 여기는 자신들의 역사에 불쾌한 감정을 갖게 한다.

딕시크랫의 통치

20세기 대부분 미국 남부에서 민주당의 통치는 패권적이었다. 때때로 민주당은 선출되는 공직의 95%를 차지했으며, 다른 나라의 권위주의적 통치자들이 그러하듯, 선거의 자유와 공정성을 부분적으로 억압함으로써 통치를 이어갔다. 많은 흑인 유권자들은 법적으로 투표가 금지되었고, 합법적 투표가 가능할 때는 선거권을 행사하려 한다는 이유로 구타당하거나 심지어 살해당하기도 했다. 1946년 재선을 위해 선거운동을 하던 민주당 상원의원 시어도어 빌보Theodore Bilbo는 소름 돋을 정도로 직설적이었다. 그는 이렇게 말했다. "당신이나 나나 깜둥이가 투표하지 못하도록 하는 제일 좋은 방법을 알고 있습니다. 선거 전날 밤에 투표를 하는 거죠. 그 이상은 말씀드릴 필요가 없겠습니다. 혈기 왕성한 사람들은 내가 무슨 말을 하는지 알 겁니다."[5]

그는 선거에서 승리했다. 미시시피주의 흑인 50명은 빌보가 흑인 유권자들이 투표장에 못 오도록 폭력을 사용해 위협했기 때문에 공직에 앉아서는 안 된다고 주장했다. 상원은 공화당 의원 2명과 남부 민주당 의원 3명으로 구성된 위원회를 소집해 증언을 들었지만, 민주당은 당론 표결이라는 노선에 따라 빌보의 당선을 확정했다. "7월 2일 예비선거에서 흑인들이 등록하고 투표하는 과정상 겪은 어려움은 백인과 흑인들 사이의 전통적인 감정과 흑인들의 민주당 예비선거 참여에 관한 주 법률에 대한 그들의 생각에서 비롯되었고, 결과는 후보자가 누구였든 상관없이 똑같았을 것이다"[6]라는 것이 다수 의견이었다.

법적인 차별과 인종적 테러리즘의 혼합이 통했다. 남북전쟁이 끝난 지 3년 만에 "남동부 지역에서 흑인 유권자 등록률이 85~94%에 달했고, 거의 100만 명의 자유인이 이 지역 전역에서 투표했다"[7]라고 미키는 기록했다. 한 세기도 지나지 않아, 기본적인 자유는 파괴되었다. 앤더슨은 "1944년까지 옛 남부연합 주에서는 투표 가능한 흑인 가운데 5%만이 등록된 상태여서, 수백만 명의 흑인이 정치적으로 침묵했다"라고 썼다. 억압은 흑인들이 정치 권력을 잡는 것이 가장 우려되는 곳에서 가장 거셌다. 1953년 흑인 인구가 백인 인구를 초과하는 앨라배마 주 지역을 의미하는 이른바 '블랙벨트Black Belt'에서는 "선거권을 가진 흑인의 1.3%만이 등록된 상태였다. 두 카운티에서는 단 한 명의 흑인 유권자도 없었다."[8]

그곳에서는 폭력 사태가 있었고, 심지어 쿠데타 시도도 있었다. 1874년 루이지애나의 '화이트 리그Louisiana's White League1874년 루이지애나주 에서 설립된 백인 우월주의 단체—옮긴이' 소속 회원들이 뉴올리언스로 몰려가 공화당 주지사인 윌리엄 켈로그William Kellogg를 축출하고 선거에서 패배한 민주당 존 매케너리John McEnery를 주지사 자리에 앉히려 했다. 반란군이 도시를 장악하면서 율리시스 그랜트Ulysses S. Grant 대통령은 연방군을 파견해야 했다. 인상적인 뒷얘기를 덧붙이자면, 1891년 뉴올리언스에는 도시를 점령하려다 사망한 수십 명의 화이트 리그 회원을 추모하는 기념비가 세워졌다. 그 기념비는 2017년 마침내 철거되었다.

뉴올리언스 시장 미치 랜드루Mitch Landrieu는 남부연합 기념물들을 철거하기로 한 자신의 결정을 설명하는 연설에서 "어떤 사람들은 매일 그 기념물들 옆으로 차를 몰고 지나다니면서 그 기념비의 아름다움을 숭배했고, 어떤 사람들은 그런 것이 존재한다는 사실도 전혀 알아차리지 못했습니다. 하지만 많은 우리 이웃과 미국인들은 그 기념물을 아주 명확히 봅니다"라고 말했다. "많은 사람이 그들의 존재가 말 그대로, 또한 상징적으로 드리운 긴 그림자를 고통스럽게 인식하고 있습니다. 그들은 남부연합과 사라진 대의에 대한 숭배자들이 전달하고자 했던 메시지를 분명히 수신했습니다."

뉴올리언스에서 벌어진 쿠데타가 시사하듯, 민주당은 백인 공화당원들도 뭉개버리면서 일당 독재를 강행했다. 미키는 "민주당은 모든 선거법과 행정을 통제했고, 그들은 잠재적인 적들에게 엄청나게 높은 진입 장벽을 유지하려고 노력했다"라고 썼다. "여러 주는 정당 규정이나 법령에 따라 충성스럽지 못한 후보 또는 민주당의 가치에 서약하지 않은 후보가 공직에 출마하는 것을(무소속으로 출마하는 것도 포함해서) 금지했다. 그리하여 남부 민주당은 미국 동남부 지역에 대한 권위주의적 통제를 강화하는 데 성공했다."

캘리포니아대학교 버클리 캠퍼스 하스연구소Haas Institute의 인종 정치 프로젝트 책임자인 이안 헤이니 로페즈Ian Haney Lopez는 20세기 미국을 '**헤렌볼크**지배 민족만을 위한 민족주의—옮긴이 자유 민주주의'라고 부른다. 다수 인종 집단에게는 민주주의이지만 나머지 사람들에게는 매우 다른 정치 제도다. 헤이니 로페즈는 "**헤렌볼크** 자유 민주주의는 백인들의 문제를 해결했습니다. 사회의 부를 어떻게 하면 계속 아래쪽으로, 바깥쪽으로 확산시킬 수 있을까 고민하며 번영을 공유하고 확장했습니다. 백인들에게 민주주의는 매우 잘 작동하고 있었습니다."⁹ 그러나 백인이 아닌 사람들에게는 자유주의도 민주주의도 아니었다.

여기서 질문할 것은 미국의 나머지 지역이, 다시 말해 불완전하지만 부인할 수 없는 자유민주주의 체제하에서 운영되는 나라의 나머지 지역이 왜 남부가 미국의 정치적 가치를 그런 식으로 조롱하도록 내버려두었는가 하는 것이다. 이 질문에 대한 답은 부분적으로는 남북전쟁의 여파로 선택된 길에 있다. 극우 백인 우월주의자인 앤드루 존슨 대통령이 인종적 평등을 포기하고 백인에 의한 남부 지배를 복원하기로 한 길이다. 존슨은 의회가 통과시킨 재건법에 대해 공격을 퍼부으며, 재건법이 "흑인이 백인을 통치하고, 주州법을 제정하고 집행하며, 대통령과 국회의원을 선출하고, 국가 전체의 미래를 결정하는 것을 허용하게

될 것입니다. 그런 권력이 그 사람들의 손에서 안전하겠습니까?"라고 경고했다.[10]

사실상 남부연합의 정치적 위계질서가 남부에서 복원되면서 미국은 백인 우월주의의 힘과 정치적 거래주의의 힘을 합치는 길로 나아가게 되었다. 심지어 전국 단위의 민주당이 옛 영토를 회복하고자 하는 인종주의자들에게 이끌리지 않았을 때도, 영토가 종종 군벌들에게 내맡겨지는 것과 같은 이유로 남부는 군벌들의 손에 내맡겨졌다. 그리고 남부 민주당은 권력자들의 이익에 봉사했다. 전국 단위의 민주당은 뉴딜 정책의 의회 통과, 대통령 선거 승리, 인프라 건설에 신경을 썼다. 전국 단위 민주당은 그들에게 중요한 표를 줄 수 있는 남부 민주당과 함께 일하는 것과, 탈당해서 민주당 국정 과제를 방해할 수 있는 남부 민주당에 도전하는 것 중 하나를 선택해야 했다. 그리고 남부 민주당을 받아들이는 것을 선택했다.

딕시크랫의 완전한 남부 지배는 전국 단위 민주당을 지배할 수 있는 숫자도 제공했다. 미키는 "1896년부터 1932년 사이 남부인들은 민주당 하원 코커스의 3분의 2를 차지했다. 1933년부터 1953년 사이 그들의 점유율은 40% 아래로 떨어지지 않았다"라고 썼다.[11] 이런 수치들은 사실 남부의 정치적 영향력을 과소평가한 것이다. 그 당시 미국 의회에서는 연공서열이 권력을 의미했다. 그리고 남부 민주당 의원들은 텃밭에서 운영되는 권위주의적 구조 때문에 선거에서 위기를 겪을 일이 거의 없었고, 자연스레 다른 지역 의원들보다 오래 의원직에 앉아 있을 수 있었다.

컬럼비아대학교의 역사학자 아이라 카츠넬슨Ira Katznelson은 『공포 그 자체: 뉴딜과 우리 시대의 기원Fear Itself: The New Deal and the Origins of

Our Time』에서 이렇게 썼다. "1933년 남부 의원들은 하원 내 47개 위원회 중 29개 위원회의 의장직을 맡았다. 여기에는 세출위원회, 은행통화위원회, 사업위원회, 외교위원회, 농업위원회, 군사위원회, 세입위원회가 포함되었다." 또한 남부 의원들은 운영위원회를 장악했는데, 이 위원회는 법률이 하원 표결 단계까지 도달하는 것을 통제하는 곳이었다. 상원에서는 남부 의원들이 "33개 위원회 중 13개 위원회의 위원장을 맡았고, 거기엔 농업위원회, 세입위원회, 은행통화위원회, 상업위원회, 금융위원회, 군사위원회가 포함되었다."[12]

의회에서 남부의 영향력은 거의 절대적이라 할 수 있었다. 중요한 법안 대부분이 이러한 위원회 가운데 하나의 소관이었기 때문만은 아니다. 모든 상원의원이 이러한 위원회들과 이해관계가 얽혀 있었기 때문이다. 인종에 대해서는 별로 신경 쓰지 않지만 의료 서비스에 대해서는 관심이 깊던 북부 지역 진보주의자는 하원 세입위원회 의장과 함께 일할 필요가 있었다. 만약 그가 세입위원회 의장과 다른 동료 의원들이 무엇보다 신경 쓰고 있는 시민권을 비판해서 의장을 격분시킨다면, 함께 일하기 힘들었을 것이다.

의회 내 권력은 하원의원들을 굴복시켰듯 대통령도 굴복시켰다. 1930년대 후반, 린치 방지법과 관련하여 남부 출신 위원회 위원장들은 프랭클린 루스벨트 대통령에게 만약 그 법안을 지지할 경우 "미국이 무너지는 것을 막기 위해 그가 의회에 통과시켜달라고 요청하는 모든 법안을 저지할 것"이라고 말했다.[13] 게다가 남부 민주당원들에게 받아들여지지 않는다면, 애초에 민주당 대통령 후보가 될 수 없었다. 민주당은 대통령 후보 자격을 얻는 데 전당대회 대의원 3분의 2라는 큰 숫자를 요구했고, 이는 남부가 적대적인 후보자에게 효과적으로 거부권을 행사했음을 의미한다.

　남부와 민주당의 연합은 결코 순수하게 이기적인 것만은 아니었다. 그들은 정말로 민주당원이었고, 당에 대한 충성은 지역 정체성으로 굳건하게 자리 잡혀 있었다. 에이브러햄 링컨은 최초의 공화당 출신 대통령이었다. 따라서 공화당에 대한 남부의 적대감은 뼈에 새겨진 것처럼 확고했다. 민주당은 부자에게서 가난한 사람에게로 부를 재분배하는 것을 지지했다(북부는 부유했고 남부는 가난했다). 프린스턴대학교 교수 하워드 로젠탈Howard Rosenthal은 "20세기가 될 무렵, 남부 민주당은 민주당 내부의 좌파를 대표했습니다"라고 말한다. "그들은 기본적으로 포퓰리스트였습니다. 당시 부의 재분배는 상대적으로 부유한 북부에서 걷어서 가난한 남부에 주는 것이었습니다. 의회에서 인종 문제는 의견 불일치의 영역으로서 논의 대상이 아니었습니다."

　하지만 이후 인종은 의견 불일치의 영역이 되었다. 민주당은 부유한 북부 백인들에게서 가난한 남부 백인들에게 부를 재분배하는 것만을 원하지 않았다. 민주당은 부유한 백인들에게서 가난한 흑인들에게로 부를 재분배하기를 원했다. 더군다나 1948년부터 해리 트루먼 대통령이 내린 군대 내 인종 분리 폐지 명령과 함께 민주당은 남부와의 기본 협약을 배반했다. '주州의 권리'를 정강으로 내걸고 출마한 배리 골드워터가 공화당원으로서는 처음으로 옛 남부연합의 많은 부분을 대변했다.

　민주당이 어떻게 민권을 포용하게 되었는지에 관한 이야기는 복잡하다. 이 이야기에는 린든 존슨이나 휴버트 험프리와 같은 정치인들의 이상주의뿐만 아니라, 북부에서 비백인 유권자들을 포함하기 시작한 선거 연합체들이라는 냉정한 계산법이 포함된다. 하지만 무엇보다 경제학적 진보주의의 논리적 결론에 따라, 왜 비백인 미국은 계속 가난한지에 대한 관심이 요구되었기 때문이다. 또한 그것은 공화당이 그간에 내린 전략적인 결정들, 특히 공화당을 연방정부에 대한 불신, 재분배에 대한 반대, 주와 지방 자치에 대한 믿음(흑인의 경제적·정치적 상황을 개선하려는 국가적 노력을 저지하려는 남부인들에게 매력적인 믿음이다)으로 정의되는 이념적 상징으로 바꾸려는 보수 운동의 성공적인 노력을 반영했다.

그렇지만 분열의 순간에도 정당들은 여전히 불분명한 모습을 보였다. 모든 것이 빨간색과 파란색빨간색은 공화당을, 파란색은 민주당을 상징한다ー옮긴이으로 나뉘는 오늘날 우리의 처지에서 뒤돌아본다면, 정당을 갈라 놓지 않으면서 나라를 양극화하는 논쟁은 놀랍다. 하지만 1964년 민권법이 바로 그런 경우였다. 제프리 카바서비스Geoffrey Kabaservice는 『규칙과 파멸Rule and Ruin』에서 공화당의 온건주의적 역사를 보여준다. "하원 공화당 의원들의 80%가 민권 법안을 지지했지만, 하원 민주당 의원들은 60%가 지지했다."[14] 상원 법사위원회는 미시시피주의 제임스 이스틀랜드James Eastland가 의장을 맡고 있었다. 법안이 막다른 골목에서 막힌 셈이었다. 그래서 일반적인 위원회 과정을 거치는 대신, 법안은 존슨 대통령과 소수당 원내 대표로 있던 일리노이주 공화당원 에버렛 더크슨Everett Dirksen 사이에서 처리되었다. 남부 민주당 의원들은 법안을 두고 필리버스터를 실시했지만, 더크슨은 33명의 공화당 의원 중 27명을 못 움직이게 해서 필리버스터를 중단시켰다. 카바서비스는 "결국 하원 투표에서와 마찬가지로 상원에서도 민주당 의원들보다 공화당 의원들이 훨씬 더 높은 비율로 민권법의 토론 종결과 통과에 찬성표를 던졌다. 공화당의 경우 5분의 4가 넘었지만, 민주당의 경우 3분의 2에 불과했다"라고 썼다.

그런데 왜 민주당이 민권법을 통과시킨 정당으로 여겨지는 것일까? 이 질문에 대한 답은 간단하다. 왜냐하면 그들이 민권법을 통과시킨 당이었기 때문이다. 그들은 상원과 하원 모두에서 다수당이었고, 대통령도 민주당 소속이었다. 그들은 정의를 추구하기 위해 딕시크랫과의 동맹을 끝내기로 했다. 존슨의 특별 보좌관으로 일했던 빌 모이어스 Bill Moyers는 존슨이 민권법에 서명한 날 밤 침실에서 골똘히 생각에 잠긴 대통령을 보았던 일을 회상했다. 존슨이 "난 우리가 앞으로 오랫동안 남부를 공화당에 넘겨주게 되었다고 생각하네"라고 말했다고 모이어스는 기억한다.[15] 상원 다수당 원내 대표 시절 남부 민주당에 의한 인종적 평등 봉쇄를 시행했던 존슨의 말이 옳았다. 민주당의 남부 지역에 대한 장악력이 사라지기까지는 시간이 더 걸렸지만, 바로 그때가 약해지기 시작한 순간이었다.

그러면 왜 공화당은 민권을 대표하는 당이 되지 못했을까? 카바서비스는 골드워터 때문이 크다고 주장한다. "1964년 민권법에 대한 공화당의 지지를 두고 그 당이 누렸어야 할 공적은(심지어 명예도) 대통령 후보가 될 것으로 추정되던 인물이 반대표를 던지면서 사실상 무효가 되었다." 민권에 반대한 골드워터의 태도는 분명 이득이 있었다. 그의 대통령 선거운동은 처참했지만 미국의 단 한 지역에서는 승리를 거두었다. 바로 옛 남부연합 지역이었고, 그들은 작은 정부를 지향하는 보수주의적 언어가 미국의 인종적 잘못을 바로잡으려는 연방정부의 노력에 대항하는 무기가 될 수 있음을 깨달았다.

이것은 오랜 기간에 걸친 미국 정치의 탈양극화 이야기다. 남부는 민주당 텃밭이었지만, 한때 진보주의의 비전이었던 부의 재분배와 계층 상승이 흑인에게까지 확대되자 민주당에 등을 돌렸다. 남부 민주당은 공화당과 타협할 이념적 이유가 있었고, 전국 단위 민주당과는 타협해야 할 정치적 이유가 있었다. 남부 권력은 민주당을 원래보다 덜 진보적으로 만들었고, 공화당의 의회 권력을 원래보다 약하게 만들었다. 그리고 두 당이 그 시대의 가장 깊은 정치적 분열을 두고 갈라지는 것을 막았다.

여기서 우리는 혼합 정당들 시대의 표 분할의 힘과 목적을 확인할 수 있다. 남부 민주당은 대통령 선거에서는 공화당에, 의회와 주지사 선거에서는 보수적인 딕시크랫 민주당에 투표할 수 있었다. 당시 미국 정치가 날카로운, 심지어는 폭력적인 의견 차이로 분열되어 있지 않았다고 말하는 것이 아니다. 단지 그러한 싸움이 정당과 깔끔하게 들어맞지 않았다는 것이다.

그것은 지속될 수 없었고, 그러지도 않았다. 민주당이 민권을 포용하고 공화당이 그 법안에 반대하는 지도자 뒤로 결집하기로 한 것은 남부 보수주의자들이 공화당에 합류할 수 있는 길을 열어주었다. 그리고 이것은 이후에 일어난 모든 일의 발판이 되었다.

양극화는 극단주의가 아니라, 분류다

이후 벌어진 일에 관해 이야기하기 전에, 무엇이 양극화이고 무엇이 양극화가 아닌지에 대해 말해두고 싶다. 미국이 양극화되고 있는지 아니면 단지 분류되고 있는지를 두고 정치학자들 사이에서는 오랫동안 논쟁이 있었다. 또한 '양극화한'이라는 말이 '극단주의'와 동의어로 사용되기도 했다. 나는 이 두 가지 모두를 살펴보고자 한다.

대마초 정책을 예로 들어 양극화인지 분류인지를 알아보자. 미국에 100명이 살고 있다고 상상해보라. 40명은 대마초가 불법화되기를 원하고, 40명은 합법화되기를 원하며, 20명은 확실한 생각이 없다. 만일 민주당과 공화당에 속하는 사람의 수가 집단별로 똑같다면, 미국은 완전히 분류되어 있지 않은 상태이다.

이제 대마초를 합법화하려는 모든 사람이 민주당으로 옮겨가고, 대마초를 불법화하려는 모든 사람이 공화당에 입당하며, 결정을 내리지 못한 사람들은 두 정당 중 고르도록 나뉜 상황을 상상해보라. 이제 정당은 완벽하게 분류되었다. 여기서 핵심은 누구의 의견도 실제로 바뀌지 않았다는 것이다. 어느 사례든, 미국에는 대마초와 관련한 혼재된 믿음이 존재한다. 단지 두 번째 예에서는 그러한 신념이 정당에 따라 분류되어 있을 뿐이다.

이것이 분류다. 이제 예를 살짝 비틀어보자. 결정을 내리지 못한 사람들이 마음을 정했다고 상상해보자. 이제 50명의 미국인은 대마초가 합법화되기를 원하고, 또 다른 50명은 대마초가 불법화되기를 원한다. 이것이 양극화이다. 중간에 남은 의견이 없는 채로 의견들이 양극을 중심으로 결집한 것이다.

조지타운대학교의 정치학자 한스 노엘Hans Noel은 분류는 양극화의 하위 범주일 뿐이라고 말한다.[16] 실용적인 말로 하자면, 그는 이 두 가지가 "스펙트럼의 양쪽 끝 사이의 긴장을 증가시키는 결과를 가진다"라고 했다. 이것이 양극화를 설명하는 말이다.

나는 노엘의 말에 동의하며, 여기서 한 걸음 더 나아가고자 한다. 양극화 대 분류 논쟁은 이슈 기반 양극화와 정체성 기반 양극화를 설명하는 것으로 더 잘 이해된다. 대마초와 관련한 두 가지 예는 사람들이 양극 중심으로 결집하는 것을 보여준다. 한 예에서는 사람들이 주변으로 모여드는 극들이 그들의 정책적 의견을 반영하고, 다른 예에서는 그들의 정치적 정체성을 반영한다.

결정적으로 이러한 형태의 양극화는 서로를 강화한다. 이슈에 기반한 양극화는 정치적 정체성 양극화로 이어진다. 대마초 정책에 대해 더 강력한 의견 차이가 있다면, 사람들은 그들의 정치적 대표들이 그들의 신념을 위해 싸우기를 원하게 될 것이고, 이것은 대마초 문제를 둘러싸고 정당들이 더 양극화하도록 부추길 것이다. 앞서 언급한 민권 사례에서도 그런 일이 일어났다. 민권 문제를 둘러싼 극심한 양극화가 민권을 중심으로 정당 양극화를 견인했고, 골드워터 선거 캠프는 분노한 보수주의자들에게 터전을 제공함으로써 정치적 기회를 잡으려고 시도했기 때문이다. 물론 그 반대도 사실이다. 사람들이 이상적인 대마초 정책을 두고 두 정당으로 나뉘면, 두 정당은 대마초에 대한 견해를 더욱 명확하게 제시할 것이고, 마음을 정하지 못한 사람들은 선택을 강요받게 되어 대마초에 대한 견해 차이로 국가는 더욱 양극화할 것이다.

양극화는 양극화를 낳는다. 하지만 극단주의를 낳지는 않는다. 우리는 흔히 절충하는 유권자와 정치 시스템이 그렇지 않은 유권자나 정치 시스템보다 덜 극단적이라고 생각하지만, 이 생각은 앞뒤가 맞지 않는다.

1965년 상원 공화당 의원들 대부분은 노인을 위한 단일 지급 건강 보험 제도인 메디케어를 만들기 위해 민주당과 합심했다. 2010년에는 공화당 소속 주지사 밋 롬니가 매사추세츠주에서 설계한 의료보험제도와 같은 오바마케어에 투표한 공화당 의원이 단 한 명도 없었다. 어떻게 정의하든, 2010년 체제는 1965년 체제보다 더 분류되고 양극화되어 있었다. 견해는 정당에 따라 더 명확히 정렬되었고, 중도파로 분류되는 정치인은 수가 줄었다.

그러면 2010년 체제가 이념적으로 더 극단적이었던 것인가? 나는 그렇지 않았다고 본다. 오바마케어는 세금 인상과 지출 삭감을 혼합하여 추가적인 비용이 없도록 한, 공화당 뿌리를 가진 공공-민간 혼합 제도이지만, 메디케어는 전체 비용을 조달할 방법 없이 무제한 권리를 보장한 진보주의적 조치였다.

이념적 극단주의에 애초부터 내적 논리가 있다는 가정도 있는데, 나는 그 점도 의심한다. 보험 적용을 받지 못하는 수천만 명의 사람들을 양산하는 혼합 시스템보다 정부가 운영하는 전국적 의료보험 제도를 더 '극단적'이게 만드는 것은 무엇인가? 후자는 미국 정치 테두리 안에서 더 급진적인 것으로 여겨지지만, 다른 선진국들의 기준으로 볼 때 급진적인 것은, 그리고 잔인하기까지 한 것은 전자이다.

이 장의 주된 이야기로 돌아가자면, 미국 의회의 양극화가 가장 약했던 시대의 정치적 합의는 오늘날 혐오스럽게 보일 정도의 인종적 편협성이라는 토대에 기초했다. 의회가 평화를 지키기 위해 한 타협들에는 반反린치법을 투표로 부결시키고 대부분의 흑인을 사회보장제도에서 제외하는 내용이 포함되어 있었다. 나는 그러한 정치 시스템이 덜 양극화한 상태임에도 오늘날의 정치 시스템보다 이념적으로 훨씬 더 극단적이라고 생각한다.

정치학자들은 20세기 중반에 정치적 양극화 수준이 낮았다는 사실에, 특히 의회에서 그랬다는 사실에 동의한다. 그렇다고 20세기 중반이 평온하거나 온건했던 시대는 아니었다. 당시는 조지프 매카시, 베트남전쟁, 병역 기피자의 시대였다. 정치적 암살과 다리 위에서 구타당한 민권 운동가들, 남부에서의 권위주의적 통치, 거리에서 행진하는 페미니스트들, 앨커트래즈를 점령한 미국 원주민들의 시기였다. 아이러니한 것은 미국이 쪼개지기 일보 직전인 것처럼 보였던 때가 미국 정치 시스템이 가장 차분하고 양극화가 덜했던 때였다는 사실이다.

우리는 전문가들이 '중도적 다수'에 대해 말하는 것을 종종 듣는다. 하지만 정치학자 데이비드 브룩먼David Broockman이 보여주었듯, 소위 중도파가 진보주의자나 보수주의자보다 더 '극단적인' 의견을 갖는 경향이 있다. 그렇게 되는 방식은 이렇다. 여론조사에서는 사람들에게 대마초 합법화, 이라크전쟁, 전 국민 의료보험, 동성결혼, 세금, 기후변화 등 다양한 문제에 대한 입장을 물어본다. 사람들의 응답은 우파적이냐 또는 좌파적이냐로 구분되어 코드화된다. 우파적인 답과 좌파적인 답이 혼재하는 사람들은 평균해서 중간에 있는 것으로 간주된다. 결과적으로 그들은 중도파로 분류된다.

하지만 그들은 중도적이지 않다. 그들은 그저 분류가 되지 않은 것 뿐이다. 개별적인 답변을 자세히 들여다보면, 정치적 주류에서 한참 벗어난 의견들을 많이 발견할 수 있다. 브룩먼은 이렇게 말했다. "많은 사람이 영국처럼 국가가 운영하는 보편적인 의료보험 제도를 갖춰야 한다고 말합니다. 또한 많은 사람이 모든 불법 이민자들을 즉시 추방해야 한다고 말합니다. 우리는 종종 게이와 레즈비언에게 매우 가혹한 조치들이 16~20%의 지지를 받는 것을 볼 수 있습니다. 이런 사람들은 중도파처럼 보이지만 실제로는 꽤 극단적입니다."[17]

양극화가 정당에 대한 충성심으로 추동될 때는 중도적일 수 있다. 정당들은 선거에서 승리하길 원하므로, 투표에서 승리를 안겨줄 생각들을 옹호하려고 한다. 어느 한쪽 정당에 애착이 없는 사람은 훨씬 더 대중적이지 않은 의견을 자유롭게 가질 수 있다.

극단주의는 가치판단이다. 20세기 초반 미국인에게는 인종 간 결혼과 동성 간 결혼을 폭넓게 수용하는 것이 극단적인 일일 것이다. 오늘날에는 다른 인종이나 같은 성별의 동의 성인법적으로 성관계 동의 결정을 내릴 수 있는 나이의 사람—옮긴이들이 사랑하고 함께 삶지 못하도록 가로막는 이념적 합의가 악랄하고 무지해 보인다. 오늘날 엄격한 채식주의자는 극단주의자로 치부된다. 나는 앞으로 우리가 공장식 축산으로 동물들에게 강요하는 고통을 충격적인 일로 여기기를 바란다. 내가 정치적 연합체들이 점점 더 분류되고 더 양극화한다고 말할 때, 내가 의미하는 바는 이렇다. 이념적 중복이 더 적고, 우리 중 가운데에 있는 사람이 더 적으며, 양극 사이에 긴장이 더 심하다는 것이다. 하지만 이러한 역학적 요소들 중 그 어떤 것도 2020년의 열성 당원들이 견지하는 생각을 그들의 선조들이 견지하던 생각보다 더 극단적으로 만들지는 않는다. 그 시대에 널리 퍼져 있던 평범한 생각은 오늘날 교양 수준에서 말도 되지 않는 것이고, 이것은 너무나 당연하다.

그렇긴 해도, 우리 정치에서 극단주의가 종종 과장된다고 한다면, 우리가 우리 자신을 분류하고 양극화할 때 동원하는 충격적인 포괄성은 종종 과소평가되며, 우리의 미래에 대해 그것이 갖는 함의도 마찬가지다.

분류된, 하나의 국가

민권법의 통과는 딕시크랫의 종말을 예고했다. 딕시크랫의 종말은 남부 보수주의자들에게는 공화당에 합류할 수 있는 길을, 북부 진보주의자들에게는 민주당에 합류할 수 있는 길을 열어주었다. 이로 인해 정당들이 이념에 따라 스스로 분류되게 되었고, 더는 공화당 의원보다 보수적인 민주당 의원이나 민주당 의원보다 진보적인 공화당 의원이 존재하지 않게 되었다. 그리고 이와 함께, 정당들은 사실상 다른 모든 것에 관련해서도 분류되었다. 이러한 변화는 비슷하게 생겼고, 비슷한 삶을 살았으며, 조금 다르게 생각하는 연합체였던 양당을 서로 다르게 생겼고, 다른 장소에서 다른 삶을 살며, 점점 더 깊은 의견 불일치 상태에 빠지는 두 진영으로 변하게 했다.

정치학자 릴리아나 메이슨Lilliana Mason은 『야만적인 합의: 어떻게 정치가 우리의 정체성이 되었는가Uncivil Agreement: How Politics Became Our Identity』에서 최근 몇 년 동안 정당들이 변화한 방식과 관련한 놀라운 개요를 제공한다. 1952년에는 정당 간의 인구학적 차이는 미미했다. 남부 사람들(앞서 보았던 것처럼 민주당이었다)과 개신교도(공화당 지지자)를 제외하고, 어떤 인구 집단도 각 정당의 당원 비율에서 10%p 이상의 차이를 보이지 않았다.[18] 그래서 민주당과 공화당은 흑인과 백인, 남성과 여성, 기혼과 미혼 유권자를 비슷하게 대표하는 것처럼 보였다. 심지어 진보주의자조차도 민주당원의 수가 약간 더 많았을 뿐이다.

더는 이렇지 않다. 선거 조사에 따르면, 1952년 미국 대통령 선거에서 자신을 민주당원이라고 하는 사람의 6%와 자신을 공화당원이라고 하는 사람의 2%가 비非백인이었다. 2012년에 실시된 같은 조사에서 자신을 민주당원이라고 하는 사람의 43%가 백인이 아니었지만, 자신을 공화당원이라고 하는 사람의 9%만이 백인이 아닌 것으로 나타났다.[19] 그래서 2012년의 유권자는 1952년 유권자보다 인종적으로 훨씬 다양할 뿐 아니라, 이런 다양성이 민주당에 집중되어 있었다.

다양성 차이

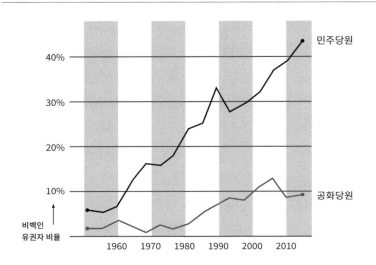

종교적 차이도 마찬가지로 극명하다. 2014년 퓨 리서치 센터는 공화당 내에서 가장 큰 단일 종교 집단이 복음주의 개신교도라고 발표했다. 민주당은 어떨까? 민주당 내에서 가장 큰 단일 종교 집단은 종교 단체에 가입하지 않은, '해당 없음'이라고 답한 집단이었다.[20]

인구 통계가 변하면 가치도 변한다. 2002년에는 공화당원의 50%, 민주당원의 52%가 도덕적인 사람이 되려면 신을 믿어야 한다고 말했다. 2017년에는 이 말에 동의하는 공화당원의 비율이 47%로 약간 감소했지만, 민주당원의 비율은 64%까지 치솟았다.[21] 스티븐 레비츠키 Steven Levitsky와 대니얼 지블랫Daniel Ziblatt은 『어떻게 민주주의는 무너지는가』에서 "세금과 정부 지출과 같은 전통적인 정책 이슈보다 더 큰 편협성과 적대감을 일으키는 경향이 있는, 두 개의 깊게 양극화한 이슈인 인종과 종교를 두고 두 정당은 현재 분열되어 있다"라고 썼다. 나는 여기에 약간 수정을 가하고 싶다. 두 정당은 편협함과 적대감을 유발하는 경향이 있는 근본적인 **정체성들**을 두고 분열되고 있으며, 이슈 갈등은 단지 그러한 분열의 한 표현일 뿐이다.

인종과 종교뿐만이 아니다. 미국은 지리에 의해서도 분류되어 있다. 어브래머위츠는 『위대한 정렬: 인종, 당의 변화, 그리고 도널드 트럼프의 부상The Great Alignment: Race, Party Transformation, and the Rise of Donald Trump』에서 충격적인 분석을 했다. 그는 수십 년에 걸친 대통령 선거를 돌이켜봤을 때 20세기 대부분 동안 빨간 주와 파란 주에 대한 관념은 이치에 맞지 않다고 했다. 어브래머위츠는 "예를 들어, 1972년 사우스다코타주 출신의 강성 진보주의자인 조지 맥거번George McGovern에 대한 지지 패턴과 4년 뒤의 조지아 출신 중도파 지미 카터Jimmy Carter에 대한 지지 패턴 사이에는 관계가 거의 없었다"라고 썼다.[22] 제시된 수치들은 매우 놀랍다. 1972년부터 1984년까지 한 주가 한 대통령 선거에서 어떻게 투표했는지와 그다음 대통령 선거에서 어떻게 투표했는지의 평균 차이는 7.7%p였다. 2000년부터 2012년 사이 그 수치는 단 1.9%p였다. 우리의 정치적 위치는 고정되어 있다.

분류는 주보다 훨씬 낮은 수준에서 계속된다. 웹사이트 파이브서티에이트FiveThirtyEight에 실린 분석에서 데이브 와서먼Dave Wassermann은 "압도적인 차이로 이긴 카운티(당선된 대통령 후보가 최소한 60%를 얻은 카운티)들"을 조사했다. 1992년에는 유권자의 39%가 그런 카운티에 살고 있었다. 2016년에는 그 수치가 61%로 치솟았다. 와서먼이 당선자가 50% 이상의 차이로 이긴 카운티들을 살펴보니, '극단적인 차이로 승리한' 카운티에 사는 유권자들의 경우, 그 비율이 1992년 4%에서 2016년 21%로 5배 이상 늘었다. 25년도 채 되지 않아 거의 모든 주민이 정치적으로 똑같은 생각을 하는 지역에 사는 유권자의 비율이 20명 중 1명에서 5명 중 1명으로 증가했다.

당신은 이런 자료가 사람들이 어떤 장소에 사는지에 대해 거의 알려주지 않던 세상을 상상할 수 있을 것이다. 그렇다, 우리는 정치적으로 더 분류되어 있었지만, 그 분류된 공간들은 전국에 걸쳐 무작위로 분포되어 있었다. 하지만 이것은 우리가 지금 사는 세상이 아니다. 이런 숫자 속에 숨어 있는 것은 점점 커지는 도농 격차다. 미국에는 규칙적으로 공화당에 투표하는 도시가 없다. 민주당에 투표하는 시골 역시 거의 없다. 브루킹스 연구소의 대도시 정책 프로그램 책임자인 마크 무로 Marc Muro는 제곱마일당 약 900명이 경계선이라고 계산했다. 인구가 그보다 많으면 민주당으로 기울고, 그보다 적으면 공화당으로 기운다.[23] 수십 년 전, 정당들이 덜 분류된 상태였을 때, 사는 곳의 인구 밀도로 당파성을 예측하지 못했다. 오늘날에는 정치학자 조너선 로든 Jonathan Rodden이 『도시는 왜 패배하는가 Why Cities Lose』에서 보여주듯, 거주지의 인구 밀도는 당파성의 강력한 예측 변수가 되었다.

이것은 두 클린턴 이야기다. 정치 분석가 론 브라운스타인 Ron Brownstein은 1992년과 1996년 《디 애틀랜틱 The Atlantic》에 이렇게 썼다. "빌 클린턴은 미국 전체 3100개 카운티 중 거의 절반에서 승리했다. 그러나 이후 민주당은 미국의 도심지로 후퇴했다."[24] 2000년, 앨 고어는 700개 미만의 카운티 대중 투표에서 이겼다. 2012년, 오바마는 고어보다 훨씬 많은 지지를 얻었지만, 약 600개 카운티에서만 이겼다. 2016년, 힐러리 클린턴은 25년 전 빌 클린턴이 이겼던 것보다 1000개 적은 500개 미만의 카운티 대중 투표에서 이겼다.

미국의 도농 간 분열에 뒤따르는 문제는 경제적 분열이다. 2018년

인구 밀도와 민주당 지지의 변화

각 풍선은 한 카운티를 의미하고, 인구수에 따라 크기를 다르게 표시했다.

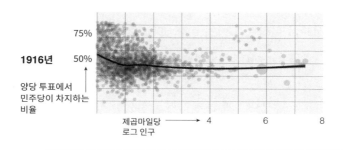

1916년

양당 투표에서
민주당이 차지하는
비율

제곱마일당
로그 인구

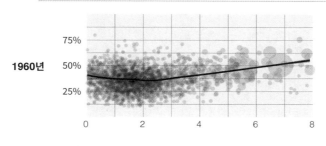

1960년

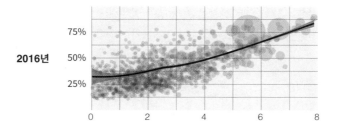

2016년

3월 인도에서 열린 한 콘퍼런스에서 힐러리 클린턴은 "나는 미국 국내 총생산GDP의 3분의 2를 차지하는 곳에서 승리했습니다. 낙천적이고, 다양하고, 역동적이고, 발전하는 곳들에서 승리한 것입니다"[25]라고 말해서 소동을 일으켰다. 클린턴이 한 발언이 적절했는지는 차치하더라도, 자료는 믿을 만하다. 이것은 "힐러리 클린턴이 승리한, 전국적으로 500개가 안 되는 카운티들은 2015년 국내총생산을 기준으로 미국 경제활동의 64%에 달하는 막대한 비중을 차지했다"라고 밝힌 브루킹스 연구소 보고서에서 나왔다.[26] 이에 비해 2000년 고어가 승리한 카운티들은 국내총생산의 54%를 차지했다.

측정할 수 있는 차이는 측정할 수 없거나 측정할 생각을 해보지 못한 차이를 숨긴다. 『큰 분류: 왜 같은 생각을 하는 미국인들의 군집화가 우리를 갈라놓는가The Big Sort: Why the Clustering of Like-Minded America Is Tearing Us Apart』에서 빌 비숍Bill Bishop은 사는 곳을 결정하는, 아찔할 정도로 다양한 요소에 대해 웅변적으로 서술했다.

인구의 4~5%가 매년 한 카운티에서 다른 카운티로 이동하는데, 이는 지난 10년 동안 1억 명의 미국인이 이동했음을 의미한다. 그들은 직장을 얻거나 가족과 가까워지려고, 혹은 햇살을 더 많이 받으려고 이동한다. 사람들이 살 곳을 찾을 때는 편의 시설 목록을 훑어본다. 근처에 제대로 된 교회가 있는가? 제대로 된 커피숍은? 동네는 도심과 얼마나 가까운가? 집세는 얼마나 되나? 안전한 동네인가? 사람들이 이사할 때, 누가 이웃이 될지, 누구와 새로운 삶을 공유할지 선택한다.[27]

이 모든 선택과 요인들은 우리의 정치적 성향 및 정체성과 연결된다. 예를 들어, 2018년 선거가 끝난 후 와서먼은 민주당 하원의원들이 현재 홀푸드Whole Foods 유기농 전문 슈퍼마켓-옮긴이가 위치한 모든 지역의 78%를 대표하지만, 크래커 배럴Cracker Barrel 미국 남부 가정식 음식 전문 프랜차이즈 브랜드로 와플이 유명하다-옮긴이 매장이 위치한 지역은 27%만을 대표한다고 계산했다. 이론적으로, 유기농 사과나 온종일 제공되는 와플이 미국 정치를 예측한다고 볼 것은 아니지만, 우리의 친밀감과 선호도는 복잡한 방식으로 서로 겹쳐진다.[28]

이런 분석은 과장하기 쉽다. 민주당원이 민주당원들 사이에서 사는 것을 선호하듯 공화당원도 공화당원들 사이에서 사는 것을 선호하는 것은 사실이지만, 사람들이 이사할 장소를 선택할 때 가장 많이 고려하는 것은 집값, 학교의 질, 범죄율, 그리고 이와 유사한 삶의 질 관련 질문이라는 것이 연구 결과 드러난다. 하지만 가장 큰 동인은 사람들이 지역 공동체들 사이를 이동하는 작은 움직임이 아니라, 그들이(혹은 그들의 부모, 혹은 그들의 조부가) 도시 혹은 시골에서 살기로 하는 큰 결정이다.[29]

정당들이 인종적으로, 종교적으로, 이념적으로, 지리적으로 더욱더 달라지면서, 한 장소가 우리가 원하는 종류의 장소인지, 공동체가 우리가 원하는 종류의 공동체인지를 알려주는 신호들은 우리의 정치적 분열을 고조시킨다. 우리가 더욱더 분류될수록, 우리의 선호는 더욱더 달라진다. 2017년 퓨 리서치 센터는 "공화당원들 대부분(65%)은 집이 더 크고, 다른 집에서 멀리 떨어져 있고, 학교와 쇼핑센터가 가까이 있지 않은 지역사회에서 살고 싶다고 말했다. 절반이 넘는(61%) 민주당원들은 학교나 쇼핑센터까지 걸어갈 수 있는 작은 집을 선호했다"라고 밝혔다.[30] 따라서, 겉으로 볼 때 비정치적인 것으로 보이는, "마당이 있는 큰 집을 원합니다" 또는 "새로운 레스토랑이 많은 다채로운 도시에서 살고 싶어요"와 같은 선호는 열성 당원들을 서로에게서 멀어지게 하는 또 다른 힘이 된다.

이러한 분열들이 겹겹이 포개지는 데는 이유가 있다. 그것들은 우리의 정치적 차이만이 아니라, 심리적 차이에서도 기반하기 때문이다.

자명한 것부터 이야기해보자. 사람들은 다르다. 내 형은 사교적인 사람으로, 잡담을 좋아하고, 낯선 사람과 순식간에 친해질 수 있다. 나는 칵테일파티에서 잘 모르는 사람들과 마주치는 게 불편해서 한쪽 구석에 서 있는 편이다. 내 여동생은 재능 있는 보석 디자이너로, 6살 때부터 사이키델릭아트를 해왔다. 나는 글씨체가 형편없어서 30대에 글씨체 교정 강좌를 들었다. 누가 나에게 사람을 그려보라고 하면, 여섯 살짜리 아이처럼 동그라미 두 개를 그려낼 것이다. 나보다 사교적인 형은 사교 활동을 더 많이 하고, 미술에 재능 있는 여동생은 더 많은 미술 작품을 만든다.

이러한 차이점 가운데 일부는 양육과 경험에 뿌리를 두고 있다. 하지만 어떤 것들은 어린 시절부터 분명히 드러난다. 심리학에서는 경험에 대한 개방성, 성실성, 외향성/내향성, 친화성, 신경증 등 다섯 가지 성격 특성을 이야기한다. 우리가 이 척도상 어디에서 해당하는지는 어린 시절에 측정될 수 있고, 각자의 성격은 우리가 살아갈 삶의 모습을 형성한다. 성격은 우리가 어디에 살고, 무엇을 좋아하는지, 누구를 사랑하는지에 영향을 미친다. 그리고 그것은 점점 더 정치에도 영향을 미친다.

정치심리학자 크리스토퍼 존스턴Christopher Johnston, 크리스토퍼 페데리코Christopher Federico, 하워드 러빈Howard Lavine은 『열림 대 닫힘: 성격, 정체성, 그리고 재분배의 정치학Open versus Closed: Personality, Identity, and the Politics of Redistribution』이라는 책에서 "민주당원과 공화당원은 경험적 **개방성**과 관련된 일련의 기본적인 심리적 기질, 다시 말해 환경의 위협과 불확실성에 대해 관용성 등 일반적인 성격 면에서 뚜렷하게 구

별된다"라고 썼다.[31]

조금 다른 자료를 사용하긴 했지만 정치학자 마크 헤더링턴Marc Hetherington과 조너선 윌러Jonathan Weiler도 『프리우스 혹은 픽업트럭: 네 가지 간단한 질문에 대한 대답이 미국의 대격차를 설명하는 방법Prius or Pickup?: How the Answers to Four Simple Questions Explain America's Great Divide』에서 유사한 주장을 했다.

> 당신의 세계관을 구성하는 많은 요소 중 한 가지는 당신이 어느 쪽으로 끌리는지를 결정하는 데 있어서 다른 것들보다 근본적이다. 그것은 세상이 얼마나 위험한지에 대한 당신의 인식이다. 두려움은 우리의 가장 원시적인 본능이기 때문에, 결국 사람들의 두려움의 수준이 그들의 삶에 대한 관점을 알려준다.[32]

다른 연구들은 사람들을 다른 방식으로 분류한다. 하지만 경험에 대한 개방성(그리고 그것을 추동하는 기본적인 낙관주의)은 진보주의와 관련이 있다. 그리고 파괴적인 변화에 대한 회의론을 낳는, 질서와 전통에 대한 선호인 성실성은 보수주의와 연결된다. 개방성이 높은 사람들은 새로운 음식을 시도하고, 새로운 곳을 여행하고, 다채로운 도시에 살고, 책상을 지저분한 채로 내버려두는 것을 즐기는 경향이 있다. 그들은 위협적인 사진이나 역겨운 이미지에 덜 민감하며, 심지어 시선 추적이나 타액 내 화학물질과 같은 지표들을 측정할 때도 덜 민감하다. 존 히빙John Hibbing, 케빈 스미스Kevin Smith, 존 앨퍼드John Alford는 『성향: 진보주의자, 보수주의자, 그리고 정치적 차이의 생물학Predisposed: Liberals, Conservatives, and the Biology of Political Differences』에서 이렇게 썼다.

많은 연구에서 이러한 성격의 차이를 진보주의자와 보수주의자를 믿을 만한 수준으로 구분 짓는 것처럼 보이는 취향과 선호의 차이와 연결했다. 예를 들어 개방성이 높은 사람들은 기존의 제약을 뛰어넘는 음악과 추상미술을 좋아하는 경향이 있다. 성실성에서 높은 점수를 받은 사람들은 조직적이고, 충실하며, 충성스러울 가능성이 더 크다. 이와 관련된 방대한 규모의 문헌을 연구한 논문에 따르면, 거의 70년간의 성격 연구에서 이러한 종류의 차이가 지속해서 나타났다. 핵심은 그 문헌들이 성격과 정치적 기질의 사이에 일관된 관계가 있다고 보고한다는 점이다. 새로운 경험에 열려 있는 사람들은 실험적인 재즈 밴드가 바흐를 재해석한 테크노팝을 듣고 잭슨 폴록의 그림을 흐트러진 침실에 걸어두는 데서 그치지 않는다. 이와 함께 그들은 자신을 진보주의자로 규정할 가능성이 크다.[33]

우리는 세계관을 천천히 체계적으로 발전시키고, 그 세계관을 이용하여 이상적인 세금, 의료, 외교 정책에 대한 결론을 도출한 다음, 가장 적합한 정당을 고름으로써 정치적 선택을 한다고 생각하는 경향이 있다. 정치심리학자들은 그렇게 보지 않는다. 그들은 우리의 정치가 여행, 매운 음식, 낯선 사람들과 함께 있는 것에 관한 관심과 마찬가지로 우리의 심리에 기인한다고 주장한다. 뉴욕대학교의 정치심리학자 존 조스트John Jost는 "어떤 생각은 어떤 사람들에게는 매력적이지만 다른 사람들은 거부감을 느낍니다. 그리고 그것은 본질상 이데올로기와 심리가 서로에게 끌린다는 것을 의미합니다"라고 말한다.[34]

오바마가 '희망'과 '변화'라는 단어를 조합했을 때, 그는 진보주의적 심리에 있는 근본적인 무언가를 표현했다. 변화는 어떤 사람들을 두렵게 하지만, 진보주의적 기질이 있는 사람에게는 더 나은 무언가에 대한 희망을 의미한다. 진보주의에 가장 끌리는 부류는 변화, 차이, 다양성에 자극받는 사람들이다. 그들에게 정치는 바로 그런 기본적인 기질의 표현이다. 이 기질은 그들이 여러 언어가 쓰이는 도시에서 살고, 히치하이크로 유럽 여행을 하고, 외국 영화를 보게 할 수도 있는 기질이다. 대조적으로,《내셔널 리뷰》의 창립자 윌리엄 버클리William F. Buckley는 "보수주의자의 일은 '멈춰'라고 외치며 역사를 거스르는 것이다"라고 썼다.[35] 변화를 우려하고, 전통을 존중하며, 질서를 추구하는 사람들에게 이 말은 굉장히 호소력 있게 다가온다. 이런 사람들은 작은 마을에서 가족과 가까이 살고, 의식을 철저히 지키는 교회에 가고, 축하할 일이 있으면 이미 잘 알고 있는 좋아하는 식당에서 가는 것을 선호할지도 모른다.

당신이 어떤 유형의 사람인지에 따라, 위에 나온 언급들 가운데 하나는 칭찬으로, 다른 하나는 비난으로 읽힐 수 있다. 하지만 그렇게 생각하지 않기를 바란다. 사회가 번성하려면 다양한 심리를 지닌 다양한 사람들이 필요하다. 공동체에 닥친 위협을 물리치려면 외부인에 대한 불신이 필요할 때가 있다. 변화에 대한 열정만이 한 사회의 정체를 끝낼 유일한 수단일 때가 있다. 항상 열려 있음이 닫힘보다 나은 것은 아니다. 성실하다는 건 특성이지 칭찬이 아니다. 진화적 차원에서 보면 힘은 어떤 하나의 관점이 아니라 여러 관점의 혼합에서 나온다. 이것이 왜 심리적 다양성이 살아남았는지를 말해준다.

변하는 것은 우리의 심리가 아니다. 변하고 있는 것은 우리의 심리가 정치나 삶에서의 다른 선택들과 얼마나 밀접하게 연동되는지다. 정당 간의 차이가 명확해짐에 따라, 정당의 생각과 인구 통계의 마치 자석 같은 끌어당김은 '심리적으로 정렬된 사람들'에게는 더 강해졌다. 이것은 '심리적으로 대치되는 사람들'에게 거부감이 더 강해지는 것과 같다. 헤더링턴과 윌러는 『프리우스 혹은 픽업트럭』에서 '유동적' 혹은 '고정된'이라고 일컫는 심리적 척도를 사용한다. 그들은 이렇게 썼다.

우리가 '고정된 세계관'이라고 부르는 것을 가진 사람들은 잠재적인 위험을 더 두려워하며, 모든 위협을 헤쳐나갈 수 있도록 도와주는, 명확하고 변함없는 규칙을 선호할 가능성이 크다. 이런 사고방식은 계층과 질서가 팽배한 사회구조를 지지하도록 이끈다. 대조적으로, 우리가 '유동적 세계관'이라고 부르는 것을 가진 사람들은 세상을 위험하다고 인식할 가능성이 작다. 더 나아가 그들은 각 개인이 자신만의 길을 찾을 수 있게 해주는 사회구조를 지지할 것이다. 그들은 한 사회의 안녕이 사람들에게 질문하고, 탐구하고, 진짜 자아를 발견할 수 있는 더 많은 자유를 준다고 믿는 경향이 있다.[36]

20세기 중반에는 이러한 심리적 차원이 미국 정치를 분열시킨 것 같지 않았다. 예를 들어, 베트남전쟁에 대한 반대가 1960년대 동안 두 정당에 걸쳐 고르게 분포되어 있었다는 것은 주목할 만하다. 1992년 말까지만 해도 양쪽 정당에 유동적인 세계관을 가진 사람들과 고정적인 세계관을 가진 사람들이 거의 비슷했다. 하지만 지금은 이러한 심리가 적어도 백인 유권자 사이에서는 정치적 경계선이 됐다(왜 심리적 분류가 백인들 사이에 집중되어 있는지, 그리고 그것이 정치에 어떤 의미를 갖는지는 뒤에서 논의한다). 유동적인 세계관을 가진 사람의 71%가 민주당원이었고 21%만이 공화당원이었다. 고정적인 세계관을 가진 사람의 60%가 공화당원이었고 25%만이 민주당원이었다. 이러한 결과는 이데올로기를 보면 더 강해진다. 헤더링턴과 윌러에 따르면, "고정된 세계관을 가진 사람들 가운데 84%가 보수주의 꼬리표를 선택했다. 유동적인 세계관을 가진 사람들 가운데 80%가 진보주의 꼬리표를 선택했다."

우리 삶의 모든 차원(이념, 종교성, 지리, 인종 등등)은 심리적 신호를 발산한다. 그리고 이러한 심리적 신호들은 정렬되면서 강해진다. 지금까지 미국인들의 삶에 일어난 일을 보면, 우리는 자석들을 하나씩 차곡차곡 쌓아 올렸고, 결과적으로 밀고 당기는 힘이 배가되었다. 특히 정치에 몸을 담그고 있는 사람들에게서 강하게 나타나는 특징이다.

『열림 대 닫힘』에서 존스턴, 페데리코, 러빈은 정치에 대한 사람들의 관심 수준과 다양한 심리적 경향성을 시험했다. 그들이 몇 번이고 발견한 사실은 심리가 정치에 별로 관심을 두지 않는 사람들의 정치적 의견을 예측해주지 못하지만, 정치에 관심이 있는 사람들 사이에서는 정치적 의견을 예측하는 강력한 예측 변수라는 것이다. 정치에 관심이 없는 사람들에게서는 "기질에 따른 분류가 거의 없지만", 정치 참여도가 높은 사람들에게서는 그 효과가 매우 크다. 다양한 경험에 대한 개방성은 정당 정체성에 있어서 거의 모든 다른 요소들을 압도했다.

이러한 발견에 기반해서 세 연구원들은 흥미로운 결론에 도달했다. "의견을 형성할 때, 정치에 참여하지 않은 시민들이 던지는 질문은 '이 정책이 나에게 **무슨 이득이 되는가?**'이다. 하지만 정치 참여자들은 정체성을 내세워 반응한다. 정치 참여도가 높은 시민들이 던지는 질문은 '이 정책에 대한 지지는 **나에 대해 무엇을 말해주는가?**'이다.[37]

다시 말해 심리적 분류는 정체성 정치의 강력한 원동력이다. 만약 당신이 당신의 핵심적인 심리적 전망과 결부시킬 정도로 충분히 정치에 신경을 쓴다면, 정치는 당신의 심리적 자기표현의 일부가 된다. 그리고 심리에 의해 정치적 연합체들이 나뉘면서, 한쪽 또는 다른 쪽에서의

회원 자격은 내가 누구고 어떤 가치를 중시하는지에 대한 명확한 선언
이자 신호가 된다. 우리가 한 문제를 해결하기 위해 정치에 참여할 때,
거래적으로 참여하게 된다. 하지만 우리가 우리 자신을 표현하기 위해
정치에 참여할 때, 정치는 정체성이 된다. 그리고 그때 우리가 정치와
맺는 관계, 그리고 서로와 맺는 관계가 변한다.

3장

集

집단을 대하는 당신의 뇌

1970년, 헨리 타이펠Henri Tajfel은 「집단 간 차별에 대한 실험Experiments in Intergroup Discrimination」이라는 온건한 제목의 논문을 발표했다. 이후 이것은 사회심리학에서 가장 중요한 논문 가운데 하나가 되었고, 오늘날에도 인간 마음의 숨겨진 작동 방식을 들여다보는 가장 무서운 창을 보여줬다는 평가를 받는다.

타이펠은 슬로베니아인 친구가 슬로베니아인들이 보스니아 이민자들에 대해 가졌던 고정관념을 설명하는 장면으로 논문을 시작한다. 타이펠은 그 표현이 계속 마음에 남았고, 전에 그와 비슷한 이야기를 들은 적이 있다고 생각했다. 타이펠은 자신의 직감을 믿어보기로 했다. 그는 논문에 다음과 같이 썼다. "얼마 후 나는 내가 들은 표현을 옥스퍼드대학교 학생들에게 들려주면서, 그 설명이 누구에게 사용된 것인지, 누구를 지칭하는 표현인지 추측해보라고 부탁했다. (…) 학생들은 거의 만장일치로 영국인들이 서인도제도, 인도, 파키스탄에서 온 '유색인종'

이민자들을 가리킬 때 사용하는 표현이라고 답했다."[1]

타이펠은 여기서 교훈을 얻었다. 문화에 따라 차별의 대상과 강도는 다르지만, 합리화라는 면에서는 놀라울 정도로 유사하다는 것이었다. 타이펠은 우리가 서로 다르다고 여기는 사람들을 대하는 방식이 특정한 문화나 경험의 산물이 아니라 더 깊은 것, 인간이 어떻게 생각하고, 조직화하고, 사회적 한계를 정하는지를 반영하는 것이라고 생각했다. 그는 "우리가 구축하는 주관적 사회질서의 가장 중요한 원칙은 집단을 '우리'와 '그들'로 분류하는 것"이라고 썼다. 일단 '그들'이 결정되면 우리는 '그들'로 분류된 사람들을 무시하고 차별하는 것에 익숙해진다. 타이펠은 우리는 "그럴 이유나 이익이 없을 때도 그렇게 할 것이다"라는 으스스한 가설을 내놓았다.

타이펠이 제시한 인간 본성에 대한 급진적인 개념은 곱씹어볼 가치가 있다. 사람들은 편견을 키워오면서도, 그러한 편견이 현실을 반영한 것이라고 믿었다. 그럴 만한 이유가 있어서 그 사람들을 싫어했다는 것이다. 이것이 인종적·민족적 고정관념의 핵심이다. 우리가 다른 사람들 탓으로 돌리는 탐욕, 범죄, 돈에 대한 집착, 어리석음은 그들에 대한 우리의 증오나 두려움을 정당화한다. 계몽시대 이후, 우리는 인류가 본능의 자극을 받기는 하지만 궁극적으로는 이성적인 존재라고 믿어왔다. 하지만 만약 그 반대라면? 만약 우리의 충성심과 편견이 본능에 의한 것이고 이성적인 이유를 들어 합리화한 것뿐이라면?

타이펠이 이런 의구심을 품었던 데는 이유가 있다. 그의 삶은 인류 문명이라는 게 얼마나 깨지기 쉬운 것인지, 야만성이 얼마나 드러나기 쉬운지, 집단 정체성이 허약하지만 얼마나 핵심적일 수 있는지 잔인하게 가르쳐주었다.

타이펠은 1919년에 태어난 폴란드계 유대인이다. 유대인들은 폴란드에서 대학 교육을 받을 수 없었기 때문에, 그는 1930년대에 프랑스로 이민했다. 제2차 세계대전이 유럽을 휩쓸자 1939년에 프랑스 군대에 입대했고, 1940년에 독일군에 붙잡혔다. 그는 5년간 독일군 포로수용소에서 지냈다. 그의 제자이자 공동 연구자인 존 터너John Turner는 "이 기간 내내 타이펠은 프랑스인이라는 가짜 정체성 아래 살았다"라고 썼다. "만약 그가 프랑스계 유대인이 아니라 폴란드인이라는 사실이 독일 당국에 의해 발각되었다면 그는 살해당했을 것이다."[2]

터너는 이것이 타이펠이 정체성에 집착하게 된 배경이라고 회고했다.

> 타이펠이 말하고자 한 요점은, 그의 개인적 특성이 어떻든, 독일 경비대원들과의 관계가 어떻든, 일단 그의 진짜 정체가 밝혀지면 (폴란드인이라는) 사회적 범주에 따른 신분이 경비대원들의 반응과 그의 궁극적인 운명을 결정하리라는 것이었다. 그의 개성과 개인으로서의 독특한 정체성은 그들에게 중요하지 않다는 사실이 증명되었을 것이다.

타이펠은 1945년 5월 프랑스로 돌아왔다. 그는 "1939년에 내가 알았던 사람들은 내 가족을 포함해서 그 누구도 살아 있지 않았다"라고 회상했다.[3] 왜 그의 부모들은 살해당했을까? 왜 그의 형은 살해당했을까? 이 질문에 대한 답은 다른 600만 명의 유대인들이 내린 답과 같다. 그들이 유대인이었기 때문이다. 그런 시대를 견딘, 그리고 자신의 것이 아닌 정체성으로 숨어듦으로써 목숨을 부지할 수 있었던 사람이 왜 집단 정체성에 집착하게 되었는지를 이해하기는 어렵지 않다.

타이펠의 이론에 따르면, 우리는 우리가 속한 집단의 내부 사람들은 호의로 대하고 외부인에게는 적대감을 느끼는 본능을 너무 깊게 학습하는데, 그러한 본능은 사회적 경쟁과도 무관하게 작동한다. 우리는 외부인에게 등을 돌리기 위해 그들을 일부러 미워하거나 두려워할 필요가 없다. 그들에게 등을 돌려서 어떤 이득이 따라올 필요도 없다. 우리가 그들을 '그들'로 분류하는 것만으로 충분하다. 일단 '그들'로 분류하면, 그들에게 의구심을 갖고 대하거나, 심지어 적대적으로 대하려고 하는 자신을 발견하게 될 것이다. 마치 추위에 반응해 소름이 돋는 것과 같은 자동 반응이다.

타이펠의 이론은 암울하긴 해도 훌륭하다. 타이펠은 이 이론을 실험으로 증명할 수 있다고 보았고 두 가지 가설을 제기했다. 첫 번째는 우리가 세상을 '우리'와 '그들'로 분류하는 데 너무 익숙해 있어서 아주 미미한 신호만 주어져도 그렇게 하리라는 것이었다. 두 번째는 우리가 세상을 '우리'와 '그들'로 분류하고 나면, 우리는 우리가 소속한 집단에 대해서는 호의적으로 행동하고 외부 집단은 차별하리라는 것이었다. 심지어 그렇게 할 이유가 전혀 없는 상황에서도 말이다. 이러한 가설을 발판 삼아 타이펠은 일련의 실험을 시행했고, 그 결과는 오싹하고 소름 끼칠 정도까지는 아니라고 해도 최소한 희극적이었다.

가장 먼저 14세에서 15세 사이의 소년 64명이 타이펠의 실험실에 초대되었다. 소년들은 모두 같은 학교 출신이어서 서로를 알았고, 이미 한 공동체에 속해 있었다. 연구원들은 소년들에게 시각적 판단 실험을 할 거라고 말했다. 소년들은 여러 무리로 찍힌 점들을 보고, 얼마나 많은 점을 보았는지 추정해보라는 요청을 받았다. 연구원들은 바쁘게 소년들의 답을 채점하는 척했다.

이후 연구원들은 첫 번째 실험과는 전혀 관련 없는 또 다른 실험을 위해 소년들에게 도움을 받고 싶다고 했다. 그리고 실험의 편의를 위해 앞선 시험에서 많은 점을 추측한 사람과 적은 점을 추측한 사람으로 소년들을 분류하겠다고 했다. 사실 이 말은 거짓이었고, 소년들은 완전히 무작위로 나뉘었다. 한편, 새로운 실험은 연구에 참여한 소년들에게 제한된 금액의 돈을 나눠주는 것이었다. 소년들은 배당된 돈을 자신에게 줄 수 없었지만, 다른 소년들에게는 줄 수 있었다. 그리고 돈을 자신이 속한 집단의 구성원에게 주는지, 아니면 다른 집단의 구성원에게 주는지 볼 수 있었다.

여기서 잠시 상황의 불합리성에 대해 말해둘 필요가 있다. 64명의 소년은 모두 같은 학교 학생들이었고, 무의미한 특징(화면 위의 점들을 얼마나 많게 또는 적게 헤아렸는가)에 따라 분류되었는데, 심지어 이러한 분류 특징은 사실도 아니었다. 그리고 나서 소년들은 점들과는 전혀 상관없는 다른 연구에 참여하게 되었다. 그들은 돈을 받지만 그 돈을 가질 수 없다. 이 실험은 집단 정체성을 두고 실시된, 가장 간단한 실험이었다. 너무나 간단해서 타이펠은 이 실험이 집단행동을 일으키리라고 예상하지 못했다. 터너는 "그의 아이디어는 집단행동이 없는 기준선을 설정한 다음 누적적으로 변수를 추가하여 어느 시점에서 집단 간 차별이 발생하는지 보려는 것이었다"라고 했다.[4] 다시 말해, 엉터리 분류와 함께 실시한 첫 번째 실험은 집단 정체성이 형성되는 기준선 아래에 있어야 했다. 그래야 더 강한 신호를 추가하고, 사람들이 자신들을 집단의 일부로 여기도록 하는 것이 무엇인지를 찾아낼 수 있을 터였다.

비극적인 과거에도 불구하고 타이펠조차도 집단심리의 힘을 과소평가했다. 첫 번째 실험의 결과는 집단 정체성이 형성되고 점차 편향되는 변화를 보여주었다. "모든 집단의 피실험자 대다수는 다른 집단의 구성원보다 자신의 집단 구성원에게 더 많은 돈을 주었다."[5]

중요한 점은, 이것이 실험자들을 최대한 활용하기 위한 최적의 전략도 아니었고, 소년들이 집단으로 생각하지 않을 때 선택한 전략도 아니었다는 점이다. 소년들은 자신이 속한 집단 내에서 두 사람 중 한 명을 선택한다고 했을 때, 공정한 선택을 하는 경향이 있었다. 그러나 그들이 속한 무의미한 집단과 다른 무의미한 집단 사이에 선택해야 했을 때, 그들은 심지어 이름도 모르는 자기 편의 공동 과소평가자앞선 실험에서 점을 적게 추산한 집단—옮긴이 혹은 공동 과대평가자앞선 실험에서 점을 많이 추산한 집단—옮긴이가 더 많이 갖도록 선택했다. 비록 그로 인해 모두가 덜 얻게 되더라도 말이다.

실험 결과에 매우 놀란 타이펠은 결과를 확실히 하기 위해 두 번째 연구가 필요하다고 결정했다. 그는 더 많은 소년을 실험실로 초대했다. 이번에는 파울 클레와 바실리 칸딘스키의 그림을 보여주고, 가장 좋아하는 그림을 고르도록 했다. 소년들이 본 그림에는 서명이 없었고, 연구원들은 소년들을 무작위로 클레 집단 혹은 칸딘스키 집단으로 분류했다. 이번에도 소년들은 예술에 대한 취향으로 참가자를 분류한다는 사실 외에는 아무것도 모르는 채 돈을 나눠주라는 부탁을 받았다. 하지만 그 허약한 집단 정체성마저 거짓이었다.

이번 실험은 자신이 속한 집단에 이득을 주는 것과 상대 집단을 방해하는 것 중 무엇이 더 중요한지 알아내려는 실험이었다. 소년들은 모두가 받을 수 있는 돈의 총액을 늘리는 것과, 총액은 적어지더라도 다른 집단보다는 많이 받는 것 중에 선택해야 했다. 그리고 후자가 더 인기 있는 선택지라는 게 증명되었다. 잠시 이 점에 대해 생각해보자. 소년들이 집단 간 격차를 벌릴 수 있다면 자신의 집단이 덜 갖는 것을 선호했다는 사실 말이다.

　일부는 자신이 속한 집단의 두 구성원 가운데서나 외부 집단의 두 구성원 가운데 한 명을 선택하라는 요청을 받았다. 이때는 행동을 추동하는 집단 경쟁이 없었다. 하지만 여기에서도 결과가 시사하는 바가 있었다. 소년들은 자신이 속한 집단의 두 구성원에게 돈을 줄 때 외부 집단의 두 구성원에게 줄 때보다 더 많이 주었다. 돈을 줄 내부 집단 구성원이 없는 상황에서도 소년들이 외부 집단 구성원들을 벌주기로 한 결정에 대한 타이펠의 묘사는 지금 읽어도 놀랍다. 그들이 여전히 외부 집단을 벌주기로 선택한 것은 **불필요한 차별**을 보여주는' 명백한 사례였다.[6]

　타이펠은 이러한 결과를 반영한 1971년 논문에 집단 갈등이 자원이나 권력을 둘러싼 제로섬적 충돌 때문에 생겨난다는 생각을 버려야 한다고 썼다. 그는 "차별적인 집단 간 행위가 오로지 '객관적' 이해 충돌 측면에서만 고려된다면, 그것은 결코 이해될 수 없다"라고 말했다.[7] 그의 연구에 참여한 소년들은 허술하고 잘못된 기준에 근거해 분류되었고, 소속 집단이 다른 이들을 벌줘서 얻을 수 있는 것이 없었다(때로는 심지어 잃을 것이 있었다). 소년들의 행동은 소속 집단의 이익을 극대화하려는 순수한 욕망과는 거리가 있었고, 종종 자신의 집단과 외부 집단 사이의 격차를 키우려고 불이익도 감수했다. 타이펠은 돈이 주된 동기가 아니며 "그들에게 더 중요한 것은 승리"라고 썼다.

　다시 말하지만, 이 결과는 서로를 알고 있다거나, 무작위로 분류된 무의미한 집단에 대한 애착이 사전에 없었고, 자신은 결코 얻을 수 없는 돈을 배분하는 일을 맡은 소년들을 대상으로 한 것이었다.

이 실험이 무작위로 선택된 10대 소년들을 대상으로 한 것에 불과하며, 성인들은 그런 식으로 행동하지 않는다고 스스로를 위로하기 전에, 이런 행동이 우리 주변에서 끊임없이 벌어지는, 인간 삶의 한 영역임을 기억할 필요가 있다. (타이펠의 연구 결과는 모든 종류의 조건을 적용하고 모든 종류의 집단 정체성이 발휘되는 성인을 대상으로 하는 실험에서도 반복적으로 나타났다. 하지만 이에 대한 상세한 설명은 다음에 나오는 내용과의 연결성을 위해 생략한다.)

증오를 통해 행복을 찾다

한 가지 고백할 것이 있다. 이 고백을 들으면 몇몇 독자는 나에 대한 호의를 접을 것이다. 그럼에도 고백한다. 사실 나는 스포츠를 별로 좋아하지 않는다. 게다가 스포츠 팬덤도 도무지 이해하지 못하겠다. 나도 노력해봤다! 응원할 팀을 고르고 경기도 보러 다녔다. 어렸을 때는 강박적으로 야구 카드를 모으고 좋아하는 선수들의 통계를 줄줄 외웠다. 하지만 충성심은 생기지 않았다. 나는 NFL(미국 프로 미식축구) 팀 로스앤젤레스 램스가 세인트루이스로 가버린 이후 로스앤젤레스 근처에서 자랐다. (이후 램스는 다시 돌아왔다. 이것은 내가 말하고자 하는 바를 더 확실하게 증명한다.) 그래서 나는 이런 조직에 대한 충성심이 나에겐 없다는 것을 알았다. 대신 나는 선수 선발과 트레이드를 눈여겨보곤 했고, 선수들이 팬들이 있는 곳에 머무르기보다는 돈이 있는 곳으로 이동한다는 것을 알 수 있었다.

하지만 나는 괴상하고 별난 사람이다. 스포츠는 어디에나 있다. 스포츠는 '우리'와 '그들'을 구분하고 전투와 경쟁에서 우리 집단이 외부 집단을 이기는 것을 보고 싶어 하는 인간의 깊은 욕망을 반영하기 때문에 어디에나 존재한다. 우리 팀이 이기고 지는 것은 우리의 수입, 미래, 자녀 교육, 우리의 일자리가 중국으로 옮겨가는지에 아무런 영향을 주지 않는다. 그러나 매주 수백만 명, 어쩌면 수십억 명의 사람이 자신이 직접 뛰지 않는 게임의 결과에, 자신이 누리지 않을 성과에서 행복을 느낀다. 그들이 보는 것은 스포츠맨십이나 기량만이 아니다. 타이펠이 말한 것처럼 이기는 것이 중요하기 때문에 지켜보는 것이다.

승리가 너무나 중요해서 그 여파로 도시가 불타고 사람들이 죽기도 한다. 2015년, 웹사이트 파이브서티에이트의 칼 비알리크Carl Bialik는 북미에서 근래 발생한 49건의 스포츠 폭동에 대한 정보를 수집했다. "데이터베이스에 따르면, 수천 명의 사람이 체포되고 수백 명이 다쳤으며 수십 명이 사망하는 등 스포츠 경기의 여파로 인한 폭력을 보여준다. 폭동은 북미 4대 프로스포츠와 대학 미식축구, 농구, 하키 등의 스포츠 행사에 대한 반발로 미국 12개 주와 캐나다 3개 주에서 발생했다."[8]

다시 말하지만, 이 모든 것은 전적으로 심리적이고 감정적인 경쟁을 두고 벌어지는 일이다. 그러나 승리의 황홀감과 패배의 고통이 우리를 압도해서 우리가 응원하는 팀에 대한 애정의 기초가 되는 마을들을 파괴하기까지 한다. 이처럼 우리는 집단에 강한 애착을 느낀다. 이는 집단 정체성이 우리의 다른 능력을 장악하고, 정체성에 기반한 열정이 우리의 이성이 내는 가녀린 목소리를 무시하는 데 다른 것은 필요치 않음을 여실히 보여준다.

2006년 윌 블라이드Will Blythe는 내가 절대 잊을 수 없는 제목의 책을 출간했다. 책의 제목은 『이렇게 증오하는 것은 영원히 행복해지는 것이다To Hate Like This is to Be Happy Forever』였다. 어떻게 그런 제목을 그냥 지나칠 수 있겠는가? 도대체 어떤 내용일지 궁금해졌다.

이 책을 집어 들고 나는 깜짝 놀랐다. 책이 다룬 내용은 노스캐롤라이나주 듀크대학교와 노스캐롤라이나대학교 농구 팀 간의 라이벌 관계를 알려준다. 물론 여기서 끝이 아니다. 그 어떤 것도 작가의 삶에 의미를 부여하지 못하던 순간에 그 라이벌 관계가 작가의 삶에 어떻게 의미를 부여했는지를 설명하고 있었다. 블라이드는 "듀크대학교나 노스캐롤라이나대학교 둘 중 하나에 대한 충성을 통해 살아가고 죽는 것은 경기와 팬덤을 통해 재현되는 것 못지않게 현실적이다"라고 썼다.[9]

나는 이 문구가 마음에 든다. **충성을 통해 살아가고 죽는다.** 이 말이 과장되게 들린다면, 이 감정적인 경험이 합리적일 수도 있음을 고려해 보라. 인간은 무리 지어 살도록 진화했다. 집단의 일원이 되고 집단이 번창하는 것은 생존을 의미했다. 집단에서 추방당하거나, 자신이 속한 집단이 적에게 짓밟히는 것은 죽음을 의미했다. 우리가 집단 소속감과 지위를 죽고 사는 문제로까지 인식하도록 진화한 것이 정말 이상한 것일까?

외로움에 대한 과학적인 발견은 강력한 통찰을 제공한다. 우리는 사회적 고립이나 명예의 실추를 단지 심리적인 것으로 치부하는 경향이 있다. 하지만 그렇지 않다. 공동체에서 버림받았다는 느낌이나 다른 사람들의 비난은 실제로 신체에 악영향을 미친다. 외로움이 비만이나 흡연보다 나쁘다는 통계를 들어봤을 것이다. 미국 공중보건위생국장을 지낸 비벡 머시Vivek Murthy 같은 의료 전문가들은 사회적 고립이 질병이나 부상에 준하며, 이러한 심리적 상태는 신체적 질병으로 이어진다고 말한다. 이 메커니즘은 진화적이다. 우리의 뇌는 생존하기 위해 집단이 필요하다는 것을 안다. 그래서 집단에서 쫓겨났다고 느낄 때, 몸 전체에 엄청난 스트레스 반응을 촉발한다.

생물학적 관점에서 우리는 사회적 생물로 진화했다. 신뢰와 협력의 관계를 구축하는 우리의 능력은 오래전부터 안정적인 식량 공급과 일관된 보호를 받을 기회를 늘리는 데 도움이 되었다. 수천 년 동안 사회적 관계의 가치는 우리의 신경 체계에 주입되어, 사회적 관계의 부재는 신체에 스트레스를 주었다. 외로움은 스트레스를 유발하고, 장기적 혹은 만성적인 스트레스는 핵심 스트레스 호르몬인 코르티솔의 더 잦은 상승으로 이어진다. 또한 외로움은 신체에 염증을 일으키고, 결국 혈관과 다른 조직을 손상시켜 심장병, 당뇨병, 관절병, 우울증, 비만, 조기 사망의 위험을 증가시킨다. 또한 만성적인 스트레스는 의사 결정, 계획, 감정 조절, 분석, 추상적인 사고를 지배하는 뇌의 전두엽 피질을 고장낼 수 있다.[10]

이 연구에는 참을 수 없을 정도로 가슴 아픈, 특별한 연구 결과가 포함되어 있다. 요한 하리Johann Hari가 그의 책『물어봐줘서 고마워요』에서 묘사했듯이, "외로움을 토로하는 사람들은 잠자는 동안 '마이크로 각성micro-awakening'을 더 많이 경험한다. 마이크로 각성이란 잠에서 깨어났을 때 기억나지 않을 작은 순간들이다. 하지만 그런 순간에 사람들은 잠에서 조금씩 깨어난다. 다른 모든 사회적 동물들도 고립되었을 때 똑같은 것을 경험한다. 이를 가장 잘 설명하는 이론은 사람들이 외로울 때 잠드는 것을 안전하지 않다고 느낀다는 연구다. 왜냐하면 초창기 인간들은 부족과 떨어져서 잠자면 말 그대로 안전하지 않았기 때문이다."[11] 이는 사회적 불안이 얼마나 본능 깊숙한 곳에서 작동하는지를 보여준다. 외로움은 말 그대로 밤새 잠을 깨운다. 다른 사람의 보호에 의

지할 수 없을 때는 마음을 푹 놓고 쉴 수 없다는 것을 몸이 알고 있는 것이다.

우리의 뇌는 긴 진화적 시간을 반영한다. 우리는 작고 필수적인 집단에 소속된 수렵채집인의 삶은 본능적으로 이해하고 있지만 오늘날의 디지털화되고, 세계화되고, 가속화된 세계에 적응할 시간은 부족했다. 수백 명으로 구성된 소수 집단의 상호작용 속에서 번창하는 데 기여한 이 민감성은 현대 자본주의와 정치, 소음, 정교한 조작에 노출되었을 때 우리를 미치게 할 수 있다. 우리의 뇌는 한때 집단의 운명을 갈랐던 중요한 이해관계와 오늘날 집단의 운명이 초래하는 사소한 결과의 차이를 잘 구분하지 못한다. 토론토대학교의 철학자 조지프 히스Joseph Heath는 그의 저서 『계몽주의 2.0: 감정의 정치를 어떻게 바꿀 것인가』에서 이에 대해 다음과 같이 이론화했다.

> 대규모 협력의 경우, 인간은 프로그래밍을 확실히 뛰어넘었다. 우리는 근본적으로 소규모 부족 사회에 맞춰진 사회적 본능을 가지고 있음에도 불구하고, 생물학자들이 말하는 초사회적 종이 되었다. 하지만 우리가 스스로를 재프로그래밍하거나 타고난 설계적 한계를 극복함으로써 이를 달성한 것은 아니라는 사실을 인식하는 것이 중요하다. 많은 부분에서 인간은 더이상 작은 부족 사회에 살고 있지 않음에도 여전히 그렇게 사는 것처럼 느끼도록 스스로를 속여왔다. 불행하게도 그 속임수가 너무 잘 먹혀들어서 인간은 자신이 속임수를 사용하고 있다는 것을 가끔 잊곤 한다. 우리가 이성적 통찰에만 기초해서 대규모 협력 체제를 만들어낼 수 있다고 상상한다면, 항상 실망으로 이어질 것이다.[12]

나는 마지막 문장을 수정하고 싶다. 그것은 **항상** 실망으로 이어지지는 않는다. 때때로 그것은 민족국가나 종교와 같은 놀라운 대규모 협력으로 발전하기도 했고, 때때로는 증오, 폭력, 심지어 대량 학살로 이어지기도 했다. 그리고 때로는 그저 사람이 일요일에 초록색 잔디밭에 모여 특정한 색깔의 옷을 입은 두 무리가 서로 대결하는 것을 지켜보는 것으로 이어지기도 했다.

나는 어떤 이들이 이 부분을 읽고서 내가 스포츠의 힘을 무시하거나, 혹은 그런 경험을 무시한다고 생각하지 않을지 걱정된다. 분명히 밝히자면, 내가 말하고자 하는 바는 정확히 그 반대다. 스포츠는 분명 인간 사회에서 매우 강력한 힘을 발휘한다. 스포츠는 인간의 마음을 관통하며 맥동하는 원시적 본능을 이용하기 때문이다. 같은 지역에 있다는 것 말고는 아무런 관련이 없는데도 그처럼 깊고 폭력적이기까지 한 충성심을 발휘할 수 있다는 사실은(비록 프로스포츠 팀들이 팬들의 충성심에 냉소적이고, 그들이 사랑한다고 공언하는 도시에 남는 것을 빌미로 보조금과 세금 감면을 요구하기도 하며, 선수들은 다른 팀이 더 나은 거래를 제안하는 순간 소속 팀을 떠나기도 하는데도 불구하고) 우리가 타이펠의 소년들과 다를 바 없음을 보여준다. 집단이 우리 정체성의 중요한 부분이 되고 경계 밖에 있는 사람들에 대한 혐오감을 불러일으키기 위해 반드시 객관적으로 중요한 기준이 있어야 하는 것은 아니다.

이런 주장에 대한 반대 의견은 스포츠는 그냥 스포츠일 뿐이라는 것이다. 스포츠는 가장 순수한 형태로 증류된 경쟁이다. 한쪽이 이기면 다른 한쪽이 지게 되는 세상을 건설한다. 그것을 정치와 비교하는 것은 불공평하다. 안 그런가?

정치는 팀 스포츠다

2015년, 패트릭 밀러Patrick R. Miller와 패멀라 존스턴 코노버Pamela Johnston Conover는 「마음의 빨간 상태와 파란 상태Red and Blue States of Mind」라는 논문을 발표했다. 이 논문은 공화당원들과 민주당원들이(그리고 어느 한 정당으로 기우는 무당파들이) 선거 기간 어떻게 행동하는지 살펴본다. 그들을 움직이는 동기는 무엇인가? 그들은 무엇을 느끼는가? 무엇이 그들을 정치에 참여하게 하는가? 논문의 결론은 이렇다. "열성 당원들의 행동은 더 큰 선을 위해 정치 과정에 참여하는 사려 깊은 시민들의 행동이라기보다는 스포츠 팀원이 소속 팀의 지위를 지키기 위해 하는 행동과 유사하다."[13] 시쳇말로 '헐'이다!

밀러와 코노버는 당원들의 행동을 두 단계로 나누어 시험했다. 첫 번째 단계에서는 상대 당에 대한 분노와 경쟁심이라는 프리즘을 통해 당파적 행동을 관찰했다. 그들은 엄청나게 많은 자료와 선거 전후 여론조사를 이용하여 사회적 이슈에 관한 입장, 이념, 나이, 교육, 정치 지식, 교회 출석, 성별, 당파적 정체성, 인종 등 개인에게 영향을 미칠 수 있는 것들을 조사했다. 그 결과 그들은 정책과 사상, 이념 같은 고매한 요소들이 열성 당원의 감정에 어느 정도 역할을 했지만, 압도적인 동인은 당파적 정체성이라는 사실을 발견했다. 밀러와 코노버는 이렇게 썼다. "선거는 정당 일체감을 가지는 사람들의 팀 정신을 두드러지게 하여 그들에게 반복적으로 민주당과 공화당을 '우리와 그들'로 비교하게 한다. 이것은 선거에서 패배하면 잃을 것(지위를 잃게 된다)에 주목하게 한다. (…) 결국 경쟁과 분노 둘 다를 낳는다."

밀러와 코노버가 생각한 다음 질문은 그러한 감정이 행동으로 이어졌는지였다. 그래서 그들은 무엇이 공화당원이나 민주당원이 선거운동을 돕거나 실제로 투표하도록 이끄는지 알아보기 위한 실험을 시행했다. 이번에도 사회적 이슈나 이념 같은 추상적인 것보다 당파적 정체성이 지배적이었다. 그러나 그 후 밀러와 코노버는 흥미로운 작업을 했다. 그들은 사람들에게 상대편에 대해 얼마나 많은 분노, 경쟁심, 무례함을 느끼는지 떠올려보라고 요청했다. 이 질문이 추가되자, 다른 모든 정치적 요인의 영향력은 급락했다.

어떻게 느끼느냐는 우리가 생각하는 것보다 훨씬 더 중요하며, 선거에서 가장 중요한 감정은 상대편에 대해 느끼는 감정인 경우가 많다. 부정적인 당파성이 다시 고개를 내민다.

이 논문에서 볼 수 있는 큰 그림은 실제로 선거를 주도하는 사람들(홍보를 위해 문을 두드리고, 선거 캠페인에 나서고, 투표하러 나온 사람들)은 세금 정책보다는 경쟁심에 의해 더 추동된다는 점이다. 밀러와 코노버는 이를 명쾌하게 설명했다. "열성 당원들이 힘들게 회의하고, 마당에 입간판을 세우고, 돈을 쓰고, 수많은 시간을 투자할 때 가장 먼저 하는 생각은 상대 당(특정 이슈나 의제가 아니라)에 지고 싶지 않다는 생각이다. 그들은 상대 팀을 패배시키는 임무를 띤 열광적인 전사다."

2016년 퓨 리서치 센터가 실시한 설문조사는 이런 내용을 뒷받침한다.[14] 공화당원들이 민주당에 대해 가진 감정이 '어느 정도 비호의적'에서 '매우 비호의적'으로 이동하면 투표 가능성은 12%p 높아졌다. 반면 공화당에 대한 애정이 깊어지는 것으로는 공화당원들의 투표 가능성이 단지 6%p 늘어나는 데 그쳤다. 민주당원들은 같은 효과를 보여주지 않았다. 부정적인 당파성과 긍정적인 당파성이 비슷한 정도로 투표율을 끌어올렸다.

하지만 퓨 리서치 센터가 참여의 정도를 높게 잡아 조사하자 결과는 더욱 극명해졌다. 공화당원들에게 지난 몇 년간 후보나 단체에 돈을 기부한 적이 있냐고 묻자, 민주당에 대해 매우 호의적이지 않은 사람들의 투표하겠다는 가능성은 11%p 높아진 반면 공화당에 대해 매우 호의적인 사람들은 그 수치가 3%p만 높아졌다. 민주당 지지자의 경우 공화당에 대해 매우 비호의적인 사람들의 투표 의지는 8%p 상승했지만, 자기 당에 대해 매우 호의적인 사람들은 수치가 전혀 오르지 않았다.

이 모든 것은 한 가지 중요한 원칙을 가리킨다. 바로 정치에 가장 깊숙이 참여하는 사람들은 다른 사람들과 다르게 정치를 경험한다는 것이다. 크리스토퍼 존스턴, 하워드 러빈, 크리스토퍼 페데리코는 『열림 대 닫힘』에서 가장 참여가 적은 유권자들은 물질적 이득이라는 렌즈를 통해 정치를 보는 경향이 있지만('이 정책이 나에게 무슨 이득이 되는가?'), 가장 깊이 참여하는 유권자들은 정체성의 렌즈를 통해 정치를 보는 경향이 있다고 말한다('이 정책적 입장에 대한 지지는 나에 대해 무엇을 말해주는가?').

이는 좌파 진영에서 오랫동안 고민해온 현상, 왜 노동자 계층 유권자들이 공화당을 지지하는지를 이해하는 데 도움을 준다. 왜 노동자 계층이 부유층에 대한 세금을 삭감하고 빈곤층을 보호하는 노조를 무너뜨리는 정당에 투표하면서 자신들의 이익을 저버리는 행동을 하느냐는 것이다. 존스턴, 러빈, 페데리코가 발견한 것은 사람들이 정치에 더 많이 참여하고 투자함에 따라 만족하고자 하는 '개인적인 이익'이 바뀐다는 사실이다. 경제적 부가 정치적 행동에 있어서 유일하고 합리적인 동인이라고 생각한다면, 그건 실수다. 더 정치적이 될수록 **자기표현**과 **집단 정체성**에 관한 관심이 높아진다. 존스턴, 러빈, 페데리코는 "시민들이 자신의 이해관계를 인식하지 못하는 것이 아니라, 정책적 의견을 형성할 때 물질적인 관심사가 목표가 아닌 경우가 많다"라고 썼다.[15]

물론 정치인들이 모든 유권자에게 똑같이 반응하는 것은 아니다. 그들은 가장 깊숙이 참여하는 유권자들에게 가장 큰 관심을 둔다. 그들에게 투표하고, 그들을 위해 자원봉사를 하고, 그들에게 기부할 사람들이다. 그리고 그런 유권자를 더 많이 끌어모으려면 자신이 얼마나 훌륭한 정치인인지 알리는 것으로 부족하고, 상대편 정치인이 얼마나 나쁜지에 초점을 맞춰야 한다. 공동의 적만큼 집단을 단결시키는 것은 없다. 상대에 대한 분노와 두려움을 없앤다면, 정치인은 지지자들의 열정이 사라지는 것을 지켜보게 될 것이다.

2016년, 텍사스주 하원의원 베토 오루크Beto O'Rourke는 민주당이 아주 싫어하는 정치인 중 하나인 테드 크루즈를 상대로 상원의원에 도전했다. 승산은 희박했다. 하지만 오루크의 출마는 센세이션을 불러일으켰고, 그는 상원 경선 사상 가장 많은 돈을 모금했다. 그가 연설하면 사람들이 몰려들었고, 인터넷에서도 큰 인기를 끌었다. 선거 당일 비욘세는 인스타그램에 '베토Beto'라는 글자가 박힌 모자를 쓴 사진을 올렸다. 오루크는 3% 차이로 패했지만, 갑자기 늘어난 지지 덕분에 대통령 선거에까지 출마하게 되었다. 그는 대대적인 광고, 거액의 모금액과 함께 2020년 민주당 예비선거에 뛰어들었지만, 여론조사에서 빠르게 추락했다. 전략적인 실수가 원인으로 지목되긴 하지만, 오루크는 2018년이건 2019년이건 같은 후보였고, 같은 사람이었다. 그의 상원 선거운동 촉매제는 크루즈에 대한 진보 진영의 혐오감, 그가 패배할 수도 있다는 스릴이었다. 오루크가 다른 민주당원과 대결했을 때, 상원 선거운동에서 보여줬던 그의 마법 같은 카리스마는 사라지고 말았다.

지지자들을 열광하게 하는 정치인의 힘을 깎아내리려는 것이 아니다. 유능한 정치인은 지지자들에게 스릴을 안겨준다. 그러나 그들은 상대편이 가하는 위협의 맥락 안에서 그렇게 한다. 그리고 선거 유세 중에 정치인들은 점점 인기가 떨어지지 않도록 상대편에 대한 두려움을 부추기는 데 더 의존하게 된다.

전 세계 정치인들은 이 교훈을 알고 있다. 정치인에게는 단순히 지원이 필요한 게 아니다. 분노가 필요하다. 정치 후원금을 요청하는 이메일이 종종 종말론에 가까운 것도 이 때문이다(공화당 전국위원회에서 최근 내가 받은, 트럼프의 재선 운동을 지지하는 이메일들의 제목 중 몇 개를 보자면 이렇다. "가짜 뉴스", "미국인들은 맞서 싸워야 한다!". 개인적으로 내가 제일 좋아하는 제목은 "전달: 도둑맞은 것일까?" 당연히 완전 대문자로 강조 표시가 돼 있었다). 트럼프가 늘 언론과 싸우는 이유가 바로 이 때문이다. 그래서 대통령 후보들은 백악관 입성에 성공했을 때 지지를 유지하기가 어렵고, 선거에서 패배할지도 모른다는 공포는 일상적인 통치상의 타협보다 본능적으로 훨씬 더 센 동기가 된다.

이 모든 것이 시사하는 바는 이렇다. 미국 정치에서 가장 중요한 질문 중 하나는 우리의 집단 정체성이 얼마나 강한가, 다시 말해 우리가 얼마나 한 팀에 속해 있다고 느끼는가, 그리고 다른 팀과는 얼마나 다르다고 느끼는가이다.

하지만 우리가 속한 팀이 하나가 아니라면? 여러 팀이 있다면? 그리고 그 모든 팀이 함께 작동하기 시작한다면 어떻게 될까?

정체성 정치

2004년, 버락 오바마는 말 그대로 미국 역사의 흐름을 바꾼 연설을 했다. 존 케리가 오바마에게 민주당 전당대회 기조연설을 맡기지 않았더라면, 오바마는 정치계의 전국구 슈퍼스타가 되지 못했을 것이다. 그리고 그가 그렇게 전국적인 슈퍼스타로 떠오르지 못했다면, 그는 상원의원 첫 임기 동안 대통령 선거에 출마하지 않았을 것이다. 그리고 만약 그가 대통령 선거에 출마하지 않았다면… 음, 당신은 내가 무슨 말을 하려는 것인지 알 것이다.

그 연설은 단순한 미사여구가 아니었다. 그것은 양극화의 구조에 관한 주장이었다. 오바마는 "우리가 말을 하는 동안에도 우리를 갈라놓을 준비를 하는 사람들이 있습니다. 정치라면 뭐가 됐든 받아들이는 언론 담당자들과 부정적인 광고를 파는 사람들이 그들입니다"라고 말했다. 오바마의 수사적 어법에 주목하라. 우리는 나뉘지 않았다. 우린 단지 **나뉠 수 있을 뿐**이다. 양쪽으로 나누는 사람들이 있다. 우리는 그들의 피해자이고, 우리가 의견 일치를 보지 못하는 것은 그들이 만든 결과물이다. 이어서 오바마는 그들의 어둠의 마법을 부정하고, 미국은 그들이 주입시킨 그런 나라가 아니라고 주장한다. 오바마는 말했다. "진보주의 미국도 보수주의 미국도 없습니다. 그저 미국만 있을 뿐입니다. (…) 흑인의 미국, 백인의 미국, 라틴아메리카계의 미국, 아시아계의 미국도 없습니다." 그리고 오바마는 "미국을 빨간 주와 파란 주로 나누고 싶어 하는 전문가들(나 같은 사람을 말하는 게 아닐까 싶다)"에게 줄 뉴스를 갖고 있었다. "파란 주들도 신을 믿고, 빨간 주들도 연방 요원이 도서관을 뒤지고 다니는 걸 좋아하지 않습니다무신론자가 많은 민주당 우세 주도 종교 생활을 하고, 공권력을 우선시하는 공화당 우세 주에서도 시민의 자유가 함부로 침해되어서는 안 된

다는 것을 강조하기 위해 한 표현이다—옮긴이.ᵏ¹⁶

오바마는 내가 만나본 정치인들 가운데 가장 생각을 많이 그리고 깊게 하는 사람이다. 그는 역사적 시각과 분석적 태도로 미국 정치를 조망하는 일에 뛰어나다. 미국 정치에 관한 그의 생각은 숙고 끝에 나온 것이었다. 오바마는 단순히 양극화를 싫어한 것이 아니었다. 그는 의구심을 품었다. 왜 아니겠는가? 만약 당신이 가운데 이름이 후세인이고 비쩍 마른 흑인 아이라면, 그것도 상원의원이 된 지 4년 만에 대통령이 되었다면, 그러는 게 당연하지 않겠는가? 그의 인생 자체가 양극화라는 조악한 논리에 대한 반박이었다. 그것이 오바마가 정치적으로 성공할 수 있었던 비밀이다. 그는 미국의 최선을 믿었기에 미국의 최선에 대해 말할 수 있었다. 오바마는 당신을 쳐다보며 당신이 되고 싶어 하는 모습을 보여주는 친구와 같았다.

하지만 오바마의 정치 경력에서 드러나는 모순은 그 자신이 양극화한 인물이었다는 데 있다. 2015년 나는 백악관에서 그를 인터뷰했다. 당시 그는 여론조사 역사상 가장 양극화한 대통령이었다. 그는 조지 W. 부시 대통령이 세운 기록을 갈아치운 상태였고, 부시의 기록은 빌 클린턴의 기록을 갈아치운 것이었다(TMI지만 궁금해할지 몰라 적어두자면, 현재 왕관은 트럼프가 갖고 있다). 나는 오바마가 정치적 화해 또는 최소한 서로 간의 이해를 위해 진지하게 노력했다고 믿지만 결국 그는 실패했다. 그래서 나는 양극화를 줄이기 위해 후임자에게 어떤 충고를 주고 싶냐고 물었다. 트럼프가 양극화를 노골적인 정치 전략으로 이용한 것을 생각하면, 지금으로선 웃지 못할 아이러니처럼 느껴지는 질문이다. 하지만 나는 오바마가 내놓은 대답을 듣고 이후 많은 생각을 했다.

오바마는 이렇게 말했다. "미국 정치가 실제 사람들이 그런 것보다 더 양극화하는 데 기여한 것을 꼽자면, 적어도 두어 가지가 있다고 생각합니다. 그리고 나는 사람들 대부분이 일상생활에서 그것을 느낀다고 생각합니다. 우리 모두는 정치적 스펙트럼상에서 완전히 반대편에 있는 가족이나 고등학교 시절 친구가 있습니다. 그렇긴 해도 우리는 여전히 그들을 사랑합니다. 그렇죠? 우리 모두는 축구 경기를 하러 가거나, 아니면 자녀들이 축구 경기하는 모습을 지켜보거나 코치 노릇을 하기도 합니다. 그곳에서 훌륭한 사람이라고 여겨지는 부모들도 만납니다. 그러다 누군가가 정치적인 언급이라도 하면, 갑자기 '당신이 그렇게 생각하다니, 믿을 수가 없네요!'라는 반응을 보이게 돼죠.'"

　여기서 오바마는 정치적 정체성이 우리의 유일한 정체성은 아니라는 점을, 그리고 우리의 다른 정체성(어린이 야구 팀 코치, 학부모회 회원, 부모 등등)은 정치적 정체성보다 훨씬 덜 양극화되어 있음을 지적하고 있다. 나 자신을 예로 들어보겠다. 나는 미국인이고, 유대인이며, 백인이고, 남성이며, 캘리포니아 주민이다. 내 아버지는 브라질 출신 이민자고, 그래서 나는 이민 문제에 깊은 관심이 있다. 나는 브라질에 애착이 있고, 포르투갈 억양이 들어간 영어가 편안하다. 나는 남편이고, 아버지인 동시에 견주다. 당신이 내 가족을 비난하거나 고양이를 칭찬한다면 그런 나의 정체성이 작동할 것이다. 나는 15년째 워싱턴 D.C.에 살고 있고, 누군가 내 도시에 대해 험담하면 방어적으로 변하는 경향이 있다. 나는 내 직업에 대해 비판적인 시각을 가진 기자이지만 누군가 딴지를 걸면 옹호하게 된다. 나는 채식주의자다. 동물들의 권리는 중요한 문제이며, 끔찍하게도 무시되고 있다고 생각하기 때문에, 동물권에 대해 단호한 목소리를 내려고 노력한다.

　겉으로 보면 기호처럼 여겨져도 도전적 상황에 직면하면 정체성으

로 작동하는 면도 있다. 나는 애플 컴퓨터를 사용하면서 자랐고, 애플이
다른 PC보다 우월하다는 점을 주장하기 위해 아주 많은 시간을 보낸
경험이 있다. 나는 논쟁의 중요성을 훌쩍 뛰어넘는 과도한 방식으로 내
주장을 펼치곤 했었다. 아마 이런 사람은 나뿐만이 아닐 것이다.[17] 나는
뉴욕 맨해튼을 좋아하지 않는다. 특히 사람들이 내가 살았고 사랑하는
도시보다 맨해튼이 우월하다고 칭찬할 때면 그런 비호감이 강하게 표
출된다. 맨해튼에 사는 사람들은 정말 시도 때도 없이 그런 주장을 펼
친다. 나는 불안을 잘 느낀다. 그리고 이 성향은 나 자신을 이해하는 하
나의 방법이 되었다. 내가 이런 말을 하는 이유는, 그런 것들(예를 들어
아버지라는 내 정체성)이 강력해서가 아니라, 정체성인 것과 정체성이
아닌 것의 구분이 우리가 생각하는 것보다 흐릿하기 때문이다. 내 말을
믿지 못하겠다면 한동안 TV 광고를 시청하고, 그들이 제품을 광고하고
있는지 아니면 정체성을 광고하고 있는지 질문해보라.

앞서 언급한 모든 것이 즉시 내 안에서 불러낼 수 있는 정체성이
다. 어떤 것들은 충분히 위협적인 상황이라면 내가 폭력적으로 변할 수
있을 만큼 강한 정체성이다. 또 어떤 것들은 누군가가 나를 설득한다면
포기할 수도 있는 약한 정체성이다. 어떤 것들은 나를 특정한 정치적
집단에 속하게 하고, 다른 것들은 모든 경계선을 가로지른다. 하지만 그
것들은 모두 내 안에 있고, 동시에 강력하고 예상할 수 없는 방법으로
상호작용한다.

오바마는 양극화한 언론, 게리맨더링특정 후보자나 특정 정당에 유리하도록
선거구를 획정하는 것-옮긴이, 그리고 정치 자금의 범람이 우리를 마치 발칸
반도처럼 분열시켜서 정치적 정체성을 고착화하는 경향이 있다고 주장
했다. 그는 이렇게 말했다. "그래서 나는 다음 대통령에게 이렇게 충고

하고 싶습니다. 분열을 일으키는 전통적인 지점들을 공략하려 하지 말고, 새로운 미디어 환경 안에 존재하는, 더 기발하고 덜 예측 가능한 지점을 찾는 노력을 하라고요."[18]

오바마는 양극화에 대한 올바른 설명을 잘못된 각도에서 제공했다. 어떤 정체성이 작동하느냐가 중요하고 우리의 정치적 정체성이 다른 정체성보다 더 양극화되어 있다는 점에서는 그가 옳았다. 하지만 그는 우리의 비정치적 정체성이 정치적 정체성이 될 수 있다고 믿었고, 비정치적 정체성이 우리의 본질적 자아를 더 진실하게 반영한다고 믿었다. 한마디로 그는 너무 낙관적이었다. 실제로는 우리의 정치적 정체성이 다른 정체성까지 양극화하고 있다. 릴리아나 메이슨은 『야만적인 합의』에서 미국 정치를(그리고 어쩌면 미국인들의 삶을) 신랄하게 요약했다.

> 미국 정당이 사회적으로 양극화하고 있다. 종교와 인종은 물론 계급, 지리, 문화까지 정당 정체성의 효과를 극대화하는 방식으로 정당을 분열시키고 있다. 경쟁은 더 이상 민주당과 공화당 사이에만 존재하는 것이 아니다. 이제는 한 번의 투표가 개인의 종교, 인종, 민족, 젠더, 거주 지역, 가장 좋아하는 식료품점뿐만 아니라 당파적 선호도를 나타낸다. 그것은 더 이상 하나의 사회적 정체성이 아니다. 당파성은 이제 모든 심리적·행동적 정체성을 포함하는, 의미심장한 메가 정체성이 되었다.[19]

지금까지 나는 미국 정치의 양극화를 객관적인 인구 통계학·이데올로기라는 큰 차원에서 이야기했다. 메이슨이 지적하는 점은 정치적 양극화가 개인의 정체성으로도 작용하며 그것들이 하나로 모여서 융합하면 하나의 자아 감각이 된다는 것이다. 도시에 사는 것, 진보주의자가 되는 것, 트레이더 조에서 쇼핑하는 것, 그리고 명상에 도전하는 것은 공공 정책의 측면에서 서로 큰 관련이 없을지 모르지만, 합쳐지면 하나의 정체성을 형성한다. 그리고 그 정체성은 '정치적'인 것이 된다.

2004년, 낮은 세금과 규제 완화를 주장하는 보수적 이익 단체인 '성장을 위한 클럽Club for Growth'은 당시 대통령 후보였던 하워드 딘을 상대로 한 유명한 광고를 내보냈다. 광고에서는 나이 든 백인 커플이 애국주의 깃발을 내건 가게 밖에 멈춰 서서 딘의 세금 인상 계획에 관한 질문을 받는다. 나이 든 남자가 대답한다. "어떻게 생각하냐고요? 나는 하워드 딘이 세금 인상, 정부 확장, 라테, 스시, 볼보 차,《뉴욕 타임스》…"그가 말을 마치기도 전에 그의 아내가 끼어들어, "피어싱하기, 할리우드에 열광하기, 좌파의 기괴한 쇼 등을 원래 있던 버몬트주에 돌려줘야 한다고 생각합니다"라고 말한다. 이것은 순수한, 무삭제 상태의 메가 정체성 정치이다.[20]

우리는 이 광고에서 정치적 정체성이 단순한 당파성을 초월하는 방식을 볼 수 있다. 당신은 민주당원을 줏대 없는 조합주의자로 치부하는, 캘리포니아 버클리에 사는 민주사회주의자일 수 있다. 어쨌든 이 광고가 그런 당신을 공격한다는 걸 알 것이다. 나는 미국 정치의 무언가가 바뀌었다는 점을 당신에게 설득시키려 노력하면서 이 책을 시작했다. 우리가 여전히 '민주당원'과 '공화당원' 그리고 '진보주의적'과 '보수주의적'이라는 용어를 사용하고는 있지만, 우리의 분열은 달라졌고 깊어졌다. 우리의 정치적 정체성은 메가 정체성이 되었다. 강력한 정체성들은 겹겹이 포개졌고, 그중 하나에 도전하는 것은 그 모두에 도전하는 것이 되었다. 정체성의 통합은 하나의 정체성을 활성화하면 모든 정체성이 활성화되고, 그것들은 활성화할 때마다 강화된다는 것을 의미한다.

오바마는 축구 경기를 함께하는 미국인들을 예로 들었다. 약간 변형해서 미식축구 경기를 함께하는 미국인들을 생각해보면 어떨까 싶다. 이것은 멋지고, 탈양극화한 정체성 가운데 하나였다. 이를 뒤바꾼 한 사건이 있었다. 포티나이너스 쿼터백 콜린 캐퍼닉Colin Kaepernick과 미식축구 선수들이 경찰의 폭력에 항의하기 위해 애국가가 연주되는 동안 무릎을 꿇기 시작한 것이다2014년 8월 미주리주 퍼거슨에서 백인 경찰이 흑인 청소년을 총을 쏴 살해한 사건이 벌어진 후, 백인 경찰의 무리한 공권력 집행으로 흑인들이 사망하는 사건이 이어졌다. 콜린 캐퍼닉은 이러한 인종차별적 공권력 행사에 항의하기 위해 NFL 경기 전 의례에서 애국가 제창을 거부하고 무릎을 꿇는 모습을 보였다—옮긴이. 트럼프는 그 일을 문제 삼으며 그들을 해고해야 한다고 트위터에 썼다. 민주당은 캐퍼닉과 선수들을 옹호하기 시작했다. 캐퍼닉은 해고되었고, 기록만 보면 다른 팀에서 그를 데려가야 하지만 어떤 팀도 그를 데려가지 않았다. 이에 대응하여 《지큐》는 캐퍼닉을 올해의 시민으로 선정했다.

미식축구에는 본질적으로 진보적이라고 할 만한 것이 없다. 하지만 캐퍼닉의 항의가 전국적인 관심사가 된 후, NFL은 둘로 나뉘었다. 논란이 있기 전, 클린턴과 트럼프 지지자의 약 60%가 NFL을 호의적으로 보았다. 논란이 벌어지는 도중에 클린턴 지지자들의 NFL 호감도는 변함이 없었지만, 트럼프 지지자들의 호감도는 30%로 곤두박질쳤고 비호감도는 60% 이상으로 치솟았다. 한편, 나이키는 캐퍼닉이 더 이상 프로 미식축구 선수가 아님에도 불구하고 그를 광고 모델로 선정했다. 이에 트럼프 지지자들은 나이키 용품을 불태웠고, 트럼프는 트위터를 통해 "시청률이 급락한 NFL처럼 나이키도 분노와 보이콧으로 망해가

고 있다"라고 말했다.[21]

예전에 미식축구 팬덤은 정치를 아우르는 정체성이었다. 민주당원
공화당원 상관없이 미식축구를 좋아했다. 운동을 싫어하는 나조차도
고등학교 때 노즈 태클nose tackle 미식축구에서 세 명으로 구성된 수비 라인 중에서 가
운데에 서는 사람—옮긴이을 맡았었다. 그러나 미식축구와 정치가 만나자, 미
식축구는 곧 정치의 일부가 되었다. 미식축구에 대한 공통적인 사랑이
우리의 정치적 정체성들을 타협으로 이끌지 않았다. 오히려 우리의 정
치적 정체성이 미식축구에 대한 우리의 사랑을 양극화했다. 스포츠 브
랜드 입장에서는 열정적인 지지자만큼 매력적인 소비자가 없기 때문
에, 나이키는 의도적으로 이 양극화 싸움에 뛰어들었다. 이렇게 미식축
구 팬덤은 한동안 정치적 정체성 무더기에 추가된 하나의 자석이 되어,
좌파 사람들을 끌어들이고 우파 사람들을 밀어내게 되었다.

우리가 공유하는 정체성은 여전히 가교 구실을 하기도 한다. 예를
들어 당신도 1990년대에 청소년기를 보냈고, 나도 그렇다면 1990년대
음악이 얼마나 대단한지에 관해 이야기할 수 있을 것이다. 하지만 정체
성이 우리를 서로 떼놓을 때, 그것은 해자가 되어 우리 사이의 거리를
벌린다. 2002년, 심리학자 매릴린 브루어Marilynn Brewer와 소니아 로카
스Sonia Roccas는 많은 교차 정체성을 가진 사람이 고도로 정렬된 정체성
을 가진 사람보다 외부인에게 더 관대한 경향이 있음을 보여주었다.[22]
더 많은 정체성이 하나로 묶일수록, 더 많은 정체성이 동시에 위협받
을 수 있기 때문이다. 이런 상황은 갈등을 훨씬 더 위협적인 것으로 만
든다.

두 명의 민주당원을 상상해보라. 그들 중 한 명인 릭은 백인이고,
이성애자며, 보수주의자다. 그는 복음주의 교회에 다니고, 시골에 살

고 있으며, 노조에 소속되어 있다. 다른 한 명인 세라는 흑인이고, 동성
애자며, 진보주의자다. 그는 종교에 회의적이고, 로스앤젤레스에서 살
고 있고, 페미니스트다. 릭은 조지 W. 부시의 출마를 보면서(부시는 공
화당원이며 노조에 적대적이다) 자신의 정체성 중 일부가 위협당한다고
느끼지만, 다른 정체성들이 그가 느끼는 공포감을 누그러뜨릴 것이다.
그처럼 부시도 복음주의 기독교인이고, 백인이며, 보수주의자고, 시골
문화를 존중한다. 한편, 존 케리는 친親노조 성향의 민주당원이지만, 미
국의 시골이나 복음주의 교회를 거의 이해하지 못하는 진보적인 도시민
이다. 이것이 부시에게 표를 주는 것을 고려했음 직한 민주당원의 예다.

반면 세라는 부시를 보면 자신의 모든 정체성이 위협받는다고 느
낀다. 부시는 공화당원이자 복음주의자며 백인 남성이고 보수주의자
다. 도시 생활이나 무신론자를 존중할 줄 모르고, 동성결혼을 금지하는
헌법 개정을 지지했다. 세라와 비슷한 민주당원은 부시를 두려워하고,
자신의 삶에 위험이 되는 인물로 보며, 부시가 패배하는 모습을 볼 수
있다면 무슨 일이든 할 것이다. 이것이 케리의 선거운동에 자원하고, 돈
을 기부하고, 부시에 가혹할 정도로 비판적인 전문가들의 의견을 찾아
내 공유하는 종류의 민주당원의 모습이다.

다양한 분열이 한 사회를 갈라놓는 것처럼 보이지만, 더 위험한 것
은 하나의 크고 깊은 분열, 즉 메가 분열이다. 메이슨은 이 점과 관련하
여 미국 사회학의 창시자인 에드워드 앨즈워스 로스Edward Alsworth Ross
가 『사회학의 원리The Principles of Sociology』에서 한 말을 인용한다.

사회에서 주요 대립은 개인, 성별, 나이, 인종, 국적, 지역, 계급, 정당, 종교 종
파 사이에서 일어난다. 여러 대립이 동시에 최고치에 이를 수도 있지만, 숫자

가 많다고 해서 그중 하나가 덜 위협적인 것은 아니다. 모든 갈등은 동시에 사회 내 다른 모든 갈등에 간섭하지만, 분열의 선이 일치할 때만큼은 예외다. 이 경우 그들은 서로를 강화한다. (…) 그러므로 10여 개의 대립이 사방으로 뻗어나가는 선을 따라 분열하는 사회는 실제로 한 줄을 따라 분열하는 것보다 폭력으로 찢기거나 산산이 부서질 위험이 적다.[23]

이것은 이론에 그치지 않는다. 2012년 조슈아 구블러Joshua Gubler와 조엘 사와트 셀웨이Joel Sawat Selway는 100개국 이상의 자료를 조사해 "민족성이 사회·경제적 계층, 지역, 종교와 교차하는 사회에서 내전이 발생할 가능성은 평균 12배 정도 낮다"라고 밝혔다.[24]

이 자료를 읽는 한 가지 방법은 이것이 정책적 의견 불일치를 설명하는 또 다른 방법이라는 것이다. 우리의 정체성이 갈라질수록 우리의 세계관과 의제도 갈라지므로, 이 모든 것은 단지 개인적 이익이라는 측면에서 심화하는 차이에 대한 대응일 뿐이라고 보는 시각이다. 물론 그런 부분도 있긴 하겠으나, 타이펠이 오래전에 발견했고 스포츠 팬들이 매주 보여주듯, 우리의 적대감은 외부 집단을 대하는 우리의 본능적인 방식이다. 이를 촉진하는 데는 정책적 차이가 필요하지 않다.

메이슨은 이것을 직접 시험했다. 미국 선거연구조사의 설문 자료를 이용하여 '느낌 온도'를 측정할 때 무엇이 상대방을 평가하는 요소가 되는지 살펴보았다. 영리하게도, 메이슨은 정책적 견해로만 보면 민주당원이어야 하지만 자신을 공화당원이라고 생각하는 사람들의 자료를 따로 분리해냈다. 그들은 공화당에 60~70도, 민주당에 30~50도를 부여했다. 보수적인 정책적 입장을 가진 민주당원들은 민주당에 60~80도, 공화당에 30~50도를 부여했다.

흥미롭게도, 한 사람이 자신을 얼마나 보수주의자 또는 진보주의자로 인식하는지와 그들의 견해가 실제로 얼마나 보수적이거나 진보적인가 사이에는 약한 상관관계가 있을 뿐이었다. 정확히 말하면, 두 경우 모두 상관관계 지수가 0.25였다. 정책이 정치적 불화의 동력이 되지 않는 한 가지 이유는, 사람들 대부분이 정책에 대해 강한 견해를 갖고 있지 않기 때문이다. 사이버 보안에 대해 자주 고민하고 누가 연방준비제도이사회FRB를 이끌어야 하는지 생각하는 사람은 보기 드문 취미를 가진 특이한 사람이다. 하지만 우리는 모두 자신의 정체성에 있어서만큼은 전문가다.

메이슨은 양극화를 부추기는 데 정체성이 정책 이슈에 관한 입장보다 훨씬 강력하다는 점을 발견했다. 다른 모든 것이 똑같을 때, 정책과 관련해 가장 온건한 입장을 가진 사람과 가장 많은 교차 정체성을 지닌 사람들을 비교한다면, 정책적 중도파가 교차 정체성으로 당파성을 억제하고 있는 사람들보다 상대편에게 두 배 이상 적대적인 것으로 나타난다. 다시 말하자면, 정체성 면에서 동질성을 느끼는 것이 정책적인 면에서 합의점을 찾는 것보다 혐오를 진정시키는 데 도움이 된다.

메이슨은 이렇게 썼다. "이것은 미국의 정체성 위기다. 우리가 당파적 정체성을 갖고 있기 때문이 아니다. 우리는 이전부터 당파적 정체성을 갖고 있었다. 이러한 위기는 당파적 정체성이, 우리가 서로를 참아내지 못하는 편협함을 우리의 정치적 의견 불일치 정도를 뛰어넘는 수준으로까지 부추기면서, 다른 사회적 정체성들과 나란히 정렬될 때 나타난다."[25]

당연히 정치에는 실제적인 이해관계가 걸려 있다. 세금을 두고 일어나는 싸움, 전쟁을 할지 말지 여부, 동성결혼 인정 여부, 보편적인 의료보험 법안을 통과시킬지 여부 등등이 그렇다. 하지만 이런 것들은 많은 생각과 논의가 필요한 이해관계들이다. 이것들은 우리 뇌에서 더 최근에 진화한 부분에 존재한다. 우리가 느끼기 위해서 노력을 따로 해야하는 이해관계다. 우리가 본능적·정서적으로 감지하도록 진화한 이해관계는 내가 속한 집단이 이기고 있는지 지고 있는지, 외부 집단이 우리를 위협하는지 아니면 안전과 번영을 위해 우리가 힘을 모으고 있는지 같은 것이다.

우리의 많은 정체성이 하나의 정치적 메가 정체성으로 통합됨에 따라, 이러한 본능적이고 감정적인 이해관계가 큰 영향을 미치고 있으며, 이러한 위험과 함께 우리 편의 승리를 위해 무엇이든 기꺼이 하려는 의지 역시 강해지고 있다.

정치적 정체성은 증오를 위한 만만한 구실이다

스탠퍼드대학교 정치 커뮤니케이션 연구소장 샨토 아이엔가Shanto Iyengar는 뭔가 이상한 것을 알아차렸다. 1960년, 미국인들에게 자녀가 다른 정당 당원과 결혼하면 기뻐할지, 불쾌해할지, 아니면 감정적인 변화가 없을지 질문했다. 응답자들은 어깨를 으쓱하는 반응을 보였다. 공화당원의 5%, 민주당원의 4%만이 두 당 사이의 결혼에 속상할 거라고 말했다.

2008년으로 시계를 빨리 돌려보자. 여론조사 업체 유고브YouGov는 공화당원과 민주당원에게 같은 질문을 던졌고, 매우 다른 결과를 얻었다. 이번에는 아들 또는 딸이 상대 당 당원과 결혼하면 속상할 것이라는 응답이 공화당원의 경우 27%, 민주당원의 경우 20%에 달했다.

2010년 유고브는 같은 질문을 던졌고, 이번에는 공화당원의 49%와 민주당원의 33%가 두 정당 간의 결혼에 우려를 표했다.

아이엔가가 보기에 이 숫자들은 오늘날의 정치적 차이가 과거와는 근본적으로 다름을 시사하는 것이었다. 그는 미국의 정치적 당파성이 본질적으로 과거보다 근본적이고 화해시킬 수 없는 영역으로 바뀌고 있음을 염려했다.

만약 아이엔가가 옳았다면, 정당 가입은 단순히 자신의 의견 차이를 표현하는 것이 아니라 의견 차이의 원인이 되고 있는 셈이다. 만약 민주당원이 다른 민주당원들을 자신의 집단으로, 공화당원들을 적대적인 외부 집단으로 생각한다면(그 반대 경우도 마찬가지다), 그 결과는 정치를 넘어 결혼과 같은 영역에까지 확대될 것이다.

이러한 자료는 곳곳에 있었다. 공화당원이 민주당원을 바라보는 시각과 민주당원이 공화당원을 바라보는 시각의 차이를 살펴본 여론조사들은 이제 백인이 흑인을 받아들이거나 흑인이 백인을 받아들이는 것보다 서로를 덜 받아들인다는 사실을 보여주었다.

하지만 미국인들의 삶에서 당파성(우리가 선택하고 때때로 바꾸는 정체성)이 인종만큼이나 깊은 분열적 요소가 되었을 리는 없다. 안 그런가? 그건 말도 안 되는 소리처럼 보였다. 그래서 아이엔가는 이것을 시험해보기로 했다.

실험은 간단했다. 아이엔가는 다트머스대학교의 정치학자 숀 웨스트우드Sean Westwood와 함께 약 1000명의 사람에게 장학금을 받기 위해 경쟁하고 있는 두 고등학교 3학년 학생의 이력서 가운데 하나를 고르라고 부탁했다. 이력서는 세 가지 측면에서 차이를 두었다. 첫째, 학점이 3.5거나 4.0일 수 있었다. 둘째, 두 학생은 젊은 민주당 클럽 회장이거나 젊은 공화당원 클럽 회장일 수 있었다. 셋째, 그들은 전형적인 아프리카계 미국인 이름을 가진 동시에 아프리카계 미국인 학생 협회의 회장이거나 전형적인 백인 이름을 가지고 있을 수 있었다. 프로젝트의 의도는 정치적 적대감이 비정치적인 일에 영향을 미치는지 확인하고, 그 효과를 인종과 비교하는 것이었다.

나는 이 책을 쓰려고 많은 연구 결과를 접했지만, 이 결과는 여전히 나를 놀라게 한다. 이력서에 정치적 정체성을 보여주는 단서가 포함되자 민주당원들과 공화당원들의 약 80%가 자신이 소속된 당의 당원에게 장학금을 수여했다. 학점은 상관이 없었다. 공화당원 학생이 더 자격을 갖췄을 때, 민주당원들의 30%만이 그를 선택했고, 민주당원 학생이 더 자격이 있을 때, 공화당원들의 15%만이 그를 선택했다.

이는 심각하게 우울한 발견이다. 장학금을 수여할 때(이 행위는 완전히 비정치적이어야 한다), 공화당원들과 민주당원들은 학점보다 소속 정당에 더 신경을 썼다. 아이엔가와 웨스트우드가 썼듯이 "당파성이 학업 우수성을 이겼다."[26]

놀랍게도 이 연구에서는 당파성이 인종도 이겼다. 후보자들이 동등한 자격을 갖췄을 때, 흑인의 78%가 같은 인종의 후보를 선택했고, 백인은 42%가 그렇게 했다. 다른 인종 후보자가 더 높은 학점을 받은 경우, 흑인의 45%와 백인의 71%가 타 인종 학생을 선택했다.

아이엔가가 세운 가설에 따르면, 당파적 적대감은 현대 미국 사회가 허용할 뿐만 아니라 적극적으로 장려하는 몇 안 되는 차별 중 하나다. 그는 이렇게 말한다. "정치적 정체성은 증오를 위한 만만한 구실입니다. 인종 정체성이나 젠더 정체성은 그렇지 않습니다. 오늘날 우리는 사회 집단에 대한 부정적인 감정을 표현하지 않습니다. 그러나 정치적 정체성은 예외입니다. 공화당원은 공화당원이 되기로 선택한 사람이므로, 그들에 대해 하고 싶은 말은 뭐든지 할 수 있다는 식입니다."[27]

웨스트우드는 미디어에서 이러한 예를 찾을 수 있다고 말한다. 다른 인종을 폄하하는 데 전념하는 주요 채널은 없다(터커 칼슨Tucker Carlson보수적 방송사인 폭스 뉴스의 뉴스 쇼 진행자로, 매우 보수적인 인물—옮긴이과 로라 잉그러햄Laura Ingraham폭스 뉴스의 뉴스 진행자로, 역시 보수적인 인물—옮긴이은 가끔 이와 유사한 일을 하기도 한다). 하지만 다른 당을 폄하하는 데 전념하는 채널들은 있다. 웨스트우드는 "언론이 부족의 지도자가 됐습니다. 그들은 부족원들에게 어떻게 정체성을 확인하고 행동해야 하는지 알려주고 있으며, 우리는 그 지시를 따르고 있습니다"라고 말한다.[28]

물론 웨스트우드는 당파성이 인종주의보다 더 나쁘다거나, 더 만연한다거나, 더 피해를 준다는 것을 의미하지 않는다고도 덧붙인다. 예를 들어, 당파성보다 피부색을 바탕으로 사람을 판단하면 인종차별을 하기도 더 쉽다. 게다가 정치적 신념은 도덕적인 선택이지만 인종은 그렇지 않다. 동성결혼, 보편적 의료보험, 총기 단속법을 지지하는지 아닌지를 두고 누군가를 판단하는 것은 그 사람을 피부색으로 판단하는 것과는 매우 다르다.

그렇긴 해도, 아이엔가와 웨스트우드의 연구는 우리가 미국 정치의 작동 방식이라고 믿고 싶어 했던 것들에 근본적인 도전을 제기한다. 더 좋은 학점을 받은, 다른 당 소속 고등학생에게 비정치적인 장학금을 주지 않는 세상은, 반대편에 있는 정치인들의 목소리를(비록 그들이 사실에 근거한 올바른 주장을 한다고 하더라도) 경청하고자 하는 세상이 아니다.

아이엔가와 웨스트우드의 연구는 타이펠의 연구를 재확인해준다.

또다시 사람들이 한 방에 모여 있다. 그들은 당장 해야 할 일과 관계없이 정체성에 따라, 그들이 속한 집단에 상을 주고 외부 집단을 벌주기 위해 어떤 권력을 가졌는지에 따라 분류되어 있다. 아이엔가는 이렇게 말한다. "옛 이론에 따르면 정당들은 깊은 사회적 분열을 상징하기 위해 등장했다. (…) 그러나 이제 정당정치는 그것만의 생을 살기 시작했다. 이제 그것은 **분열**이다."²⁹

'**그것만의 생**'이라는 표현은 타이펠이 1970년에 쓴 글을 상기시킨다. 사회과학자들은 집단 분쟁의 '합리적' 형태와 '비합리적' 형태를 구별했다. 타이펠은 "전자는 목적을 위한 수단이다. 갈등과 그에 수반되는 태도는 다양한 이해관계를 가진 집단들 간의 진정한 경쟁을 반영한다. 후자는 그 자체가 목적이다. 이것은 다양한 종류의 누적된 감정적 긴장을 풀어주는 역할을 한다"라고 설명했다. 그러나 타이펠은 "이 두 종류의 적대감을 구별하는 일은 그 둘이 가차 없이 서로를 강화하며 소용돌이에 빠지므로"³⁰ 생각보다 덜 명확하다고 말했다.

이것은 정책적 차이와 정체성 갈등 사이의 관계를 이해하는 가장 좋은 방법이다. 이 둘은 서로를 강화하지 서로 반하지 않는다. 이민 문제를 보자. 히스패닉계는 민주당 연합체의 강력하고 중심적인 부분이 되었다. 이것이 부분적으로나마 오바마가 법을 준수하는 드리머 DREAMer 오바마 대통령 재임 시절에 입법화된 소위 '드림 액트Dream Act'는 어린 시절 미국으로 불법입국한 청년들에 대해 추방을 면제하고 취업을 할 수 있게 하는 제도다. '드리머'는 이 법에 따른 젊은 이민자들을 말한다—옮긴이들을 추방하지 않기로 한 이유다. 많은 공화당원을 분노케 한 이 결정은 트럼프가 반이민, 친백인 수사법을 동원해 반란군적인 예비선거운동을 할 수 있는 공간을 열어주었다. 재임 중 트럼프는 드리머들에 대한 오바마의 보호 조치를 취소하는 것을 포함하여 반이민 정책을 밀어붙였고, 이것은 도덕적인 차원에서 민주당을 불쾌하게 했으며, 히스패닉계 미국인들을 더 민주당 쪽으로 기울게 했다. 결과적으로 민주당 안에서 그들의 힘이 더 강해지게 만들었다.

일련의 사건들 이후 민주당원들은 점점 더 친이민적 가치관을 지니고 친이민 정책을 지지하게 되었고, 급기야 대부분의 2020년 대선 후보가 허가 없이 국경을 넘는 행위를 처벌하지 않고 미등록 이민자가 공공 의료보험에 접근할 수 있도록 허용하는 방안을 지지하기에 이르렀다. 몇 년 전이었다면 민주당 내에서도 상상하기조차 어려운 일이었다. 이러한 생각들을 지지하게 된 배경에는 민주당의 정체성이 다양성을 믿고 이민자들(정식 이민자와 불법 이민자 모두를 포함한다)을 환영하는 정당으로 변화하고 있다는 사실을 발견할 수 있다. 이것은 또한 미국의 이야기와 얽혀 있다.

2019년 나는 대통령 선거에 출마했던 훌리안 카스트로Julián Castro 전 주택도시개발부 장관을 인터뷰했다. 카스트로는 "이 세대를 포함해 여러 세대에 걸쳐 미등록 이민자들이 미국의 일부라고 생각합니다"라고 말했다. 그는 또 "그들은 국가를 위한 강력한 미래를 건설하는 데 필요한 존재라고 생각합니다. 우리가 인정하고 싶든 아니든, 여러 면에서 우리는 미등록 이민자들이 필요합니다"라고 말했다.[31]

이민 정책에 대한 제한된 질문이 두 정당 간 갈등의 중심이 되었다. 이것은 단지 연합체들이 무엇을 하고 싶어 하는지에 대한 것이 아니다. 그들이 누구인지, 그들이 세상을 어떻게 보고, 누구를 '우리'로 간주하는지에 관한 것이다.

하지만 정체성은 우리가 서로를 대하는 방식만을 규정하지 않는다. 정체성은 우리가 세상을 이해하는 방식도 규정한다.

≡

4장

당신 마음속의 언론 비서관

의무 가입 조항은 1989년 헤리티지 재단이 발표한 「모든 미국인을 위한 저렴한 의료보험 보장Assuring Affordable Health Care for All Americans」이라는 보고서를 통해 처음 등장했고, 민주당이 선호하던 단일 지급 제도와 고용주 의무 가입 조항에 대한 대안으로 제시되었다. 보수적 싱크탱크의 건강보험 제도 전문가인 스튜어트 버틀러Stuart Butler는 "많은 주가 자동차를 탄 승객에게 안전띠를 매도록 요구하고 있습니다. 또한 많은 주가 자동차 운전자에게 책임보험에 가입하도록 요구합니다. 그러나 연방정부나 어떤 주도 심각한 사고나 질병으로 발생할 수 있는 심각한 손실에서 스스로를 보호하라고 요구하지는 않습니다. 헤리티지 계획에 따르면, 그런 의무 사항이 생길 예정입니다"라고 주장했다.¹

1991년 전설적인 보수주의 경제학자 밀턴 프리드먼Milton Friedman은 《월스트리트 저널》의 오피니언난에서 "미국의 모든 가족 단위가 주요 의료보험에 가입해야 한다는 내용의 의무 사항"²을 제안했다. 와튼

스쿨의 경제학자 마크 폴리Mark Pauly는 조지 H. W. 부시 행정부가 의무
가입 조항을 채택하도록 설득하기 위해 애를 썼다. 폴리는 "시장 지향
적이지 않은 단일 지급 보험 제도의 망령이 걱정됩니다"라고 말했다.[3]

　　의무 가입 조항이 법률안에 처음 등장한 것은 1993년의 '건강 형
평성 및 접근권 개혁법'이었다. 1993년, 상원 공화당원들이 클린턴 대
통령의 의료보험 개혁 법안에 대한 대안으로 이 법안을 제시했고, 로드
아일랜드주 상원의원 존 체이피John Chafee가 발의하고, 당시 상원 소수
당 대표였던 밥 돌Bob Dole을 포함한 공화당 의원 18명이 공동 발의자
로 나섰다. 1990년대에 체이피의 건강 정책 팀을 이끌었고 밋 롬니가
매사추세츠주 주지사로 있을 당시 보건부를 이끌었던 크리스틴 퍼거
슨Christine Ferguson은 자신이 그 아이디어를 법안에 넣자고 말한 사람이
었다고 말했다. "공화당원들은 우리가 자체적으로 법안을 마련할 필요
가 있다고 결정했습니다. 나는 공화당 의원들이 개인의 책임을 주장하
거나 왜 공화당이 보모가 아닌지를 두고 하는 온갖 대화를 들었고, 그
것은 나에게 큰 울림을 주었습니다. 그래서 나는 우리가 정말로 개인적
차원에서의 책임을 원한다면 개인들이 책임을 지게 하고, 만약 그 비용
이 터무니없다면 보조금을 받게 하는 것이 어떻겠냐고 물었습니다."[4]

　　고용주 의무 가입을 요구하는 클린턴 법안이 부결된 후, 민주당 의
원들은 체이피의 법안이 제공하는 기회를 알아차렸다. 클린턴은 헤인
즈 존슨Haynes Johnson과 데이비드 브로더David Broder가 1990년대 의료
보험 전쟁의 역사를 기록한『시스템: 한계에 도달한 미국식 정치 방식
The System: The American Way of Politics at the Breaking Point』에서 그것이 초당
적 타협에 도달할 수 있는 가장 좋은 기회였음을 인정했다. 그는 "바로
그날, 혹은 그들이 법안을 제출한 다음 날, 내가 돌과 직접 타협할 수 있

도록 노력했어야 했습니다"라고 말했다.[5]

　　10년 후, 오리건주 민주당 상원의원인 론 와이든Ron Wyden은 역사를 조심스레 되짚어가기 시작했다. 그는 존슨과 브로더의 『시스템』을 네 번이나 읽었고, 체이피의 법안에 초점을 두었다. 그는 의무 가입 조항과 관련한 제안서를 만들기 시작했고, 민주당 의원과 공화당 의원 모두를 대상으로 시험해보았다. 와이든은 "나는 2004년과 2008년 사이에 80명이 넘는 상원의원을 만나보았고, 그 제안서에 반대하는 사람은 거의 없었습니다"라고 말했다.[6] 그는 2006년 12월에 '건강한 미국인 법안'을 발표했다. 2007년 5월에는 체이피 법안을 공동 발의했던 유타주 공화당 의원 밥 베넷Bob Bennett이 그의 법안에 동조했다.

　　와이든과 베넷 법안은 결국 공화당 의원 11명과 민주당 의원 9명의 지지를 받았고, 상원 역사상 어떤 보편적 의료보험 안보다 더 많은 초당적 지지를 받은 법안으로 기록되었다. 심지어 그 법안은 공화당 대선 후보들의 눈길을 끌었다. 매사추세츠주 주지사로서 의무 가입 조항이 포함된 보편적 의료보험 법안에 서명한 롬니는 2009년 6월 《미트 더 프레스》와의 인터뷰에서 와이든과 베넷 법안은 "많은 공화당 의원이 생각하기에 아주 훌륭한 의료보험 정책이고, 우리가 지지하는 정책"이라고 말했다.[7]

　　와이든의 법안은 민주당 의원들이 법안에 의무 가입 조항을 추가하는 전반적인 추세에서 나왔다. 존 에드워즈John Edwards와 힐러리 클린턴은 모두 선거 공약으로 의료보험 제도에 의무 가입 조항 포함을 제안했다. 2008년, 상원의원 테드 케네디Ted Kennedy는 의료 개혁을 위해 '매사추세츠 계획'의 진보 성향 옹호자인 존 맥도너John McDonough를 워싱턴으로 데려왔다. 같은 해에 상원 재무위원회 위원장 맥스 보커스Max

Baucus는 자신의 의료보험 법안 초안에 의무 가입 조항을 포함했다. 민주당에서 협조하지 않은 주요 인물은 버락 오바마 상원의원이었다. 그러나 2009년 7월, 오바마 대통령은 마음을 바꿨다. 그는 CBS 뉴스에서 "나는 그 생각에 반대했습니다. 왜냐하면 내 생각에 사람들이 건강보험에 가입하지 않는 것은 그것을 원하지 않아서가 아니라, 그럴 만한 경제적 여유가 없기 때문입니다. 하지만 나는 이제 일종의 의무 가입 조항에 찬성합니다"라고 말했다.[8]

이 과정은 결국 '환자 보호 및 저렴한 치료 법안Patient Protection and Affordable Care Act'(오바마케어로 더 잘 알려져 있다)으로 이어졌고, 이 법에는 의무 가입 조항이 포함되어 있다. 이 법은 타협안이 되도록 설계되었고, 그리고 한동안은 그렇게 보였다. 2009년 6월, 당시 상원 재무위원회 소속 실세 공화당 상원의원이었던 척 그래슬리Chuck Grassley는 폭스 뉴스와의 인터뷰에서 "의무 가입 조항이 포함돼야 한다는 초당적 합의가 있다고 믿습니다"라고 말했다.[9]

그러다 상황이 변했다. 2009년 12월, 공화당 상원의원들이 의무 가입 조항을 위헌이라고 주장하며 의사 진행에 문제를 제기했다. 이들 중에는 밥 베넷, 러마 알렉산더Lamar Alexander, 밥 코커Bob Corker, 마이크 크래포Mike Crapo, 린지 그레이엄Lindsey Graham, 척 그래슬리, 주드 그레그Judd Gregg 상원의원도 포함되어 있었는데, 이들은 모두 '건강한 미국인 법안'의 공동 발의자였고, **그 법안에는 역시 의무 가입 조항이 포함되어 있었다.** 2007년 1월부터 2009년 12월 사이, 헌법에는 어떤 혁명적인 변화도 없었다. 또한 의무 가입 조항에 어떤 치명적인 결함이 있다는 사실도 드러나지도 않았다. 사실은 그 반대였다. 그 법안은 롬니 후보가 추진한 개혁의 일환으로 매사추세츠주에서 성공적으로 시행되고 있었다.

　그러나 정치적인 변화가 있었다. 민주당 의원들은 의무 가입 조항을 반대하던 입장에서 지지하는 쪽으로 선회했다. 이러한 변화, 즉 민주당 의원들이 공화당이 만든 조항 뒤로 정렬하고, 공화당 의원들은 그것이 미국의 정신에 위배된다고 선언하는 상황은 와이든을 충격에 빠뜨렸다. 그는 말했다. "워싱턴 정계에서 의무 가입 조항은 정신분열증을 일으키고 있습니다."[10]

　이런 일이 한 번만 있었던 것도 아니었다. 2007년, 뉴트 깅그리치Newt Gingrich와 존 매케인은 탄소 배출량을 줄이기 위해 탄소 배출권 거래 프로그램이 필요하다고 했다. 몇 년 후, 깅그리치와 매케인을 포함해 공화당 전체가 그 생각에 반대했다. 2008년, 부시 행정부는 침체한 경제를 부양하기 위한, 적자 재정 기반의 감세 법안인 '경제 부양법'을 제안하고 추진하고 서명했다. 오바마 정권에서 공화당은 재정 적자에 의한 경기 부양책이 경제에 도움이 될 수 있다는 제안에 강하게 반대했지만, 트럼프 정권에서는 그 제안을 수용했다. 롬니가 2012년 대통령 선거에 출마했을 때, 러시아가 미국의 가장 중요한 지정학적 위협이라고 말한 것을 두고 민주당 의원들은 조롱했다. 러시아가 2016년 대선에서 트럼프의 승리를 도운 뒤 민주당은 러시아에 급격히 등을 돌렸지만, 공화당은 블라디미르 푸틴을 오바마보다 더 호의적으로 보게 되었다.[11]

　이런 상황을 설명하는 쉬운 말이 있다. **냉소주의, 위선, 거짓말**이다. 그리고 우리는 다른 사람, 특히 외부 집단에 쉽게 그런 꼬리표를 붙인다. 하지만 나는 정당을 따라 견해를 바꾼 정치인, 운동가, 전문가를 너무나 많이 인터뷰했고, 적어도 그런 변경이 그들에게는 진실했다는 사실을 알게 되었다. 뭐, 나도 마음을 바꾸는 바람에 진정성이 없다거나 일관성이 없다는 비난을 받아보았다. 깨달음을 전하는 트윗 메시지에 나는 이렇게 대답한다. "인생은 짧아요!" 그래도 나는 내가 항상 정직했다고 느낀다. 그렇다면, 새로운 정보와 주장에 반응하여 마음을 바꾸는 게 우리가 해야 할 일은 아닐까? 정치적 기회주의와 지적 성장은 어떻게 구분할 수 있을까?

이 질문에 답하자면, 그 둘을 구분할 기준이 그리 많지 않다는 것이다. 우리는 추론이 개별적인 행동이라고 이해한다. 많은 경우에 이는 사실과 다르다. 철학자 조지프 히스는 "18세기 계몽주의에 힘을 불어넣은 이성의 개념에서 핵심적인 결함은 이성을 전적으로 개인적인 것으로 보는 것이다"라고 썼다.[12] 수십 년에 걸친 연구에 따르면, "이성은 탈중앙화되어 있는 동시에 여러 개인 사이에 흩어져 있으며, 혼자서는 합리적으로 되는 것이 불가능하다. 합리성은 본질상 집단적인 프로젝트"임이 증명되었다.◆

더 간단하게 말하자면, 추론은 우리가 집단 목적을 달성하기 위해 단체로 하는 과정이다. 이것은 우리 주변 세상의 복잡성과 위험에 대한 이성적인 반응이다. 집단은 개인보다 많은 것을 알고 더 잘 추론할 수 있기 때문에 지식을 모을 수 있는 사회적·지적 능력을 갖춘 인간은 그렇지 않은 인간보다 생존에 유리했다. 우리는 그들의 후손이다. 일단 이 점을 이해하고 나면 개인이(심지어 정보에 밝은 개인들도) 집단의 필요

◆ 히스가 책에서 주장하는 것처럼, 우리가 완벽하게 합리적이지 않다는 사실, 합리성에 대한 우리의 능력이 언어처럼 다른 능력의 부산물로 진화한 것처럼 보인다는 사실은 우리가 추론할 수 있는 능력이 얼마나 소중한지, 그리고 그 발전에 얼마나 주의를 기울여야 하는지를 강조하는 것이다. 우리가 의식적으로 관할구역 안에 머물 수 있도록 경계를 정하는 것은 우리가 이 재능을 무시하는 것이 아니라 존중하는 방법이다.

에 맞게 자신의 견해를 쉽게 바꾸는 게 당연하다는 점을 이해할 수 있을 것이다.

집단 추론

1951년, 스워스모어 칼리지 교수인 솔로몬 애시Solomon Asch는 우리가 얼마나 많은 추론을 다른 사람에게 맡기는지 연구하기 시작했다. 그는 피실험자들에게 선이 그려진 카드를 보여준 다음, 길이가 같은 선이 있는 다른 카드를 찾아보라고 요청했다. 쉬운 실험이었고, 통제 조건 아래에서 1% 미만만이 답을 틀렸다.[13]

여기서 반전은 피실험자들이 혼자가 아니었다는 점이다. 애시의 연구를 돕는 연구자가 5~7명 섞여 있었고 그들은 종종 똑같은 오답을 선택했다. 결과는 놀라웠다. 실험에서 참가자들은 37%가 오답을 선택했다. 그들의 눈에 보이는 것과 집단이 선택하는 것 사이에서, 집단을 선택했다. 실험이 끝난 후 인터뷰에서 한 피실험자는 "내가 튀는 것 같은 느낌이 들었고, 혼자라는 생각이 들면서 내가 충분히 명민하지 않다는 비판에 노출된 기분이 들었습니다"라고 말했다.

집단이 개인의 의견에 영향을 미칠 수 있음을 보여준 애시의 실험은 열성 당원들의 사고방식을 이해하는 데 혁명적인 기반을 제공했다. 결국 정당도 집단이 아니고 무엇이겠는가?

2003년, 예일대학교의 심리학과 조교수였던 제프리 코언Geoffrey Cohen은 심리학 입문 강좌에서 학생들을 대상으로 자신을 얼마나 진보적이거나 보수적으로 여기는지, 복지에 대해서는 어떻게 생각하는지를 묻는 설문조사를 했다. 이후 학기 후반에 자신을 가장 이념적이고 복지

에 관심이 크다고 평가한 학생들에게 '매일매일의 시사에 대한 기억력'
을 시험하는 연구에 참여해달라고 요청했다. 그리고 자신이 왜 뽑혔는
지 모르는 학생들에게 두 가지 버전의 신문 기사를 보여주었다. 첫 번
째 기사는 '표지 기사의 그럴듯함을 강화하는 것' 말고는 다른 목적이
없는 가짜 기사였다. 두 번째 기사에는 제시된 복지 정책에 대한 설명
이 담겨 있었다.[14]

기사의 한 버전에 따르면, 정책은 매우 관대했고, 다음과 같은 지원
을 제공했다.

> 한 명의 자녀를 둔 가정에 매달 거의 800달러, 추가 자녀에 대해서는 추가로
> 200달러, 100% 보장되는 의료보험, 식권 2000달러어치, 주택과 보육원을
> 위한 추가 보조금, 직업 훈련 프로그램, 전문대학 등록금 2년 치가 제공되었
> 다. 혜택 기간은 8년으로 제한했지만, 혜택 종료 후 일자리를 보장했고, 가정
> 에 자녀가 또 생기면 혜택을 다시 받을 수 있었다.

다른 버전의 기사에서는 좀 더 엄격한 정책이 제시되었다.

> 한 달에 250달러, 추가 자녀 한 명당 50달러만 지원하고, 일부만 보장되는 의
> 료보험이 제공되며, 지원은 연속해서 받을 수 없고 평생 혜택 기간을 1.5년으
> 로 한정했다.

관대한 정책과는 달리 엄격한 정책은 식권, 주택, 보육, 직업 훈련,
유급 근로, 대학 등록금 등과 관련한 혜택을 제공하지 않았다. 두 기사
는 다른 면에서도 차이가 있었다. 그것은 단체 신호였다. '민주당이 선

호하는 안'의 경우, 기사는 민주당 의원의 95%가 정책에 찬성하는 반면, 공화당 의원은 10%만이 찬성했다고 알려주었다. 법안이 "빈곤층의 경제적 부담을 가볍게 할 것"이라며 공화당이 "피해자를 탓하고" 있다고 비난하는 저명한 민주당 의원들의 말도 인용했다. '공화당이 선호하는 안'을 다루는 버전에서는 비율들이 뒤바뀌어 있었고, "기본적인 직업윤리와 개인적인 책임감을 훼손하지 않으면서 충분한 보호를 제공한다"라는 저명한 공화당 의원들의 설명이 덧붙여 있었다.

참가자들은 기사에 실린 프로그램에 대한 호감도를 1부터 7까지의 척도로 평가해보라는 요청을 받았다. 이 실험에 참가한 학생들은 이념적 성향이 강했고, 복지 정책에 관심도가 높은 학생들이었다. 하지만 그것은 중요치 않았다. "진보적인 학생들과 보수적인 학생들 모두 정책 내용보다 준거집단에 따라 판단했다. 자기 당이 지지하면 진보주의자들은 엄격한 복지라도, 보수주의자들은 호화스러운 복지라도 지지했다."

심리학자들은 이런 종류의 사고가 놀랍지 않다고 말한다. 우리는 직업, 학습, 개인적인 경험에 따라 소수의 주제에 대한 직접적인 지식을 가질 수 있다. 그러나 시민으로서, 그리고 선출된 관료로서 우리는 이란의 핵 프로그램, 국제 송유관의 환경적 영향, 중국을 환율조작국으로 낙인찍는 일처럼 다양하고 복잡한 문제에 관한 판단을 일상적으로 요구받고 있다.

정당의 역할 중 하나는 우리가 그러한 결정들 사이에서 판단을 내릴 수 있도록 돕는 것이다. 이론적으로 우리가 정당에 가입하는 이유는 그들이 우리의 가치관과 목표, 다시 말해 가족과 지역사회와 같은 우리 삶에서 가장 중요한 집단에 의해 우리에게 전해졌을지도 모르는 가치

와 목표를 공유하기 때문이다. 그리고 우리는 그 이슈들을 연구할 시간
이 충분히 주어진다면 우리가 하게 될 판단과 정당의 정책적 판단이 일
치할 거라고 믿는다. 그러나 정당들은, 비록 일련의 원칙에 기초하고 있
지만, 사심 없는 진실 안내자가 아니다. 정당은 세력을 키우려는 단체
다. 또는 심리학자들이 말하듯이, 그들의 추론은 정확성이 아닌 다른 동
기에 의해 작동할 수 있다.

   물론, 이것은 이 책을 읽고 있는 당신에게는 해당되지 않는 사항이
다. 당신은 지금 읽고 있는 이 책을 포함해서 책을 직접 사는 타입이다.
정치에 별로 관심을 두지 않거나 정책에 대해 잘 모르는 사람들은 정당
을 지름길로 삼고, 정당의 속임수에 취약해진다. 하지만 아는 것이 힘이
고, 당신은 지식을 쌓고 있다. 문제는 어떻게 하면 다른 사람들도 스스
로 지식을 쌓게 하느냐다.

   이를 위해서는 사다리를 타고 더 큰 이론으로 올라야 한다. 나는
종종 우리가 직면한 이 문제에 대한 답이 평생교육 수업이나 미디어 리
터러시 수업이라고 주장하는 사람에 의해 궁지에 몰리곤 했다. 더 극
단적인 형태를 띠기도 한다. 2016년 조지타운대학교 정치이론가 제이
슨 브레넌Jason Brennan은 『민주주의를 반대하며Against Democracy』라는 책
에서 정보에 입각해 정치에 참여하는 사람들의 표를 정치적으로 순진
한 사람들의 표보다 많이 집계하는 '에피스토크러시epistocracy' 제도를
주장했다.[15] 다음은 《복스》와의 인터뷰에서 그의 말이다. "나는 이것을
'능력 원리'라고 부릅니다. 다른 사람에게 권력을 행사하는 사람이나 숙
고하는 집단은 선의로 권력을 사용할 의무가 있고 그 권력을 능숙하게
사용할 수 있습니다. 만약 그들이 그것을 선의로 사용하지 않고, 능숙하
게 사용하지 않는다면, 그것은 그들이 어떠한 종류의 권한이나 정당성

을 갖는 것에 반대하는 주장이 됩니다."[16]

이것은 '더 많은 정보' 가설이라고 부를 수 있다. 이것은 덜 공격적인 형태로 거의 모든 연설, 모든 기사, 모든 토론의 밑바닥에 희망처럼 깔려 있다. 이것은 헌법과 연방주의자 논집, 토머스 듀이의 철학과 고등학교 사회 수업의 기본 이론을 관통한다. 이것은 우리의 가장 치열한 정치적 싸움들 가운데 많은 것, 우리가 가진 최악의 정치적 관념 대부분이 단순한 오해라는 믿음이다. 이러한 오해의 원인은 무엇인가? 문제가 기후변화든, 세금이든, 이라크 전쟁이든, 재정 적자든, 이민이든, 흔히 너무 적은 정보가 원인으로 지목된다. 이 생각에 따르면, 시민들이 좀 더 많이 알기만 하면 싸움이 벌어지지 않을 것이다.

이것은 매력적인 가설이다. 이 가설에 따르면 미국인들이 잘못 생각했거나, 몰랐거나, 혹은 상대편 악당에게 속은 것이지(이것이 가장 호소력이 세다), 틀린 것이 아니기 때문이다. 이 가설은 우리의 토론은 이해하기 쉽고, 우리의 가장 어려운 문제에 대한 답은 전혀 논란이 되지 않는다고 주장한다. 이 이론은 특히 워싱턴 정계에 널리 퍼져 있는데, 그곳에서 열성 당원들은 미국 정치가 가진 어려운 질문에 대한 정답을 자신들이 가지고 있다는 것을 서로에게 설득하기 위해 엄청난 힘을 쏟고 있다.

단 한 가지 문제는, 그게 틀렸다는 것이다.

정치는 왜 똑똑한 사람을 바보로 만들까?

2013년 4월과 5월, 예일대학교 법대 교수 댄 카한Dan Kahan은 공동 저자인 엘런 피터스Ellen Peters, 에리카 캔트렐 도슨Erica Cantrell Dawson, 폴

슬로빅Paul Slovic과 함께 과학자들을 혼란스럽게 만드는 질문에 대한 실험을 시작했다. 왜 좋은 자료가 정치적 논쟁에 효과적이지 않을까? 예를 들어, 기후변화가 진짜 위협이라는 증거는 점점 늘어나는데 왜 회의론자를 설득하지 못할까? 카한과 그의 팀은 자신들의 주된 이론을 '과학 이해 논제'라고 썼다. 이 이론은 대중이 과학에 대해 충분히 알지 못해서 옳은 판단을 내리지 못하는 것이 문제라고 말한다.[17] 이것은 '더 많은 정보' 가설의 한 버전이다. 더 똑똑하고 더 나은 교육을 받은 시민이라면 과학적인 정보를 습득하고 기후변화에 대한 명확한 결론을 내릴 것이므로, 더 많은 정보를 제공하면 문제를 해결할 수 있다는 것이다.

하지만 카한과 그의 팀은 완전히 다른 가설도 세웠다. 사람들은 지식의 부족에 구애받지 않을지도 모른다. 어쨌든 그들은 일반적으로 해양학자들이 발견한 내용이나 다른 은하의 존재를 의심하지 않는다. 사람들은 논쟁에서 이기고 싶어 하지 정답을 찾고 싶어 하지 않을지도 모른다. 인간은 진실을 찾는 것 말고 다른 목적을 위해 이성을 활용할지도 모른다. 다시 말해, 공동체에서 그들의 지위를 높이거나 집단에서 추방당하지 않는 것이 그들의 목적이 될 수 있다는 것이다. 만약 이 가설이 사실로 입증된다면, 더 똑똑하고 더 교육을 받은 시민이라고 해도 이성적으로 의견 차이를 좁히지는 못할 것이다. 그것은 단지 논쟁의 참가자들이 자신의 편을 위한 주장을 펼칠 준비가 더 잘되어 있음을 의미하는 것일 테다.

카한과 그의 팀은 어떤 이론이 옳은지 알아볼 실험을 생각해냈다. 그들은 1000명의 미국인을 대상으로 그들의 정치적 견해를 조사한 후, 수학 실력을 평가하는 표준 시험을 치르게 했다. 그러고 나서 피실험자들에게 까다로운 문제를 제시했는데, 풀기 어려운 첫 문제는 치료를 위한 피부 연고가 얼마나 효과를 발휘하는지에 대한 까다로운 수학 문제였다. 이것은 사람들을 속이기 위해 고안된 것이었다. 만약 당신이 숫자를 주의 깊게 계산하지 않거나, 숫자를 계산하는 데 필요한 통계학적 소질이 없다면, 틀린 답을 내게 될 것이다. 예상대로 수학에 능한 사람일수록, 어려운 문제를 잘 풀었다. 진보주의자와 보수주의자 모두 똑같았다. 과학적 이해에 대한 문제에 있어서 양측의 득점은 같았다.

카한과 그의 팀은 피부 연고에 대한 문제와 같이 숫자를 사용한, 정치적 이슈를 다루는 문제도 만들었다. 이 문제는 공공장소에서 은폐된 권총을 소지하는 것을 금지하는 제안에 초점이 있었고, 권총 소지를 금지한 도시의 범죄 데이터와 그렇지 않은 도시의 범죄 데이터를 비교했다.

그러자 재미있는 일이 일어났다. 피실험자들이 얼마나 수학을 잘하는지가 시험을 얼마나 잘 보는지를 예측하지 못했다. 답을 유도한 것은 이념이었다. 진보주의자들은 총기 규제 법안이 범죄를 줄인다는 것이 증명되었을 때 문제를 해결하는 데 매우 능숙했다. 그러나 총기 규제가 실패했다는 버전의 문제가 제시되자, 그들의 수학 실력은 중요하지 않아졌다. 수학을 아무리 잘해도 문제를 틀리는 경향성을 보인 것이다. 보수주의자들 역시 방향성은 반대일지라도 같은 패턴을 보였다.

수학 실력이 열성 당원들이 정답을 맞추는 데 도움이 되지 못한 것뿐만이 아니다. 수학을 잘할수록 이데올로기에 더 큰 영향을 받았다. 수학 실력이 뛰어나지 않은 사람들의 경우, 답이 그들의 이데올로기를 뒷받침할 때 정답을 맞힐 확률이 25%p 높았다. 하지만 수학 실력이 뛰어난 열성 당원들은 답이 자신의 이데올로기에 부합하면 정답을 맞힐 확률이 **45%p**나 높았다. 똑똑할수록 정치가 그 사람을 더 바보로 만

드는 셈이다.◆18

나는 이 결론에 대해 곰곰이 생각하고 싶다. 이것은 믿을 수 없는 발견이다. 문제를 정확하게 푸는 것이 자신의 정치적 견해를 반하는 일이 될 경우 수학을 잘할수록 문제를 정확하게 풀 **가능성이 줄어든다**니. 사람들은 올바른 답을 얻기 위해 합리적으로 추론하는 것이 아니었다. 사람들은 자신이 옳음을 보여주는 답을 찾기 위해 추론하는 것이었다.

카한은 또 다른 연구에서 사람들의 과학 관련 문해력을 이데올로기와 함께 시험하고, 기후변화에 관한 질문을 던졌다. 만약 사람들이 지구온난화 위험을 제대로 인식하기 위해 과학에 관해 더 많이 알아야 한다면, 지구온난화에 관한 관심은 지식과 비례해 높아졌어야 했다. 하지만 결과는 여기서도 반대였다. 이미 기후변화에 회의적인 사람들의 경우, 과학적 문해력은 기후변화에 대해 더 회의적으로 만들었다.19

심각한 기후변화 부정론자의 글을 읽어본 적이 있는 사람이라면 누구나 공감할 것이다. 그런 글은 사실과 수치, 도표와 차트, 연구와 인용문으로 가득 차 있다. 많은 자료가 잘못되거나 관련성 없는 것이지

◆ 그런데 이 효과는 수학에만 국한되지 않는다. 1991년 데이비드 퍼킨스David Perkins, 마이클 패러디Michael Farady, 바버라 부시Barbara Bushey는 「매일매일의 추론과 지능의 뿌리 Everyday Reasoning and the Roots of Intelligence」라는 연구에서 나이와 지능 수준이 다른 학생들을 실험실로 데려와 복잡한 사회 문제에 대한 의견을 물었다. 그런 다음 문제의 양쪽 측면에 대해 생각할 수 있는 모든 주장을 나열해보라고 요청했다. 지능은 학생들이 얼마나 많은 주장을 나열했는지에 대한 가장 큰 단일 예측 변수였지만, 결과적으로 지능은 그들이 **찬성하는** 논지에 대해 나열한 주장의 수에 관해서만 상관관계가 있었다. 연구자들은 "사람들은 문제를 보다 완전하고 공평하게 탐구하기보다는, 자신의 주장을 뒷받침하는 데 지능을 투자한다"라고 결론지었다.

만 설득력 있게 들린다. 이는 과학적 탐구의 놀라운 성과다. 그리고 기후변화에 대한 반론을 연구하는 데 몰두한 회의론자들은 그렇지 않은 사람들보다 지구온난화가 거짓이라고 확신하게 된다. 이런 현상은 다른 사안에서도 발견된다. 9·11 테러 음모론을 믿는 사람과 언쟁해본 적이 있는가? 나는 해봤다. 그들은 강철의 용해점에 대해 꽤 잘 알고 있었다9·11테러와 관련한 음모론 중 하나다. 세계무역센터 중심부를 지탱하는 강철 기둥은 섭씨 1650도의 열에도 녹지 않는 걸로 알려져 있었는데, 왜 섭씨 1100도에 연소되는 항공유로 인해 47개나 되는 거대한 철골 기둥이 녹아내렸는지 의문을 제기하는 것이다—옮긴이. 더 많은 정보는 올바른 답을 찾는 데 도움이 된다. 하지만 만약 우리의 탐색이 정확성이 아닌 어떤 목적을 위한 것이라면, 더 많은 정보가 우리를 오도하거나 더 정확히는, 우리가 자신을 오도하는 데 영향을 줄 수 있다. 가장 좋은 증거를 찾는 것과 우리의 옳음을 증명하는 가장 좋은 증거를 찾는 것은 다르다. 그리고 인터넷 시대에 그러한 증거와 전문가들은 결코 멀리 있지 않다.

또 다른 실험에서 카한과 공동 저자들은 뛰어난 성취를 일군 과학자들의 전기 일부를 그들의 연구 결과 요약문과 함께 나눠주었다. 그러고 나서 그 과학자들이 정말로 해당 문제에 대한 전문가인지 물었다. 고도로 정치화된 사안인 경우, 사람들이 실제로 '전문가'라고 정의하는 인물은 '내 말에 동의하는 자격을 갖춘 사람'인 것으로 드러났다. 예를 들어, 연구자가 기후변화의 위험을 강조했을 때, 기후변화를 걱정하는 사람들은 그 연구자를 진정한 전문가로 볼 확률이 72%p 더 높았다. 지구온난화의 위험성에 의문을 제기하는 내용에 같은 자격을 갖춘 같은 연구자를 조합했을 때, 기후변화를 믿지 않는 사람들은 그 연구자를 전문가로 볼 가능성이 54%p 더 높았다.[20]

무서운 점은 이런 효과가 정치적 이슈에 관심이 높은 유권자 사이에서 가장 강하게 나타난다는 것이다. 2006년 「마치 우리가 생각하는 것처럼 느껴져It Feels Like We're Thinking」라는 제목의 논문에서 정치 과학자 크리스토퍼 아헨Christopher Achen과 래리 바텔스Larry Bartels는 1996년부터 미국 국립과학재단이 후원하는 여론조사인 미국 선거 연구를 분석했다. 질문 중 하나는 "클린턴 대통령 시절 연간 재정 적자 규모가 증가했는지 감소했는지, 아니면 그대로였는지"였다. 정답은 "급격히 감소했다"이다. 여기서도 더 많은 정보가 더 많은 자기기만으로 이어졌다. 아헨과 바텔스는 정보가 얼마나 많은지를 기준으로 응답자들을 분류했다. 가장 정보가 부족한 응답자들은 민주당원이든 공화당원이든 거의 같은 수치로 오답을 선택했다. 그보다 많은 정보를 습득한 유권자들은 다른 경향을 보였다. 1/50분위 안에 드는 공화당원은 1/95분위 안에 속한 사람보다 더 정확하게 정답을 골랐다.[21]

바텔스는 1988년 조사에서 비슷한 효과를 발견했다. "자신을 열성 민주당원으로 묘사한 응답자들 가운데 다수는 레이건 행정부 8년 동안 인플레이션이 '더 나빠졌다'라고 말했다. 사실은 1980년 13.5%에서 1988년 4.1%로 낮아졌다."[22] 만일 당신이 클린턴 시절에 대한 정보가 많지 않은 공화당원이거나 레이건 시절에 대한 정보가 많지 않은 민주당원이라면, 대통령을 좋아하지 않았지만 경제가 꽤 좋았다는 것을 알 것이다. 하지만 당신이 레이건 시대에 관한 당파적인 글을 많이 읽었다면, 사람들이 경제가 좋다고 **생각했다는** 것을 알았을 것이다. 하지만 그 경우 사람들이 재정 적자에 주목했던가? 그들은 세금 감면이 곧바로 부자들에게 이득이었다는 것을 알았던가? 클린턴 시대에도 마찬가지다. 엘리트 공화당원들은 중국과의 무역 적자나 경제를 억지로 떠받치는 신용 거품에 대해 상당히 많은 말을 해줄 것이다.

　　똑똑한 사람들은 수많은 사실 중 필요한 것을 조합해 제공한다. 아헨과 바텔스는 『현실주의자들을 위한 민주주의Democracy for Realists』에서 "정치에 대해 잘 알고 정치에 적극적인 사람들도 정당과 집단에 대한 충성심에서 정치적 판단을 한다. 더 많은 정보를 가지고 있을수록, 사람들은 종종 합리적인 것처럼 들리는 이유를 근거로 자신의 정체성을 더 잘 강화한다"라고 썼다.[23]

　　카한은 사람들이 보통의 경우에는 최상의 근거를 기반으로 판단한다고 인정한다. 예를 들어, 기후변화와 총기 규제에 대해서는 의견 차이가 크지만, 항생제의 효과, H1N1 독감 문제, 음주 운전이 위험하다는 데 대해서는 이견이 거의 없다. 추론은 우리가 소속된 집단, 또는 그 집단 내 지위를 위협할 수 있는 질문과 관련될 때 합리화 과정이 되어버린다. 카한은 우리가 자신을 기만할 때, 완벽하게 이성적이라고 말한다.

　　만약 숀 해니티Sean Hannity 보수주의적 뉴스 채널인 폭스 뉴스의 진행자. 2016년 미국 대통령 선거 당시 트럼프 대통령 자문역을 맡았다ー옮긴이가 내일 갑자기 기후변화가 지구가 직면한 가장 큰 위기라고 말한다면 어떤 일이 일어날지 상상해보라. 처음에 그의 프로그램 시청자들은 그가 농담을 한다고 생각할 것이다. 하지만 곧, 그들은 전화를 걸어 격렬하게 항의할 것이다. 일부는 그의 프로그램에 보이콧을 할 것이다. 수십 명, 어쩌면 수백 명에 달하는 기후변화에 회의적인 전문가들이 해니티의 변한 태도에 분노하며 반박을 시작할 것이다. 보수적인 언론계에 종사하는 해니티의 많은 친구들이 그에게서 멀어질 것이고, 어떤 사람들은 그를 비난함으로써 이익을 얻으려 할 것이다. 그가 존경을 표시해온 정치인들은 배신감에 분노할 것이다. 그는 우정, 시청자, 돈을 잃게 될 것이다. 결국 직장을 잃을 수도 있다. 이렇게 그는 자신의 가장 가까운 정치적 · 직업적 동 맹에서 멀어짐으로써 엄청난 고통을 겪게 될 것이다. 세계는 숀 해니티 가 어떤 사람이고 무엇을 하는지 새롭게 이해해야 할 것이며, 그건 숀 해니티도 마찬가지다. 자신의 정체성을 바꾸는 것은 심리적으로나 사 회적으로나 잔인한 일이다.[24]

카한은 우리가 위협적인 정보를 접했을 때, 그것을 파괴하기 위해 지성이라는 무기를 동원하는 것은 전혀 이상할 게 없다고 본다. 오히려 이성적인 사람들이 다르게 행동하리라고 기대하는 것이 이상하다고 말 한다. 카한은 "지구온난화의 존재, 원인, 결과와 관련된 믿음 중 그 어떤 것도 일반 대중에 속하는 개인의 일상이나 그가 관심을 두는 주변 사람 에게 영향을 미치지 않을 것이다. (…) 하지만 만약 그가 기후위기에 관 해 그와 친밀한 사람들, 그에게 관심과 지지를 보내는 사람들과 반대되 는 입장을 형성한다면, 그는 따돌림을 당하거나 실직에 이르기까지 매 우 불쾌한 일을 겪을 수 있다. (…) 과학과 관련해서 실수를 저지르는 데 드는 비용은 0이지만, 주변 사람들과 어울리지 못해서 발생하는 비 용은 위협적인 수준일 수 있는 것이 현실이다. 기후변화와 같은 이슈에 대해 생각할 때 집단 역학을 우선시하는 것이 '개인적으로는 합리적인' 일이 된다"라고 결론지었다.

카한은 이 이론을 '정체성 보호 인지identity-protective cognition'라고 부른다. "중요한 집단과 불화하거나 집단에서 소외되지 않기 위한 방 법으로 개인은 무의식적으로 집단의 가치를 위협하는 사실 정보에 저 항한다." 다른 곳에서 그는 더 간결하게 표현했다. "우리가 믿는 사실은 우리가 누구인지 말해준다." 그리고 많은 사람에게 가장 중요한 심리적 의무는 우리가 누구인지에 대한 자신의 생각과 자신이 신뢰하고 사랑하는 사람들과의 관계를 지키는 것이다.

자신이 속한 정치 집단이나 사회에서 격앙된 논쟁을 벌여본 사람이라면 그것이 얼마나 위협적인지 알 것이다. 많은 사람에게 '옳다'는 아끼는 사람들과 심하게 싸울 만큼의 가치를 갖지는 않는다. 특히 정치를 중심으로 사회적 모임과 직장 생활이 이뤄지고, 정치적 경계가 점점 더 도드라지는 워싱턴 같은 곳에서는 더더욱 그렇다. 나는 2019년 온건 보수파 인사이자 《뉴욕 타임스》 칼럼니스트인 데이비드 브룩스David Brooks와 인터뷰를 했는데, 그는 트럼프를 비판하는 일이 불러온 사회적 고통을 회상했다. "나는 평생을 보수 진영에서 활동해왔습니다. 《위클리 스탠더드》, 《월스트리트 저널》, 《내셔널 리뷰》, 《워싱턴 타임스》와 같은 언론사에 몸담았지요. 갑자기 나는 다른 보수주의자들과 다른 사람으로 분류되었고, 사회적 집단에서 멀어졌습니다." 그 당시 브룩스는 혼자 살았고, 그래서 더욱 고통스러웠다. 그는 말했다. "나는 주말 내내 그저 침묵 속에서 울부짖었습니다."[25]

워싱턴 정가를 정체성 인식을 쉽게 하도록 도와주는 기계라고 생각해보자. 모든 정당은 동맹 관계에 있는 싱크탱크, 도움을 받을 수 있는 전문가, 선호하는 잡지, 우호적인 블로그, 동조하는 권위자, 의지에 찬 활동가, 이념적인 자본가를 보유하고 있다. 당 조직을 구성하는 전문가들과 헌신적인 자원봉사자들 모두 사회 집단, 트위터 세계, 페이스북 친구들, 일터, 그리고 공유하는 신념에서 너무 멀리 벗어나면 그들의 삶을 매우 불쾌하게 만들 수 있는 다른 많은 생태계의 구성원이다. 그리고 이러한 기관들은 똑똑하고 성실한 사람을 많이 고용하고, 그들의 빛나는 지능은 모두가 질서정연하게 줄지어 서도록 만든다. 그 줄에서 벗어나는 일을 하면 그들의 삶은 망가질 것이다. 더 나쁜 건, 이것이 결코

냉소적으로 느껴지지도, 합리화로 읽히지도 않는다는 점이다. 진실에
관한 솔직한 탐구는 언제나 우리의 과거 행적들을 긍정하는 방향으로
우리를 이끄는 것처럼 느껴진다. 당연히 문제는 이러한 사람들이 정부
에 영향을 미치고 있으며, 어떤 경우에는 정부 통제권을 쥐고 있다는
점이다.

의무 가입 조항이 법정에 선 날

2010년 3월 23일, 오바마 대통령이 전국민건강보험법에 서명한
날, 주 검찰총장 14명은 대부분의 미국인이 건강보험에 가입해야 한다
는 의무 사항이 위헌이라며 소송을 제기했다.

당시 미국 전역에서 그들의 주장을 진지하게 받아들이는 법대 교
수는 찾기 힘들었다. 텍사스대학교 법대 교수인 샌퍼드 레빈슨Sanford
Levinson은 "합헌성에 대한 논쟁은 경솔하다고 할 수는 없어도, 경솔함에
가깝습니다"라고 《매클래치》와의 인터뷰에서 말했다. 당시 캘리포니아
대학교 어바인 캠퍼스 법대 학장이던 어윈 체머린스키Erwin Chemerinsky
는 "1937년 이후 정부가 의료보험을 의무화했을 때, 의료보험에 가입하
지 않을 개인의 권리를 지지하는 판례법은 없습니다"라고 《타임스》에
말했다. 앤서니 케네디Anthony Kennedy 대법관 밑에서 서기로 근무한 바
있는 오린 커Orin Kerr 당시 조지워싱턴대학교 교수는 "법원이 의무 가
입 조항을 무효로 할 가능성은 1%도 안 됩니다"라고 말했다.[26]

하지만 전문가들의 평가는 틀렸다. 공화당이 임명한 판사들은 반
복적으로 의무 가입 조항에 패소 판결을 내렸고, 민주당이 임명한 판
사들은 계속해서 승소 판결을 내렸다. 이 사건이 대법원에 도착했을

무렵, 커는 나에게 대법원이 의무 가입 조항을 뒤집을 가능성이 50대 50이라고 말했다.

결국, 의무 가입 조항은 차이가 극명하게 드러난 결정을 통해 살아남았다. 대법원장 존 로버츠John Roberts는 연방정부의 주 간 상거래를 규제하는 연방정부의 권한에 따라 의무 가입 조항이 정당화되지 않는다는 공화당의 주장을 받아들임으로써 공화당에 위안거리를 주었다 (연방정부의 가장 광범위한 권한 중 하나를 좁게 만듦으로써 이후 공화당이 대법원에 제기할 수 있는 사건을 확장한 판결이다). 하지만 그 벌금은 세금이었고 정부의 과세 권한은 광범위했기 때문에, 그는 의무 가입 조항을 지지하는 케네디와 대법원의 진보주의자들에 가세했다.◆

이렇게 정책은 살아남았지만, 의무 가입 조항의 합헌성은 누구에게도 확신을 주지 못했다. 로버츠는 조지 W. 부시가 임명해서 대법원 수장이 된 인물이었다. 그는 레이건 밑에서 일한 적이 있었다. 하지만 보수 측은 그러한 배경을 그의 말을 들어야 할 이유로 받아들이지 않았다. 오히려 그들이 로버츠에게 배신감을 느끼는 이유가 되었다. 마크 티

◆ 이 싸움은 계속 진행 중이다. 이후 공화당은 의회를 장악하고 오바마케어를 폐지하려고 했지만 실패했다. 결국 법을 개정해서 의무 가입 조항에 대한 벌금을 0달러로 만들었다. 그러고 나서 공화당 소속 주 법무장관들 모임은 '텍사스 대 아자르Texas v. Azar' 사건을 시작했다. 그들은 돈이 한 푼도 마련되지 않는다면 그것은 세금이 될 수 없고, 이것은 의무 가입 조항을 위헌으로 만드는 것이고, 위헌이라면 연방대법원이 법 전체를 위헌으로 선언해야 한다고 주장했다. 한 공화당 상원의원의 보좌관이었던 리드 오코너Reed O'Connor 텍사스주 판사는 그들의 손을 들어주었고, 그 사건은 이제 항소 과정에 있다. 니컬러스 배글리Nicholas Bagley 법학 교수는 "만약 우파 판사들이 단지 '헌법 시행' 혹은 '법령 읽기'나 하는 사람들이지 활동가가 아니라고 생각하고 싶은 마음이 든다면, 이 사건은 그런 생각을 버리라고 말해주는 사례다"라고 했다.

센Marc Thiessen 전 부시 대통령 연설문 담당자는 《워싱턴 포스트》에 쓴
글에서 "공화당은 왜 그렇게 대법관을 뽑는 데 소질이 없을까?"라고 한
탄했다. "민주당은 신뢰할 수 있는 진보주의자들을 대법원에 임명하는
데 사실상 흠잡을 데 없었다. 그러나 공화당은 중요한 결정이 있을 때
마다 상대편에 투표하는 대법관들을 임명하는 경우가 많았다."[27]

오바마케어를 두고 많은 이가 목격한 것은 대법원의 정당성이 약
화하고 있다는 점이었다. 진보주의자 입장에서는 우스꽝스러운 주장처
럼 보였던 것이 거의 성공하면서 사법부가 정치화되고 있다고 믿게 되
었다. 한편 보수주의자들은 케네디와 로버츠가 법원을 위해 동기에 기
반한 추론을 했다고 의심했다. 그들은 법원이 오바마케어를 뒤집는 것
이 제도적으로 큰 문제가 될 것임을 알았고, 그래서 물러설 구실을 찾
았다는 것이었다. 나는 그런 주장이 다른 주장들보다 좀 더 설득력이
있다고 생각하지만, 이것이 단지 나만의 동기에 기반한 추론이 작동한
결과일 가능성도 있다.

뉴욕대학교 경영대학원의 심리학 교수인 조너선 헤이트Jonathan
Haidt는 이성이 백악관 언론 비서관의 직무와 유사한 역할을 한다고 했
다. 그는 『의로운 마음: 왜 좋은 사람들이 정치와 종교에 의해 나뉘는가
The Righteous Mind: Why Good People Are Divided by Politics and Religion』에서 이
렇게 썼다.

아무리 나쁜 정책일지라도 언론 비서관은 그것을 칭찬하거나 옹호할 방법을
찾을 것이다. (…) 때때로 당신은 언론 비서관이 적절한 단어를 찾으면서 말을
머뭇거리는 걸 들을 것이다. 하지만 당신은 결코 이런 말은 듣지 못할 것이다.
"아, 좋은 지적입니다! 아무래도 우리가 정책을 재고해야겠군요." 언론 비서관

은 정책을 만들거나 수정할 힘이 없으므로 그렇게 말할 수 없다. 그들은 정책이 무엇인지 듣는다. 그리고 그들의 일은 대중에게 그 정책을 정당화할 증거와 주장을 찾는 것이다.[28]

헤이트는 그런 이유로 "집단 충성도가 높아지면 그들의 주장을 철저히 반박하는 것으로는 사람들의 생각을 바꿀 수 없습니다. 사고는 대부분 합리화일 뿐이며, 증거를 찾으려는 것입니다"라고 말했다. 심리학자들은 이것을 '동기에 기반한 추론'이라고 정의한다.[29] 언론 비서관에게 상사의 입장을 옹호하려는 동기가 있듯이, 우리 마음에도 집단의 입장을 옹호하거나 결론 내리려는 동기가 있다.

이 연구를 깊이 파고드는 것은 내면의 심연을 응시하는 것과 같다. 까다롭고, 양극화하는 정치적 질문들을 통해 증거와 추론을 모으는 일이 실제로 우리가 원하는 답을 찾기 위해 우리 자신을 속이는 과정이라면, 정답을 찾는 올바른 방법은 무엇일까? 우리가 찾아낸 답이, 아무리 좋은 의도가 있다손 치더라도 그저 더 동기부여된 인식이 아니라는 것을 어떻게 알 수 있을까? 우리가 의지하고 있는 전문가들이 답을 미묘하게 편향시키지 않았다는 것을 어떻게 알 수 있을까? 이 책이 정체성 보호의 한 형태가 아니라는 것을 나는 어떻게 알 수 있을까? 카한의 연구는 우리가 자신의 이성을 믿을 수 없음을 말해준다. 그렇다면 우리는 어떻게 해야 이런 상황에서 빠져나올 수 있을까?

나는 2012년에 처음으로 동기에 기반한 추론과 오바마케어의 의무 가입 조항에 대한 글을 썼다. 그 기사에 대해 심리학자 폴 블룸Paul Bloom은 내가 주장하는 부분에 대해서는 전혀 반박하지 않았지만, 내 허를 찌르는 글을 썼다. "클라인은 그 자신과 그의 민주당 동맹들이 왜 오바마케어가 합헌이라고 그렇게나 확신하는지 설명할 때 사회심리학 저널을 찾아보지 않았다."[30]

블룸의 말이 맞았다. 여기에 함축된 의미는 그가 인정할 준비가 되어 있는 것처럼 보이는 것보다 더 급진적이다. 문제는 내가 동기에 기반한 추론의 희생양인지, 내 가치관과 세계관에 부합하는 정보에 직면했을 때 심리적으로 덜 방어적으로 되는지가 아니다. 물론 나는 그렇게 된다. 문제는 우리가 모두 항상, 어느 정도는, 그렇게 하고 있다는 것이 무엇을 의미하는가 하는 것이다.

세상에는 시험을 통해 답을 찾을 수 있는 문제들이 있다. 항생제는 패혈성 인두염을 낫게 할까? 아이오딘이 강물을 마시기에 안전한 물로 만들까? 자석은 어떻게 자력을 띨까? 이런 문제들에 대해서는 객관적인 답을 찾을 수 있다. 하지만 그렇지 못한 문제들도 많다. 헌법 해석도 그 가운데 하나다. 건국의 아버지들도 헌법이 무엇이고 무엇을 허용하는지를 두고 의견이 달랐다. 그러니 그러한 질문들에 어떻게 결정해야 하는지는 말할 것도 없다. 예를 들어, 토머스 제퍼슨은 정부의 모든 부처가 헌법을 스스로 해석할 수 있어야 한다고 믿었다. 그는 그 싸움에서 패했고, 대법원은 헌법을 중재하는 궁극적인 권한을 부여받았다.

그러나 대법원 자체는 단지 9명의 법복 입은 판사들일 뿐이고, 점점 더 많은 수의 법관들이 그들의 탁월함뿐만 아니라 이념적 신뢰성을 이유로 임명되고 있다(이 내용은 뒷부분에서 좀 더 다루겠다). 대법원은 정치색을 띠면 안 되지만, 대법원이 직면하는 사건들은 종종 정치적이고, 대법관이 지명되고 임명되는 과정은 철저히 정치적이다. 헌법 해석의 체계(그리고 우리가 거기에 부여하는 정당성)라고 함은 '의무 가입 조항은 합헌인가?'와 같은 질문에도 정답이 있음을 시사한다. 하지만 그런 정답은 아마 없을 것이다. 그리고 한 가지 답이 있다고 해도 그들의 이념을 설득함으로써 명성을 키워온 능숙한 토론자들이 그것을 찾을 거라고 믿거나, 그들이 그렇게 한다고 해도 나머지 사람들이 그것에 대해 신경 쓸 것이라고 믿을 특별한 이유는 없다.

내가 이 부분에 관한 연구를 심각하게 받아들이면 심연을 들여다보는 듯한 느낌을 받을 수 있다고 한 말의 의미를 당신은 알 수 있을 것이다. 내 경력은 (그리고 좀 더 일반적으로 말하면 정치의 많은 부분은) 좋은 정보를 모으는 게 정책을 이해하는 데 도움이 되고, 이 두 가지를 조합하면 사람들의 마음을 바꾸고 더 나은 세상으로 나아갈 수 있다는 생각에 기초하고 있다. 하지만 일단 우리의 정치적 정체성과 이해관계가 나타나면, 이런 추론 모델은 산산조각 난다.

카한의 연구는, 진실이 중요하고 정체성은 그다지 중요하지 않은 문제부터 우리의 정체성이 지배하고 진실은 중요하지 않은 문제에 이르기까지, 인식이 다양한 스펙트럼에 존재함을 시사한다. 우리의 정치적 정체성이 더 분류되고 더 강력해지는 시대가 주는 한 가지 함의는 정체성 보호 인지가 증가하리라는 것이고, 유관 정체성 집단이 우리의 추론에 힘을 실어줄 수 있는 정교한 정보 구조를 구축할 수 있다면 더욱더 그렇다는 점이다.

하지만 '보호'라는 단어에 주목할 필요가 있다. 카한의 용어에서 알 수 있듯이, 우리의 추론은 우리의 정체성이 위협받을 때 취약해진다. 그리고 많은 사람에게 지금은 심각한 위협의 시대다.

5장

三

인구 통계적 위협

2008년, 버락 오바마는 변화의 기치를 높이 들었고, 거기에는 그의 젊고 다채로운 연합체가 그의 부상과 그들이 새로 얻은 정치 권력 속에서 보는 모든 것을 아우르는 또 다른 단어가 있었다. 바로 '희망'이라는 단어였다. 흑인을 대통령으로 선출하는 미국은 과거와는 짜릿하게 다른 미국이 될 터였다.

2016년, 도널드 트럼프는 같은 변화라는 감각을 위협으로 휘둘렀다. 그는 미국을 예전으로 돌려놓고, **다시** 위대하게 만들고자 갈망하는 사람들의 보복주의적 목소리를 대변했다. 그것은 멕시코인들이 미국으로 들어오지 못하도록 벽을 세우는 충동이었고, 이슬람교도들의 입국을 막는 금지 조치였으며, 오바마가 합법적인 대통령이 될 수 없다는 것을 증명하기 위한 '버서리즘birtherism오바마가 미국 시민권자가 아니라고 주장하는 음모론—옮긴이'이었다. 트럼프를 대통령으로 뽑은 미국에서는 과거와 짜릿하게 비슷한 미래가 펼쳐질 터였다.

이것은 미국 정치의 핵심적인 분열이며, 우리 시대의 결정적인 흐름을 반영한다. 미국은 빠르게 변화하고 있다. 미국 인구조사국에 따르면, 2013년은 1세 미만의 미국 유아 가운데 다수가 백인이 아닌 최초의 해였다.[1] 첫 흑인 대통령의 두 번째 임기 동안 나온 이 발표는 놀라운 것이 아니었다. 인구학자들은 수년 동안 그러한 변화를 예측해왔고, 앞으로 더 많은 변화가 있을 것으로 예측했다.

미국 정부는 2030년이면 이민 인구가 신생아 수를 추월해 인구 증가의 주요 동력이 될 것으로 전망하고 있다. 그로부터 약 15년 후, 미국은 점차 다수가 소수 지위를 갖는 나라가 될 것이다. 미국 역사상 처음으로 비非히스패닉계 백인이 인구 상의 다수를 차지하지 않게 될 것이다.[2]

이러한 역전의 이유는 미국의 흑인, 히스패닉계, 아시아계, 혼혈 인구가 증가할 것으로 예상되기 때문이다. 실제로 히스패닉계와 아시아계 인구는 대략 2배, 혼혈 인구는 3배 증가할 것으로 예상된다. 한편, 비히스패닉계 백인 인구는 2020년 1억 9900만 명에서 2060년 1억 7900만 명으로 감소할 것으로 예상된다. 인구조사국은 분명히 "비히스패닉계 백인 인구만이 줄어들 것으로 예상된다"라고 밝혔다.[3]

이것은 단지 미래에 대한 진술이 아니라 현재에 대한 설명이다. 경제학자 제드 콜코Jed Kolko는 가장 흔한 미국 백인의 나이는 58세이며 아시아계는 29세, 아프리카계 미국인은 27세, 히스패닉계는 11.4세라고 지적했다.[4] 위스콘신매디슨대학교의 응용인구연구소의 보고서에 따르면, 현재 26개 주에서 백인 사망자 수가 출생자 수보다 많은데, 이는 2014년 17개 주, 2004년 4개 주보다 늘어난 수치다.[5]

한편 미국의 외국 태생 인구는 오늘날 인구의 14%에서 2060년

17%로 증가할 것으로 예상된다. 이는 1890년 기록보다 2%p 이상 높은 수치다. 상승 속도는 놀라운 수준이다. 1970년대까지만 해도 미국의 외국 태생 인구는 5% 미만이었다.

젠더 역학 또한 유동적이다. 힐러리 클린턴은 단지 대중 투표에서 승리한 첫 여성 대통령 후보일 뿐만 아니라, 주요 정당의 지명을 받은 첫 번째 여성 후보였다. 현재 미국 대학생의 56%는 여성이며,[6] 29세까지 학사 학위를 취득할 가능성은 여성이 남성보다 8%p 높다.[7]

다음으로 종교를 보자. 2018년 처음으로 종교가 없다고 말하는 미국인이 가톨릭과 복음주의를 근소한 차이로 앞섰다.[8] 종교 종파를 분류하는 또다른 방법을 통해 미국 내 종교 쇠퇴에 대한 다른 관점을 발견할 수 있다. 예를 들어, 종합 사회조사는 주류 개신교와 복음주의 개신교를 따로 분류한다. 그러나 미국 공공종교연구소의 CEO이자 설립자인 로버트 존스Robert Jones는 『백인 기독교 미국의 종말The End of White Christian America』에서 종교 단체에 가입하지 않는 사람들이 2051년이면 모든 개신교도를 추월할 것으로 예측하며 "몇십 년 전만 해도 상상도 할 수 없었던 일"이라고 썼다.[9]

이러한 인구 통계상의 범주들은 상호작용한다. 예를 들어, 존스는 미국의 지배적인 문화는 백인과 기독교였다고 주장한다. 권력은 억압 못지않게 교차적이다. 하지만 이러한 렌즈를 통해 볼 때 정점은 이미 도달했다. 오바마가 취임했을 때, 미국 인구의 54%가 백인과 기독교인이었다. 2016년 선거 즈음에는 그 수치가 43%로 떨어졌다. 더 분명히 말하자면, 노인 10명 중 7명이 백인과 기독교인인데, 젊은 인구에서는 10명 중 3명이 안 된다. 이러한 추세는 인구 통계상의 변화뿐만 아니라 자신을 기독교인이라도 생각하는 젊은 사람들이 더 적어졌기 때문에

나타나는 결과다. 존스는 "이러한 변화들은 충분히 느낄 수 있을 만큼 크고, 빠릅니다"라고 말한다.[10]

이러한 예측이 앞으로도 계속될지를 두고 인구학자들의 의견은 일치하지 않는다. 아마도 20세기에 아일랜드인이 백인으로 분류된 것처럼 히스패닉계 백인들은 앞으로 일반적인 백인으로 인식될 것이다. 인종은 하나의 구조이고, 우리는 계속해서 그 범주를 재구성한다. 중요한 것은 인종과 권력에 대한 우리의 **인식**이다. 그리고 인구 통계상의 변화에 대한 우리의 인식은 현실을 앞지르고 있다. 2013년 미국진보센터, 폴리시링크PolicyLink, 라티노 디시즌스Latino Decisions, 록펠러 재단이 미국인들을 대상으로 조사한 결과, 중위 참여자는 49%가 비백인이라고 믿었는데, 정답은 37%였다.

나는 이런 순간, 즉 다수의 우세가 무너지기 시작했다고 느끼는 순간에 무슨 일이 일어나는지를 두고 몇 달에 걸쳐 정치인, 사회심리학자, 정치학자와 이야기를 나눴다. 수많은 연구를 통해 증명되고 미국 정치의 모든 곳에서 보이는 답은, 이런 대규모 변화는 선거뿐만 아니라 심리적 차원에서도 우리에게 영향을 미친다는 것이다. 이것은 오바마와 트럼프의 대통령 당선, 반동적인 새로운 사회운동과 사상가들의 부상, 대학교 캠퍼스에서의 정치적 올바름과 할리우드 배우들의 대표성을 둘러싼 전쟁, 미투 운동과 블랙 라이브스 매터Black Lives Matter 운동의 힘, 이민에 대한 싸움 등 이 시대의 핵심 정치적 갈등들을 하나로 묶는 중요한 맥락이다. 우리가 당연하게 여겼던 권력이 곧 없어질 수도 있고, 오랫동안 우리가 느꼈던 부당함이 곧 바로잡힐 수도 있다는 느낌만큼 강하게 집단과의 동질감을 찾게 하는 것은 없다.

제임스 볼드윈James Baldwin은 "정체성에 대한 의문은 정체성이 위협받을 때만 생겨난다. 강력한 자들이 쓰러지기 시작할 때, 또는 비참한 자들이 일어설 때, 또는 낯선 자들이 문으로 들어오고 그 후로는 다시 이방인이 되지 않을 때처럼 말이다. 이방인의 존재는 당신을 이방인으로 만들고, 이방인보다 오히려 당신이 이방인이 된다"라고 썼다.[11]

인구의 변화와 그것이 불러일으키는 두려움과 희망은 이 시대 미국을 형성하는 지각 구조적 힘이다. 하지만 이것이 미국이라는 나라에 어떤 영향을 미치는지 이해하려면, 그것이 개인으로서 우리에게 어떤 영향을 미치는지부터 이해해야 한다.

변화가 우리를 보수적으로 만든다

2014년, 심리학자 모린 크레이그Maureen Craig와 제니퍼 리치슨Jennifer Richeson은 두 개의 설문조사 중 하나를 완료한, 자신을 무당파로 인식하고 있는 백인 369명의 응답을 분석했다.[12] 참가자들은 무작위로 할당되어, 캘리포니아주 백인 인구가 50%를 넘지 못한다는 사실을 알고 있는지 질문을 받거나 인구 통계 상의 정보가 없는 질문을 받았다.

이것은 불안 조성 이론을 약하게나마 시험하기 위한 것이었다. 이 이론의 가정에 따르면, 미국에서 백인이 과반 지위를 잃고 있다는 생각에 조금이라도 노출되는 것이 백인들에게 두려움을 불러일으킬 뿐만 아니라 그들의 정치적 행동을 급격하게 변화시킨다. 결론부터 말하자면, 이 이론은 옳았다. 미국 서부에 거주하는 응답자 중 백인이 과반 지위를 잃었다는 글을 읽은 사람들은 공화당을 선호한다고 답한 비율이 13% 더 높았다.

후속 연구에서 크레이그와 리치슨은 몇몇 백인 피실험자들에게 지리적 이동성에 관한 신문 기사를 건네주었고, 다른 사람들은 "2042년까지 민족적·인종적 소수 집단이 미국 인구의 과반을 구성할 것"이라고 설명하는 기사를 읽었다. 인종적인 색채가 들어간 기사를 읽은 집단은 직접적으로 관련된 정책 질문들(이민 허용, 차별 철폐 조치, 시민권 취득 등)뿐만 아니라 의료보험 개혁과 국방 지출에 대해서도 더 보수적인 견해를 보였다.◆[13]

아마도 이 분야에서 가장 놀라운 실험은 하버드대학교 사회과학자 라이언 에노스Ryan Enos의 실험일 것이다. 그는 사회과학에서 보기 드문 시도를 했는데, 우리가 일상에서 더 많은 다양성을 마주하는 것이 정치적 의견에 어떤 영향을 미치는지를 실험한 것이다. 실험과 결과에 대한 그의 설명은 한번 읽어볼 가치가 있다.

나는 스페인어를 사용자들을 보스턴 주변의 마을들에 있는, 무작위로 선별된 기차역으로 보내 다른 승객처럼 기차를 타도록 했다. 나는 백인이 주로 사는 교외의 역들에 집중했다. 내 의도는 미세한 조작을 통해 인종적으로 분리된 마을에 라틴계 인구가 증가하고 있다는 인상을 심는 것이었다.

나는 스페인어 사용자들을 기차 승차장으로 보내기 전과 후에 승차장에서 승객들을 대상으로 이민에 대한 태도를 조사했다. 불과 3일 동안 역에서 스페인어 사용자들을 접한 후, 주민들의 이민에 대한 태도는 우파 쪽으로 급격히 이

◆ 이러한 역학 관계는 다른 방향으로도 작동한다는 점에 주목할 필요가 있다. 알렉산더 쿠오Alexander Kuo, 닐 말호트라Neil Malhotra, 서실리아 현정 모Cecilia Hyunjung Mo가 실시한 2016년 연구는 아시아계 미국인 대학생들로 구성된 표본을 두 집단으로 나누었다. 한 집단은 연구가 진행되는 동안 미세 공격을 받았다(연구원이 그들의 시민권에 대해 의구심을 표현했다). 공격을 받은 집단은 민주당 지지로 급격하게 돌아서는 모습을 보였다.

동했다. 진보적인 민주당 성향의 승객들까지도 트럼프가 선거운동 동안 내세
운 것과 유사한 이민 정책들(불법 이민자들의 자녀들을 추방하는 조치도 포함)을
지지하게 되었다.[14]

여기서 우리가 알 수 있는 것은 이렇다. 미국이 다양해지고 있음
을 상기시키는 것이, 특히 백인이 과반수보다 적은 나라가 되고 있다는
사실에 조금이라도 노출되는 것이(혹은 그저 우연히 노출되는 것이) 백
인들을 보수적인 정책과 공화당에 대한 더 많은 지지로 몰아간다는 것
이다.

만일 이런 노출이 미묘하게 나타나는 게 아닐 때, 무슨 일이 일어
날까?

탈인종적 신화

2008년 오바마가 당선되었을 때, 미국은 더 이상 인종에 얽매이지
않는 나라가 되었다는 이야기가 많았다. 그러나 마이클 테슬러Michael
Tesler가 『탈인종적인가 아니면 가장 인종적인가Post-Racial or Most-Racial?』
에서 설득력 강하게 설명한 것처럼, 오바마의 당선은 두 정당을 인종적
구성에 따라서만이 아니라 인종에 대한 태도에서도 분열시키면서 미국
정치를 인종화했다. 테슬러는 오바마 시대에 인종에 대한 태도가 사실
상 모든 정치적 논쟁의 중심이 되었음을 보여준다. 예를 들어 오바마케
어에 대한 흑인과 백인 간 지지율 격차는, 비슷하게 논란이 된 빌 클린
턴의 의료보험 제안에 대한 흑인과 백인 간 격차보다 20%p 높았다.

의료보험 문제만이 아니었다. 정당 일체감과 경제에 대한 인식 역

시 인종에 따라 크게 나뉘었다. 심지어 대통령의 반려견 보에 대한 인식도 인종에 따라 나뉘었다. 유색인종에게 더 분개하는 이들에게 보의 사진을 보여주고, 사실 그 사진이 테드 케네디의 개 스플래시라고 하자 그 개에 대한 호감도가 올라갔다.

오바마는 "흑인 대통령이라는 생각 자체를 대다수가 좋아하지 않기 때문에 나를 정말 싫어하는 사람들이 있다는 것은 의심의 여지가 없습니다"라고《뉴요커》의 데이비드 렘닉David Remnick에게 말했다. "뒤집어서 보면, 내가 흑인 대통령이라는 바로 그 이유로 나를 정말 좋아하고 믿어주는 흑인들이 있고, 아마 백인들도 있을 겁니다."

아마 이걸 보면서 오바마 대통령 시절 미국 정치가 인종화한 이유가 아프리카계 미국인인 오바마가 과거 대통령들보다 더 자주 인종 문제를 논의하고 인종 관련 정책을 내세웠기 때문이라고 추측할 것이다. 틀렸다. 테슬러는 "정치 및 커뮤니케이션과학자들이 실시한 분석에 따르면 버락 오바마는 프랭클린 루스벨트 이후 그 어떤 민주당 대통령보다도 첫 임기 동안 인종에 대한 논의를 적게 한 대통령이었다"라고 썼다.[15]

오바마는 대통령으로서 어떤 미사여구나 조치를 통해 인종이 미국 정치의 전면에 나서도록 강제하지 않았다. 오히려 오바마 자신은 짙은 색으로 변해가는 미국의 상징이었고, 백인들의 미국이 권력을 잃고 있고, 미국이 변화하고 있으며, 새로운 집단이 권력을 얻고 있다는 상징이었다. 그런 인식은 사실과도 같은 힘을 가졌다. 2012년, 오바마는 재선 선거운동에서 백인 유권자 표의 39%만을 얻는 데 그쳤는데, 이는 1988년 마이클 두카키스Michael Dukakis가 얻은 것보다 적은 수치다. 오바마식 다인종 연합체는 수십 년 전이였다면 대통령을 선출할 수 없었지만, 2012년에는 그럴 수 있었다.

오바마가 대통령이 되는 데 기여한 변화는 미국 문화의 어디에나 있다. 우리는 텔레비전 프로그램, 광고, 영화가 좀 더 짙은 색을 띠도록 노력하는 나라에서 살고 있다. 영화 〈블랙 팬서〉 개봉은 성대한 문화 행사이고 #오스카쏘화이트OscarsSoWhite오스카는 백인 남성 중심이라는 뜻—옮긴이는 전국적으로 알려진 해시태그이며, NFL 선수들이 경찰의 만행에 항의하기 위해 무릎을 꿇고, 영어로 전화 내용을 듣고 싶으면 1번 버튼을 누르는 것이 흔한 일인 나라다. 러시아인들이 미국 선거에 분열의 씨앗을 뿌리고 싶었을 때, 미국의 인종 분열을 소재로 악성 글을 올리는 소셜미디어에 집중한 데는 다 이유가 있었다.[16]

자신들이 누려온 권력을 잃고 있다고 느끼는 백인 유권자들은 실제로 반응하는 중이다. 미국 역사 대부분에서 백인 유권자 과반수(보통 압도적 과반수)의 표를 얻지 않고는 누구도 대통령이 될 수 없었다. 비록 이것은 오바마(빌 클린턴은 공화당 후보들보다 백인 유권자들의 표를 약간 적게 얻었다) 이전에 바뀌었지만, 다인종 연합체를 이끄는 젊은 아프리카계 미국인 대통령의 당선은 그러한 변화를 위협적인 것으로 만들었다.

하지만 이러한 인구 통계상의 변화는 진행 중이고, 따라서 현재의 순간을 특히 고통스럽게 만든다. 예일대학교 로스쿨 교수인 에이미 추아Amy Chua는 『정치적 부족주의Political Tribes』에 다음과 같이 썼다.

200년 동안 미국의 백인들은 정치적·경제적·문화적으로 지배적인 다수를 대표했다. 한 정치 부족이 그토록 압도적으로 우세할 때, 그들은 처벌받지 않고서 박해할 수 있지만, 오히려 좀 더 관대할 수도 있다. 1960년대의 WASP 와스프

White Anglo-Saxon Protestant는 앵글로색슨계 백인 개신교도로, 미국 사회의 가장 영향력 있는 주류 계층이다—옮긴이 엘리트들이 아이비리그 대학을 더 많은 유대인, 흑인, 다른 소수 집단에 개방한 것처럼(부분적으로는 그것이 옳은 일처럼 보였기 때문이었다) 그들은 더 보편적이고, 더 계몽되고, 더 포용적일 수 있다.

오늘날 미국에서는 그 어떤 집단도 충분히 지배적이라고 느끼지 않는다. 모든 집단은 직업과 전리품분만 아니라 국가의 정체성을 규정할 권리를 놓고 다른 집단과 대결을 펼쳐야 하는 상황에 놓였다고 느낀다. 이런 상황에서 민주주의는 제로섬 집단 경쟁, 즉 순수한 정치적 부족주의로 전락한다.[17]

이 불안정성을 악화하는 것은 누가 권력을 쟁취하는지에 관한 불균형이다. 유용하게 써먹을 수 있는 경험칙은 정치 권력이 인구 통계학보다 10년 뒤처져 있다는 것인데, 나이가 더 많을수록, 백인일수록, 기독교인일수록 투표율이 더 높게 나타난다. 존스는 "투표함은 타임머신과 같은 역할을 합니다. 우리를 인종과 종교 측면에서 10년 전으로 데려갑니다. 우리는 오바마 재임 동안 백인 기독교인이 전체 인구의 과반보다 적어지는 정점에 도달했지만, 투표함에서 그런 현상을 보려면 2024년은 되어야 합니다"라고 말했다. 상원의 구조와 하원 선거구 획정, 선거인단 구성을 통해 볼 수 있는 미국의 정치 지형은 백인일수록, 농촌일수록, 기독교인일수록 힘을 실어줘서, 이들 연합체가 인구 통계적으로 볼 때 예상되는 것보다 더 많은 정치적 힘을 갖게 한다.

하지만 소비 브랜드들과 텔레비전 방송은 더 젊고, 더 도시적이며, 더 다양한 소비자들을 좇으면서 문화 권력은 인구 변동을 10년 이상 앞서가고 있다. 이것이 몇몇 신망 있는 브랜드들이 놀라운 '인식 제고' 광고를 하면서 그로 인한 논쟁을 묵묵히 버티는 게 슈퍼볼 전통이 된 이유다.

예를 들어, 2019년 질레트는 다음과 같은 슈퍼볼 광고를 공개했다. 남자아이들이 야단법석을 떨고, 남자들이 회사 중역 회의실에서 부적절하게 여자들을 만진다. 이후 바비큐 고기를 굽고 있는 아빠들이 "남자들이 다 그렇지, 뭐"라고 한목소리로 외치며 그런 행동을 눈감아준다. 질레트는 "이게 남자로서 최선입니까?"라고 묻는다.

반발은 재빨랐다. 한 브랜드 임원은 《월스트리트 저널》에서 "이 광고에서 남성들은 고무되고 권한이 주어지고 격려를 받기보다는, 소외되고 비판받고 비난받고 있습니다"라고 말했다. 질레트의 북미 지역 브랜드 담당 이사인 판카즈 발라Pankaj Balla는 "우리는 오늘날 일어나고 있는 일을 사실 그대로 바라보고 있으며, '남자들이 다 그렇지, 뭐'라는 옛말이 더는 변명이 되지 않는다는 걸 인정함으로써 변화를 불러일으키려고 합니다"라고 말했다.[18]

질레트가 볼 때 그것은 진정한 논쟁거리가 아니었다. 그저 사업상의 결정이었다. 브랜드는 문화가 있던 곳이 아니라 문화가 향하는 곳에 있고 싶어 한다. 그러나 사람들 대부분은 문화 속에서 살고 있으며, 광고와 영화 출연자들에 반영되는 변하는 사회적 관행들을 보며 권력의 이동을 느낀다. 그 결과 좌파는 정치 권력으로 변환되는 문화적 · 인구학적 힘을 가끔씩만 느끼게 되고, 우파는 정치 권력을 행사하지만, 문화적으로는 점점 무시되며 불쾌하다는 느낌을 받게 된다.

이것이 트럼프가 부상하게 된 결정적인 맥락이며, 테슬러가 트럼프를 침략자로 취급하는 공화당 내 사람들에게 인내심을 갖지 않는 이유기도 하다. 부상하는 히스패닉계 유권자들의 관심을 끌기 위해 당을 바꾸려는 공화당 인사들 사이에서 트럼프는 당이 바뀌는 것을 원하지

않았던, 장벽이 세워질 수 있고 옛날로 돌아갈 수 있다는 말을 듣고 싶
어 하는 공화당 유권자들에게 말을 건 유일한 사람이었다.

테슬러는 "트럼프는 당을 바꾸려고 하기보다는 그대로 있길 바랐
습니다. (…) 그는 오리들이 있는 곳에서 사냥을 하고 있었습니다"라고
말했다.[19]

위협받는 백인 정체성

트럼프는 한 세대에 한 번쯤 나타나는 혜성처럼 정치판에 등장한
파괴적인 인물로 보는 것이 일반적이다. 하지만 나는 그를 시장을 민첩
하게 읽어내는 마스터 마케터로 보아야 한다고 본다. 보수 정치는 오바
마와 그가 대변한 변화에 대응하여 더욱 인종화되고 있었다. 이 기간에
트럼프는 버더Birther버락 오바마가 미국 태생이 아니기 때문에 대통령 자격이 없다고 생
각하는 사람—옮긴이들의 음모론을 옹호하며 이 물결을 시험했다. 물은 따
뜻했다.◆[20]

보수주의자들이 들어왔던 수사, 트럼프에게 맥락을 부여한 수사가
어떤 종류의 수사인지 잠시 생각해볼 필요가 있다. 2009년 러시 림보
Rush Limbaugh는 청취자들에게 이렇게 말했다.

◆ 트럼프가 철저히 따져본 후 문화 전사가 됐는지, 아니면 진정한 분노로 인해 그렇게
되었는지를 두고 벌이는 논쟁은 흥미롭지만 무용하다. 롬니가 2012년 선거에서 패배하
자 트럼프는 그가 불법 체류자들에게 "알아서 미국에서 나가라"라고 말한 것을 비판하며
좀 더 온화한 공화당을 주장했다. 그는 《뉴스맥스》와의 인터뷰에서 "민주당은 불법 이민
자들을 다루는 정책이 없었지만, 불법 이민자들에 대해 비열한 태도를 보이지는 않았습
니다. 그들은 정책이 무엇인지 몰랐지만, 친절했습니다"라고 말했다.

버락 오바마 행정부에서 승진하려면 어떻게 해야 하냐고요? 백인을 증오하거나, 증오한다고 말하거나, 그들은 좋은 사람들이 아니라고 말하거나, 뭐 그런 일들을 하십시오. 백인들을 억압받는 새로운 소수민족으로 만드십시오. 그러면 그들은 동조할 겁니다. 입을 꾹 다물 것이기 때문이죠. 그들은 버스 뒤편 구석진 곳으로 자리를 옮기는 중입니다. 그들은 나보고 식수대를 사용하지 말라고 말합니다. 오케이. 화장실도 사용하지 말라고 합니다. 오케이. 오늘날의 공화당은 억압받는 새로운 소수민족으로, 예전 남북전쟁 이전의 남부에 해당합니다.[21]

2012년 대선 전날, 당시 미국 최고의 케이블 뉴스 채널 앵커였던 빌 오라일리Bill O'Reilly는 시청자들에게 이 모든 것이 무엇을 의미하는지 말하기 위해 자리에 앉았다.

미국은 변하고 있는 나라이기 때문입니다. 인구 통계가 변하고 있습니다. 미국은 이제 전통적인 미국이 아닙니다. 투표자 중 50%는 무언가를 원합니다. 구체적인 것들을 말입니다. 그리고 누가 그들에게 그런 것들을 줄까요? 바로 오바마입니다. 그는 그런 점을 이용했습니다. 20년 전이었다면 오바마는 밋 롬니 같은 기성 체제 후보에게 완패했을 겁니다. 백인 집단은 이제 소수 집단입니다.[22]

오바마의 퇴장과 트럼프의 백악관 입성도 이런 정서를 진정시키지 못했다. 오히려 그런 정서를 촉발했다. 보수 진영 방송들이 트럼프에게 얻은 교훈은 조용한 부분을 크게 말하라는 것이었고, 그들은 그렇게 했다. 2018년 로라 잉그러햄Laura Ingraham은 이렇게 말했다.

미국의 어떤 지역에서는 우리가 알고 사랑하는 미국이 더는 존재하지 않는 것
처럼 보입니다. 엄청난 인구학적 변화가 생겨나고 있습니다. 이는 우리 중 누
구도 투표로 찬성의 뜻을 표하지 않았고, 우리 대부분이 좋아하지도 않는 변화
들입니다. 버지니아에서 캘리포니아까지, 우리는 미국이 얼마나 급진적으로
변했는지에 대한 극명한 예들을 볼 수 있습니다. 현재 이 중 많은 부분이 불법
이민과 관련이 있고, 때에 따라서는 진보주의자들이 사랑하는 합법적 이민과
관련이 있습니다.

다시 읽어보라. **우리가 알고 사랑하는 미국이 더는 존재하지 않는 것
처럼 보입니다.** 뜸을 들여가며 무슨 뜻으로 이해되는지 생각해보라. 잉
그러햄의 동료 터커 칼슨 역시 이와 같은 말을 했다.

다양성은 얼마나 우리의 강점입니까? 당신이 다양성을 미국의 새로운 모토라
고 했으니, 구체적으로 설명해주십시오. 예를 들어, 다른 제도들을 생각해볼
수 있을까요? 잘은 모르겠지만, 결혼이나 군대 같은 경우는 어떻습니까? 사람
들 사이의 공통점이 적을수록 더 응집력이 있습니까? 사람들이 서로를 이해할
수 없거나 공통의 가치를 공유하지 않는다면, 이웃이나 동료들과 더 잘 지내게
되나요? (…) 이런 질문은 어떨까요? 200년 동안이나 미국은 인종차별과 증
오의 고통스러운 역사를 극복하기 위해 애써왔는데, 왜 새삼 피부색을 근거로
사람을 공격하는 일이 다시 받아들여지고, 심지어 그것을 근거로 사람들을 공
격하는 일이 장려되는 것일까요?

이해를 정확히 하자면, 칼슨이 공격해도 괜찮다고 말하는 피부색
은 하얀색이다. 그는 2019년 미국 백인이 직면한 '인종차별과 증오'를

미국 역사를 통해 흑인이 맞닥뜨린 '인종차별과 증오'와 노골적으로 비교하고 있다.

이런 언급들은 비약이 심한 비평가들의 발언으로 치부하기 쉽지만 럼보, 오라일리, 잉그러햄, 칼슨의 견해에 많은 사람이 공감한다. 공공종교연구소가 2016년 실시한 한 여론조사에 따르면, 백인의 57%가 "백인에 대한 차별은 오늘날 흑인과 다른 소수자에 대한 차별만큼 큰 문제"라는 점에 동의하는 것으로 나타났다.[23] 백인 밀레니얼 세대를 대상으로 비영리단체 젠포워드GenForward가 2017년 실시한 한 여론조사에 따르면 48%가 비슷한 말에 동의하는 것으로 나타났는데, 이는 이러한 정서가 나이 든 백인에 국한되지 않음을 보여준다.

2012년 롬니는 계급 정체성에 기반을 둔 선거운동을 펼쳤는데, 영웅적인 기업가에 대한 비전을 오바마의 노동자에 대한 강조와 대비시켰다. 그는 치솟은 비백인 투표율에 파묻혀 패배했다. 그의 패배의 여파로 공화당은 비백인 유권자들의 표를 얻는 방법에 집착하기 시작했다. 공화당 전국위원회는 선거에 대한 '부검'을 의뢰했고, 이런 결론이 내려졌다.

히스패닉계 미국인들이 공화당 지명자나 후보가 그들이 미국에 있는 것을 원하지 않는다고 인식한다면(즉, 자진 출국을 원한다면) 그들은 지명자나 후보가 하는 그다음 말을 귀 기울여 듣지 않을 것이다. 교육이나 일자리, 경제에 대해 우리가 뭐라고 말하는지는 중요하지 않다. 그들은 우리의 정책에 귀를 닫게 될 것이다. 지난 선거에서 롬니 주지사는 히스패닉계 유권자의 표 27%만을 받았다. 아시아계 미국인들과 태평양 출신 미국인들을 포함하는 다른 소수민족 공동체들도 공화당을 환영하지 않고 있다. 부시 대통령은 2004년에 아시아계 미국인의 표 44%를 얻었지만, 2012년에 공화당 대통령 후보는 26%만을 얻었다.

보고서는 이어 포괄적인 이민 개혁을 수용하고 공화당 내 히스패닉계 지도자들을 내세우며 '사실과 행동' 두 측면에서 '포용적이고 환영하는 자세'를 견지할 것을 권고했다. 그렇지 않으면 "우리 당은 핵심 지역구에만 국한되면서 계속 위축될 것"이라고 경고했다.

하지만 반대의 목소리도 있었다. 정치 분석가 숀 트렌드Sean Trende는 웹사이트 리얼 클리어 폴리틱스Real Clear Politics에 선거 결과와 관련한 분석을 게재했다. 그는 "2008년에 비해 2012년에 투표한 백인의 수는 거의 700만 명 줄었다"라고 주장했다.[24] 그에 따르면 이러한 '사라진 백인 유권자들'을 동원한 것이 공화당에 재집권 기회를 제공했다. 이것이 트럼프가 선택한 길이었다. 트럼프는 이미 유권자들 사이에 난 길을 따랐을 뿐이다.

정치는 시장으로, 백인 정체성과 같은 강력하고 원시적인 힘은 시장의 기회를 나타내는 것으로 생각할 수 있다. 결국에는 누군가가 나타나서 사람들이 원하는 것을 주었을 것이다. 트럼프가 2016년에 하지 않았다면 또 다른 정치인이 2020년 혹은 2024년에 그렇게 했을 것이다. 압력은 계속 쌓일 터였다.

애슐리 자르디나Ashley Jardina는 인종 정체성을 연구하는 듀크대학교의 정치학자다. 자르디나는『백인 정체성 정치White Identity Politics』에서 여러 세대에 걸쳐 학자들이 아프리카계 미국인, 히스패닉계, 아시아계 정체성을 심각하게 받아들였지만 백인 정체성은 가정하지 않았다고 주장한다. 자르디나는 다음과 같이 말했다. "미국 백인들이 그들이 속한 인종 집단의 지위에 불안감을 느끼는지, 혹은 백인이 정치적 결과를 만들어내는 인종적 정체성을 가졌는지 고려할 때, 지난 50년 동안 대답은 일반적으로 '아니오'였다. (…) 학자들 대부분은 백인들 사이의 인종적 연대가 눈에 보이지 않으며 정치적으로 중요하지 않다고 주장해왔다. 백인들은 지배적인 지위와 수적 우세라는 특성 덕분에 그들의 인종을 당연시할 수 있었다."[25]

백인들의 정치 정체성은 지금과 같은 위협과 도전의 시기에 드러났다. 인구 통계적 변화와 흑인 대통령 당선, 이 두 가지 현상에 이어진 문화적·정치적 결과는 "상당한 비중의 백인들에게 그들의 인종 집단과 그 집단이 누리는 혜택이 위험에 처했다고 믿게 했다. 그 결과, 이러한 인종적 연대는 많은 백인이 정치계와 사회계에서 그들의 방향성을 설정할 때 중심 역할을 하고 있다."

자르디나의 연구에는 주목할 만한 점이 있다. 인종 정체성은 집단 내 편애나 외부 집단에 대한 적대감에 기초할 수 있다. 둘 다 존재할 수 있지만(종종 그렇다), 자르디나는 백인 정치 정체성의 강화는 인종차별적 태도의 동반 상승이 없이, 백인의 정치적 특권 방어라는 측면을 반복적으로 드러낸다. 어떤 이에게는 차이가 없게 느껴지겠지만, 이는 사람들이 자신의 정치를 어떻게 경험하고 어떤 호소와 메시지에 반응하는지와 관련해서 의미가 있다.

자르디나는 백인 인구의 약 30~40%가 강한 인종적 연대감을 느끼지만, 대부분은 인종적 적대감 없이 연대감을 느낀다는 사실을 발견했다. 이것은 트럼프의 정치적 접근법의 강점과 약점을 설명하는 데 도움을 준다. 백인 정체성 정치와 노골적인 편견을 칵테일처럼 혼합한 그의 정치 전략은 이민자 경쟁(장벽)과 해외 경쟁(무역 거래)에서 미국 백인들을 보호하는 것 같은 인기 있는 요소와 인종차별과 편협함의 과시 (트위터 메시지) 같은 대중에게 인기 없는 요소가 뒤섞인 것이었다. 트럼프보다 요령 있는 노련한 정치인이라면 노골적인 인종차별에 빠지지 않으면서 백인의 특권을 지키는 데 집중하고, 정치적으로 훨씬 만만치 않게 행동할 수 있었을 것이다.

여기서도 트럼프에 반대하는 사람들을 위한 교훈이 있다. 즉, 백인들의 두려움을 진정시키기 위한 메시지와 정책을 만들어내거나, 아니면 오히려 백인 유권자들을 화나게 해서 지지 기반의 단결을 도모할 수 있다는 사실이다. 2006년, 닐라 브랜스콤브Nyla Branscombe, 마이클 슈미트Michael Schmitt, 크리스틴 시프하우어Kristin Schiffhauer는 「백인 특권이라는 생각에 대한 인종적 태도Racial Attitudes in Response to Thoughts of White Privilege」라는 제목의 흥미로운 논문을 발표했다. 그들은 백인 대학생들에게 백인 특권이라는 개념을 생각하게 함으로써 인종 문제에 대해 더 많은 분노를 유도할 수 있음을 발견했다.

누군가의 정체성을 활성화하는 가장 간단한 방법은 그 정체성을 가진 이들을 협박하고, 그들이 지금 누리고 있는 것을 가질 자격이 없다고 말하고, 그들이 가진 것을 빼앗길지도 모른다고 생각하게 만드는 것이다. 지위를 잃는 경험은(그들의 지위를 빼앗는 게 사회의 정의 실현이라는 말을 듣는 경험은) 그 자체로 급진적이다.

소셜미디어 이곳저곳에서 마주치는 인용구가 있다. "특권에 익숙해지면, 평등은 억압처럼 느껴진다."◆26 이 말에는 진실이 들어 있지만,

---

◆ 이 인용문의 기원은 불분명하다. 이 구절이 페미니스트들의 응수로 큰 인기를 끌었다는 것을 고려하면, 인용문 전문 웹사이트 쿼트 인베스티게이터에서 찾을 수 있는 최

두 가지 방향으로 해석될 수 있다. 특권의 상실이 억압처럼 **느껴지는** 게 사실이라면 그런 느낌은 심각하게 받아들일 필요가 있다. 왜냐하면, 그 것이 현실이기 때문이기도 하고, 그리고 곪아 터지게 내버려두면 선동 가들과 반동분자들에 의해 무기화될 수 있기 때문이다.

정치철학자 대니엘 앨런Danielle Allen은 『낯선 사람에게 말 걸기 Talking to Strangers』라는 책에서 "민주주의의 어려운 진실은 일부 시민들 이 항상 다른 사람들을 위해 무언가를 포기한다는 것이다"라고 썼다. 이러한 희생은 주관적이지만, 의미 있는 것으로 취급되어야 하며, 우리 는 이를 '정치적 우정'으로 맞이해야 한다고 앨런은 주장한다. 앨런은 내가 진행하는 팟캐스트에 출연해 이에 대해 다음과 같이 자세히 설명 했다. "우리는 상실의 경험을 두고 협상할 수 있는 여유를 서로에게 줄 필요가 있습니다. 그러나 정치에서는 언제나 승자에게 더 많은 것이 요 구되며, 가능성 있는 관계를 실체적인 우정으로 만드는 것이 승자의 일 입니다."

이것은 고수하기 어려운 원칙이다. 그 이유는 누가 승자라고 답하 기 어렵고, 정치판에서는 여러 세력이 서로 피해자임을 동시다발적으 로, 설득력 있게 주장하는 소리가 종종 합창처럼 들려오기 때문이다. 모 두가 어떤 면에서는 승자이고 어떤 면에서는 패자지만, 이득보다 손실 을 더 뼈저리게 느낀다. 게다가 인구 통계적 변화로 인한 손실은 이야

초의 사례가 1997년 마이크 제베트Mike Jebbett가 유즈넷Usenet 게시판에 올린 글이라는 것은 아이러니하다. 제베트의 글은 다음과 같다. "그 여성들은 내가 '고급 페디스털리즘 Advanced Pedestalism마치 높은 받침대 위에 올라앉은 것처럼 고상하게 사는 사람들의 태도—옮긴이' 이라고 부르는 질환으로 고통받고 있습니다. 이는 기본적으로 그 여성들이 너무나 오랫 동안 고상한 위치에서 살아왔고, 그래서 평등이 억압처럼 보인다는 것을 의미합니다."

기하기 어렵기 때문에, 종종 사회적으로 좀 더 쉽게 받아들여지고 정치
적으로 방어가 가능한 언어로 포장되곤 한다.

인구 통계적 위협은 왜 경제적 불안을 만들어낼까?

많은 사람이 백인 정체성 정치에 관한 이야기를 불편해한다. 트럼
프의 부상과 관련해서 몇몇 사람이 선호하는 또 다른 설명이 있다. 이
것은 인종, 권력, 분노에 관한 불편한 대화 없이 미국 정치의 혼란한
상황을 설명해준다. 이 설명이 뭐냐고? "바보야, 문제는 경제야! It's the
economy, stupid!"

이 주장에 따르면 금융 위기, 자동화, 세계화가 남긴 피해, 대공황
의 고통, 불평등의 충격적 증가 등 이 모든 것이 정치를 뒤엎기에 충분
했다. 인종 문제는 고려할 필요가 없었다. 하지만 2016년 선거 이후 미
국 정치를 경제적 불안 탓으로 돌리려는 세력과 인종적 분노로 분열된
나라를 바라보는 세력 사이에 격렬한 논쟁이 벌어졌다. 그리고 그 여파
로 일종의 통합이 이루어졌다. 경제적 불안이 인종적 분노를 유발했다
는 것이다. 그리고 여기에는 경제가 나아지면 인종 문제도 진정되리라
는 의미가 담겨 있다.

하지만 우리가 확보한 증거에 따르면 경제 문제와 인종 문제의
통합은 실제 있었지만, 인과관계가 거꾸로였다. 정치학자 존 사이즈
John Sides, 마이클 테슬러, 린 배브렉Lynn Vavreck은 『정체성 위기: 2016년
대통령 선거운동과 미국의 의미를 위한 전투Identity Crisis: The 2016
Presidential Campaign and the Battle for the Meaning of America』에서 많은 자료를
분석해 인종적 분노가 경제적 불안을 유발했음을(그 반대가 아니라) 보

여준다.

오바마가 대통령이 되기 전에는, 미국에서 흑인에 대한 감정이 경제에 대한 인식에 큰 영향을 미치지 않았다. 하지만 오바마 이후 인식은 바뀌었다. 2007년 12월, 인종 간 적개심(이것은 미국인들이 흑인 문화의 결핍이 인종 불평등의 주된 원인이라고 생각하는지를 포착한다)은 당파성·이데올로기와 관련 있었지, 경제 호황 혹은 불황과는 상관없었다. 그러나 같은 사람들을 2012년 7월에 다시 인터뷰했을 때, 인종적 적대감은 경제 관련 인식에 대한 강력한 예측 변수였다. 인종적 적대감이 클수록, 경제가 더 나빠지고 있다고 믿었다.[27]

이 자료는 무척 우려스러운 현상을 드러낸다. 우리는 경제를 객관적이라고 여기는 경향이 있기 때문이다. 조사 결과, 슬프게도 그렇지 않다는 것이 드러났다. 사이즈, 테슬러, 배브렉은 경제에 대한 감정을 조사한 결과, "5분위 중 최고 소득(연봉 10만 달러 이상) 집단에 속하는 공화당원이 5분위 중 최저 소득(연봉 2만 달러 미만) 집단에 속하는 민주당원보다 **덜 만족해했다**"라고 밝혔다.

이것은 선거로 입증되었다. 갤럽에서 실시한 여론조사에 따르면 트럼프의 당선은 공화당원의 경제 신뢰도가 80점 상승하고, 민주당원 사이에서는 37점 하락하는 놀라운 결과를 가져왔다. 트럼프 취임 이후 미국 경제는 오바마의 마지막 해와 거의 같은 추세를 보였다(일자리 증가 추세는 약간 느리게 움직였다). 2016년 당시는 그들이 그렇게나 우울하게 보던 것과 거의 같은 경제였음에도 불구하고, 트럼프와 공화당의 자신감은 계속 치솟았다. 테슬러가 수집한 자료는 인종적으로 가장 분노하는 사람들이 경제적으로는 가장 낙관적이었음을 보여준다.

이런 형태는 국제적으로도 나타난다. 포퓰리즘 우파의 부상은 미국만의 현상이 아니며, 2016년에 시작된 것도 아니다. 서방세계의 여러 나라에서도 같은 현상이 나타났다. 그들은 경제가 좋거나 나쁘거나, 사회 안전망이 두텁거나 부실하거나 세계 어디서든 세력을 결집했다.《복스》의 잭 보샴프Zack Beauchamp는 자료를 자세히 검토하고 나서, "극우 정당의 정강들은 나라마다 다르며, 거기엔 페미니즘과 같은 주요 사회적 이슈와 복지 규모와 같은 경제 이슈가 포함된다. 모든 사람이 동의하는 한 가지 문제는 이민에 대한 적대감이며, 특히 이민자들이 비백인이고 이슬람교도일 때 그렇다"라고 썼다.[28]

경제적 불안 가설을 둘러싼 또 다른 문제는 포퓰리즘 우파의 승리가 포퓰리즘 좌파의 승리보다 훨씬 더 두드러지고 널리 퍼져 있다는 사실이다. 많은 국가에는 금융 위기에 대응하여 고안된, 야심 찬 경제 의제를 제안하는 정당들이 존재한다. 경제적으로 고통받는 유권자들이 우파의 정체성 정치에 너무 정신이 팔려 좌파가 제공하는 그들의 문제에 대한 직접적인 해결책들을 간과했다고 믿는 데는 특별한 오만함이 필요하다.

정치학자 에릭 코프먼Eric Kaufmann은 자신의 책『화이트시프트: 포퓰리즘, 이민, 그리고 백인 다수의 미래Whiteshift: Populism, Immigration, and the Future of White Majorities』에서 "서구 세계에서 일어나고 있는 일을 설명하고 싶은 사람은 누구나 두 가지 질문에 답해야 한다"라고 썼다. "첫째, 왜 우파 포퓰리스트들이 좌파 포퓰리스트들보다 인기를 끌고 있는가? 둘째, 전반적으로 볼 때 경제 위기는 포퓰리즘 우파에 영향을 미치지 않았는데 왜 이민은 포퓰리즘적 우파의 수를 급증시켰는가? 자료에 충실하면 답은 명확해진다. 경제적·정치적 발전이 아닌 인구 변동과

문화가 포퓰리즘 시대를 이해하는 열쇠다."²⁹

하지만 그 어떤 것도 경제 불안이 현실이고, 더 폭넓게 공유되는 경제 성장이 정치에 이득이라는 사실을 뒤집지는 못한다. 그러나 이는 경제적 불안이 우리의 정치적·문화적 분열을 설명할 수 없음을 시사한다.

실제로 트럼프가 그 증거다. 그는 자신이 대통령으로 재직하는 동안의 경제를 '기적'이라고 부르지만, 그로 인해 그의 지지자들이 이민에 대해 좀 더 부드러운 태도를 보이거나, NFL 선수들이 경찰의 잔혹성에 항의하기 위해 무릎을 꿇은 일을 덜 걱정하게 되진 않았다. 더 나은 경제는 언제나 국가에 이득이다. 그러나 그것은 '색깔이 짙어지는' 미국의 어려움을 극복해주지는 않을 것이다.

정치적 올바름이라는 전쟁

앞서 논의한 연구 중 몇 가지를 담당한 예일대학교 심리학자 제니퍼 리치슨은 자신이 일하는 곳에서 일어난 일을 내게 들려줬다. "내 연구실은 오래된 공대 건물에 있는데, 건물 전체에 여자 화장실이 딱 하나 있습니다. 그런데 아무도 그걸 눈치채지 못했어요. 적어도 교수 중 그걸 알아챈 사람은 없었습니다."³⁰ 예일대학교는 점차 여성 교수를 늘려가면서 그 사실을 알아차리게 됐다. 여성 교수들이 불만을 제기했기 때문이다. 리치슨은 "새로운 사람들이 나타나면 그들은 새로운 걸 알아차리고, 질문을 하기 시작하고, 결국 요구 사항을 내놓기 시작합니다"라고 말한다.

최근 몇 년간 정치적 올바름을 둘러싼 관심과 갈등이 강박적인 수준에 다다랐다. 저녁에 폭스 뉴스를 틀면, 당신은 미국 어딘가에 있는 인문대에 관한 논쟁에 휘말리게 된 자신을 발견할 것이다. '지적 다크 웹' 연결 조직(신무신론자 샘 해리스Sam Harris와 보수 논객 벤 샤피로Ben Shapiro, 캐나다 심리학자 조던 피터슨Jordan Peterson, 여타 다른 사람들이 가세하는 연합체를 만들어낸 불안감)은 수용 가능한 담론의 경계가 좁아지고 있다는 두려움, 즉 PC 문화정치적 올바름Political Correctness은 사회 내 소수 집단에 대한 불이익이나 차별을 피하기 위한 언어나 정책을 일컫는다. 미국 사회에서 1980년대부터 대학 등에서 전통적인 백인 남성 위주의 세계관을 배격하며 압박받아온 소수집단의 세계관을 반영하는 수업이나 학문 연구를 요구하면서 사회·문화적 현상이 됐다—옮긴이와 정체성 정치가 언론의 자유를 옥죄고 있다는 두려움이다. 이에 따라 트럼프의 등장은 유감스럽지만 정치적 올바름에 대한 예측 가능한 반발이며, 따라서 그의 등장에 대한 책임은 대학 캠퍼스에서 활동하는 운동가들과 블랙 라이브스 매터 시위대에게 있다는 일부 전문가들의 견해가 등장했다.

이러한 두려움은 언뜻 보면 이상해 보일 수 있다. 이 세상에 걱정거리들이 얼마나 많은데, 겨우 이런저런 대학에서 일어나는 일에 누가 신경이나 쓰겠는가? 그러나 이러한 언쟁들이 트위터와 페이스북에서 확산하는 속도, 케이블 뉴스 보도, 클릭 수에 굶주린 웹사이트, 유명 팟캐스트들의 열성적인 태도 등은 우리 안의 더 깊고 두려운 무언가가 활성화되고 있는 현실을 반영한다. 이것은 문화의 향방에 관해 더 크고 근원적인 관심사를 두고 벌어지는 대리전이다. 여기에는 명문 대학에서 벌어지는 일이 국가 차원에서도 일어날 것이라는 이론이 있다. 대학 캠퍼스에서 연설을 하면서 수입을 올리는 사람들에게는 특히나 그렇다.

당신이 이 이론에 대해 어떻게 생각하든, 제기되는 이슈들은 근원적이다. 당신은 비난이나 항의, 제재를 받지 않고 어디까지 말할 수 있는가? 누가 용서받고 누가 외면당하는가? 선은 누가, 어디에 긋는가?

트럼프는 선거운동 동안 이런 정서를 이용했다. 그는 이렇게 말했다. "이 나라가 가진 큰 문제는 정치적 올바름이라고 생각합니다. (…) 나는 할 일이 많으며 정치적 올바름에 쓸 시간이 없습니다. 그리고 솔직히 말해서, 이 나라도 시간이 없습니다."

이 논쟁의 많은 부분이 거짓된 가식 아래 이루어져왔다. 대학이 언론 자유의 보루였다는 생각은 허구다. 2017년 10월, 케니언칼리지의 첫 흑인 총장인 숀 디케이터Sean Decatur는 미국 대학교들은 언제나 예의와 행동 규범을 정하는 권한이 자신들에게 있다고 믿어왔다고 언급했다. 그는 1960년대의 케니언칼리지의 학생 책임에 대한 성명서를 인용했는데, 거기에는 "다른 사람들(학생, 교직원, 방문객)의 감정을 상하게 하는 어떤 행동도 (…) 징계로 귀결될 것이다. (…) 저속한 행동, 외설적인 언어 또는 무질서한 행위는 용납되지 않는다"라고 쓰여 있었다.[31]

디케이더는 이어 "이것은 21세기 고등교육 비평가들이 '정치적 올바름'의 산물로 보는 그 어떤 것보다도 더 엄격하다"라고 말했다. 그렇다면 무엇이 변했는가? 디케이터에 따르면, 변한 것은 불쾌한 행동으로 여겨지는 것을 **누가** 결정하는지다.

명문 대학 학생의 인종 비율은 50년 동안 급격하게 변했고, 그 결과 예의의 정의가 바뀌기 시작했다. 나를 포함한 많은 사람은 백인이 흑인으로 분장하는 것을 무례한 행동으로 본다. 학생들에게 흑인 분장 자제 등 상대를 존중하는 행동 규범을 권고하는 것은, 역사적으로 대학들이 해온 일의 연장이다. 달라진 것은 대학이 예의에 대한 규범을 내리는 것 자체가 아니라 예의에 대한 정의다.
일반적으로 대학 캠퍼스에서, 특히 케니언칼리지에서 50년 전(모든 구성원이
남성이고 대부분 백인이었을 때)이라면 예의의 기준을 통과했을지 모르는 것들
이 오늘날은 예의 없는 행동이 된다.[32]

이를 진보라고 생각하기 쉽지만, 이전 담론을 지배했던 이들에게
는 상실이었고, 관련된 모든 이에게 혼란을 가져다주었다. 새로운 선들
이 그어지고 있지만, 아무도 그 선들이 어디에 그어지고 있는지, 누가
그리는지 알지 못한다. 용인할 수 있는 행동과 공손한 담론을 규정하는
힘은 심오하지만, 지금 당장에는 경합 대상이다.

리치슨은 "나는 이것을 불편함의 민주화라고 부릅니다. (…) 불편
함을 느끼는 사람은 항상 있었습니다. 이제 우리는 그것을 민주화하고
있습니다. 이제는 여러 인종과 다양한 종교를 가진 더 많은 사람이 불
편함을 느끼고 있습니다"라고 말한다.

여기서 요점은 대학 운동가들은 결코 선을 넘지 않는다는 것이 아
니다. 당연히 그들은 선을 넘고, 그게 바로 대학 운동가의 핵심이다. 우
리는 보통 대학 캠퍼스에서 무슨 일이 일어나든 신경 쓰지 않는다. 그
래서 캠퍼스 내 갈등은 우리 사회의 더 큰 갈등을 보여주는 창문 역할
을 한다. 캠퍼스는 직장 생활을 하느라 시위는커녕 운동하러 갈 시간
도 없는 보다 중도적인 사회인들을 대신해 선명하게 날을 세운 의견들
이 맞부닥치는 대립의 온상이다. 그러나 사방팔방에서 벌어지는 PC 문
화에 대한 논쟁은 정치뿐만 아니라 삶의 핵심 질문들과도 관련이 있다.
누구의 불평불만이 접수되는가? 그들이 선택한 이름들에는 어떤 의미
가 있는가? 누구에게 존경심을 나타내고 누가 그것을 빼앗는가? 더 간

단히 말하자면 변화하는 미국에서 누가 권력을 쥐는가?

《뉴욕 타임스》칼럼니스트 브렛 스티븐스Bret Stephens가 좋은 예다. 그는 캠퍼스 좌파의 예민한 감성을 깨부수는 칼럼을 계속해서 써왔다. 그는 트위터에 "모욕할 권리가 가장 소중한 권리이다. 그것이 없다면 언론의 자유는 무의미하다"라고 썼다.[33] 그는 밀레니얼 세대가 '감정적 속상함'의 대가로 '직업적 파괴'를 가하려는 방식을 한탄했다.[34] 그러던 중 《뉴욕 타임스》에 실제로 빈대가 들끓는 일이 있었고, 조지워싱턴대학교 교수 데이브 카르프Dave Karpf는 팔로워도 거의 없는 자신의 트위터에 "빈대는 브렛 스티븐스"라는 농담을 올렸다.[35] 이에 격분한 스티븐스는 카르프에게 분노의 이메일을 보냈고, 대학 총장이 참조 수신자로 지정되어 있었다. 그는 조지워싱턴대학교 미디어 공공정책대학원 원장에게도 별도의 이메일을 보냈다.[36] 이것이 바로 감정적 속상함에 대한 복수로 가하는 직업적 파괴의 정의였다.

스티븐스의 과잉 반응은 위선적이고 현명하지도 못했다. 그는 얼마 지나지 않아 트위터 계정을 삭제했다. 그러나 그의 감정적 폭발은 스티븐스가 수년간 품어온 상처가 절정에 다다른 것이었다. 스티븐스의 칼럼은 자주 《뉴욕 타임스》의 진보적인 독자들을 불쾌하게 했고, 그는 트위터에서 끊임없이 조롱을 받았다. 2019년 5월, "친애하는 밀레니얼 세대에게: 감정은 상호적입니다"라는 제목의 칼럼을 통해 스티븐스는 "민주당 내의 그 어떤 분파보다도 젊은 세대들이 질책받아야 한다. 젊은 세대들은 비판만 할 줄 알고 소셜미디어에 신파조의 자기 연민과 도덕적 독선으로 가득찬 글을 올리는 데 전문가다"라고 썼다.[37]

스티븐스는 그를 비판하는 사람들보다 훨씬 많은 권력과 영향력이 있었다. 하지만 인간은 사회적 동물이며, 비판을 받으면 고통스러워하고 모욕을 당하면 집착하는 존재다. 스티븐스는 온라인상에서 자신이 받은 대우를 두고 분노에 떨었다. 그는 사람들에게 좀 더 예의 바른 어조를 강제할 좀 더 강한 권력을 원했다. 모욕할 권리는 소중할 수 있지만, 끝없는 모욕의 경험은 치명적이다. 스티븐스는 과거 《뉴욕 타임스》에 글을 쓰면서 칼럼을 무기처럼 사용했고, 그를 비판하고 싶은 사람들은 회사에 항의 편지를 쓸 수밖에 없었다. 하지만 그런 날들은 지나갔다. 이 시대의 다른 많은 사람과 마찬가지로 스티븐스는 자신이 누려오던 권력을 계속 누리고자 했고, 권력에 대한 감각은 바뀌지 않았다. 스티븐슨이 자신이 당하게 된 괴롭힘에 반응하려 하자, 오히려 그가 괴롭히는 사람이었음이 증명됐다. 이것은 이 시대의 방향감각 상실을 보여준다.

안전한 공간을 요구하는 학생들을 조롱하는 것은 흔한 일이 되었지만, 지금 미국 정치에서 벌어지는 충돌을 주의 깊게 살펴보면, 모두가 안전한 공간을 요구하고 있음을 알 수 있다. 두려운 것은 정부가 언론의 자유를 통제하는 게 아니라, 시위자들이 자유로운 말을 억누르고 트위터 폭도들이 실언이나 실수한 농담을 찾으려고 돌아다닌다는 사실이다. 우리는 의견이 다른 사람들을 감정적이고 예민한 사람으로 치부하려 한다. 그로 인해 정치의 많은 부분, 그리고 삶의 많은 부분 뒤에 있는 진짜 욕망을 볼 수 없게 되었다. 안전하다고 느끼고 싶은 욕망, 두려움 없이 말하고 싶은 욕망 말이다.[38]

인구학적 변화는 어떻게 정당을 바꾸는가

미국이 변화함에 따라, 미국이 맞서고자 하는 문제들과 이에 맞서는 방식도 변했다. 1996년 클린턴 대통령이 재선에 성공했을 때, 민주당 강령에 들어 있던 이민 관련 내용은 마치 트럼프 행정부가 내놓을 법한 것처럼 보인다.

민주당은 미국이 법치국가로 남아야 한다고 믿는다. 우리는 불법 이민을 용납할 수 없다. 빌 클린턴이 대통령이 되기 전 몇 년 동안, 미국은 강경하게 말했지만 행동하지 못했다. 1992년에 우리의 국경은 굳이 없어도 될 뻔했다. 국경 순찰은 부족했고 순찰을 한다고 해도 장비가 부족했다. 마약이 자유자재로 흘러들었고, 불법 이민이 만연했다. 미국에서 범죄를 저지른 후 추방된 범죄자들이 바로 다음 날 다시 범죄를 저지르기 위해 돌아왔다.

클린턴 대통령은 국경을 법이 존중되고 마약과 불법 이민자들이 들어오지 못하는 곳으로 만들고 있다. 우리는 국경 순찰을 40% 이상 늘렸다. 엘파소에서는 국경순찰대 요원들이 아주 가까이 있어서 서로를 볼 수 있다. 클린턴 행정부는 지난해에만 전국에서 수천 명의 불법 노동자들을 해고했다. 1995년 1월부터만 해도 1700여 명의 범죄를 저지른 외국인들을 체포해 연방 중범죄 혐의로 기소했는데, 이들이 추방된 뒤 미국으로 돌아왔기 때문이다.

시계를 빨리 돌려서 2016년 민주당 강령을 살펴보자. 또 다른 클린턴이 대선에 출마했지만, 이제 민주당은 히스패닉계 유권자들의 투표에 훨씬 더 많이 의존했다.

민주당은 가족을 분열시키고 노동자를 그늘에 가두는 미국의 망가진 이민 제도를 시급히 고쳐야 하며, 미국에 들어와 있는 법을 준수하는 가족들에게 시민권을 획득할 수 있는 길을 만들어줄 필요가 있다. 그들은 가족 구성원에게 더 나은 삶을 제공하고, 지역사회와 미국에 기여하고 있다.

우리는 드리머들과 시민들의 부모, 합법적인 영주권자들이 추방을 피할 수 있도록 오바마 대통령의 '불법체류 청소년 추방 유예' 프로그램과 '미국인의 부모 추방 유예' 프로그램을 옹호하고 시행할 예정이다. 우리는 이러한 조치들을 기반으로 드리머의 부모와 같은 사람들에게도 구제를 제공할 것이다.

우리는 이민 관련 집행이 인간적이고 미국의 가치와 일치해야 한다고 생각한다. (…) 우리는 이민자 사회에 불필요하게 공포를 유발하는, 어린이들과 가족에 대한 불시 단속과 체포를 그만둘 것이다.

1996년 당시 백인 유권자는 공화당과 민주당을 비슷하게 지지했고, 히스패닉계 유권자는 더 적었으며, 두 정당 모두 이민에 대해 더 회의적이었다. 2016년에는 공화당에 백인 유권자가 집중됐고 히스패닉계 유권자들의 힘이 훨씬 더 강해지면서 정치적 분열이 생겨났다. 민주당은 이민자들에게 더 우호적으로 변했고, 공화당은 트럼프를 대선 후보로 지명했다. 이것은 테슬러가 잘 묘사한 역학 관계다. 테슬러는 다음과 같이 말했다. "민권 이후 시대에 민주당은 백인 유권자들을 소외시키지 않고 비백인 기반을 유지할 필요가 있었습니다. (…) 그래서 그들에게는 침묵이 금이었습니다. 공화당은 인종차별주의자로 보이지 않으면서 백인 유권자들의 표를 획득할 필요가 있었습니다. 그래서 공화당은 인종에 대해 말할 때 암호를 사용해야 했습니다. 이러한 변화는 이제 완결되어서, 민주당은 명시적으로 인종 평등을 옹호함으로써 호소력을 가지려 하고 있고, 공화당은 더 노골적으로 소수집단을 반대함으로써 호소력을 갖게 되었습니다."[39]

그러나 민주당이 인종 평등을 옹호한 것은 비백인에게만 호소하기

위해서가 아니었다. 다양화하는 정체성과 변화하는 인구 통계가 있었
고, 민주당을 지지하는 백인들에게 호소하기 위해서도 그런 전략이 필
요했다.

1994년에는 민주당원의 39%, 공화당원의 26%가 '차별'이 흑인들
이 출세를 하지 못하는 이유라고 답했다. 2017년에는 민주당원의 64%
가 그렇게 믿었지만, 공화당원은 14%만 그렇게 믿었다. 이러한 경향의
상당 부분은 백인 민주당원들이 주도해왔다. 《복스》의 매트 이글레시
아스Matt Yglesias는 그가 '위대한 각성'[40]이라고 부르는 분석에서 다음과
같이 말했다. "지난 5년간 백인 진보주의자들은 인종에 관한 문제에서
아주 먼 왼쪽으로 이동했다. 이제 그들은 흑인 유권자와 비교해도 왼쪽
에 위치할 정도가 되었다. (…) 놀랍게도 이제 백인 진보주의자가 흑인
들이 출세하기 위해 특별한 도움은 필요 없다고 말할 가능성은 흑인보
다 **작다.**" 오늘날 민주당원(특히 백인 민주당원)은 구조적 인종차별이
중대한 골칫거리라는 인식을 바탕으로 인종적 평등에 헌신한다. 인구
통계가 변화함에 따라 정치적 정체성도 변한다.

민주당이 인종 문제에 있어서 왼쪽으로 이동하면서 공화당은 오
른쪽으로 움직일 공간이 생겼다. 이글레시아스는 이렇게 이어 말했다.
"2016년 선거운동에서 트럼프가 한 일의 많은 부분은 단순히 인종 갈
등의 심각성을 부각해서, 이전에 다른 이유로 민주당을 지지했을지도
모르는 백인 유권자들에게 호소하는 것이다. (…) 하지만 상당 부분 '각
성'의 힘을 빌려 이런 점을 이해하는 것이 매우 중요하다. 즉, 트럼프를
탓할 것이 아니라, 민주당원들 스스로가 훌륭한 진보주의자로서 어떤
관점을 가질 것인가 하는 측면에서 골대를 옮겨버렸다는 것을 말이다."

이런 생각을 향후 수십 년간의 미국 정치에 적용해보자. 민주당은

활기를 띠는 다양한 연합체가 없다면 선거에서 이길 수 없을 것이다. 공화당은 열광적인 백인 기반 없이는 선거에서 이길 수 없을 것이다. 민주당은 인종 간 평등과 양성평등을 추구하는, 훨씬 더 분명한 정강을 구축해야 할 것이고, 반면 공화당은 권력을 잃고 있다고 불안감을 느끼는 연합체에 더 잘 반응하는 정치를 설계해야 할 것이다.

'정체성 정치'에 대한 공포의 배후에 있는 것은 바로 이런 역학 관계다. 한 집단이 정치적 의제를 지배할 때 그들에 대한 지지와 불만은 코드화되고, 정책 대다수는 그러한 우려에 대응해 설계된다. 하지만 정치적 의제는 어느 한 집단이 의제를 통제할 수 없지만 많은 집단이 여러 항목을 의제로 밀어붙일 수 있을 때 변한다. 그러고 나면 정체성 기반 집단들 사이의 경쟁이 가시화된다. 행정부에 백인 남성밖에 없을 때는 정체성 정치라고 불리지 않았다. 정체성 정치는 임명을 다변화하라는 압력이 있을 때 존재한다. 그러나 이 과정은 특정 정체성 집단의 지배력 강화가 아니라 약화를 반영한다.

2018년 6월, 나는 에릭 가세티Eric Garcetti 로스앤젤레스 시장을 인터뷰했다. 나는 가세티 시장에게 몇몇 사람이 정체성 정치라고 부르는 것과 몇몇 사람이 그냥 정치라고 부르는 것 사이의 긴장을 어떻게 다루었는지 물었다. 그가 내놓은 답은 뭐였을까? 말은 줄이고 행동을 더 하라는 것이었다. 가세티는 이렇게 말했다. "나는 시장으로서 이곳에 왔고, 내가 임명권을 행사한 이사회와 위원회, 300여 명에 달하는 부서 관리자들을 살펴보았습니다. 그리고 나는 6개월 만에 사상 처음으로 여성 비중이 50%를 넘도록 만들었습니다. 53~54%였던 거 같습니다. 그러고 나서 우린 일로 돌아갈 수 있었습니다."[41]

하지만 국가 차원에서, 양극화한 언론이 갈등의 소지를 찾아다니는 와중에, 최초의 여성 대통령이 그런 일을 시도했다고 상상해보라. 많은 사람이 축하해주겠지만, 다른 한편에서는 차별, 위협, 상실이라고 할 것이다. 림보가 "오바마 정부에서 승진하려면 어떻게 해야 하냐고요? 백인을 증오하면 됩니다"라고 말한 것을 떠올려보라. 조던 피터슨이 양성평등을 증진하려는 캐나다 총리 쥐스탱 트뤼도Justin Trudeau의 노력을 '살인적인 형평성 독트린'[42]으로 규정한 것을 생각해보라.

세상은 제로섬이 아니지만, 제로섬일 때도 있다. 행정부 관료의 50%가 여성인 세상은 남성의 자리가 50% 이하인 세상이다. 거기에서 손실을 느끼는 사람은 존재할 것이고 다툼이 일어날 것이다. 빼앗긴 것을 되찾고 이전의 방식을 정당화하기 위한 강력한 사회운동이 일어날 것이다. 부당함에 대한 도전이 없을 때 사회는 종종 평온해 보이지만, 그것이 바람직하게 보인다 해도(사실 바람직하지 않다), 지금까지 소외되어온 집단이 자신의 몫을 요구할 힘을 얻게 되면 평온은 사라진다.

어느 정도 예민함을 갖고 주의를 기울이면 길을 찾을 수 있다. 리치슨은 인구학자들이 '소수 집단이 절반을 넘는 미국majority-minority America'과 같은 용어를 사용하지 않는 것이 현명하다고 말한다. 어쨌거나 백인은 여전히 미국에서 가장 큰 집단일 테고, 가장 큰 단일 집단이 최대치로 위협받고 있다고 느끼게 만들어서 좋을 게 뭐가 있겠는가? 리치슨은 이렇게 말한다. "이것은 백인이 아닌 사람들이 무리 지어 나타나서, 힘을 합쳐 백인을 전복하려 하는 것처럼 들립니다. 이건 문제입니다."[43]

우리가 인구의 변화에 대해 사람들을 안심시킬 수 있는 이야기를 더할 수 있다면(예를 들어, 인구 변화가 기존 권력이나 경제적 위치를 뒤집지 않을 거라고 말함으로써), 위협적 감각과 인종적·정치적 보수주의로 기우는 경향이 사라진다고 리치슨의 연구는 보여준다. 하지만 여전히 남아 있는 문제는, '걱정하지 마세요, 백인 여러분. 당신들은 괜찮을 거고, 모든 것을 영원히 관리할 수 있을 거예요!'라고 말할 수 없다는 것이다.

또 다른 문제는 짙은 색으로 변해가는 미국에 관한 대화를 주도하는 것이 인구학자와 사회심리학자가 아니라는 점이다. 오히려 정치인들, 시청률에 목마른 정치 비평가들, 소셜미디어에서 퍼지는 터무니없는 이야기들, 게이머게이트2014년 8월부터 시작된 비디오게임 문화의 성차별주의에 관한 논쟁. 비디오 게임 산업 내의 성차별과 여성 혐오를 지적한 인디 게임 개발자 조이 퀸Zoë Quinn에 의해 촉발되었다—옮긴이와 로잰 바Roseanne Barr의 퇴출로잰 바는 2018년 인종차별 트윗을 올렸다가 여론의 비판을 받았다. ABC는 바의 트윗을 문제로 받아들여, 20년 만에 부활시킨 로잰 바 주연의 시트콤 〈로잔느〉를 폐지했다—옮긴이과 같은 문화적 논쟁에 의해 주도될 것이다. 이것은 인종에 대해 별로 이야기하고 싶지 않아 하는 사람들까지도 흡수할 것이다.

버니 샌더스Bernie Sanders가 좋은 예다. 2016년, 그는 계급에 집중해 선거운동을 펼쳤고, 인종 문제를 경시한다는 비판을 받았다. 결국 클린턴보다 백인 유권자들의 표를 더 얻었지만, 흑인 유권자 사이에서는 50% 차이로 패배했다.[44] 2020년 샌더스는 민권 운동가로서의 자신의 과거를 강조하며 인종 문제를 좀 더 의식하는 선거운동을 펼쳤다. 샌더스는 출마 선언 연설에서 "나는 주거 차별에 항의했고, 학교 분리주의에 항의하다 체포됐으며, 내 인생에서 가장 자랑스러운 날들 가운데 하나는 마틴 루서 킹 주니어가 이끄는 직업과 자유를 위한 워싱턴 행진에 참석한 것"이라고 말했다. 샌더스는 선거운동 기간 더 많은 비백인 직원들을 고용했고, 흑인 지도자들과의 관계를 구축하기 위해 더 열심히 노력했으며, "흑인, 히스패닉계 사람들, 아메리카 원주민들에게 가해지는 폭력의 5가지 핵심 유형인 물리적·정치적·법적·경제적·환경적 폭력"을 다루기 위한 계획을 발표했다.[45]

　인종뿐만이 아니다. 샌더스는 이민이 미국에서 태어난 노동자들에게 미치는 영향에 대해 오랫동안 회의적이었다. 그는 불법 이민자들이 시민권을 취득할 수 있는 길이 포함된 2007년 법안에 반대했었는데, 일자리를 놓고 미국인과 경쟁할 수 있는 초청 노동자를 너무 많이 허용한다는 이유에서였다. 2015년 샌더스와 인터뷰하면서 나는 많은 민주사회주의자가 지지하는 '열린 국경' 정책에 대해 물었다. 샌더스는 역겹다는 반응을 보였다. "열린 국경이라고요? 아니요, 그건 코크 형제네덜란드계 미국인으로, 미국에서 비상장 기업으로서는 2위인 코크 인더스트리즈Koch Industries를 소유하고 있다. 두 형제 모두 세계에서 20위 안에 드는 억만장자로, 공화당을 적극적으로 지지한다—옮긴이가 내놓을 만한 제안입니다. 이는 우파적인 제안인데, 기본적으로 미국이라는 나라는 없다고 말하는 겁니다. 그것은 미국의 모든 사람을 더 가난하게 만들 것입니다."[46] 열린 국경은 보통 좌파적 발상으로 여겨지지만, 샌더스의 부정적인 태도는 지나치게 개방적인 이민 정책이 미국 노동자에게 해롭다는, 오래된 회의론을 반영했다. 그러나 2020년 예비선거에서 샌더스는 불법으로 입국하는 행위를 처벌하지 않고 불법 이민자들에게 공공 의료보험을 제공하는 방안을 지지했다.

　샌더스가 이러한 이슈들과 관련해서 왼편으로 옮겨간 것은 백인 진보주의자들의 더 넓어진 궤도와 민주당 예비선거 승리라는 전략적 동기에 따른 것이었다. 조 바이든은 예비선거 초반 오바마의 지도력을 칭찬하는 데 공을 들였고, 오바마 행정부 초기에 단행된 추방(오바마 대통령 자신도 임기 말에는 부정한 정책)과는 거리를 두었다. 2020년 전국 단위 민주당원이 된다는 것은 인종과 이민에 대해 2008년까지만 해도 반대했던 견해를 지지한다는 것을 의미한다.

미국이 인구 통계적 혼란에 처해 있다고 해서, 그게 미국이 점차 해체될 것이라는 뜻은 아니다. 공화당원들은 동의하지 않지만, 대다수 미국인은 미국이 짙은 색으로 변해가는 것이 나라를 위해 좋은 일이라고 믿고 있다. 그리고 우리는 캘리포니아나 텍사스 같은 주들의 백인 수가 절반 이하로 내려가면서도 붕괴하지 않는 모습을 지켜보았다. 만약 어떤 정치인이 오바마가 2008년에 추구했던 혼합물, 다시 말해 포괄적이고, 영감을 주며, 위협적이지 않은 미래에 대한 비전을 분명하게 제시할 수 있다면 엄청난 수확을 거둘 것이다.

그러나 오바마가 당선된 후 알게 된 바와 같이, 이 시대의 지도자들은 격앙된 문화 투쟁의 장에서 한쪽 편을 들면서 다양한 연합체의 요구에 부응해야 하며, 따라서 진정시키고자 하는 바로 그 갈등의 일부가 된다. 단결이 갈등에 자리를 내주는 순환, 현재에 대한 공포를 활성화하는 미래에 대한 희망의 순환은 계속될 듯 보인다. 그리고 미국의 많은 사람이 눈앞에 펼쳐진 변화에 위협을 느끼는 한, 트럼프와 같은 정치인을 위한 시장은 아마도 계속되고, 더 커질 것이다.

막간

나는 이 책의 전반부에서 무엇이 미국 정치를 극심한 양극화로 몰아넣었는지 알아볼 모델을 구축했다. 잠시 시간을 갖고 지금까지 살펴본 것을 종합해보자.

인간의 마음은 소속된 집단과 집단 간의 차이에 정교하게 맞춰져 있다. 우리가 집단 정체성을 형성하는 데는 거의 아무것도 필요하지 않으며, 일단 집단 정체성이 형성되면 자연스럽게 다른 집단과 경쟁하고 있다고 가정하게 된다. 우리 집단에 대한 헌신이 깊어질수록, 우리 집단이 반드시 승리해야 한다는 결심도 확고해진다. 게다가 승리는 물질적인 것이 아니라 상대적인 것이다. 우리는 종종 모두에게 나쁜 결과가 온다고 해도 우리 집단의 이익을 추구한다.

과거 정당들은 그들의 정체성으로서의 권력을 제한하고 당파적 이해관계를 낮추는 방식으로 이념적으로 그리고 인구 통계적으로 뒤섞여 있었다. 그러나 이념적으로 혼합된 이러한 정당들은 미국의 특이한 인종 정치를 반영하는 불안정한 균형이었다. 시민권운동의 성공과 전국 단위 민주당과의 연대는 그 균형을 깼고, 민주당의 딕시크랫 분파는 파괴되었으며, 정당 분류의 시대가 촉발되었다.

이제 민주당은 진보를 의미하고 공화당은 과거와는 달리 보수를 의미하게 되었다. 당파성의 증가는 부분적으로는 정당 차이가 커지면서 드러나는 합리적인 반응이라고 할 수 있다. 양당이 50년 전에 서로를 덜 싫어했다면, 그것은 당연히 말이 된다. 그들은 50년 전에 더 비슷했다.

오늘날 정당들은 인종적·종교적·지리적·문화적·심리적 기준에 의해 첨예하게 나뉘어 있다. 이러한 목록에는 아주 많은, 강력한 정체성들이 도사리고 있고, 그것들은 서로 교차하며 융합하고 있다. 그래서 한 정체성을 자극하면 다른 정체성도 같이 자극받는다. 이러한 메가 정체성은 우리 사회의 많은 측면에 걸쳐 뻗어 있기 때문에 끊임없이 활성화되고 있고, 이는 정체성이 끊임없이 강화되고 있음을 의미한다.

　이 모든 것이 심오하고 강력한 사회 변화의 시대에 일어나고 있다. 오늘날 태어나는 아기들 대부분은 비백인이다. 종교 면에서는 '종교 없음'이 가장 빨리 성장하고 있다. 캠퍼스와 선거에서 여성이 다수를 차지한다. 외국 태생의 비율이 기록적으로 늘어날 것이다. 권력이 상승하는 집단은 정치판에서 목소리를 키울 것이고, 권력을 잃고 있다고 느끼는 집단은 자신들이 가졌던 지위와 특권을 지키고 싶어 한다. 이러한 갈등은 두 정당을 대표로 깔끔하게 정리되고 있다. 트럼프의 대통령직은 더 오래되고 더 하얀 이들이 권력을 되찾는 것을 의미했다.

　책의 후반부에서는 더 양극화한 대중과 더 양극화한 정치 제도 사이의 관계를 다룰 것이다. 특히 양극화의 순환 고리를 보여주려 한다. 기관들은 양극화된 대중에게 어필하기 위해 양극화하고, 그로 인해 대중은 더 양극화하고, 기관들도 따라서 더 양극화하는 과정이 이어진다.

　양극화는 미국 정치에 일어나고 있는 일이며, 점점 더 악화하고 있다.

6장

三

좌파-우파를 뛰어넘은 미디어 분열

나는 정치 저널리스트로 15년 넘게 일해왔다. 그동안 블로거, 신문기자, 잡지작가, 탐사 보도 편집자, 오피니언 칼럼니스트, 케이블 뉴스 진행자, 팟캐스트 진행자, 미디어 기업가 등으로 활동했다. 《워싱턴 포스트》의 웹사이트에 온라인 정책 콘텐츠 섹션인 '웡크블로그Wonkblog'를 창간했고, 현재 매달 5000만 명 이상이 찾는 해설 뉴스 웹사이트 《복스》의 공동창업자 겸 초대 책임편집장이었다.

　내가 《복스》를 새로 만들던 즈음, 경쟁사가 누구냐는 질문을 자주 받았다. 사람들이 기대했던 답변은 정치에 집중하는 다른 뉴스와 분석 사이트들이었다. 《디 애틀랜틱》, 네이트 실버Nate Silver의 파이브서티에이트, 《워싱턴 포스트》가 예가 될 수 있겠다. 그러나 사실 경쟁자들은 다른 뉴스 사이트들이 아니라 오히려 사람들을 정치에 참여시키기 위해 공동으로 노력하는 협력자들이었다. 만일 실버가 스포츠 팬들을 정치로 전향시킨다면, 그들은 《복스》의 정치 글을 읽을 확률이 높아진다.

그러나 만약 누군가가 정치에 관심이 없거나, 정원 가꾸기 팁이나 넷플 릭스에서 〈프렌즈〉 다시 보기 같은 것에 관심이 더 많다면, 그 사람은 우리에겐 없는 사람이나 마찬가지다.

이렇게 길게 나에 관해 이야기한 것은 다음 문장에 무게를 더하기 위해서다. 앞서 언급한 미디어 매체들의 청중에 대해 내가 알게 된 핵 심적인 진실은, 거의 누구도 정치를 주시하라고 강요받지 않는다는 것 이다. 직업적인 이유로 입법과 규제에 관해 꿰고 있는 로비스트들과 정 부 관련 일을 하는 전문가들도 있기는 하다. 하지만 정치에 관심을 두 고 지켜보는 사람들 대부분에게 정치는 **취미**의 영역이다. 그들은 스포 츠나 음악 밴드를 유심히 주시하듯 정치를 주시한다.

사람들이 의무감에 우리 사이트 기사를 읽어주리라 기대하기는 어 렵다. 우리는 말 그대로 그들의 관심을 얻기 위해 다른 모든 것들과 경 쟁해야 한다. 레이철 매도Rachel Maddow 미국의 진보적인 정치 논평가. MSNBC의 저 녁 뉴스 쇼 〈레이철 매도 쇼〉를 진행한다—옮긴이는 〈빅뱅 이론〉 재방송과 싸우고 있다. 《복스》의 유튜브 채널은 엑스박스 게임과 경쟁한다. 이 책을 읽는 시간은 팟캐스트 〈시리얼〉 탐사 저널리스트 세라 코니그Sarah Koenig가 2014년부터 운 영하는 논픽션 탐사보도 전문 팟캐스트—옮긴이을 듣지 않는 시간이다. 이런 논리 는 우리의 의식적인 삶의 가장자리와 그 너머까지 확장한다. 넷플릭스 의 CEO 리드 헤이스팅스Reed Hastings는 그의 가장 큰 경쟁자가 수면이 라고 말한 것으로 유명하다. 이것이 현대 정치 저널리즘이 생산되고 흡 수되는 맥락이다. 역사상 그 어떤 때보다 더 많은 선택권을 가진 청중 의 시간을 두고 벌이는 전면전이다.

또다시 잠시 멈추고 선언을 해야 할 순간이다. 지금의 이 환경은 완전히 새로운 것이다. 그 안에 존재하는 우리에게 경쟁적인 미디어 시장은 진부하고 지긋지긋하게 느껴지지만, 미디어 환경이 지금처럼 존재한 적은 없었다.

1995년의 열렬한 정치광이 듣거나 볼 수 있는 매체를 생각해보라. 그들은 지역신문 한두 개, 라디오 방송 몇 개, TV 뉴스 세 개, 새로 시작된 CNN을 듣거나 보았을 것이다. 그리고 만약 그들이 정말로 열렬한 뉴스 소비자였다면, 두어 가지 잡지를 구독했을 수도 있다.

10년이 흐른 시점으로 가보자. 같은 소비자들은 인터넷 익스플로러를 켜서 전국의 거의 모든 신문을 온라인으로 읽을 수 있다. 어지럽도록 많은 잡지와 거기에 실리는 논평 기사가 정치적 의견을 제시한다. 그리고 갑자기 셀 수 없이 많은 블로그가 생겨났다. TV에서는 CNN에 더불어 폭스 뉴스와 MSNBC이 가세했다. 라디오는 더 많은 정치 논평으로 채워지기 시작했다. 사람들의 호주머니를 볼까? 아이팟의 출시는 팟캐스트 시대를 열었다.

디지털 혁명 이전에, 사실상 모든 정치 뉴스는 무자비할 정도로 수명이 짧았다. 신문 기사, 잡지 특집 기사, 또는 6개월 전의 뉴스 방송은 도서관 어딘가에 보존되어 있을지 모르지만, 일반적인 뉴스 소비자들에게 정치 뉴스는 사라지는 것이었다. 혹여 당신이 모르는 용어를 듣거나 희미하게 기억나는 역사적 사건을 들었을 때, 그 자리에서 알아낼 방법이 거의 없었다. 당신 앞에 있는, 그리고 물리적으로 가까운 곳에 있는 정보가 당신이 확보할 수 있는 정보의 전부였다.

2005년이 되자 사정이 달라졌다. 미디어 조직들이 방대한 기록을 업로드하고, 오래된 이야기로 다시 돌아갈 수 있는 링크를 제공하고, 내부 검색 엔진을 갖추게 되었다. 더 중요한 것은 그들이 모든 것을 구글에 제공했다는 것이다. 만약 당신이 1년 전이나 10년 전에 일어난 일을 알고 싶다면, 구글에서 모든 것을 찾을 수 있다. 인류 역사상 이만큼이나 정치 관련 정보를 얻을 수 있었던 적은 없었다.

대부분의 민주적 정치 모델에서 정보는 제약된 것이었다. 유권자들은 정치 이론에 관한 두꺼운 책을 읽고 의회의 모든 법안을 찾아 읽을 시간이나 에너지가 없으므로, 그렇게 할 수 있는 선출직 공무원, 선거운동원, 정당 직원, 로비스트, 비평가들에게 의존한다. 이 모델의 결론은 우리를 감질나게 한다. 만약 정보가 부족하지 않고, 모든 사람이 자유롭고 쉽게 정보를 이용할 수 있다면, 민주주의 체제를 괴롭히는 근본적인 문제가 해결되리라는 것이 이 모델의 결론이다.

그러다 민주주의 이론가들의 꿈이 실현되었다. 인터넷은 말 그대로 정보의 바다였다. 온라인 뉴스의 증가로 미국인들은 과거 그 어느 때보다 많은 정보에 접근할 수 있게 되었다. 그러나 설문조사에 따르면, 우리는 정치에 대해 더 많이 알지도 못하고 더 많이 참여하고 있지도 않는다. 정치 정보의 민주화를 계기로 유권자 참여는 확대되지 못했다. 왜 그런 것일까?

2000년대 초, 프린스턴대학교의 정치학자 마커스 프라이어Markus Prior는 역설처럼 보이는 이 문제를 명백하게 설명해냈다. 디지털 정보 혁명이 제공한 것은 더 많은 정보가 아니라 정보의 더 많은 선택이었다. 당시 많은 케이블 뉴스 채널이 생겨났지만 24시간 내내 요리, 집수리, 여행, 코미디, 만화, 기술, 고전 영화를 틀어주는 채널에 비하면 소수였다. 온라인으로 모든 신문이나 잡지의 정치 뉴스를 읽을 수 있었지만, 비정치 뉴스도 그만큼 많이 읽을 수 있었다. 정치 미디어가 폭발적으로 증가했지만 음악, 텔레비전, 다이어트, 건강, 비디오 게임, 암벽 등반, 명상, 연예계 정보, 스포츠, 정원 가꾸기, 고양이 사진 등 다른 것을 다루는 미디어가 훨씬 더 큰 규모로 증가했다.

프리이어는 이제 정치 정보에 대한 **접근**이 아니라 정치 정보에 대한 **관심**이 핵심이라고 주장했다. 그는 텔레비전을 예로 들었다. 인터넷처럼 텔레비전은 사람들이 이용할 수 있는 정보의 양을 증가시켰고, 정보는 들불처럼 퍼져나갔다. 하지만 인터넷과 달리 텔레비전은 적어도 초창기에는 선택의 여지가 거의 없었다. 프라이어는 논문 「뉴스 대 연예News vs. Entertainment」에서 "수십 년 동안 방송사들은 시청자가 뉴스와 연예 프로그램 중에 하나를 선택하지 않도록 편성표를 짜왔다"라고 썼다. 뉴스는 연예 뉴스와의 경쟁을 피해 초저녁 시간대나 심야 쇼 이전에 편성됐다. 하지만 오늘날에는 사람들이 수많은 케이블 채널과 웹사이트에서 24시간 내내 연예 프로그램과 뉴스를 모두 볼 수 있다. 각자 자신의 선호도에 따라 케이블 채널이나 인터넷에서 무엇을 보고, 읽고, 듣는지를 결정한다.[1]

예전에 정치는 다른 모든 것과 함께 묶여 있었고, 관심 없는 사람들조차 정치 뉴스를 볼 수밖에 없었다. 스포츠 뉴스를 보려고 신문을 구독할 수도 있었지만, 이것은 제일 첫 면의 정치 뉴스도 본다는 의미였다. 시트콤 〈왈가닥 루시〉를 놓치고 싶지 않아서 텔레비전을 샀을 수도 있지만, 저녁에도 TV를 켜놓는다면 어쨌든 뉴스를 끝까지 시청하게 된다는 것을 의미했다. 디지털 혁명은 상상할 수 없을 만큼 방대한 정보에 대한 접근을 제공했지만, 동시에 상상할 수 없을 만큼 더 많은 선택지를 제공했다. 그리고 선택의 폭발적 증가는 관심 있는 사람들과 무관심한 사람들 간의 간격을 더 넓혔다. 더 많아진 선택으로 인해 뉴스광들은 더 많이 배우게 되었지만 무관심한 사람들은 덜 알게 되었다.

이를 시험해보기 위해 프라이어는 2300명 이상의 사람들을 대상으로 콘텐츠 선호도와 정치 지식에 대해 설문조사를 실시했다. 조사 시기는 인터넷 초창기 시대였고, 케이블 채널들도 이제 막 준동하던 2002년과 2003년이었기 때문에, 그는 인터넷 보유자, 케이블 채널 보유자, 둘 다 보유한 사람, 둘 다 보유하지 않은 사람을 조사할 수 있었다.

콘텐츠 선호도는 사람들이 다른 형태의 오락거리에 비해 정치 정보를 얼마나 보고 싶어 하는지를 말해주는 것으로, 이것은 케이블 채널과 인터넷 비보유자의 지식에는 거의 영향을 미치지 않았다. 정치에 관심이 있어도 접근이 쉽지 않아 정보 소비로 이어지지 않았다. 그러나 케이블 채널과 인터넷 보유자들은 달랐다. 뉴스에 관심이 가장 높은 사람과 가장 낮은 사람 사이의 정치 지식의 차이는 27%였다. 그것은 가장 높은 수준의 교육을 받은 사람과 가장 낮은 수준의 교육을 받은 사람들 사이의 지식의 차이를 능가했다. 프라이어는 이렇게 썼다. "선택권이 많은 환경에서는 사람들의 교육 수준보다 콘텐츠 선호도가 정치적 학습에 대해 더 정확한 예측 변수가 된다."

우리는 좌파와 우파로 양극화한 정치 뉴스에 대해 많이 이야기한다. 하지만 그보다 앞서 존재하는 분열, 즉 관심 있는 사람과 관심 없는 사람 간의 간격에는 신경 쓰지 않는다. 하지만 하나를 이해하지 않으면 다른 하나도 이해할 수 없다. 어느 하나는 다른 하나 때문에 존재하기 때문이다. 그리고 이 점을 유념하라. 프라이어는 2000년대 초, 페이스북과 트위터가 있기 전, 모바일 인터넷과 유튜브 알고리즘이 있기 전, MSNBC가 좌파 쪽으로 기울기 전,《버즈피드》와《허핑턴포스트》가 생기기 전,《브레이바트》와 대안 우파가 나오기 전에 이 연구를 수행했다. 그때와 비교해 지금의 인터넷은 우리가 원하는 것을 배우고 즐기기에 더 좋은 환경이 되었다. 동시에 청중을 두고 벌어지는 경쟁과 저널리즘 비즈니스 모델에 대한 위협은 그 이후로 훨씬 더 치열해졌다. 그리고 이 모든 것이 정치 뉴스의 생산과 소비를 변화시켰다.

정치 미디어는 정치적 지분을 가진 사람들을 위한 것이다

경제학자 제임스 해밀턴James Hamilton은『판매에 적합한 모든 뉴스: 시장이 어떻게 정보를 뉴스로 바꾸는가All the News That's Fit to Sell: How the Market Transforms Information into News』에서 "뉴스는 민주주의를 개선하려는 개인들이 아니라 기분전환을 원하는 독자들, 특종을 노리는 기자들, 이익을 추구하는 소유주들에게서 나온다"라고 썼다.[2] 이 말은 내 생각보다 조금 더 냉소적이긴 해도(우리 가운데 많은 사람은 민주주의를 개선할 수 있기를 바란다), 뉴스라는 일을 둘러싼 전반적인 경제 체제에 대한 설명으로 치자면, 정확하다. 그리고 뉴스를 이해하고 싶어 하면서 뉴스를 둘러싼 돈과 청중의 힘을 이해하지 않으려는 것은 직무 위반이다.

선택의 시대에 정치 저널리즘은 정치 뉴스에 관심이 있는 사람들에게 서비스를 제공하고, 그런 사람들을 더 많이 만들어내려고 노력하는 비즈니스다. 정치 뉴스가 독점적인 뉴스 서비스 묶음의 일부였을 때와는 비즈니스 모델이 달라졌다. 사람들이 선택할 수 있는 것이 신문 한 가지, 공중파 방송 세 가지 정도였을 때의 비즈니스 모델은 가능한 많은 청중에게 어필하는 것이었지만, 꼭 정치에 관심이 많은 청중에게 서비스를 제공한 것은 아니었다.

언론의 양극화는 과거의 미디어 균형을 연상시킨다. 미국에서는 오랫동안 신문 대부분이 명시적으로 당파적이었고, 이름에 종종 '데모크랫(민주)' 혹은 '리퍼블릭(공화)'이 들어가 있었다.《아칸사스 데모크 랫 가제트Arkansas Democrat-Gazette》,《애리조나 러퍼블릭Arizona Republic》 (1930년까지는 애리조나 리퍼블리컨Arizona Republican이었다)과 같은 일부 신문들은 여전히 그 유산을 1면의 신문 이름에 포함하고 있다. 1870년 대도시 일간지의 54%는 공화당과 연관 있었고, 33%는 민주당 과 연관 있었다. 13%는 정당으로부터 독립되어 있다고 주장했다.[3]

해밀턴은 신문이 정당과 이데올로기에서 독립하게 된 것은, 신문 의 비즈니스 모델을 바꾼 기술 진보 때문이라고 주장한다. 그는 "시간 당 2만 5000부 이상을 찍어내는 프레스 기계의 발전은 한 신문사가 한 도시의 인구 전체를 독자로 삼을 수 있음을 의미했다"라고 썼다. 종이 가격의 하락과 함께 신문은 더 저렴해졌고, 이것은 잠재적인 독자가 더 많아졌음을 의미했다. 광고주들에게는 신문 광고 가격이 대폭 증가한 다는 의미였다. 당시에는 광고비를 신문사가 정할 수 있었기 때문에, 신 문이 한 시장을 지배할 수 있다면, 돈은 말 그대도 굴러들어오는 셈이 었다. 하지만 한 가지 정치적 신념에 집중해 다른 신념을 가진 이들을 불쾌하게 한다면 시장을 지배할 수 없었다. 따라서 신문을 비롯한 뉴스 미디어들은 그들의 사업을 보호하기 위해 초당파적 윤리를 따르기 시 작했다.

디지털 뉴스가 불러온 선택과 경쟁의 폭발은 그러한 셈법을 뒤집 었다. 독점적 비즈니스 모델의 전략이 모든 사람에게 보편적인 만족을 제공하는 것이라면, 디지털 비즈니스 모델의 전략은 특정 사람들에게 가장 매력적이면 되는 것이다. 그래서 이런 질문이 생겨난다. '사람들은 무엇 때문에 정치 뉴스를 보는 걸까?' 이에 대한 답은 사람들이 일련의 결과를 위해 한쪽 편을 응원하고 있다는 것이다. 이것은 새로운 통찰이

아니다. 1922년 월터 리프먼Walter Lippmann은 자신의 저서『여론』에서
다음과 같이 예리하게 지적했다.

> 이것이 일반 뉴스를 읽는 독자의 고충이다. 일반 뉴스를 읽으려면 조금이라도
> 관심이 있어야 한다. 다시 말해서, 그 상황에 들어가 결과에 관심을 가져야 한
> 다. (…) 독자가 더 열정적으로 관여할수록, 불안감을 조성하는 뉴스에 더 분개
> 할 것이다. 이것이 많은 신문이 독자들의 당파성을 불러일으킨 후, 보도된 사
> 실들이 그 당파성을 보장한다는 점을 알게 되면, 쉽게 태도를 바꿀 수 없는 이
> 유다.

정치에 관심을 둔다는 것은 어느 한쪽을 선택한다는 의미다. 어느
쪽을 선택하지 않고 정치에 관심을 둘 수 있을까? 정당과 연합체 사이
의 차이는 심오하다. 그 차이는 이념적이고, 지리적이고, 인구 통계적이
며, 기질적이다. 내 편이 이기느냐 지느냐는 말 그대로 사활이 걸린 문
제다. 어쩌면 당신에겐 그렇지 않을 수도 있지만, 의료보험과 외교 정책
에 걸린 이해관계를 생각한다면 누군가에게는 분명 그렇다. 내 편이 이
기느냐 지느냐는 정체성과 집단 지위의 문제이기도 하다. 대통령 선거
이후의 잡지 표지들을 떠올려보라. 미국 중서부 지역 투표자들의 3%가
좌파 쪽으로 기울었는지 아니면 우파 쪽으로 기울었는지에 근거해서
미국이 진정 어떤 나라인지 대대적으로 공언하는 사람들을, 진보주의
자들은 캐나다로 이민을 논의하고 보수주의자들은 텍사스 분리 독립을
제안하는, 선거 후에 나오는 수많은 글들을 떠올려보라. 선거는 미국이
나의 조국인지 아닌지, 내가 그 나라의 국민인지를 결정하는 것처럼 느
껴진다.

케이블 뉴스와 인터넷 이전 덜 양극화한 미디어 환경에서는, 어느 쪽이 이기는지 또는 지는지에 집중한 결과, 경마 저널리즘horse-race journalism이 나타났다. 말 그대로 정책이나 후보의 정치적 특성과 배경(정치철학, 공직 경험 등)보다 민주당이나 공화당이 다음 선거에서 이길 것인지 아니면 질 것인지에 대한 저널리즘이었다. 중립적이고자 했던 매체들은 경마식 보도를 통해 이념적으로 한쪽에 편향되지 않으면서도 청중을 가장 흥분시키는 질문들을 할 수 있었다. 한쪽의 건강보험 제도가 다른 쪽보다 낫다고 말한다면 편향이라고 할 수 있겠지만, 한 후보의 선거운동이 다른 후보의 선거운동보다 잘 운영된다고 말하는 것은 편향적이지 않다. 전문가인 내 말을 믿어라. 정치 저널리즘은 이상하다.

선택의 폭발적인 증가로 내 취향에 맞는 정치 미디어를 선택할 수 있게 된 오늘날에는 미디어가 정치적 정체성, 갈등, 유명인에 천착하게 되었다. 다시 말해 왜 우리 편이 이기고 상대가 져야 하는지 좀 더 직접적으로 이야기하게 되었다.

나는 이런 종류의 저널리즘을 폄하하고 싶지 않다. 나 역시 그런 저널리즘을 많이 생산했다. 내가 정치와 관련된 글을 쓰는 이유는 정책이 중요하다고 생각하고, 정책 싸움에서 누가 이기는지가 중요하다고 생각하기 때문이다. 그리고 그런 질문들에 대한 내 생각은 합리적이고, 신중하며, 객관적으로 옳다. 문제는 다른 많은 사람도 그런 일을 하고 있고, 그들 가운데는 나와 다른 결론을 내리는 사람이 있다는 사실이다. 그래서 나는 한 발 물러서서, 점점 더 양측을 중심으로 조직되는 정치 미디어 시스템이 어떻게 정치적 정체성을 심화하고, 양극화를 굳어지게 하며, 정치적 지분을 확보하는지 살펴보려고 한다.

정치 저널리즘을 평가하는 가장 간단한 방법은, 그것이 정치에 대해 보다 정확한 이해를 제공하는지 묻는 것이다. 더글러스 알러Douglas Ahler와 가우라브 수드Gaurav Sood는 이와 관련해 2018년 흥미로운 연구 결과를 제시했다. 연구 제목은 「우리의 머릿속 정당들: 정당 구성에 대한 오해와 그 결과The Parties in Our Head: Misperceptions About Party Composition and Their Consequences」다. 이 연구에서 알러와 수드는 정당들이 인구 통계적으로 차이가 커지면서 당파적 감정도 벌어지고 있지만, 적대감은 그 차이를 훨씬 앞지른다고 했다. 알러와 수드는 "양당 지지자의 대다수는 백인, 중산층, 이성애자이고, 양당의 최빈값 지지자는 중년의 비복음주의 기독교 신자들"이라고 쓰고 있다.[4] 이건 무슨 뜻일까?

알러와 수드가 내놓은 답은 우리가 인지하는 정당이 실제 존재하는 정당과 상당히 다르다는 것이다. 그들은 이 이론을 확인하기 위해 사람들에게 "흑인, 무신론자·불가지론자, 노조, 게이, 양성애자인 민주당원의 비중을 추정해보고 복음주의자, 65세 이상, 남부 사람, 연간 25만 달러 이상을 버는 공화당원의 비중을 추정해보라"고 질문했다. 사람들에게 정당의 구성이 정당의 특징과 얼마나 부합한다고 생각하는지 물어본 것이었다.

사람들의 인식은 모든 부분에서 오류가 발견되었지만, 특히 상대 당을 묘사할 때 인식의 과장이 심했다. 민주당원들은 공화당원의 44%가 연간 25만 달러 이상을 번다고 믿었지만, 실제 수치는 2%에 불과했다. 공화당원들은 민주당원의 38%가 게이, 레즈비언, 양성애자라고 믿었다. 하지만 실제로는 약 6%였다. 민주당원들은 공화당원 10명 중 4명 이상이 노인이라고 믿었지만, 실제 비중은 약 20%였다. 공화당원들은 민주당원의 46%가 흑인이며 44%가 노조에 속해 있다고 믿었지만 실제로는 민주당원 가운데 흑인은 24%, 노조원은 11%였다.

이런 결과들이 말해주는 것은 사람들이 정치에 더 관심을 가질수록, 더 많은 정치 미디어를 소비할수록, 상대 당에 대해 더 많이 잘못 생각하게 된다는 사실이다(단 한 가지 예외는 소득 범주였다. 정치 지식 수준이 높을수록 25만 달러 이상을 버는 공화당원의 비율에 대한 답이 정확했다). 이는 정치 미디어를 많이 소비할수록 상대편을 바라보는 시각이 더 비뚤어진다는 점에서 아주 우려스러운 결과이다.

하지만 언론 매체들을 추동하는 동기를 생각한다면 말이 되는 현상이다. 폭스 뉴스가 펜실베이니아주의 겸손한 민주당 상원의원 밥 케이시Bob Casey의 따분한 발언을 보도한다고 해서 이득이 생기지 않는다. 그들은 히잡을 쓰고 소말리아 억양으로 말하는, 진보주의자이면서 대립적 태도를 보이는 이슬람교도 일한 오마르Ilhan Omar 하원의원에게 초점을 맞춘다. 비슷한 역학 관계는 MSNBC에서도 찾아볼 수 있고, 솔직히 모든 언론에서도 마찬가지다. 아이오와주 출신으로 인종차별주의적 성향의 공화당 하원의원 스티브 킹Steve King은 하원에서 거의 힘이 없지만, 하원 에너지상업위원회에 소속된 공화당 중진으로 막강한 힘을 지닌 그레그 월든Greg Walden보다 훨씬 많은 취재를 받는다.

지역 보도에 있어서 오래된 경구는 "폭력 사건은 1면에 실린다"였다. 정치 보도에서의 원칙은 "분노하면 1면에 실린다"이다. 그리고 분노는 정체성과 깊이 연관되어 있다. 우리는 다른 집단이 우리 집단을 위협하고 우리의 가치를 침해할 때 분노한다. 이처럼 양극화된 미디어는 공통점을 강조하지 않고 **차이를 무기화**한다. 상대편의 좋은 점에 초점을 맞추기보다 최악을 보여주며 협박한다.

마지막 문장에서 알 수 있듯이, 나는 어떤 위험한 영역에 발을 들여놓기 직전이다. 그러니 이 말을 분명히 하고자 한다. 나는 도덕적 등

가성을 주장하는 것이 아니며, 좌파와 우파가(그들의 미디어 영역을 포함해서) 갈라진 이유에 대해서는 뒤에서 더 자세하게 논할 것이다. 그러나 정치 미디어는 사실상 청중의 관심과 충성을 사기위해 불협화음을 일으키며 경쟁하고 있다. 청중을 얻기 위한 방법은 모두 제각각이지만, 모두 어떻게든 다른 사람을 끌어들이려고 하고 있으며 접근 방식에는 어떤 유사점이 있다.

청중 주도 미디어가 정체성주의 미디어가 되는 이유

인간적이고 현명한 공영 라디오 프로그램 〈온빙On Being〉의 진행자 크리스타 티펫Krista Tippett은 언론이 종종 "목소리가 제일 큰 사람들을 수면 위로 끌어올리기 위한 음모"처럼 보인다고 말했다.[5] 피펫의 말이 맞다. 하지만 음모는 아니다. 이것은 식품 업계와 외식 업계가 소금, 지방, 설탕이 가득 들어간 음식을 내놓는 이유와 더 비슷하다. 시장이 요구하기 때문이라는 것이다. 미디어에서 시장 수요는 더 강력하고 정확한 힘이 되었다.

나는 앞에서 몇십 년 전까지만 해도 청중들에게 별다른 정보와 선택권이 없었다는 점을 언급했다. 하지만 똑같이 중요한 사실은 미디어 또한 청중에 관한 정보를 많이 갖고 있지 않았다는 점이다. 방송국에는 시청률이라는 정보가 있었고, 신문들은 구독 갱신이라는 정보가 있었으며, 모두 편지를 받았다. 하지만 그게 다였다.

직접적인 경쟁과 청중에 대한 분석은 뉴스룸을 변화시켰다. 나는 정기적으로 진행자 대신 케이블 뉴스를 진행하곤 했는데, 닐슨 시청률 조사 결과가 나오는 오후 4시면 다들 감정이 격해지면서, 경쟁사의 쇼와 시청률을 비교하기 위해 하던 일을 멈추곤 했다. 시청률이 잘 나왔다면 남은 시간을 편한 마음으로 보낼 수 있지만, 경쟁 프로그램보다 뒤처진다면 문제였다. 그런 일이 연속해서 벌어지면 위에서 전화가 올지도 모른다. 시청률 부진의 이유는 다양하다. 프로그램 시간이 조금 더 앞, 혹은 뒤에 배치되어야 했을지도 모른다. 어쩌면 더 짧거나 긴 인트로가 필요했을지도 모르고, 초대 손님을 더 불러야 했을지도, 아니면 분위기를 좀 더 띄웠어야 했을지도 모른다. 데이터는 그러한 질문에 충분한 답을 주지는 않지만 담당자가 축하를 받아야 할지, 쓸쓸히 홀로 남겨져야 할지, 아니면 걱정스러운 상사들에게 불려가야 할지를 결정하기에는 충분하다. 케이블 뉴스는 저널리즘이지만 비즈니스이기도 하다. 비즈니스는 시청률에 의존한다. MSNBC의 저녁 8시 뉴스 앵커이자 업계에서 가장 사려 깊고 시민 의식이 높은 저널리스트 중 한 명인 크리스 헤이스Chris Hayes는 자신의 팟캐스트에서 이렇게 말했다.

> 우리는 매일매일 얼마나 많은 사람이 우리 쇼를 시청하는지를 유심히 측정합니다. 사람들의 관심을 끌고 그것을 유지하는 것이 우리의 일이기 때문이지요. 사람들의 관심을 끄는 일은 때때로 정보를 제공하는 것과 긴장 관계를 일으키기도 합니다. 영화 〈앵커맨 2〉에서 윌 페럴이 놀라운 말을 해요. "사람들이 **알아야 할 것**을 말해주는 대신 그들이 **알고 싶어 하는 것**을 말해주면 어떨까?"라는 대사지요. 이것은 케이블 뉴스와도 통하는 이야기예요.[6]

그는 이어서 말했다. "어떻게 보면 우리는 결혼식 사회자와 같아요. 그들이 하는 일은 사람들을 무대로 불러내는 일이죠"라고 말했다. 요점은 그렇다고 진지한 저널리즘이 작동할 여지가 사라졌다는 것이 아니다. 헤이스의 말처럼, 좋은 사회자와 나쁜 사회자가 있고, 케이블 뉴스에서 좋은 사회자가 되면 된다. 하지만 이것은 케이블 뉴스 관련 결정이 내려지는 비즈니스적 맥락이다.

그리고 실시간 디지털 분석이 있다. 미국의 모든 뉴스룸은 지속적으로 트래픽을 추적하는 서비스를 구독한다. 가장 영향력 있는 서비스는 차트비트Chartbeat다. 차트비트는 매초 개별 기사에 머무르는 사람 수를 보여주며, 기사를 어떻게 찾았는지 알려주기 위해 사람들을 점으로 표시한다. 녹색 점은 검색으로 유입된 사람이고, 보라색 점은 소셜 네트워크(대개 페이스북이나 트위터, 또는 레딧)를 타고 넘어왔다는 것을 의미한다. 요즘 미국의 뉴스룸을 지나다 보면 스크린에 차트비트 화면이 떠 있는 것을 볼 수 있다. 내 글을 읽는 사람들을 보는 것은 중독성이 있다. 내가 공들여 쓴 기사의 화면이 점으로 채워지는 걸 보는 건 순수한 즐거움을 준다.

하지만 우리는 사람들이 우리가 작성한 기사를 읽는 것만으로 만족하지 못한다. 사람들이 우리가 쓴 글이나 말에 감동해서 페이스북에 로그인하여 친구들과 공유하거나 레딧으로 이동해서 세상에 알리기를 원한다. 그렇게 해야 점이 대폭 늘어나기 때문이다. 하지만 사람들은 조용한 목소리를 공유하지 않는다. 그들은 큰 목소리를 공유한다. 자신을 감동시키는 글, 자신이 누구인지 표현해주는 글을 공유한다. 소셜 플랫폼은 자신의 정체성을 잘 다듬어서 대중 앞에 표현하는 장이다. 그곳에서 사람들은 내가 무엇에 신경을 쓰고 좋아하는지, 어떤 것을 혐오하는 사람인지 이야기한다. 내가 속한 집단과 내가 속하지 않은 집단에 그것을 알리는 것이 중요하다.

《버즈피드》는 이러한 서브텍스트를 텍스트로 만들어 부상했다. 공

동창업자 겸 CEO인 조나 페레티Jonah Peretti는《허핑턴포스트》(현 허프
포스트)의 창간을 도우면서 바이럴성 콘텐츠가 온라인에 어떻게 퍼지
는지를 실험하기 위한 소규모 실험으로《버즈피드》를 구축했다. 답은
명확했다. 정체성은 새총이었다. 가장 중요한 통찰은 사람들이 강하게
느끼는 정체성이 생각보다 많았다는 점이다. 사람들은 그저 공화당원
아니면 민주당원, 흑인 아니면 백인, 동성애자 아니면 이성애자가 아니
었다. 그들은 1990년대 10대를 보낸 사람들, 앨라배마 축구 팀 팬, 비욘
세를 광적으로 좋아하는 팬, 고양이 집사, 강박신경증 환자였다. 그리고
자신들이 속한 집단의 경계를 규정하는 것만큼, 그 집단의 회원만 이해
할 수 있는 신호를 내보내는 것만큼 즐거운 일은 없었다.

　　《버즈피드》는 소셜미디어상의 공유 원리와 동인을 발견하는 성공
적인 실험이었고,《버즈피드》의 콘텐츠에는 그러한 실험에서 발견한
것들이 반영됐다. 페레티는 내게 이렇게 말했다. "《버즈피드》의 전형적
인 초기 게시글은(나중에는 동영상으로도 만들어졌다)〈왼손잡이라면
겪는 13가지 어려움〉이었습니다. 또 다른 전형적인 게시글은〈당신이
이민자 부모 손에 자란 아이라는 표식〉이었는데, 인종 정체성뿐만 아니
라 이민자 정체성을 자극하는 것이었죠."

　　비슷한 예는 아주 많다.《버즈피드》의 가장 인기 있는 시리즈 중
하나는〈Y세대만이 이해할 수 있는 X세대의 일들〉이었다. 이와 같은
키워드로 구글에서 검색하면,〈불안한 사람만이 이해할 수 있는 14가
지〉,〈섬유근육통을 앓는 사람만이 이해할 수 있는 19가지〉,〈80년대생
소녀들만 이해할 수 있는 53가지〉,〈1995년 이전에 태어났다면 공감할
수 있는 27가지 어려움〉,〈스카우트였던 사람만이 알 수 있는 38가지〉,
〈밤을 새우는 사람만 이해하는 19가지 만화〉,〈엄격한 부모 밑에서 자

란 사람만 이해할 수 있는 19가지〉, 〈치아 교정기를 낀 사람만이 알 수 있는 18가지 사진〉과 같은 기사들이 나타난다.

이것은 가장 순수한 형태의 정체성 미디어의 예라고 할 수 있다. 만약 당신이 〈스카우트였던 사람만이 알 수 있는 38가지〉를 공유한다면, 이것은 당신이 스카우트였다는 얘기고, 스카우트 기호들과 스카우트만이 할 수 있는 경험을 이해할 만큼 진지한 스카우트였음을 의미한다. 이 기사를 페이스북에 올리는 것은 당신이 누구인지, 당신이 어떤 집단에 속해 있는지, 그리고 똑같이 중요하게도 누가 당신의 집단에 속하지 않는지에 대해 보여주는 것이다.

《버즈피드》 퀴즈도 유사한 역할을 한다. 〈당신과 가장 잘 어울리는 주써는?〉, 〈당신이 디즈니 공주라면 누구일까?〉, 〈당신은 얼마나 내성적인가?〉, 〈당신이 들어갈 호그와트 기숙사는?(헐! 당연히 그리핀도르지)〉와 같은 질문들에 답하고 공유하는 것은 모두 정체성과 관련이 있다. 이것들은 당신의 개성을 표현하고, 그것을 친구들에게 보여주게 함으로써 당신이 속한 집단을 드러낸다.

《버즈피드》 훨씬 이전부터 인터넷은 같은 관심사를 가진 사람들이 서로를 찾고 공동체를 형성할 수 있게 해주었다. IRC 게시판은 더 작은 소집단으로 나뉘는 차원분열도형의 세계였다. 역사 마니아들은 중세 역사 재연자들만 모일 때까지 세분화됐으며, 결국 소수의 사람만 이해 가능한 포르노를 보는 세 남자만 남을 때까지 더 세분화했다. 만약 당신이 과거로 돌아가 인터넷에 관한 초창기 기사를 읽는다면, 인터넷은 사람들이 관심사를 공유하는 다른 사람들과 연결되는 장소라고 이해했을 것이다.

하지만 관심사라고 했던 것 대부분은 사실 정체성이었다. 이 차이는 미묘하지만 중요하다. 페레티는 그것이 미디어가 청중과 관계를 맺는 방식에도 영향을 미친다고 했다. 우리는 정보와 함께 관심사를 제공하고, 사회화를 통해 정체성을 구축한다. "사람들이 요리 채널에서 요리 쇼를 본다는 사실만으로 그곳에 정체성과 공동체가 있다고 생각하게 되는 것은 아닙니다. 그러나 유튜브 요리 채널에서는 '내가 이걸 만들었어요, 저걸 만들었어요'라고 말하는 사람들을 보게 되지요. 다시 말해 피드백이 있고, 이것이 콘텐츠를 형성합니다. 이 콘텐츠가 특정 유형의 사람을 위한 것이라는 것을 깨닫게 되면, 콘텐츠는 정체성을 더 많이 표현하기 시작합니다."

《버즈피드》가 발견한 힘이 정치 뉴스에도 반영되고 있다. 물론《버즈피드》방식이 그대로 신문 1면에 실리지는 않을 것이다. '진보주의자들만이 알 수 있는 의료보험에 관한 27가지 진실'은 그다지 좋은 기사 제목이 아닐 테니까. 음… 아니다. 사실 이것은 아주 훌륭한 1면 기사 제목이 될 것이며, 소셜미디어에서 엄청난 트래픽을 불러일으킬 것이다. 하지만 대부분의 경우, 정치 뉴스 머리기사에서 정체성을 활성화하는 방식은 간접적이다. 즉, 이런 식이다. 당신과 당신 집단에 속하는 모든 이가 혐오하는 공적인 인물이 끔찍한 말을 한다. 여론조사는 당신과 당신 집단이 이길 것이고, 무엇보다 외부 집단이 질 것이라고 알려준다. 난도질에 버금가는 칼럼은 왜 당신이 옳고 상대가 틀렸는지 설명한다.

이러한 많은 글은 진실이고 유용하다. 나도 이런 글에 동의하고 내가 쓰기도 했다. 하지만 그만큼 많은 글이 쓰레기다. 한 발 물러서서 보면, 누구도 불쾌하지 않게 하려고 애쓰던 시절에 비하면 확연히 정치기사와 콘텐츠가 달려졌다는 것을 알 수 있다. 모든 사람에게 어필할 만한 뉴스가 필요하던 시대에 인기를 끌던 기사와, 내가 강하게 공감하는 이야기를 친구들과 공유하는 시대에 인기를 끄는 기사는 다르다.

이러한 미디어의 변화가 우리를 어떻게 변화시키는지 생각해보는 방법은 두 가지가 있다. 하나는 정체성을 정적이고 이미 존재하는 것으로 생각하는 것이다. 그렇다면, 디지털 미디어의 부상은 그저 이미 존재하는 것을 드러내는 것일 뿐이다. 이 관점에서 보면 우리가 한때 한정된 언론 매체를 가지고 있었다는 것이 문제가 된다. 언론 매체는 대부분 부유한 백인 남성들이 운영하기 때문에 제대로 된 서비스를 제공하지 못했다. 소셜미디어와 청중 분석이 없었다면, 백인 남성들이 운영하는 뉴스룸이 미주리주 퍼거슨에서 벌어진 사건2014년 8월 미주리주 퍼거슨에서 백인 경찰이 흑인 청소년을 총을 쏴 살해한 사건으로, 블랙 라이브스 매터 운동의 도화선이 되었다—옮긴이과 그 여파에 대해 제대로 보도할 수 있었을지 의문이다. 나는 당시 뉴스룸을 운영하던 백인으로서, 청중 분석과 소셜미디어가 우리의 일을 개선할 수 있다고 생각한다. 이는 청중의 관심사에 대한 더 진실하고 광범위한 정보를 제공함으로써 가능하다.

한편, 또 다른 관점은 정체성을 살아 있고 변덕스러운 것으로 받아들이는 것이다. 정체성은 활성화되거나 휴면 상태에 있거나, 강화하거나, 약화할 수 있다. 그렇다면 모든 콘텐츠는 관심사나 의견을 정체성으로 바꾸고 심화할 것이다.

나는 고등학생 때 마리화나를 피우기 시작했다. 온라인에서 마리화나에 대한 글을 읽고, 빠르게 마리화나 합법화 공동체에 빠져들었다. 좋은 기분을 느끼고 싶던 것이 나를 활동가 정체성으로 바꾸었고, 이 정체성은 내가 믿는 사람들과 나를 화나게 하는 적으로 갈린 공동체로 완성되었다. 나는 이 공동체를 몰랐다면 결코 보지 못했을 이야기들로 가득 찬 소식지를 구독했다. 이 소식지는 나를 열받게 하는 이야기들과 나를 운동에 더욱 헌신하게 했던 이야기들로 가득 차 있었다. 나는 젊은 시절 내 모습을 부정하거나 정체성 형성 과정을 폄하할 생각이 없다. 고등학교 시절 내가 마리화나 합법화를 긍정하고, 운동가로서 정체성을 발전시킨 것도 건강한 성장 과정이었다고 생각한다. 내가 말하고 싶은 것은, 인터넷 시대에는 이 과정이 훨씬 쉬워졌다는 것이다.

디지털 학자 제이넵 투펙치Zeynep Tufekci는 유튜브 추천 알고리즘이 어떻게 과격화를 부추기는지 추적했다. 투펙치는 트럼프의 집회 동영상이 대안 우파들을 위한 추천 동영상이 된 것에 주목했다. 힐러리 클린턴 연설 동영상은 결과적으로 좌파적 음모 이론에 기여했다. 투펙치는 분석 범위를 넓혀, 이것이 단지 정치에만 해당하는 것이 아님을 발견했다. "채식주의에 대한 영상은 비거니즘고기뿐만 아니라 동물에서 나오는 그 어떤 것도 활용하지 않는 라이프 스타일—옮긴이에 대한 영상으로 이어졌습니다. 조깅에 관한 영상은 울트라 마라톤에 대한 영상으로 이어졌습니다. 유튜브 추천 알고리즘만큼 '하드코어'가 되기란 어려운 듯 보입니다. 그것은 끊임없이 강도를 높이는 방식으로 영상을 홍보, 추천, 배포합니다."[7]

유튜브 추천 알고리즘은 단순히 과격화 엔진이 아니다. 그것은 정체성 엔진이다. 페레티가 말한 것처럼, 사람들을 공동체로 이끌어 사회화할 때 관심사는 정체성이 된다. 카리스마 넘치는 유튜브 스타들은 유튜브 알고리즘에 따라 구독자들을 끈끈한 유대 관계로 이어진 새로운 공동체로 끊임없이 유인한다. 내가 마리화나를 피우는 10대 청소년이었을 때, 마리화나 합법화에 대한 소식지를 찾아봐야 했는데, 누가 그것을 썼는지, 누가 읽었는지 전혀 알 수 없었다. 지금이라면 알고리즘을 통해 마리화나 합법화 운동가 공동체를 알게 될 것이고, 그들의 이름과 얼굴도 금세 알게 될 것이다.

　소셜미디어가 부상하기 전에 인터넷에 정치 관련 글을 썼던 많은 이들은 중요한 뭔가가 사라진 것 같다며, 한때 새롭고 건설적이라고 느꼈던 공간이 이제는 유독하고 좁게 느껴진다고 한탄한다. 지아 톨렌티노Jia Tolentino는 『트릭 미러』에서 나로서는 공감하지 않을 수 없는, 변화에 대한 묘사를 제공한다. 톨렌티노는 소셜미디어가 온라인 담론의 '조직 원리'를 변화시켰다고 말한다.

> 초기 인터넷에는 친근감과 개방성이 있었다. 하지만 인터넷에 반대라는 조직 원칙이 적용되자 예전의 놀랍고 흥미로우며 호기심을 불러일으키던 많은 것이 지루하고, 유해하고, 암울해졌다.
> 이러한 변화에는 사회물리학적 원리가 있다. 공동의 적을 두는 것은 친구를 사귀는 빠른 방법이다. 우리는 이 원리를 초등학교 때부터 배운다. 정치적 관점에서 보면, 긍정적인 시각으로 사람들을 결속시키기보다 무언가에 반대하는 사람들을 조직하기가 훨씬 더 쉽다. 그리고 관심의 경제에서 갈등은 항상 더 많은 사람의 시선을 끈다.[8]

　인터넷 초창기에는 사람들의 관심을 끌기 위해서는 정체성을 형성하도록 공동체의 힘을 이용하면 된다는 사실을 깨달은 사람이 거의 없었다. 하지만 빠르게 승자들이 나타나기 시작했고, 종종 그들조차도 완전히 이해하지 못한 메커니즘과 기술(페이스북이 그들의 핵심 제품이 조장하는 행동과 관련해서 겪어야 했던 고난을 생각해보라페이스북은 페이스북과 자회사 서비스 알고리즘이 사회적 갈등과 분열, 극단주의를 조장하고, 유해 콘텐츠를 제대로 걸러내지 못한다는 비난을 받아왔고, 미국 연방거래위원회FTC의 반독점 관련 조사 및 빅테크 규제

등에도 계속 직면해왔다—옮긴이)을 사용하며 디지털 정체성을 폭발적으로 증가시켰다.

내가 저널리즘에 입문했을 때, 이를 가리키는 '오피니언 저널리즘'이라는 전문 용어가 있었고, 요점은 의견을 전달하는 것이었다. 나는 이것이 오늘날에는 '정체성 저널리즘'에 가깝다고 생각한다. 뉴스가 사회적 경로를 통해 소비된다는 점을 생각할 때, 결과는 정체성 강화였다. 한번 채택된 정체성은 의견을 바꾸는 것보다 어렵다. 사람들을 그들이 아끼는 공동체에 묶어주는 정체성을 버리는 것은, 비용이 많이 들고 고통스러운 일이다. 사람들은 정체성을 포기하지 않기 위해 큰 노력을 들인다. 자신의 소속감을 북돋는 미디어를 더 많이 보고, 공유, 좋아요, 팔로우, 구독을 통해 공개적으로 자신이 집단의 일원임을 선언한다. 그러면 그럴수록 정체성의 뿌리는 깊어지고, 견해를 뒤흔드는 변화에 더 저항적이 된다.

상대를 알면 마음이 바뀔까?

내가 오바마를 인터뷰했을 때, 그는 양극화에 있어서 미디어의 역할에 특히 주목했다. 오바마는 "폭스 뉴스와 러시 림보류의 사람들이 있고, MSNBC류의 사람들이 있습니다. 《복스》 사람들은 어느 쪽인지 잘 모르겠습니다만, 머리가 좋은 괴짜 컴퓨터 유형일 거라고 추측합니다. 요점은 우리를 세계와 연결해주는 기술이 우리의 관점을 좁아지게 만든다는 것입니다."⁹ 《복스》에 대한 칭찬을 빼고 말하자면, '양극화의 반향실echo chamber 이론'이라고 요약할 수 있을 것이다. 우리는 우리 편이 얼마나 옳은지를 알려주는 정보만 듣게 되었고, 이는 우리를 더욱 극단적으로 만들고 있다.

　여기에는 낙관론이 숨어 있다. 사람들은 반증에 열려 있고, 단지 충분한 반증을 접하지 못할 뿐이라는 것이다. 진보적인 사람은 MSNBC를 보고, 보수적인 사람은 폭스 뉴스를 보고, 그저 사람들이 싸우는 걸 보고 싶은 사람은 CNN을 시청한다. 페이스북과 트위터는 이용자가 좋아한다고 알게 된 뉴스를 제공하고, 이용자는 이미 동의하는 가장 성난 목소리를 듣고 있다는 뜻이다. 당연하게도 우리는 상대편의 이야기는 보거나 듣지 않는다. 그래서 우리는 더욱 양극화한다. 그렇다면 해결책은 간단하다. 정보 통로 건너편으로 넘어가기만 하면 된다. 진보주의자들이 약간만 폭스 뉴스를 보고, 보수주의자들이 레이철 매도의 이야기를 듣는다면 우리는 상대가 생각했던 것보다 우리와 비슷하며, 상대의 지적 중 일부는 우리에게도 유익하다는 것을 깨닫게 될 것이다. 그렇게 되면 적대감과 양극화가 사그라들 수 있다.

　2017년 10월부터 일군의 정치학자들과 사회학자들이 이 이론을 실험하기로 했다. 유사한 성격의 연구 가운데 가장 큰 규모였던 이 연구에서 그들은 민주당원이나 공화당원으로 확인된 트위터 사용자 1220명에게 돈을 주고 상대편 선출직 공무원, 미디어 인사, 오피니언 리더들을 리트윗하는 봇을 팔로우하도록 했다. 그런 다음 정기적으로 이민부터 폐기물 관리, 기업 이윤, LGBT 수용 등 10가지 이슈에 대한 견해를 물었다.

　연구원들은 두 가지 대중적인 가설을 시험했다. 한 가설에 따르면 "아주 많은 글을 접하면 반대 집단에 대한 글도 읽게 되고, 긍정적인 상호작용이 없어서 커지는 고정관념을 누그러뜨릴 수 있다."[10] 다른 가설에 따르면, "좋아하지 않는 누군가에게 틀렸다는 말을 듣는 것은 반성이 아닌 짜증을 유발하기 때문에, 반대되는 정치적 견해를 가진 사람들에게 노출되는 것은 정치적 양극화를 악화할 수 있다."

이 연구에서는 비관론자들이 승리를 거뒀다. 한 달 동안 통로 반대편에서 들려오는, 인기 있고 권위 있는 목소리에 노출된 결과 양극화는 증가했다. 저자들은 다음과 같이 썼다. "진보적인 트위터 봇을 팔로우하던 공화당원들은 노출 후 더 보수적으로 변했다. 민주당원들의 경우, 통계적으로 유의미하지는 않지만 보수적인 트위터 봇을 팔로우한 후 진보적인 태도가 약간 증가했다."[11]

민주당원들과 공화당원들의 반응 차이는 흥미롭고 더 연구할 가치가 있다. 그러나 어느 쪽도 상대편의 의견에 노출된 후 자신의 견해를 누그러뜨리지 않았다는 점이 중요하다. 두 집단 모두 반대 의견을 들은 후 자기 집단의 대의명분에 더 깊은 확신을 갖게 되었을 뿐만 아니라, 양극화한 정책적 입장이 강화되었다. 다시 말해, 공화당원들은 더 보수적으로 되었고, 민주당원은 유의미한 차이는 아니지만, 더 진보적으로 되었다.

나는 이 연구를 수행한 사람들 가운데 한 명이자 듀크대학교 양극화연구소 소장인 크리스토퍼 베일Christopher Bail 교수와 이야기를 나눴다. 베일 교수는 이렇게 말했다. "오랫동안 우리는 반대 의견도 접하면 덜 극단적으로 된다고 생각해왔습니다. (…) 내가 이 연구를 통해 알아냈고 이제 겸허하게 주장할 수 있는 것은, 그게 그렇게 간단하지 않다는 겁니다. 트위터가 당신의 트위터 피드에 민주당원 9명당 1명의 공화당원을 넣도록 알고리즘을 수정한다고 해서, 그것이 당신을 덜 극단적으로 바꾸지는 않을 것입니다."

당신이 진보주의자고, 트위터를 둘러보다가 트럼프가 미국을 파

괴하고 있다며 '잠꾸러기 조 바이든'을 때리는 트윗을 발견했다고 상상
해보라. 당신은 "음, 트럼프가 몇 가지 좋은 점을 지적하고 있군"이라는
식으로 반응하지 않을 것이다. 대신 트럼프가 틀렸다고 주장하거나 트
럼프가 또 바이든을 괴롭힌다고 생각할 것이다. 만약 당신이 보수주의
자인데, 공화당의 의제는 인종차별적이라는 알렉산드리아 오카시오코
르테스Alexandria Ocasio-Cortez 하원의원의 비난을 대면한다면, 설득당하
기보다는 불쾌해질 가능성이 크다. 상대편의 공격에 노출되는 것은 반
성이 아니라 반론을 촉발할 가능성이 크다. 이것이 바로 앞서 내가 말
한 정체성 보호 인지다.

긍정적이고 협력적인 상호작용을 구조화하는 것이 이해를 증진
할 수 있다는 증거가 있다. 하지만 상대편과의 긍정적인 상호작용을 위
해 설계된 정치 미디어나 소셜미디어는 거의 없다. 대부분의 정치 미디
어는 설득에 적합하게 설계되어 있지도 않다. 물론 그런 경우가 몇몇은
있다. 예를 들어, 《뉴욕 타임스》에 칼럼을 쓰는 로스 다우섯Ross Douthat
은 진보적인 청중을 설득하려는 보수주의자다. 그러나 우리가 앞서 살
펴본 모든 이유로 인해, 대부분의 정치 미디어는 이미 자신에게 동의
하는 이들을 위해 글을 쓰고, 선출된 정치인들은 (비판자들을 향해서가
아니라) 그들을 지지하고 지원해주는 지지자들을 대상으로 트윗을 올
린다.

아이러니하게도, 이와 똑같은 역학 관계는 최소한 직접적인 청중
에 대해서만큼은 자기 의견을 고집하는 미디어의 양극화 효과를 제한
한다. 케빈 아르세노Kevin Arcenaux와 마틴 존슨Martin Johnson은 케이블
뉴스의 양극화 효과에 대해 실제 상황과 비슷한 조건에서 실험해보기
로 했다. 그들은 한 집단에는 정치적으로 우호적이거나 비우호적인 케

이블 뉴스를 시청하도록 강요하고, 다른 집단에는 정치 뉴스와 연예 방송 중 하나를 선택하도록 했다.[12]

사람들에게 자신의 의견과 일치하는 뉴스를 보게 하자 그들은 더욱 양극화했고, 그들과 의견이 다른 뉴스를 보라고 강요하면 아무런 효과도 없거나 역효과를 낳았다. 하지만 그들에게 리모컨을 주고 채널을 바꾸게 하자 그런 효과는 완전히 사라졌다. 양극화는 마음을 바꿔먹을 수 있는 사람들에게 그들이 원하지 않는 정치 뉴스 시청을 강요할 때 생겨났다. 일단 그들에게 선택하지 않을 선택권을 주었을 때, 양극화는 달리 변하지 않을 일이었다.

이것은 케이블 뉴스에 유리한 조건에서 나온 결과였다. 실험에서 정치 채널은 이용 가능한 콘텐츠의 3분의 1 중 절반을 차지했다. 하지만 현실에서 정치 채널은 모든 이용 가능한 콘텐츠 중 극히 일부일 뿐이다. 그럼에도 이런 기본적인 수준의 선택조차 마음을 바꿔먹을 수 있는 사람들을 딴 길로 새게(혹은, 이 말을 선호할지도 모르겠다, 달아나게) 했다. 아르세노와 존슨은 "정치적인 뉴스는 시청을 거부하는 사람들에게 직접적인 영향을 줄 수 없다"라고 결론지었다.

나는 이런 결과를 케이블 뉴스와 정치 미디어 및 소셜미디어가 양극화하지 않았다는 것(심지어 케이블 뉴스를 시청하지도 트윗을 올리지도 않는 사람들을 두고 하는 말일지라도)을 증명하는 것으로 받아들이지 않는다. 나는 나이 든 가족이 은퇴하고 나서 하루 종일 폭스 뉴스를 보며 급격히 오른쪽으로 기우는 모습을 지켜보았다. 아마 나만의 경험이 아닐 것이다. 여러 연구 역시, 폭스 뉴스가 전국적으로 방영되면서 공화당 득표율이 높아졌음을 보여주며 '설득 효과'가 있다는 것을 시사한다.[13] 그러나 이런 방송 채널들은 청중 수가 그리 많지 않다. 이들이 영향력을 행사할 수 있는 것은 제대로 된 청중을 확보하고 있기 때문이다. 양극화한 미디어 환경은 정치 엘리트와 정당 활동가들에게 미치는 영향을 통해 나라를 양극화할 수 있다. 사실상 미국 국회의사당에 있는 모든 의회 사무실은 텔레비전을 케이블 뉴스에 맞춰놓고 있다. 그리고 대통령이 가장 눈에 띄는 것이지 정치인들은 점점 트위터에 중독되고 있다.

　정치 엘리트들이 자신들을 양극화된 정보 세계에 가둬놓을수록 (실제로 그렇다) 그들은 더 양극화한 방식으로 행동하며, 이는 결국 시스템을 양극화한다. 폭스 뉴스는 공화당을 자극해서 여러 번의 정부 셧다운을 초래했고, 트럼프의 가장 공격적인 수사 대부분은 음모론자들이 그에게 떠먹이는 보수 미디어에서 나왔다. 실제로 민주당 하원의원들이 트럼프 탄핵을 시작한 것은 인터넷 매체 《브레이바트》의 선임 편집인인 피터 스와이저Peter Schweizer가 밀어붙이고 폭스 뉴스가 대대적으로 홍보한 일련의 반反바이든 음모론을 트럼프가 믿었기 때문이었다.[14] 미국인 대부분은 헌터 바이든Hunter Biden에 대해 들어본 적이 없었고, 우크라이나 검찰에 대한 막연한 이야기를 믿은 건 더더욱 아니었다. 그러나 트럼프 대통령은 헌터 바이든이 그의 행정부를 수사할 수밖에 없는 방향으로 몰아넣었다고 설득당했고, 이것은 미국 정치사를 바꾼 일련의 사건들을 촉발했다2019년 7월 트럼프 대통령이 우크라이나 젤렌스키 대통령과의 통화에서 조 바이든의 차남인 헌터 바이든의 활동과 세금 문제에 대한 우크라이나 정부의 수사를 요청하면서, 거부할 경우 미 의회가 승인한 우크라이나에 대한 군사원조를 철회할 것이라고 했다는 내용이 8월경 내부 고발로 밝혀졌다. 결국 이 사안은 12월 하원의 트럼프 대통령 탄핵 의결로 이어졌다. 한편 트럼프 대통령은 헌터 바이든에 대한 특검을 법무부에 종용했고, 트럼프 측 인사들은 우크라이나 검찰이 바이든 측의 압력으로 기소를 포기했다고 주장했다—옮긴이.

제대로 된 청중이 있다면 수가 많지 않아도 충분하다.

정치는 무엇보다도 가장 많은 관심을 기울이고 가장 많은 권력을 행사하는 사람들에 의해 주도되며, 이런 사람들은 정치화한 미디어를 선택한다. 그들은 그들의 인식을 바탕으로 정치 시스템을 만든다. 나머지 국민은 더 많이 양극화한 선택지 사이에서 선택해야 하고, 그러고 나면 선택지들은 양극화한다. 기억할 것은, 정당 간의 차이가 크면 클수록 무관심한 사람들마저도 한쪽을 선택하기가 쉬워진다는 점이다.

저널리스트들은 이러한 힘에 면역이 없다. 우리가 양극화한 환경에서 시간을 보내기 시작할 때, 우리는 더 양극화한다. 나 또한 이런 변화를 경험한 적이 있고, 다른 사람들이 그러는 것도 목격했다. 우리가 리트윗하기를 좋아할 때, 또는 주된 피드백이 소셜미디어상의 당파성 중독자들에게서 나올 때, 그것은 미묘하지만 확실하게 뉴스 판단을 왜곡한다. 이것은 저널리스트들이 취재하는 사람과 내놓는 이야기를 변화시킨다. 언론이 정치를 좀 더 양극화한 방식으로 다루면서 양극화한 청중들의 취향을 기대하거나 흡수할 때, 정치 현실은 더욱 양극화한다.

미디어는 세계를 반영하는 것이 아니라 창조해낸다

뉴스는 세상을 비추는 거울이어야 하지만, 세상은 그 거울에 담기에는 너무 광대하다. 미디어가 매일 하는 기본적인 일은 무엇을 취재해야 할지, 즉 무엇이 뉴스로 보도할 가치가 있는지 결정하는 것이다.

여기에 딜레마가 있다. 무엇을 취재할지 결정하는 것은 세상을 비추는 거울이 되는 일이라기보다는 뉴스의 형성자가 되는 것이다. 말하자면 저널리스트를 관찰자보다는 배우가 되게 한다. 이 속성은 저널리스트에 대한 근본적인 개념을 파괴한다. 하지만 이는 동시에 저널리스트들이 내리는 가장 중요한 결정이기도 하다. 만약 우리가 힐러리 클린턴의 정책 제안보다 이메일을 더 많이 취재하기로 결정하면(실제 우리는 그렇게 했다2015년 3월 힐러리 클린턴이 국무장관으로 재직하던 시절에 사적 이메일을 공적인 일에 사용했다는 사실이 국무부 감찰관에 의해 밝혀졌다. 전문가들과 상·하원의원들은 힐러리가 미국 연방법과 기록 관리 규정, 국무부 규정 등을 어겼다고 주장했고 2016년 대선에서 힐러리 진영에 악영향을 미쳤다—옮긴이), 우리는 클린턴의 이메일을 정책보다 앞세우는 것이다. 그렇게 함으로써 우리는 뉴스뿐만 아니라 선거, 더 나아가 나라의 모양을 만들었다.

　　나는 내가 속한 업계가 내린 구체적인 결정에 비판적이지만, 문제는 피할 수 없다. 뉴스 미디어는 정치계의 수많은 배우 가운데 하나가 아니라, 가장 강력한 배우다.◆ 언론은 정치인들이 하는 일과 대중이 아는 것 사이의 1차 중개자다. 이런 상황을 회피하는 방법은 우리가 취재하는 것에 대한 결정을 뉴스 가치라는 개념에 아웃소싱하는 것이다. 만약 우리가 단순히 뉴스 가치가 있는 것을 취재한다면, 뉴스거리를 결정하는 사람은 우리가 아니다. 책임은 뉴스 가치성에 대한 중립적인 외부의 판단에 있다. 문제는 그 누구도 뉴스 가치성에 대한 엄격한 정의를 갖고 있지 않고, 하물며 그들이 따르는 정의가 무엇인지도 알지 못한다는 것이다.

◆　물론, 뉴스 미디어를 단일 개체로 말하는 것은 문제가 있다. 《뉴욕 타임스》와 《볼티모어 선》, 《워싱턴 이그재미너》, NPR, 《복스》는 카르텔로서 보도 결정을 내리지 않는다. 그러나 뉴스 미디어는 충분히 한 무리 같은 행동을 보이고 충분히 유사한 동기에 반응하고 있기에, '월스트리트', '실리콘 밸리', 또는 '미국'처럼 통틀어서 이야기하는 것보다 더 문제가 된다고 생각되지는 않는다.

간단한 예는 대통령일 때 하는 수사와 대통령이 되기 전의 수사를 다룰 때 볼 수 있다. 대통령이 하는 말, 대통령이 될 가능성이 있는 후보가 하는 말은 모두 뉴스로서 가치가 있다. 그럼에도 대통령 후보 혹은 심지어 대통령이 말하는 것 가운데 극히 일부만이 주요 뉴스로 다뤄진다.

오바마 대통령이 오하이오주의 한 제철소에서 제조업 정책에 대해 연설할 때, 그리고 마코 루비오Marco Rubio 상원의원이 뉴햄프셔주에서 고등교육 비용에 관한 토론을 하려고 타운홀 미팅을 열었을 때, 모두 언론의 주목을 받으려고 애썼다. 한편, 트럼프의 경우 대통령이 되기 전부터 케이블 방송사들이 일상적으로 그가 여는 집회를 생중계했다. 사실, 이것이 그가 대통령이 된 이유라는 설득력 있는 주장도 있다.

『정체성 위기』에서 사이즈와 배브렉, 테슬러는 "2015년 5월 1일부터 2016년 4월 30일까지 케이블 뉴스 언급량에서 트럼프의 중위 점유율은 52%였다"라고 밝혔다. 공화당 후보로 17명이 출마한 상황에서 트럼프는 전체 미디어 보도의 절반 이상을 점유했고, 다른 16명이 나머지를 나눠 가졌다.[15]

상황은 점차 악화했다. 트럼프는 "2015년 8월 24일부터 9월 4일 사이 CNN 전체 보도량의 78%를 차지했고", 2015년 11월에 "트럼프는 민주당을 다 합친 것보다 많은 저녁 네트워크 뉴스 보도 분량(34분)을 점유했다. 반면 테드 크루즈는 7분을 할애받았다".[16] 이것은 미디어가 한 선택이었고, 돌이켜보면 많은 이가 옹호할 만한 선택은 아니었다고 나는 생각한다.

사이즈와 배브렉, 테슬러는 혼란스럽고 혼잡한 예비선거에서 트럼프가 받은 미디어 보도는 그의 선거운동을 정당화하는 데 결정적이었다고 주장한다. "공화당 유권자들은 선두 주자가 누구인지, 누가 대통령이 되어야 하는지에 대한 명확한 신호를 받지 못했다. 이런 불확실성은 이 신호가 다른 곳에서 와야 한다는 것을 의미했다. 이 공백을 메운 것은 미디어 보도였다.[17] 또한 트럼프가 독점한 미디어 보도로 인해 그의 도전자들은 자신들의 메시지를 알릴 수가 없었다.

그런데 왜 미디어는 트럼프를 그렇게 많이 보도했을까? 그는 왜 계속해서 그렇게 많이 보도된 것일까? 그가 여론조사에서 선두에 있었다거나 대통령이라는 것만으로는 충분하지 않다이 책이 나온 2020년 1월 기준, 대통령은 트럼프였다—옮긴이. 트럼프는 여론조사에서 선두로 나서기 전부터 보도 세례를 받았다. 이후에도 그는 과거 예비선거에서 다른 후보들보다 더 많은 보도를 받았고 과거 대통령들보다도 많은 보도를 받았다. 대통령으로서 트럼프의 장황하고 두서없는 독백은 사실적 엄격성과 거리가 멀었고, 그가 수장인 미국 행정부의 정책 결정과도 매우 거리가 멀었지만, 전임자들의 더 신중하고 사실적이며 정책에 관한 연설보다 방송용으로는 더 가치 높은 것으로 대우받았다. 부시와 오바마 행정부가 언론에 이런저런 정책 발표에 주목해달라고 애원했던 것을 나는 기억한다. 그러나 트럼프가 엘리자베스 워런Elizabeth Warren민주당 소속 여성 상원의원—옮긴이을 비난하는, 철자를 잘못 쓴 트윗을 올리면, 그것은 하루 종일 케이블 방송을 도배한다. 답은 간단하다. 트럼프는 뉴스 가치를 정말로 이해하고, 그것을 자신에게 유리하도록 사용했다.

이론적으로, 뉴스 가치성은 '중요함'과 대략 비슷한 뜻이다. 가장 뉴스 가치가 있는 이야기는 가장 중요한 이야기이다. 하지만 이것이 정말 사실이라면, 신문 1면이나 케이블 뉴스 쇼는 지금과 매우 달라져야 할 것이다. 말라리아 관련 뉴스는 더 많고, 유명 인사(정치계 유명 인사를 포함해서) 관련 뉴스는 더 적을 것이다. 현실에서 뉴스 가치성은 중요한 것, 새로운 것, 터무니없는 것, 갈등을 빚어내는 것, 비밀스러운 것 혹은 흥미로운 것 들의 조합이다.

뉴욕대학교 방송언론학 교수 제이 로즌Jay Rosen은 이렇게 말한다. "미국 언론이 정의하는 것처럼, 뉴스 가치성은 어떤 일관성을 갖는 시스템이 아니라는 걸 방송언론학계는 줄곧 알고 있었습니다. 뉴스 가치성은 단지 뉴스를 생산하기 위해 가끔 합쳐지는 요소들의 목록일 뿐입니다. 뉴스가 될 수 있는 것들을 나열한 것 말고는 거기엔 논리가 전혀 없습니다. 그래서 여기에 장점이 있다면 편집자들이 '이것은 뉴스다', '저것은 뉴스가 아니다'라고 말할 수 있는 최대한의 자유를 준다는 것입니다. 즉 저널리스트가 어떤 것이 뉴스라고 판단하면 뉴스가 되는 겁니다."[18]

그러나 저널리스트들은 무엇이 뉴스 가치가 있는지 결정하고 싶어하지 않는다. 왜냐하면 정치에 영향을 미친다고 보이기를 원하지 않기 때문이다. 예를 들어 교육 정책은 안보 정책의 절반만큼만 뉴스 가치가 있다고 말하면, 엄청난 비난을 살 것이다. 요점은 그 결정이 무엇이건 간에 결정이 내려진 것이란 사실을 숨기는 것이다. 뉴스 가치성이 계측기로 측정할 수 있는 것이며 저널리스트의 판단과는 무관한 기준인 듯 느껴진다면 가장 좋다.

그래서 뉴스 가치성에 관한 판단은 종종 전염성이 있다. 그 무엇도 하나의 결정이 다른 모든 사람이 결정하는 것과 동일하게 이뤄진다는 사실을 숨길 수 없다. 뉴스 가치성으로 가는 지름길은 다른 뉴스 매체들이 기사를 다루는가 또는 다루지 않는가다. 만약 기사로 다루어진다면, 그것은 정의상 뉴스 가치가 있는 것이다. 지금 시대의 뉴스 가치성

으로 가는 지름길은 소셜미디어상의 바이럴성이다. 만약 사람들이 어
떤 이야기를 하고 있다면, 그것은 정의상 뉴스 가치성이 있는 것이 된
다. 두 경우 모두 다른 매체와 소셜미디어를 근거로 삼은 동어반복이
다. 즉, 우리가 취재하는 것은 모두가 취재하고 있으므로 뉴스 가치가
있고, 모두가 취재하고 있다는 사실은 그것이 뉴스 가치가 있다는 증
거다.

　　이것은 나라를 이상하고 분노에 찬 막다른 골목으로 이끌 수 있
다. 내가 인터넷을 벗어난 휴가에서 돌아왔을 때, 정치 미디어가 전체
가 한 영상을 두고 전쟁을 벌이고 있었다. 영상 속에는 MAGA‘미국을 다시
위대하게Make America Great Again’라는 구호의 영문 첫 글자를 딴, 트럼프의 선거운동 구호—옮
긴이 로고가 박힌 모자를 쓴 커빙턴 가톨릭 고등학교 학생들이 북미 원
주민 노인 네이선 필립스Nathan Phillips를 괴롭히고 있었다. 내셔널 몰에
서 있었던 시위 도중 일어난 일을 찍은 영상이었는데 10대들은 필립스
를 조롱하고, 히죽거리고, 도끼 찍기 동작을 하기도 했다. 이때 더 긴 동
영상으로 인해 쟁점이 흐려졌는데, 그 10대들이 사건이 있기 전에 극단
적인 ‘흑인 이스라엘’ 단체에게 괴롭힘을 당했다는 증거가 나타났기 때
문이었다. 곧 미디어는 이들을 옹호하고 비난하는 의견으로 가득 찼고,
트럼프 대통령도 거들고 나섰다. 트럼프는 트위터에다 “닉 샌드먼Nick
Sandmann과 커빙턴 고등학교 학생들이 가짜 뉴스의 상징이 됐고, 그것
이 얼마나 사악할 수 있는지도 알게 됐다”라고 썼다.[19]

　　애초부터 사태가 커지는 현장을 목격한 이점(혹은 불이익)을 누리
지 못한 상태로 이 논란을 접하면서 내가 놀랐던 것은 객관적으로 전혀
중요하지 않은 일을 두고 모든 사람이 단단히 화를 내고 있었다는 점이
었다. 대부분 벌어지고 있는지조차 몰랐던 시위에서 일어난, 불쾌하지

만 궁극적으로는 비폭력적이었던 충돌을 누가 신경이나 쓰겠는가? 이 것이 어떻게 해서 뉴스로서 가치가 있었던 것일까? 이 일이 주말 내내 소셜미디어를 지배했고, 그로 인해 뉴스거리가 됐다는 게 답이었다. 왜 그것이 소셜미디어를 지배했을까? 그것은 정치적 정체성이 완벽하게 충돌했기 때문이다. MAGA 로고 모자를 쓴 10대 대 평화롭게 북을 치 는 북미 원주민 노인이라는 대결적 구도가 핵심이었다. 진보적 뉴스 매 체들은 온 나라가 보수적이고 기독교를 믿는 고등학생들에게 등을 돌 리도록 만들고 있었다. 내 동료 보샴프가 썼듯이, 그것은 "점점 더 정체 성에 초점을 두는 우리 정치에 대한 치트 키"와 같았다.[20] 동시에 이것 은 정체성주의적 갈등에 대한 소셜미디어의 선호가 어떻게 미디어를 정체성주의적 갈등에 집중하게 하는지, 심지어 충돌이 거의 우스울 정 도로 흐릿할 때조차도 그렇게 하는지에 대한 객관적인 교훈이었다.

트럼프는 이런 역학 관계를 이용해 매일같이 능숙하게 소셜미디어 에 정체성주의적 갈등의 씨를 뿌린다. 트럼프는 정치적 보도 비중을 점 유하기 위해 터무니없음, 공격성, 정체성 신호를 무기화했다. 그는 경쟁 이 치열한 미디어 환경(특히 소셜 플랫폼에 즉각 반응하는 환경)에서 우 리의 가장 깊은 사회적 분열에 수류탄을 던짐으로써 미디어를 지배할 수 있다는 것을 보여주었다. 당신이 멕시코 이민자들을 강간범과 범죄 자라고 부르며 선거운동을 시작한다면, 당신은 당신을 증오하는 사람 들, 당신이 위협하고 있는 정체성과 집단에 속한 사람들 사이에서뿐만 아니라 누군가가 황금 에스컬레이터를 타고 내려와 마침내 그들과 그 들의 신념을 위해 일어서기를 간절히 기다려온 사람들 사이에서 인지 도를 장악하게 될 것이다. 쉽게 말해 정체성과 열정으로 움직이는 미디 어에서는 가장 강한 열정을 불러일으키는 정체성주의적 후보가 유리하

다. 오바마가 그랬던 것처럼 영감으로, 또는 트럼프가 그랬던 것처럼 갈
등으로 열정을 불러일으킬 수 있다. 절대 해서는 안 되는 일은 사람들
을 지루하게 하는 것이다.

　트럼프는 경쟁자들이 대중에게 메시지를 전달하는 데 필요한 미디
어 산소를 빼앗았다. 만약 당신이 한마디도 제대로 할 수 없다면 무슨
수로 트럼프를 여론조사에서 이길 수 있겠는가? 트럼프는 이를 이해하
고 전략적으로 활용했다. 2015년 12월 7일, 첫 번째 여론조사는 트럼프
가 아이오와에서 크루즈에게 뒤져 2위로 밀려났음을 보여주었다. 같은
날 오후, 트럼프는 무대에 올라 이례적으로 준비된 성명서를 낭독했다.
"나 도널드 트럼프는 우리나라 대표들이 무슨 일이 벌어지고 있는지를
파악할 때까지 미국으로 들어오는 이슬람교도들의 완전하고 전면적으
로 차단할 것을 요구합니다." 이것은 충격적이고 위헌적인 제안이었고,
그런 발언이 없었더라면 크루즈의 입후보와 트럼프의 하락을 강조했을
지도 모르는 미디어를 트럼프가 완전히 통제할 수 있게 해주었다.

　미디어는 우리가 가진 정치를 반영만 하는 것이 아니다. 미디어는
그것을 형성하고 심지어 창조하기도 한다. 트럼프가 트위터에 올리는
글에 대한 많은 이야기에도 불구하고, 그를 지지하는 유권자들의 인구
통계는 트위터 사용자의 인구 통계와 정확히 반대다. 트위터는 젊은이
들이 사용한다. 트럼프는 노인들의 표를 가장 많이 가져갔다. 그의 트윗
은 미국의 모든 정치 뉴스의 의제를 설정하기 때문에 중요하다. 미국인
대부분이 정치와 정치인에 대한 정보를 미디어에서 얻으며, 미디어가
특정 정치 이슈와 정치인으로 기운다면 정치 시스템도 그 방향으로 기
울 것이다.

　트럼프는 기울어진 정치 미디어의 산물이지만, 그가 처음으로 그

랬던 사람은 아니며, 마지막 사람도 아닐 것이다. 정치 미디어는 좌파나 우파보다는 시끄럽고, 터무니없고, 다채롭고, 영감을 주고, 대립적인 것에 더 치우쳐 있다는 게 맞다. 정치 미디어는 가장 강렬한 정치적 정체성을 가진 일부 사람들을 향해 편중되어 있고 그들에게 의존하기 때문에, 우리의 정체성을 활성화하는 정치적 이슈와 인물들에 치우쳐 있다.

아, 그리고 재밌는 일에 치우쳐 있다. 정치와 관련 있는 다른 사람들 역시 마찬가지다.

7장

≡

설득 이후의 선거

매슈 다우드Matthew Dowd는 조지 W. 부시를 위해 일하기 전에(다우드는 2000년에 처음으로 부시 측의 여론조사 및 계획 담당 국장으로 일했고 2004년에는 부시의 수석 선거운동 전략가로 일했다) 민주당 자문위원이었다. 그는 매우 보기 드문 사람이었는데, 다시 말해 설득 가능한 유권자였다. 아마도 그래서 그가 2000년 선거 결과를 자세히 들여다보면서 자신이 멸종하고 있음을 인지할 수 있었는지도 모른다.

다우드가 PBS 〈프런트라인〉과의 심층 인터뷰에서 이렇게 말했던 것을 기억한다. "2000년 이후 내가 가장 먼저 살펴본 것 중 하나는 무엇이 진짜 공화당 표이고 민주당 표이냐 하는 문제였습니다. 자신을 공화당원 혹은 민주당원이라고 말한 사람들뿐만 아니라, 무소속 유권자들이 실제로 어떻게 투표했는지, 한 정당에 표를 몰아주는 일괄 투표를 했는지 아닌지 살펴보았습니다. 그리고 2000년에 그것을 살펴보았고, 지난 5번이나 6번의 선거 동안 어땠는지도 살펴보았습니다."[1]

다우드는 투표 전까지 마음을 결정하지 않았고 어느 정당에도 투표할 수 있는 사람들, 즉 진정한 무당파의 비중이 약 22%에서 7%로 급감한 것을 발견했다. 그는 이 수치에 함축된 바가 상당히 혁명적이라고 말했다. "왜냐하면 그때까지만 해도 모두가 '부동층, 부동층, 부동층, 부동층, 부동층'이라고 외쳐댔기 때문이었습니다."

다우드는 도표를 보면서 선거에 대한 개념이 완전히 잘못되었음을 깨달았다. 그전까지 그는 유권자 대부분이 설득에 열려 있다고 생각했다. 그래서 자원의 80%를 설득에, 20%를 지지 기반 굳히기에 쏟아부었다. 그러나 이제는 거의 모든 유권자가 결심이 선 상태였기 때문에 그들을 설득할 필요가 없었다. 사실 누구에게 투표할 것인지와 관련해서 그들을 설득할 **수 없었다**. 해야 할 일은 우리 편을 자극하는 일이었다. 투표를 하려면 유권자 등록을 해야 하고, 투표소가 어디인지 기억해야 하고, 투표하러 가기 위해 시간을 내야만 한다. 미국은 투표가 의무인 호주와 다르다. 우리는 투표하는 것을 선택 사항으로 만들기도 하고, 많은 곳에서는 투표 자체가 어렵기도 하므로, 선거에서 이기려면 단순한 지지자가 아니라 동기부여된 지지자 필요하다.

2000년 부시는 '분열자가 아닌 단결자'로 출마했다. 제3당 후보로 출마한 랠프 네이더Ralph Nader가 그렇게나 많은 지지를 끌어모은 이유 중 하나는 부시와 고어 사이의 선택이 '트위들디와 트위들덤' 사이의 선택이라는 점을 많은 미국인에게 설득했기 때문이었다. 역사는 네이더가 그 점에 대해 심각하게 틀렸다는 것을 증명했지만, 그 메시지는 효과가 있었다. 부시와 고어가 중도층 표심을 얻기 위해 애썼기 때문이었다. 자연스럽게 그들은 이념적으로 부드러운 모습을 보였다. 고어는 새로운 민주당원이었고, 부시는 인정 많은 보수주의자였다. 고어는 재정적 책임에 천착했고, 사회보장신탁기금을 단단히 보호하겠다고 약속했다. 부시는 학업에서 인종 간 격차를 줄이겠다고 약속하며, 사려 깊은 공화당원이 되어 출마했다.

이라크전쟁의 여파로 양극화가 강화되면서 2004년 대선의 전략은 양당 간의 차이를 더욱 벼리는 데 초점이 맞춰졌다. 부시 선거 캠프의 미디어 전략가로 일했던 마크 매키넌Mark McKinnon은 PBS와의 인터뷰에서 이렇게 말했다. "정치 컨설턴트인 내게 그것은 굉장히 급진적으로 다가왔습니다. 왜냐하면 지난 몇 년간 우리는 항상 설득 중도층에 집중했고, 그게 사실 거의 전부였기 때문입니다. 다른 건 다 무시했죠. 설득 가능한 유권자들에게 모든 자원이 투입되었습니다."[2] 더 이상은 아니었다. 여전히 부동층 유권자의 마음을 사야 했지만, 최우선 순위는 지지 기반 결집이었다. 다우드는 이 전략에 대해 다음과 같이 말했다. "우리가 했던 모든 일에 영향을 미쳤습니다. 그것은 우리가 편지에 어떤 글을 담을지, 유권자들에게 전화해서 무엇을 말할지, 미디어에 무슨 이야기를 할지, 대통령과 부통령이 어느 지역을 방문할지, 조직은 어떻게 구성하고 직원은 얼마나 둘지 등등에 영향을 미쳤습니다."

그래서 2004년, 부시 선거 캠프에서 강조한 이슈, 내보낸 광고, 활성화한 정체성은 모두 공화당과 민주당의 차이를 명확히 하고, 그들 편에 서 있는 유권자들을 끌어내는 데 초점이 맞춰져 있었다. 2000년의 부시가 민주당원도 좋게 느낄 수 있는 공화당 후보였다면, 2004년의 부시는 공화당원이 대단하다고 느낄 수 있는 공화당 후보였다. 그리고 그 전략은 통했다. 부시는 2000년 대선 대중 투표에서 패배했지만 2004년 대선 대중 투표에서는 승리했다. 공화당은 상·하원에서 다수당 지위를 확대했다. 가장 눈에 띄는 것은, 공화당원들을 투표장에 나오게 하려는 부시의 노력이 결실을 보면서, 사상 처음으로 공화당원을 자처한 유권자의 비중이 민주당원의 비중과 같아졌다는 점이다. 지지 기반 동원 전략은 위험했지만, 성과를 거뒀다. "다행히도 그건 옳은 결정이었습니다." 다우드는 말했다.

대통령 선거운동의 초점이 부동층 설득에서 지지 기반 동원으로 이동했다는 사실은 노스이스턴대학교 정치학자 코스타스 파나고풀로스Costas Panagopoulos가 「지지 기반에 관한 모든 것All About That Base」이라는 연구에서 입증한 바 있다. 미국에서는 1956년부터 선거에 관해 조사할 때마다 선거 캠프에서 유권자들과 얼마나 접촉했는지 질문했다. 파나고풀로스는 무당파, 온건 당원, 강성 당원 중 누가 가장 연락을 많이 받았는지 조사했다.

1956년에는 무당파의 20%와 강성 당원의 17%가 한 선거 캠프에서 온 연락을 받았다. 2012년에는 무당파의 32%와 강성 당원의 45%가 선거 캠프에서 온 연락을 받았다. 파나고풀로스는 2004년이 아닌 2000년이 지지 기반 동원이 설득을 앞지르기 시작한 시점이었음을 알아냈다. 그해에 부시 선거 캠프는 무당파의 17%, 공화당 열성 당원의 39%와 접촉했다. 추세는 명확해졌다. "대통령 선거 전략은 무당파, 결심이 서지 않는 유권자, 부동층을 설득하는 것보다는 지지 기반 동원을 강조하는 방향으로 바뀌었다."[3]

우리는 선거에 있어서 큰 변화를 겪었다. 정당들이 인구 통계나 철학적으로 분류됨에 따라, 결심이 서지 않은 사람으로 남는 것은 더 어려운 일이 되었다. 혼란의 한가운데 있기는 쉽지만, 틈새에 있기는 어렵다. 더 양극화한 유권자들은 후보들의 선거 전략을 변화시킨다. 더 양극화한 전략들은 유권자들을 더욱 양극화한다. 그 순환은 계속된다.

부시 대통령 전과 후의 민주당 대통령들은 어떤 면에서는 훨씬 더 적나라한 예다. 세 번의 대선에서 연패한 후, 민주당은 1992년에는 승리에 필사적이 되었고, 권력을 다시 잡는 방법은 설득에 있다는 것을 확신했다. 그래서 그들은 복지 개혁과 예산 균형을 약속하는 빌 클린턴이라는 이름의 남부 출신 중도파 성향 백인을 후보로 지명했다. 하지만 부시의 성공적인 2004년 선거운동 이후 민주당도 지지 기반 동원 시대에 부응해야 했고, 진보주의자들을 결집시킬 수 있는 사람을 후보로 지명했다. 그는 시카고 출신으로 젊고 카리스마 넘치는 진보 성향의 흑인 상원의원이었다.

정치적 정체성 시각에서 보면 클린턴은 유권자들에게 교차 압력을 가하기 위해 설계된 후보였다. 그는 정책을 통해 민주당원들에 호소하고 지역, 인종, 젠더, 스타일을 통해 비민주당원들에게 호소할 수 있는 후보였다. 클린턴은 민주당의 진보적인 정책과 방향에 우려를 거두지 못하는 유권자들의 목소리를 경청했고, 자신도 공감하고 있음을 시사하며 당내 좌파에 도전하는 모습을 자주 보였다. 그는 "우리가 알고 있는 복지를 끝내겠다"라고 약속했고 임신중단은 "안전하고 합법적이며 드물어야 한다"라고 말했다. 반면 오바마는 정체성 포개기 시대의 후보였는데, 그의 강점은 공화당원들을 개종시키는 것이 아니라 민주당원이 유례없는 비율로 투표하도록 동원하는 것이었다.

힐러리 클린턴이 대통령 선거에 출마했을 때, 클린턴은 자신의 배우자보다 오바마에 더 가까운 모습을 보였고, 오바마보다 더 왼쪽으로 움직였다. 오바마에게는 젊은 비백인 유권자들과 쉽게 친해질 수 있는 면모가 있었지만, 클린턴에게는 그런 것이 없었기 때문에 클린턴은 오바마가 말하지 않았던 것을 말하고 약속해야 했다. 오바마는 인종에 대해 말을 아끼고, 인종에 관해 말할 때는 백인의 우려를 반영하려 했으나, 클린턴은 인종에 관한 토론에 열성적으로 임했고 유색인종 유권자의 표를 얻기 위해 더 많은 이야기를 했다. 클린턴은 "체계적 인종차별을 종식하기 위해서는 우리 모두의, 특히 인종차별을 경험하지 않은 사람들의 기여가 필요하다"라며 연설에 '체계적 인종차별'이라는 용어를 사용한 최초의 주요 정당 후보가 됐다. 오바마는 중도파의 마음을 사기 위해 첫 임기 동안 추방을 늘리려고 했지만, 클린턴은 강력 범죄자나 테러리스트를 제외한 미등록 이민자를 추방하지 않겠다고 약속했다.

빌 클린턴과 조지 W. 부시의 차이보다 힐러리 클린턴과 도널드 트럼프의 차이가 더 선명하다고 할 수 있다. 아버지 부시보다 조지 W. 부시 시대에 당신의 입장이 어땠는지 아는 것이 더 쉬웠던 것처럼, 빌 클린턴보다 힐러리 클린턴 시대에 당신이 민주당에 동의하는지 알기가 더 쉽다.

하지만 정책을 제시하고, 대비되는 점을 내보이고, 양극화한 유권자들의 마음을 살 후보를 고르는 과정에서 양당은 유권자들을 더욱 양극화하고 있다. 분명한 선택은 설득할 부동층이 적다는 것을 의미하며, 이것은 지지 기반 동원에 집중할 동기를 더욱 강화한다. 다른 경우와 마찬가지로, 이번에도 양극화는 양극화를 낳는다. 그것은 스위치가 아니라 플라이휠이다.

강성 당원과 약한 정당, 망가진 예비선거

설득 가능한 유권자의 감소는 양 정당으로서는 희소식일 수 있다. 이도 저도 아닌 중간보다는 그들과 동의하고, 그들을 신뢰하는 유권자에게 집중하기가 훨씬 쉽다. 그러나 정당들도 쇠퇴하고 있다.

마켓대학교의 정치학자 줄리아 아자리Julia Azari는 "우리 시대의 가장 중요한 특징은 당파성은 강하지만 정당은 약한 것"이라고 말했다.[4] 아자리의 생각이 옳다. 그리고 이것은 트럼프의 부상, 이념적으로 극단적인 후보들의 성공, 카리스마 있는 선동가가 정치판을 휘두를 가능성을 이해하는 가장 중요한 통찰 가운데 하나다. 이 책의 도입부에서 나는 이런 질문을 던졌다. 어떻게 트럼프처럼 비정상적인 후보가 공화당 예비선거에서 승리하고 전 국민을 대상으로 한 투표에서 그렇게 큰 몫을 차지할 수 있었을까? 약한 정당과 강성 당원이 답이다.

50년 전 미국이 가졌던 강한 정당 체제에서라면 트럼프의 승리는 불가능했을 것이다. 공화당 엘리트들은 트럼프를 보며 공포를 느꼈고, 종말론적인 용어까지 써가며 그를 비난했다. 테드 크루즈는 트럼프를 "병적인 거짓말쟁이", "극단적으로 비도덕적인 인물", "지금까지 본 적이 없는 수준의 나르시시스트"라고 불렀다. 릭 페리Rick Perry는 트럼프의 출마가 "보수주의에 암적인 영향을 미쳤으며, 이를 명확하게 진단하고, 잘라내고, 폐기해야 한다"라고 말했다. 랜드 폴Rand Paul은 트럼프를 두고 "망상적 나르시시스트이자 오렌지색 얼굴의 떠버리이며, 흙덩어리가 대통령이 되는 것이 훨씬 더 적절하다"라고 말했다. 마코 루비오는 트럼프는 위험하다며, "미국의 핵무기 코드를 변덕스러운 사람에게 넘겨서는 안 된다"라고 경고했다.

그리고 나서 모든 공화당 의원이 하나같이 트럼프를 승인했다. 크루즈는 병적인 거짓말쟁이에게 투표하라고 독려했고, 페리는 보수주의에 암적인 인물에게 투표할 것을 촉구했다. 루비오는 변덕스러운 사람에게 미국의 핵무기 코드를 넘겨주라며 선거운동을 했다. 이런 목록은 계속된다. 하원 의장 폴 라이언Paul Ryan 의원은 트럼프를 승인했고, 상원 다수당 원내 내표 미치 매코널, 공화당 전국위원회RNC 위원장 라인스 프리버스Reince Priebus도 마찬가지였다. 인디애나주 주지사 마이크 펜스Mike Pence는 트럼프가 '받아들이기 힘든' 사람이라며 전 부시 고문 댄 세노르Dan Senor에게 동감을 표했다. 하지만 그러고 나서 트럼프의 부통령이 되는 일에 동의했다.[5]

이러한 당 엘리트들의 지지 속에서 트럼프가 공화당 성향 유권자들의 지지를 얻어낸 것은 이상한 일이 아니다. 트럼프를 지지하는 공화당원이든, 크루즈를 지지하는 공화당원이든, 라이언을 지지하는 공화당원이든, 힐러리 클린턴을 좋아하지 않는 사람이든, 선택은 분명했다. 트럼프에게 투표하는 것이다. 트럼프는 공화당 판사를 임명하고, 공화당의 감세 법안을 통과시키고, 공화당의 적들과 싸울 것이었다. 라이언은 CNN과의 인터뷰에서 트럼프를 지지하기로 한 결정은 '이분법적'이었다고 말했다. 트럼프 혹은 클린턴 둘 중 하나를 선택해야 했고, 라이언은 자신이 어디에 속하는 알았다. 그는 "모든 면을 고려해봤을 때, 트럼프의 장점이 내가 동의하지 못한 요소들을 뛰어넘었습니다. (…) 어떤 사람이든 자신의 견해를 100% 반영하지는 못합니다. 현실 정치에는 그런 사람이 없죠"라고 말했다.[6]

50년 전이라면 트럼프 또는 클린턴이라는 양단간의 결정 훨씬 전에 공화당 엘리트들이 트럼프를 막았을 것이다. 1970년대까지만 해도 당직자들이 정당 후보자 지명을 통제했다. 대통령 후보로 지명되는 유일한 방법은 전당대회에서 대의원을 확보하는 것이었다. 이념보다 중요한 것은 당 간부들의 설득하는 일이었다. 후보 지명을 받기 위한 교섭은 치열해질 수밖에 없었고, 특히 대의원 과반을 확보한 후보가 없는 경우 더더욱 그랬다. 1924년, 민주당 대의원들은 존 데이비스John W. Davis를 지명하기 전에 100번 이상의 투표를 거쳤다. 이러한 중재 전당 대회과반수의 표를 얻은 후보가 없을 때 당 지도부가 특정 후보의 지지를 호소한 후 재투표하여 대통령 후보를 선정하는 미국의 경선 방식을 말한다—옮긴이를 두고 나온 현대적 비유가 '연기로 가득 찬 막후 밀실'이다.

이후 두 정당 모두 대통령 후보 지명 절차를 당 예비선거로 넘겼다. 이는 후보자 선정 기준이 당 간부들의 지지를 얻을 수 있느냐가 아니라 경선 투표에 참여하는 정당 지지자 극소수의 지지를 얻을 수 있느냐에 달렸음을 의미한다(예를 들어, 2016년에는 30%가량의 유권자들이 예비선거에 참여했는데, 이는 이례적으로 높은 수치였다). 이로 인해 정당은 약해지고, 열성 당원들은 강해졌으며, 미국 정치 시스템은 선동가들에 더욱 취약해졌다.

스티븐 레비츠키와 대니얼 지블랫이 『어떻게 민주주의는 무너지는가』에서 주장한 것처럼, 미국 정치는 오랫동안 강고한 지지 기반을 확보한 선동적인 쇼맨들을 배출해왔다. 반유대주의 사제이자 라디오 스타인 코울린 신부, 헨리 포드와 루이지애나 주지사 휴이 롱Huey Long 등이 대표적인 예다. 하지만 인구의 20~30%가 그들을 좋아한다고 해도 그들이 전당대회에서 승리할 확률은 거의 없었다.

전당대회 시스템은 위험한 후보들을 체계적으로 걸러낸다는 점에서 효과적인 문지기 역할을 했다. 당내 인사들은 학자들이 '동료 심사'라고 부르는 것을 제공했다. 시장들과 상·하원의원들은 후보자들을 개인적으로 알았다. 그들은 여러 해 동안 다양한 조건에서 후보자들과 함께 일했기 때문에 후보자들의 인격과 판단력, 압박을 이겨내는 능력을 평가하기에 유리했다. 연기가 가득 찬 막후 밀실은 세계의 다른 곳에서 민주주의를 탈선시킨 선동가들과 극단주의자들을 막는 데 도움이 되는 선별 장치 역할을 했다. 미국 정당의 문지기 역할은 너무나 효과적이어서 외부인들은 도저히 이길 수가 없었다. 그 결과, 대부분은 시도조차 하지 않았다.[7]

그러나 오늘날 후보 지명은 예비선거와 코커스각 주의 정당이 주관하는 일종의 당원 대회로서, 정식 당원만 참석하여 각 당의 대선 후보를 선출할 대의원을 뽑는다—옮긴이를 거친다. 둘 다 가장 광범위한 지지를 받는 후보는 아니더라도 지지층이 강력한 후보가 유리하다. 결국, 후보자를 위해 비를 맞으며 몇 시간 동안 코커스 유세 활동을 할 열성 지지자들이 없다면, 1월의 비 오는 추운 밤에 코커스에서 이길 수 없다. 우리는 당 간부들에게 어필하는 후보를 뽑는 제도에서 열성적인 유권자들이 선호하는 후보를 뽑는 제도로 넘어왔다. 달리 말하면, 도널드 트럼프나 버니 샌더스 둘 다 1956년 대선 예비선거에서라면 가망이 없었겠지만, 그들 중 한 명은 2016년 대선 예비선거에서 승리했고 다른 한 명은 거의 승리할 뻔했다.

이런 변화 속에 꿰어져 있는 것은 미국 정치에 관한 이상한 사실이다. 우리는 당 간부들이 정당 후보자 지명 과정에 영향력을 행사하는 것을 불법 행위로 간주한다. '슈퍼 대의원'을 두고 벌이는 민주당의 싸움이 그 적나라한 버전이다. 2016년 전당대회 대의원 중 85%는 예비선거와 코커스의 결과를 따라야 하는 일반 대의원이었지만, 15%는 소위 슈퍼 대의원이었다. 슈퍼 대의원은 자신이 원하는 대로 투표할 수 있었다. 그들은 선출직 공무원 또는 고위 당직자였다. 때문에 샌더스 지지자들은 샌더스가 예비선거와 코커스에서 승리하더라도 슈퍼 대의원들이 클린턴에게 지명권을 넘겨줄까 봐 우려하며 눈을 떼지 못했다.

이론적으로 가능성 있는 이야기였다. 샌더스는 뉴햄프셔주 예비선거를 20% 이상 차이로 승리해 15명의 대의원을 확보했다. 클린턴은 9명을 확보했다. 그러나 뉴햄프셔주에는 8명의 슈퍼 대의원이 있었고, 이들 중 6명은 예비선거가 열리기도 전에 클린턴을 지지했다. 이는 클린턴이 예비선거에서는 졌지만, 대의원 수에서는 동률을 이뤘다는 것을 의미했다. 클린턴이 샌더스보다 전국적으로 더 많은 예비선거에서 이기고 정규 대의원을 얻었기 때문에 문제가 되진 않았지만, 슈퍼 대의원의 존재는 샌더스 지지자들을 격분케 했다. 일군의 당직자들이 예비선거에서 2위를 한 후보에게 지명권을 준다는 것은 비민주적인 것으로 보였다. 2018년 민주당 전국위원회DNC는 이 같은 비난을 수용했고, 규칙을 변경했다. 이제 일반 대의원만 전당대회 1차 투표에 참여할 수 있다.

이것이 공화당 내 엘리트 약세가 트럼프의 지명으로 이어지자 그 여파로 생겨난 기묘한 변화라고 생각할 수도 있다. 하지만 자격 없는 선동가들이 일부 예비선거에서 승리할 수 있을지라도, 당 간부들이 그들을 차단하는 역할을 해왔다는 증명이라고 볼 수도 있지 않을까? 물론 당 간부들이 견제 역할을 할 수 있는 권한을 가지고 있다고 해도, 더는 그것을 사용할 대중적인 정당성이 없다는 점은 사실이다. 그 결과로 생긴 반발은 당을 둘로 갈라놓을 것이기 때문이다. 규칙이 바뀌어서 당이 약해진 것은 아니다. 당이 약하기 때문에 규칙이 바뀐 것이다.

대통령 선거에서 일어난 일은 국회의원 선거에서도 일어날 수 있다. 강한 이념을 가진 이들이 예비선거에 도전하는 경향은 최근 수십 년 동안 특히 공화당에서 더 강해졌다. 클라크대학교의 정치학자 로버트 보트라이트Robert Boatright에 따르면, 이념적인 후보의 공화당 예비선거 도전 비율이 1970년대 25% 미만에서 2010년대 40% 이상으로 치솟았다. 민주당에서는 이념적인 예비선거 도전이 10% 미만에서 10% 이상으로 증가했다(민주당의 예비선거 도전은 이념보다 사회적 정체성에 초점을 둘 가능성이 크다).[8]

정치인이 예비선거에서 패배하는 일은 드물지만, 그래도 충분히 자주 발생하는 일로, 어떤 국회의원도 마음 놓고 있을 여유가 없다. 모든 공화당 의원은 보수적인 도전자 데이브 브랫Dave Brat에게 충격적인 패배를 당한 전 하원 원내 내표 에릭 캔터Eric Cantor와 같은 운명에 처할 수 있다는 것을 깨달았다. 그리고 모든 민주당 의원은 다들 미래 하원의장이 될 것으로 믿었던 조 크롤리Joe Crowley 전 하원의원과 같은 신세가 될 수도 있음을 깨달았다 2018년 정치 신인이었던 알렉산드리아 오카시오코르테스는 민주당 경선에서 모두의 예상을 깨고 당시 10선 현역 의원인 조 크롤리를 꺾어 전국적인 화제를 모았다. 오카시오코르테스는 이후 공화당 후보를 이기고 미국 역사상 최연소 여성 하원의원이 되었다—옮긴이.

이 모든 것이 정당 엘리트들의 힘을 잠식하고 극단적으로 양극화한 예비선거 유권자들의 힘을 증폭시켰다. 그리고 이것은 의석을 차지한 의회 의원들에게 자신의 안위를 위해 더욱 양극화한 정치 전략을 추구하도록 강요했다. 물론 정치적 보장은 자금을 조달할 수만 있다면 부분적으로라도 구매할 수 있는 자원이다. 그리고 돈은 당이 약해지고, 열성 당원들이 강해지고, 양극화 후보들이 번성하게 하는 또 다른 요소다.

타락한 기관 기부자들, 양극화한 소액 기부자들

2009년 9월 9일 오바마 대통령은 의료보험 문제를 두고 전국적으로 방송되는, 보기 드문 연설을 위해 의회 양원 합동 회의를 소집했다. 오바마케어 법안이 위태로운 순간에 행해진 이 연설은 오늘날 대부분 잊혔다. 하지만 그 안에는 그 시대의 정치적 전통과 밈의 일부가 된 순간이 있다. 오바마는 이미 자신의 계획을 설명한 적이 있었고, 그 자리에서는 국가적 논의에 슬며시 스며든 왜곡된 내용들을 반박하는 데 주력했다. "우리의 개혁 노력이 불법 이민자들에게 보험을 제공할 거라고 주장하는 사람들도 있습니다"라고 그는 말했다. "이것 역시 사실이 아닙니다. 내가 제안하는 개혁은 불법적으로 이곳에 있는 사람들에게는 적용되지 않을 것입니다." 방청석에 앉은 공화당 소속 사우스캐롤라이나주 하원의원 조 윌슨Joe Wilson은 참을 수가 없었는지 "거짓말이야!"라며 소리쳤다.

오바마는 거짓말하지 않았다. 법안에는 미등록자에 대한 혜택을 금지하는 조항이 있었다. 그러나 윌슨의 동료들까지 놀라게 한 것은 진실에 대한 진부한 왜곡이 아니라, 예절에 어긋난 행동이었다. 오바마에게 대선에서 패배한 지 몇 달밖에 되지 않은 시점이었지만 존 매케인 상원의원은 "그건 참으로 무례한 일입니다"라고 말했다. 공화당 지도부는 윌슨에게 사과하라는 압력을 넣었고, 윌슨은 일종의 사과, 혹은 사과 비슷한 것을 했다. 그는 성명에서 "건강보험의 불법 이민자 적용에 관한 대통령의 발언을 듣자 하니, 감정이 북받쳐 올랐습니다"라고 말했다. 공화당은 윌슨의 감정 폭발이 못마땅했을지 몰라도 공화당 유권자들은 기뻐했다. 몇 주 안에 윌슨은 자신의 발언에 흥분한 보수주의자들에게서 거의 200만 달러에 달하는 후원금을 모금했고, 하룻밤 사이에 그저 그런 말단 하원의원에서 공화당 유명 인사가 되었다. 윌슨은 자신의 후원금만 모은 게 아니었다. 다른 공화당 의원들이 그에게 후원금 모으는 것을 도와달라고 간청했다. 윌슨은 "나는 수백 건의 요청을 받았습니다. 의원 수십 명이 자신의 지역구에 와달라고 요청했습니다"라고 말했다. 하원의원 미셸 바크만Michele Bachmann은 "조, 당신은 미네소타의 영웅입니다"라고 말했다.[9]

윌슨은 바크만 지지자들에게 영웅이 되면서 오바마 지지자들에게는 악당이 되었다. 다음 해에 있을 선거에서 그가 상대해야 할 롭 밀러Rob Miller도 윌슨의 악명을 이용해서 후원금을 모으기 시작했다. 그는 그 사건이 있고 난 후 투어를 도는 윌슨을 두고 "그는 사과 투어를 해야 합니다. (…) 그는 대통령에게 무례하게 행동한 것에 대해 사우스캐롤라이나주에 있는 모든 교사, 모든 법 집행관, 모든 사람에게 사과해야 합니다"라고 말했다. 밀러는 그런 주장을 전국화했고, 몇 주 동안 150만 달러를 모금했다. 그는 모금한 돈을 두고 "게임이 바뀌었습니다. 선거운동이 바뀌었습니다"라고 말했다.[10] 윌슨과 밀러는 그해 사우스캐롤라이나주에서 열린 다른 하원 경선보다 2배 이상 많은 돈을 모금했다. 그중 많은 부분은 다른 주에 거주하는 기부자들에게서 나왔다(이 모든 것에도 불구하고, 윌슨은 2008년 선거에서 보인 것과 비슷한 격차로 선거에서 이겼다).

윌슨 드라마에 묻힌 중요한 교훈이 있는데, 바로 '돈'이다. 매우 이념적인 소액 기부자들이 전국적인 네트워크를 구성하는 추세가 어떻게 선거운동의 자금 조달 방식과 후보들의 경쟁 방식을 바꾸는지 살펴보자.

레이먼드 라 라자Raymond La Raja와 브라이언 샤프너Brian Shaffner는

『선거 자금과 정치적 양극화Campaign Finance and Political Polarization』에서
규제가 돈이 정치로 들어오는 것을 막는 게 아니라, 돈이 들어오는 길
이 정치를 바꾼다고 주장한다. 정당 기부에 제한을 가하면, 사람들은 후
보자에게 기부하기 시작한다. 후보자 기부에 제한을 가하면, 그들은 슈
퍼팩PAC 정치행동위원회Political Action Committee는 특정 정치인이나 법안 등을 지지하거나
반대하는 단체를 말한다. 슈퍼팩은 일반 PAC과는 달리 특정 정치인이나 정당에 직접 자금을 대
주는 방식이 아니라면, 무한정으로 돈을 모으거나 쓸 수 있다―옮긴이에 기부한다. 이것
은 다른 주들의 다양한 규정들을 이용하면 다양한 모금 규칙이 정치를
상당히 변화시킬 수 있음을 의미한다. 특히 각 정당이 막대한 자금을
모금해 후보에게 나눠주는 주와, 후보들이 스스로 기금을 모금해야 하
는 주를 비교할 수 있다. 그래서 라 라자와 샤프너는 50개 주의 1990년
부터 2010년 사이 자료를 모아서 정당에 대한 기부 제한이 양극화에 어
떤 영향을 미치는지 조사했다.

　　연구 결과가 주는 교훈은 명확했다. 정당이 강할수록 주 의회의 양
극화가 덜했다. 이러한 경향은 돈의 액수가 큰 주에서 주로 나타났다.
36개의 가장 '전문적'인 입법부들(국회의원이 실제로 보수를 받는 직업
인 주들)을 살펴보면서 라 라자와 샤프너는 1997년과 2007년 사이에
정당 기부를 제한했던 주와 그렇지 않은 주를 비교했다. 그들은 "정당
기부를 제한한 28개 의회는 무제한 기부를 허용한 8개 의회보다 거의
3배에 달하는 양극화 증가 양상을 보였다"라고 썼다.[11]

　　선거자금법이 이 모든 결과를 설명할 수 있을지 의심스럽지만, 이
는 여전히 설득력 있는 발견이며, 매케인-파인골드 법으로 정당 자금
모금을 대폭 제한한 전국 수준의 정치와도 관련이 있다. 라 라자와 샤
프너가 볼 때 정당은 승리를 원하며, 승리를 쟁취하기 위해 더 온건한

후보를 지지할 용의가 있다. 하지만 그것만이 아닐 수 있다. 더 많은 이념적 운동가들이 정당 위원회를 두고 하는 비판은 그들이 당선 가능성에 영향을 미칠 것 같지 않은 상황에서도 온건주의를 중시하며, 자료가 그들의 주장을 뒷받침한다는 것이다. 플로리다주립대학교의 정치학자 한스 하셀Hans Hassell의 연구는 정당 조직이 넉넉히 이길 수 있는 지역에서조차 더 온건한 후보들을 지지한다는 것을 보여주었다.[12] 만약 당신이 당이 자금을 통제하는 주에서 선거운동 자금을 마련하고자 하는 후보라면, 당신은 이길 수 있다는 확신을 당에 심어줘야 하고, 또한 자신이 온건한 후보라고 설득해야 한다는 것이다.

하지만 자금을 직접 모아야 한다면, 상황은 달라진다. 개인이든 단체든 대부분은 정치인들에게 돈을 주지 않는다. 예상 가능한 것처럼, 돈을 주는 사람들은 더 양극화되어 있고, 더 당파적이다. 당신은 영감, 격노, 혹은 거래로 그들에게 동기를 부여해야 한다. 다르게 말하자면 당신은 이념, 정체성, 부패로 그들에게 호소해야 한다.

라 라자와 샤프너는 이 차이를 기준으로 '실용주의자'와 '순수주의자'로 나누었다. 그들은 정치란 권력 유지에 주로 관심이 있는 '실용주의자'들과 그들의 의제를 통과시키는 일에 무엇보다도 관심을 두는 정책 요구형 '순수주의자'들 사이의 전쟁이라고 주장한다. 정당의 자금줄을 줄이는 것은 실용주의자보다 순수주의자에게 힘을 실어준다.

내 생각에 이러한 유형론은 정치적 정체성과 부정적 당파성의 강력한 힘을 간과한 것으로 보인다. 정치적 갈등은 정책에 관한 것만이 아니며, 권력에 관한 것만도 아니다. 그것은 집단 지위에 관한 것이다. 이것은 분명히 승리에 관한 것과는 다르다. 만약 단지 승리에 관한 것이라면, 사람들은 의석 교체에 대한 전문가의 의견에 따라 가장 근소한 차이를 보이는 경선에 자금을 댈 것이다. 그러나 사람들은 성공 가능성에 상관없이 이념적으로 가장 많이 동요하는 경선에 종종 자금을 댄다(민주당이 2018년 텍사스 상원의원 경선에 쓴 돈을 보면, 테드 크루즈에 대한 혐오감이 그보다 덜 혐오스러운 현직 의원들을 상대하는, 승리 가능성이 더 큰 선거에 쏟는 지원을 압도한다는 것을 알 수 있다). 윌슨은 더 순수한 정책 의제를 내세우거나 부동 의석을 대표하기 때문에 수백만 달러를 모금한 것이 아니었다. 그는 보수주의자들이 오바마를 싫어했기 때문에 자금을 모을 수 있었고, 윌슨은 잠시 보수주의자들의 옹호자가 되었다.

　　그것이 정당 중심 모금과 후보 중심 모금의 또 다른 차이점이다. 정당은 누가 어디에 출마하는지 안다. 그들은 어느 지역이 취약하고, 어떤 후보가 유능하며, 어떤 경선이 돈을 받을 만한지 연구하기 위해 많은 직원을 고용하고 임금을 지급한다. 하지만 유권자들에게는 일주일에 엿새씩 후보자들의 이력서를 훑어볼 상근 직원이 없다. 그래서 개인들에게 거액을 모으기를 원하는 후보들은 어떻게든 얼굴을 알릴 필요가 있다. 방법은 다양하다. 오바마가 2004년 상원의원 선거에 출마했을 때처럼 한 세대의 정치적 재능을 증명함으로써 그렇게 할 수 있다. 오루크가 크루즈를 상대했던 것처럼, 당이 정말 싫어하는 사람과 선거에서 대결함으로써 그렇게 할 수 있다. 윌슨이 그랬던 것처럼, 전국적 논란의 중심지가 되는 재주를 부림으로써 그렇게 할 수 있다. 오카시오코르테스처럼 소셜미디어에서 인기를 끌거나, 상원의원 척 슈머Chuck Schumer처럼 뉴스 채널과 정기적으로 인터뷰함으로써 그렇게 할 수 있다. 정당 기부자들의 명단을 빌려서 그들을 관심을 끄는 이메일을 보내거나 모금 전화를 걸 수도 있다. 하지만 어떻게든 눈에 띄어야 한다. 주목받아야 하고, 리트윗되어야 하며, 인터뷰 약속도 잡아야 한다. 그리고 일반적으로 사람들은 극단적이고 시끄럽고 격렬하게 대립하는 사람에게 주목한다. 온건하고, 진정시키고, 사려 깊은 사람은 별로 주목받지 못한다.

거기다 정치 추세는 기술적인 이유로 복잡해지고 있다. 나는 하워드 딘Howard Dean의 2004년 대통령 선거운동에서 인턴으로 일했는데, 인터넷을 통해 지지자들을 찾고, 그들을 운동으로 조직하고, 이를 선거운동 자금 마련에 사용했다. 3/4분기 마감 전에 개인 기부금 액수를 보여주는 커다란 빨간 온도계가 1500만 달러를 표시했을 때 나는 현장에 있었다. 다른 사람들과 마찬가지로 나도 깜짝 놀랐다. 누구도 그렇게 많은 금액을 모금한 적이 없었다. 이전에는 누구도 그렇게 할 수 없었기 때문이다. 이메일이 있기 전(이것은 소셜미디어 혁명 이전에 있었던 일이고, 내가 나이를 먹었다는 느낌이 든다)에는 선거운동원이 지지자들과 소통하는 데 비용이 많이 들었다. 지지자들은 기부할 마음이 있더라도 기부하는 것 자체가 어려웠다. 우편은 비싸고, 뉴스를 타고 퍼지는 순간적인 분노를 이용하기에는 너무 느리다. 그러나 디지털 도구는 즉각적이며, 비용이 거의 없는 거나 마찬가지다. 계속해서 지지자들에게 이메일을 보낼 수 있고, 그들을 자세히 추적하고, 선거 캠프와의 결속을 심화할 수 있다.

세상에, 우리는 그것이 무엇을 의미하는지를 두고 이상적이었다. 딘의 선거운동 책임자였던 조 트리피Joe Trippi는 『혁명은 TV로 방영되지 않을 것이다The Revolution Will Not Be Televised』라는 제목의 회고록 겸 성명서를 출판했다. 부제는 '민주주의, 인터넷, 그리고 모든 것의 전복Democracy, the Internet, and the Overthrow of Everything'이었다. 당시에는 이 말이 지금보다 더 희망적이고 덜 불길하게 들렸다. 트리피는 "이것은 미국의 2차 혁명의 첫 번째 총성이다. 오래전에 존재가 잊힌 시스템을 되찾기 위해 사람들이 첫걸음을 내딛는 것과 같다"라고 썼다.[13] 소액 기부자가 민주주의를 구할 거라고, 소액 기부가 부패를 정치에서 몰아내고, 새로운 종류의 후보들이 출마하고 승리할 수 있게 하며, 거액의 기부금을 내는 사람들에 비해 무시당해온 유권자들을 참여토록 할 것이라고 생각했다. 가슴이 두근거리는 일이었다. 심지어 부분적으로는 사실이었다.

하지만 우리는 어두운 면을 잘 보지 못했다. 잘 알려지지 않은 버몬트주 주지사였던 딘은 민주당 지도부 인사들이 하지 않는 말을 기꺼이 함으로써 선거운동에 활기를 불어넣었다. 딘은 이라크전은 실수였고 부시 대통령의 재임은 재앙이었다고 말했다. 그가 옳았다. 이후 후보들은 딘처럼 수백만 명의 미국인이 원하는 말을 함으로써(비록 당이 주요 인사들이 그런 말을 탐탁지 않아 하더라도) 엄청난 금액을 모을 수 있고, 수많은 군중을 흥분시킬 수 있다는 사실을 알아차린 것이다. 이건 진짜 새로운 발견이었다. 하지만 인종차별적인 거짓말과 외국인 혐오적인 선동 역시 쉽게 퍼질 수 있는 통로였다. 정말로 모든 것의 전복이었다.

이러한 규칙, 추세, 기술이 성숙해짐에 따라 소액 기부자의 모금이 폭발적으로 증가했다. 정치학자 캐런 세볼드Karen Sebold와 앤드루 도들Andrew Dowdle은 예비선거가 있는 한 해 동안 선거 캠프에 소액을 기부하는 사람들을 연구했다. 이 시기는 예비 후보들이 지지를 얻고자 하는 중요한 시기이자 언론과 유권자 대부분이 대통령 정치에 관심을 돌리기 훨씬 전이다. 세볼드와 도들은 "총 소액 기부 건수가 2000년 5만

5000건에서 2016년 56만 6000건으로 10배 이상 증가했음"을 알아냈
다.[14] 개인 기부를 통한 선거운동 자금 마련이 쉬워지면서, 더 많은 후보
가 그렇게 했다. 그리고 이 사실은 예비선거에서 성공하는 후보들의 유
형도 바꿔놓았다.

2016년, 버니 샌더스는 소액 기부자들에게서 1억 3000만 달러 이
상을 모금해 소액 기부 부문에서 신기록을 세웠고, 힐러리 클린턴과 마
틴 오맬리Martin O'Malley를 크게 앞질렀다. 공화당 쪽에서는 도널드 트
럼프가 소액 기부자의 돈을 쓸어 담았고,[15] 선거 몇 달 전에 존 매케인과
밋 롬니가 모은 액수를 넘어섰다. 나는 트럼프와 샌더스를 도덕적으로
동등한 정치인으로 생각하지는 않지만, 두 사람 모두 약화하는 정당의
영향력을 보여준다.

정치의 전국화는 이러한 흐름의 원인이자 결과다. 대니얼 홉킨
스Daniel Hopkins가『점점 더 미합중국이 되어 간다: 미국의 정치 행태
가 전국화한 방법과 이유The Increasingly United States: How and Why American
Political Behavior Nationalized』에서 보여주었듯, 주 정치 후보자에게 돌아가
는 200달러 이상의 항목별 정치 기부금(미국 연방선거관리위원회에 보
고해야 하는 기부금) 비율은 1990년 3분의 2에서 2012년 3분의 1로 감
소했다. 큰 폭의 하락이긴 하지만, 말이 된다. 정치 미디어가 더 전국화
하고 덜 지역화하면서, 사람들은 전국적 후보들에 대해 더 많은 이야기
를 듣는다. 놀랍게도, 홉킨스는 부통령의 이름을 댈 수 있는 미국인의
비율은 변화가 없는 가운데 주지사의 이름을 댈 수 있는 미국인의 비
율이 꾸준히 감소하고 있다는 사실을 발견했다. 또한 홉킨스는 사람들
에게 가장 싫어하는 정치인의 이름을 대라고 했을 때, 15%만이 자신의
주에 있는 정치인을 지명한다는 사실을 발견했다. 대통령 선거의 투표

율이 다른 선거들보다 엄청나게 높다는 것은 모두가 알고 있는 사실이다. 홉킨스는 이에 더해 전국적 정치 이야기의 일부로 받아들여지도록 판이 짜이는 상원 선거도 투표율을 끌어올리는 동력으로써 최근 주지사 선거를 넘어섰음을 보여줬다. 우리는 전국적 정치인과 정치 이야기를 예전보다 더 많이 듣고 더 관심을 기울인다. 그리고 기부는 관심을 따라간다.

이런 점은 정치의 근본적인 논쟁 중 하나와 이 책의 한 줄기를 조명하고 있으므로, 잠시 멈추고 생각해볼 필요가 있다. 사람들이 정치인이 통제하는 자원에 대해 자신의 몫을 극대화하려고 정치에 참여한다는 물질주의적 정치 참여 이론에서는 이러한 참여 패턴이 말이 되지 않는다. 전국적인 정치를 주도하는 논쟁보다는 주와 지방의 정치적 결정이 대부분의 일상생활에는 훨씬 중요하다. 사람들은 대통령보다 시장, 주 상원의원, 또는 주지사에게 훨씬 더 많은 영향력을 행사할 수 있다. 사람들은 국가적인 수준에서 벌어지는 좀 더 추상적인 충돌이 아니라, 그들의 일상에 가장 가까운, 실체적인 이해관계가 얽힌 정치에 가장 많이 참여해야 한다.

하지만 사람들이 자신이 누구이고 누구를 지지하며 누구를 혐오하는지를 표현하기 위해 정치에 참여한다는 정치 참여의 정체성 모델에서는 이것이 완벽하게 말이 된다. 당신은 이름도 잘 기억나지 않는 지역 국회의원보다는 전국 뉴스에 악당으로 나오는 정치인이 패배하는 모습을 보기 위해 돈을 기부한다. 선과 악을 두고 벌이는 거대한 충돌, 소셜미디어와 심야 코미디에 만연한 그들의 이야기들은 실제적인 이해관계가 걸린 지방 채권 조례보다 훨씬 더 흥미진진하다. 우리가 전국적 후보들에게는 더 기부하고 지역 후보들에게는 덜 기부하자, 후보들 사이에서는 자신을 전국적인 인물로 만들려는 동기가 생겨나고, 결과적으로 그들은 자신의 주와 지역구에 중요한 지역 이슈보다는 전국 곳곳에 있는 기부자들을 흥분시키는, 양극화한 이슈에 더 초점을 맞추게 된다. 온라인상에서 급작스레 인기를 끄는, 양당의 슈퍼스타들이 일상적으로 발견하듯이, 여기서 얻는 보상은 엄청나게 크다.

트럼프도 샌더스도 2016년 예비선거에서 실제로 가장 많은 돈을 모금하지는 않았다. 이는 소규모 기부자들이(심지어 개인 기부자들이) 전부가 아니기 때문이다. '접근성 지향적인' 기부자들에게서도 돈이 계속 흘러든다. 벤저민 바버Benjamin Barber는 주 선거운동 자금법의 또 다른 차이를 이용해서 후보자에 대한 개인 기부금을 제한하는 주와 후보자에 대한 PAC 기부금을 제한하는 주를 비교했다.[16] 바버는 개인 기부를 촉진하는 규정이 있는 곳에서 후보들이 더 양극화되어 있다는 것을 발견한다. PAC 자금에 문을 활짝 여는 곳에서는 후보들이 좀 더 온건했다. 개인 기부자들은 사랑에 빠지거나 증오를 표현하고 싶어 한다. 그들은 승리 가능성은 적더라도 자신의 정체성에 부합하는 후보를 지지한다. 기관 기부자들은 좀 더 실용적이다. 그들은 이길 후보들을 원하고, 이긴 뒤 일을 해낼 후보들을 원한다.

이것은 들리는 것보다 좋지 않은 일이다. 기관 기부자들은 정부가 일하기를 원한다. 정확히는 정부가 자신에게 유리하게 일하기를 원한다. 개인 기부자가 정체성 표현의 한 형태로 돈을 낸다면 기관 기부자는 투자의 형태로 돈을 낸다. 개인 기부자들은 양극화하고 있다. 기관 기부자들은 타락하고 있다. 따라서 미국 정치는 양극화한 사람들과 부유한 사람들이라는 두 부류의 사람들에게 끌려가고 있다.

물리학에는 규모에 따라 다른 법칙들이 있다(참고 계속 읽어주길

바란다). 양자역학은 미시적 대상에 적용되고, 특수상대성이론은 매우
큰 것을 묘사한다. 정치에서 돈도 그렇다. 내 경험상 거래적 기부는 아
무도 들어보지 못한 법안, 소수의 사람만 읽는 조항, 대중과 미디어가
집중하지 않는 규제와 관련해 정치를 추동한다. 하지만 거시적 차원에
서, 다시 말해 연일 신문 1면을 장식하는 대통령 정치와 입법 투쟁의 결
과를 좌우하는 것은 당파적인 돈이다. 만약 재계가 돈으로 모든 것을
좌우할 수 있다면, 이민 개혁과 인프라 투자는 오래전에 통과됐을 것이
고, 젭 부시Jeb Bush가 대통령이 되었을 것이다젭 부시는 조지 H. W. 부시의 아
들이며, 조지 W. 부시의 동생이다. 1998년 플로리다주 주지사가 되었고, 2002년 재선에 성공했
다. 플로리다주에서 재선에 성공한 최초의 주지사로서, 업무 추진력에서 좋은 평가를 받았다. 부
인이 멕시코인인 관계로 불법 이민자를 중범죄자로 인식하는 것에 반대하고 이민 개혁에도 긍
정적 태도를 보였다. 또한 허리케인이 자주 지나는 플로리다주를 위해 연방정부 차원의 인프라
투자를 주장했다−옮긴이. 일단 한 사안을 두고 민주당과 공화당 간의 전선
이 형성되면, 기업의 돈은 당파성의 제로섬 논리 혹은 지지 기반의 분
노에 밀리는 경우가 많다. 하지만 그렇다고 해서 접근성 지향적인 돈이
갖는 힘을 무시할 수 있는 것은 아니다. 우리는 정치인들이 하는 대부
분의 일에 대해 듣지 못하며, 거래성 자금 모금의 부패가 정책을 왜곡
할 광대한 공간은 그대로 남는다. 거래주의자와 양극화주의자는 동맹
을 맺기도 한다. 예를 들어 트럼프 행정부는 종종 아침에는 무릎을 꿇
은 NFL 선수들에 대해 트윗을 올리고 저녁에는 법인세 인하를 통과시
키곤 했다.

　대법원은 1970년대까지 거슬러 올라가는 일련의 판결에서 정치
자금 지출은 헌법상 보호되는 언론의 자유이므로, 규제할 수 없다고 판
결했다. 그러나 이것은 실행 가능한 개혁이 소액 기부자들의 힘을 증폭

시키는 계획(이것은 양극화 문제를 악화한다)과 제도적 자금이 시스템을 범람하는 계획(온갖 부수적인 부패가 함께한다) 사이에 우리를 던져 놓는 경향이 있음을 의미한다. 정치가 사적인 기부로 운영되는 한, 기부하는 사람들이 원하는 것에 귀를 기울여야 한다는, 피할 수 없는 문제가 남는다.

정당의 추락과 떠오르는 열성 당원들

도널드 트럼프는 공화당 경선에서 적대적 인수합병을 통해 어렵게 승리했다. 트럼프는 조지 W. 부시를 두고 "형편없는 대통령"이라고 트위터에 적었다. 존 매케인에 대해서는 "나는 붙잡히지 않은 사람이 좋다"라고 말했다. 밋 롬니는 "공화당 정치 역사상 가장 어리석고 최악인 후보 가운데 한 명"이라고 불렀다.

트럼프가 공격한 것은 공화당 후보들만이 아니었다. 그는 공화당 정책도 공격했다. 그는 메디케어와 메디케이드저소득층 의료 보장 제도—옮긴이, 사회보장제도를 보존하겠다고 약속했다. 자신과 같은 사람들의 세금을 인상하겠다고 약속했다(거짓말이었다). 그는 모두를 위한 의료보험(역시 거짓말이었다), 자유무역의 종식, 러시아에 대한 온건 노선, 국경 장벽 건설 등을 약속했다. 이 중 많은 부분이 여론조사에서 좋은 결과로 이어졌고, 트럼프에 대한 지지를 끌어냈다. 하지만 그것은 또한 트럼프가 비방한 사람들 또는 그가 배신한 이념적 약속들, 혹은 그들과 이념들 둘 다를 좋아하는 많은 공화당 사람들을 소외시켰다. 그것은 붐비고 분열된 전장에서 우위를 차지하기 위해 공화당 지지 기반 내 소외된 소수자를 동원하는 전략이었다. 이 전략이 예비선거에서는 통했어도, 내부적으로 쪼개진 정당이 총선에서 승리하기는 힘들 것이었다. 전문가들은 공화당이 대패할 거라고 예측했고, 정당 내전이 뒤따랐다. 매슈 다우드는 《폴리티코Politico》와의 인터뷰에서 이렇게 말했다. "나는 공화당이 전국 정당으로서 재건되어야 한다고 생각합니다. 하지만 이 모든 것을 정리할 좋은 방법은 없어 보입니다."[17]

하지만 예측은 맞지 않았다. 정치가 변했기 때문이다. 이전의 정치는 당파성이 약하고 후보의 일탈을 엄단했다. 1964년, 배리 골드워터는 오른쪽으로 열심히 달렸고, 공화당은 돈을 댔다. 골드워터는 동남부 5개 주와 그의 고향인 애리조나주에서 승리했다. 그가 받은 표는 리처드 닉슨이 4년 전에 받았던 것보다 700만 표 적었다. 역사학자 제프리 카바서비스는 『규칙과 파멸』에서 이렇게 지적했다. "진짜 대학살은 이후에 일어났다. 공화당은 하원에서 38석을 잃었고, 공화당 의석 비율은 1936년 선거 이래 최저 수준으로 떨어졌다. (…) 주 의회의 경우 상원에서 90여 석, 하원에서 450여 석을 잃었고, 공화당 의원들의 수는 대공황 이후 가닿지 못한 수준으로 감소했다."

민주당은 1972년 왼쪽으로 이동한 후 비슷한 전멸에 직면했다. 민주당의 많은 사람이 조지 맥거번을 의심하고 심지어 두려워했음에도 불구하고 맥거번은 그해 민주당 예비선거에서 승리했다. 미국노동총연맹AFL-CIO과 같은 주요 민주당 이익 단체들이 그를 승인하기를 거부했고 플로리다주, 텍사스주, 버지니아주 주지사 등을 포함하는 고위급 민주당 의원들이 '닉슨을 위한 민주당'을 조직했다. 맥거번은 40%도 채 되지 않는 득표율로 패배했고, 이는 후보를 인정하지 못한 민주당 의원들이 만들어낸 암울한 결과였다.

그러나 이런 일이 트럼프에게는 일어나지 않았다. 그의 행동에 혐오감을 느끼던 공화당원이 없거나, 그의 이단성에 불편함을 느낀 이익 집단이 없어서가 아니었다. 양당이 더 양극화되어 힐러리 클린턴은 상상조차 할 수 없었기 때문이다. 이것이 약한 정당-강한 당파성이라는 이분법의 핵심이다. 위협은 사랑만큼 강력한 정치적 동기다. 2016년 트럼프 지지자들 사이에서도 마찬가지였다. 출구 조사 결과 클린턴은 자신이 선호하는 후보를 강력히 지지하기 때문에 투표했다고 답한 유권자들의 표 53%를 얻었지만, 트럼프는 상대편에 반대하기 위해 투표했다고 답한 유권자들 사이에서 11% 차이로 앞섰다. 즉, 트럼프의 승리는 클린턴에 반대표를 던진 유권자들 덕분이었다. 실제로 일부 선거 전 여론조사에서 트럼프 지지자들 대다수는 트럼프에 대한 지지보다 클린턴에 대한 두려움이 더 큰 동기였다고 대답했다.

　만약 당신이 진보주의자라면, 클린턴에게 투표하기 위해 꼭 그를 좋아할 필요는 없었다. 트럼프가 하고 말한 모든 것은 공화당이 제정신이 아니고 무슨 수를 써서라도 공화당에 권력이 넘어가면 안 된다는 증거였다. 클린턴 선거운동의 상당 부분은 그러한 시각에서 진행되었다. 왜 클린턴이 대통령이 되어야 하는지가 아니라 왜 트럼프가 대통령이 되면 안 되는지에 관한 것이었다. 그러나 클린턴은 보수주의자들에게 트럼프와 같은 역할을 했다. 클린턴은 현대에 들어 가장 양극화한 정치인 가운데 한 명이다. 그는 인종과 젠더 문제에서 버니 샌더스보다 더 왼쪽으로 달림으로써 예비선거에서 이겼고, 공화당 선거운동은 클린턴을 말 그대로 '감방에 처넣어야 할 범죄자'로 보이도록 하는 데 집중됐다. 만약 당신이 공화당 지지자거나, 단순히 민주당 권력 연합체에 불편함을 느꼈다면, 트럼프에게 표를 주기 위해 꼭 그를 좋아할 필요는 없었다.

의회에서도 마찬가지였다. 스티븐 유티크Stephen Utych는 2019년 논문 「남자는 파란 개를 문다Man Bits Blue Dog」에서 의회 경선을 살펴보고 난 후 이렇게 결론지었다. "역사적으로 중도파가 이념적으로 극단적인 후보들보다 우위를 누려왔지만, 최근 몇 년간 그 격차가 사라졌다."[18] 유티크는 오늘날 "중도파와 이념적으로 극단적인 후보들이 당선될 확률은 똑같다"라는 사실을 알아냈다. 정당과의 관계가 중요해질수록 후보 개개인의 자질은 힘을 잃는다. 당신은 독설을 내뱉는 보수주의자보다 온건한 공화당원을 선호할 수 있지만, 오늘날 좌파의 모습을 생각해 볼 때, 당신은 민주당원보다는 그 둘 중 하나를 선택할 것이다.

이러한 결론에 대해서는 논란이 있다. 앤드루 홀Andrew Hall은 『누가 출마하고 싶어 하는가? 정무직의 가치 하락이 양극화를 추동하는 법Who Wants to Run? How the Devaluing of Political Office Drives Polarization』에서 중도파가 이념적으로 더 양극화한 후보에 비해 출마할 때 여전히 이점을 누리고 있다고 결론지었다. 하지만 중도파가 선출 가능성이 더 크다고 생각한 이유가 흥미롭다. 극단적인 후보를 지명하는 것이 **다른 당**의 투표율을 끌어올리기 때문이다. 홀이 알아낸 바에 따르면, 중도파들이 정치체제와 후보자가 되는 데 필요한 타협 및 모금에 점점 더 혐오감을 느끼면서 애초에 출마를 고사하는 것이 달라진 점이었다. 흥미로운 토론이긴 하지만, 나는 이것 때문에 근본적인 이야기가 바뀐다고 생각하지 않는다. 우리는 이념으로 인한 투표 패턴의 편차가 줄어들고 당파성으로 인한 안정성이 더 나타나는 것을 볼 수 있다. 이것은 말이 된다.

당신이 한 후보자에게 투표할 때, 당신은 그 후보에게만 투표하는 것이 아니다. 우리가 지금까지 논의한 모든 것에 대해 투표하는 것이다. 당신은 상대편의 당선을 막으려고 당신 편에 투표한다. 당신의 정체성을 표현하기 위해 투표한다. 법안을 통과시킬 수 있도록 당신 편 의원들에게 투표한다. 당신 편이 임명할 판사에게 투표한다. 댓글 창에서 당신과 싸우는 얼간이들이 이기지 못하도록 투표한다. 명절 때 언쟁을 벌이는 이모나 삼촌이 잘난체하지 못하도록 투표한다. 당신이 속한 집단이 옳고 다른 집단은 틀렸다고 말하기 위해 투표한다. 이것은 한 대통령 후보보다 중요한 이유다. 상대 당 후보자의 인격 때문에 당신의 지도자가 퇴폐적이고 추잡한 사기꾼처럼 보일지라도 그렇다.

투표할 때 당신은 한 후보, 한 연합체, 한 사회운동, 한 미디어 생태계, 일련의 기부자들을 위해, 그리고 당신이 좋아하지 않거나 우려하는 족속들이 권력을 잡지 못하게 하려고 투표한다. 이 모든 것은 당신이 지지 후보에 대한 애정을 키울 이유를 제공하고, 애정을 갖지 못하더라도 어찌 되었건 그 후보에게 투표하는 것을 정당화할 이유를 제공한다. 한 후보의 인격보다 소속 정당에 더 신경을 쓰는 것은 지극히 합리적이다. 정치는 개인이 아니라 정당 차원에서 이루어진다.

하지만 이로 인해 미국이 처한 현실을 보라. 정당들, 특히 공화당은 후보 지명과 관련한 통제력을 상실하고 있다. 하지만 일단 한 정당이 누군가를(누구라도) 지명하면, 그 사람은 당 엘리트들과 유권자 모두의 지지를 보장받게 된다. 표 분할이 흔했던 골드워터나 맥거번 시절과 달리, 당의 대통령 예비선거에서 승리할 수 있는 후보라면 그 누구라도 당의 지지를 받을 수 있고, 대통령 선거에서 승리할 아주 좋은 기회를 얻게 된다.

이는 어쩌면 더 무서운 일일 수 있다. 이러한 역학관계는 선동적인 후보가 대통령에 당선되면 더 큰 힘을 얻기 때문이다. 2016년 1월, 오랫동안 보수주의를 지키는 문지기 역할을 해온《내셔널 리뷰》는 "트럼프에 반대하며"라는 제목의 기사를 실었고, "트럼프가 행여 대통령이나 공화당 지명자, 심지어는 보수 진영의 강한 지지를 업은 실패한 후보가 된다면, 그것이 보수주의자들과 관련해서 무슨 말을 하는 것이겠는가?"라고 물었다. 그리고 다음과 같이 논평했다. "소련을 서서히 해체하고 잠시나마 사회주의의 빛을 흐려지게 만들었던 운동이 장사치 뒤로 숨어버렸을 것이다. 입헌 정치, 결혼, 생명권과 같은 '영구적인 것들'과 관련한 운동은 트위터 피드를 위한 박수 부대로 전락하는 결과를 낳았을 것이다."[19]

2019년 11월, 하원의 탄핵 심판 조사가 진행되던 때에 《내셔널 리뷰》의 편집자인 리치 로리Rich Lowry는 《복스》의 내 동료 숀 일링Sean Illing에게 자신의 견해가 어떻게 진화해왔는지 설명했다. 그는 트럼프가 "임신중단 합법화 반대, 양심의 권리, 그리고 대법관들에 관한 일"에 대해 단호했다고 말했다. 하지만 나쁜 쪽으로 보면 "트럼프는 미국 정부의 권력 분립을 존중하지 않고, 헌법적으로 생각하지 않으며, 어떤 대통령도 하지 말아야 할 말과 행동을 한다"라고 인정했다. 이것은 꽤 큰 단점으로 여겨진다! 하지만 로리는 이 말도 덧붙였다. "결국 트럼프를 지지하거나, 아니면 기본적으로 모든 사안에서 우리에 반대하는 엘리자베스 워런이나 버니 샌더스, 조 바이든, 피트Pete 시장을 지지해야 합니다. 결국 이것은 매우 간단한 계산법이 됩니다."[20]

나는 이것이 선거라는 소프트웨어의 핵심 결함이라고 생각하게 되었다. 양극화가 심하고, 당이 약하고, 당파성이 강한 시대에 극단주의자들과 그보다 더한 선동가들이 어떻게 체제에 침투하는지 쉽게 알 수 있다. 적절한 말인지는 모르겠으나, 미국은 운이 좋았다. 트럼프는 대통령으로 취임한 후 산만하고 게으르며, 자신이 한 말을 지키는 데 관심이 없음을 스스로 증명했다. 그는 큰 피해를 줬지만, 많은 진보주의자가 우려한 것처럼 미국 중요 기관들을 통제하는 독재자로 부상하지는 않았다. 하지만 앞으로 영리하고 훈련된 선동가들이 등장하지 않으리라는 법은 없다. 그들은 진정으로 공화국을 위협할 것이다.

8장

=

시스템이 비합리적이 될 때

2016년 2월 13일, 앤터닌 스캘리아Antonin Scalia 대법관이 사망했다. 스캘리아는 호전적이었고, 5명으로 구성되는 대법원 내 보수 과반의 정신적 지주였다. 뛰어난 작가로서 글로 대중에게 인기를 얻은 보기 드문 판사이기도 했다. 2004년, 그가 내린 결정에 관한 『스캘리아는 반대합니다Scalia Dissents』라는 책이 출간되었다. 대중이 스캘리아를 지지한 것은 단지 그의 법적 논리 때문만은 아니었다. 스캘리아의 가차 없는 스타일, 그가 적들을 때리는 방식, 대법관으로서 보수주의를 옹호할 때 보인 맹렬함 때문이었다.

스캘리아는 1986년 레이건 대통령에 의해 대법관에 임명되었고, 상원에서 만장일치로 인준되었다. 그 시대의 많은 보수적 이론가처럼, 그의 법학 이론은 헌법을 국가와 함께 발전하는, 살아 있는 문서로 본 워런 대법원 시대미국에서는 대법원장 이름을 붙여 대법원 역사를 시대별로 구분한다. 대표적인 인물이 얼 워런Earl Warren 대법원장이다. 1953~1969년까지 지속한 워런 대법원 시대는 미국의 정치와 사회를 바꿔놓았다고 평가된다—옮긴이에 형성되었다. 워런 대법원과 그 후임자들은 헌법 내부를 들여다보고 이전 세대들이 놓쳤던 것들을 찾아냈다. 예를 들면 아프리카계 미국인에 대한 보호, 임신중단을 원하는 여성들에 대한 보호, 동성애자에 대한 보호 등이다.

스캘리아는 이를 터무니없다고 생각했다. 그는 이렇게 말했다. "헌법은 살아 있는 문서가 아닙니다. 그건 죽었어요, 죽었습니다. 죽었다고요."[1] 그는 원본주의를 믿었다. 혹은 믿었다고 알려졌다(스캘리아는 정치적으로 편리할 때 종종 원본주의를 포기한다는 비판을 받았다).[2] 그의 원본주의에 따르면, 헌법은 헌법이 작성된 시점에 그것을 작성한 사람들에게 의미하는 바다. 그래서 종이 위에 찍힌 문자들에 담긴 모든 종류의 보호는 분명하지만, 스캘리아는 그러한 보호들이 그것을 쓴 저자들의 마음속에는 없는 것이며, 따라서 그런 법도 없다고 생각했다.

스캘리아는 항상 보수적인 인물이었지만, 나이가 들면서 문화 전사로서의 지위를 즐겼다. 2013년 그는 《워싱턴 포스트》와 《뉴욕 타임스》의 구독을 취소했다고 잡지 《뉴욕》에서 말했다. "보수적 이슈를 다루는 방식 때문이었어요. 그들은 기울어져 있었고 종종 고약했습니다. 내가 매일 아침 화를 낼 이유가 없잖아요?"[3] 스캘리아는 《워싱턴 타임스》와 《월스트리트 저널》, 빌 베넷Bill Bennett과 같은 우파 라디오쇼 진행자 등 더 마음이 맞는 소식통이 전하는 뉴스를 듣는다고 인정했다.

연방 대법관은 종신직인데, 이는 그들의 은퇴가 보통 계획된다는 것을 의미한다. 대법관들은 아군이 후임자를 지명할 수 있는 적절한 시기에 물러나곤 했다. 그러나 스캘리아의 예상치 못한 사망으로 모든 것이 혼란에 빠졌다. 스캘리아의 죽음으로 강력한 보수 진영의 목소리와 대법원에서의 보수 과반을 빼앗겼고, 이런 상황은 민주당원인 백악관의 오바마 대통령에게도 영향을 미쳤다. 그러나 스캘리아 후임에 대한 오바마의 권력은 절대적인 것이 아니었다. 헌법은 상원에 사법부 임명에 대한 동의 권한을 부여하고 있으며, 공화당은 2014년 상원 의장직을 되찾은 상태였다. 그래서 오바마는 유화적인 선택을 했다. 그의 선택은 컬럼비아 특별구 항소법원의 수석 판사 메릭 갈런드Merrick Garland였다.

갈런드의 이름은 이전에도 언급된 바 있었는데, 2010년 전 법사위원장을 지낸 공화당 상원의원 오린 해치Orrin Hatch가 그를 추천했었다. 해치는 갈런드가 대법원을 노골적인 당파 싸움으로 몰아넣는 독한 당파성을 잠재울 수 있는 '컨센서스형 지명자'라고 했다. 해치는 이렇게 말했다. "갈런드가 많은 표를 얻으리라는 점을 의심하지 않습니다. 그리고 그게 가능하도록 나는 최대한 도울 것입니다."⁴

그러나 이것은 민주당이 상원을 장악했던 2010년의 일이었다. 공화당이 상원을 장악한 2016년 해치는 갈런드가 표를 얻는 것을 돕지 않았다. 공화당 상원의원들은 갈런드의 임명을 위한 투표는 물론 청문회조차도 거부했다. 공화당 원내 대표 미치 매코널은 문제는 2016년이 선거가 있는 해라는 데 있으며, 그해에 새로운 대법관까지 임명하는 것은 터무니없는 일이 될 거라고 말했다. 매코널은 대법관을 임명할 자격은 오바마의 뒤를 이을 사람에게 있다며, 상원은 오바마가 누구를 지명하든 임명을 거부할 것이라고 했다. 이는 갈런드와 관련한 문제가 아니었다. 민주주의에 관한 문제였다.

동시에 전례가 없는 일이기도 했다. 로스쿨 교수 로빈 브래들리 카Robin Bradley Kar와 제이슨 마조니Jason Mazzone은 "오바마 대통령이 갈런드 판사를 지명한 것처럼, 대법원에 공석이 생겼을 때, 대통령 후임자 선출에 앞서 대법관 임명 절차를 시작한 사례가 103건 있었다. (⋯)

103건 모두, 대통령은 상원의 동의를 얻어 후임 대법관을 지명하고 임
명할 수 있었다. 선거가 있는 해에 지명 절차가 시작된 8건의 사례에서
도 마찬가지였다"라고 썼다.[5]

그러나 매코널의 노림수는 통했다. 트럼프가 2016년 선거에서 승
리했다. 대법원 공석을 둘러싼 보수 진영의 결집에 힘입어 트럼프가 결
승선을 통과할 수 있었다는 합리적인 주장도 있다. 보수적 법학자 닐
고서치Neil Gorsuch가 공석에 임명되었고, 대법원의 공화당 성향 과반이
유지되었다. 매코널은 "내가 가장 자랑스러웠던 순간 중 하나는 버락
오바마의 눈을 보며 '대통령님, 당신은 대법관을 임명할 수 없습니다'라
고 말했던 것입니다"라고 말했다.[6]

갈런드 사건은 공화당이 권력을 잡기 위해서라면 무슨 일이라도
한다는 것을 보여주는 예로, 진보주의자들에게는 아물지 않은 상처로
남아 있다. 버몬트주 민주당 상원의원 패트릭 레이히Patrick Leahy는 "나
는 최장수 상원의원입니다. 지금까지 공화당이든 민주당이든 그런 모
습을 본 적이 없습니다. (⋯) 우리는 모두 헌법을 준수할 것을 맹세합니
다. 헌법에는 대통령이 지명하고, 상원이 동의하라고 되어 있습니다. 대
통령은 헌법에 따랐습니다. 상원은 이를 위반했습니다"라고 말했다.[7]

매코널은 2019년 이 게임을 그만두었다. 켄터키주 상공회의소 오
찬에 참석한 그는 다음 대선이 있는 해인 2020년에 대법원에 공석이 생
기면 어떻게 하겠느냐는 질문을 받았다. CNN의 테드 배럿Ted Barrett은
이후에 일어난 일을 이렇게 보도했다. "원내 내표는 웃음을 내보이기
전에 아이스티를 길게 한 모금 마셨고, '아, 우리는 채울 겁니다'라고 말
해서 청중에게서 큰 웃음을 유발했다."[8] 매코널의 생각에 어떤 비밀스
러운 점은 없었지만, 어쨌든 그는 자기 생각을 솔직히 털어놓았다. 정치

인들이 '오래가는 영향'을 미칠 수 있는 가장 간단한 방법은 법관을 임명하는 것이다. 매코널은 말했다. "다른 모든 것은 변합니다. 하지만 판사는 종신직입니다."

여기서 어려운 질문은 매코널이 왜 갈런드 임명을 막았는지가 아니다. 누가 됐건 왜 매코널(혹은 다른 사람이라 하더라도)이 다르게 행동할 거라고 예상했을까 하는 것이다.

미국의 불안정한 정부 형태

미국의 정치 시스템에 대한 가장 강력한 비판은 후안 린스Juan Linz라는 스페인 정치사회학자에 의해 제기되었다. 린스는 미국 정치에서 더 정확하게는 미국 정치의 자기중심적인 신화들에서 아웃사이더였다. 린스는 1927년 바이마르 공화국에서 태어났고 프랑코 독재하의 스페인에서 자랐으며 1968년까지 미국으로 이주하지 않았다. 린스는 그때까지 정치 시스템이 실패하는 상황 속에서 살았고, 그런 상황을 연구했다. 붕괴의 원인은 종종 암호처럼 정부의 구조에 숨어 있었다. 린스는 저서 『대통령 민주주의의 실패The Failure of Presidential Democracy』에서 행정부와 입법부 사이의 갈등은 해결할 수 없는 경우가 있고, 해결할 수 없는 갈등은 위기와 붕괴로 끝나기 때문에, 독립적인 대통령을 중심으로 한 시스템은 해체되는 경향이 있음을 보여주었다.

하지만 미국의 정치 시스템은 린스에게 수수께끼를 안겨주었다. 린스는 외부 관찰자로서 미국인들이 미국 헌법에 부여하는, 종교에 가까운 경외에서 자유로웠다. 린스는 미국의 정치 시스템이 다른 곳에서 시도되었지만 실패했으며, 미국이 다른 나라에 자국의 체제를 강요하는 것을 혐오한다는 사실을 알았다. 건국을 위해 겪은 모든 도전에도 불구하고, 미국은 민주주의가 필요한 어떤 나라에도 미국처럼 작동하는 시스템을 전수하지 않는다. 린스는 오직 미국에서만 미국의 정치 시스템이 작동했다는 것을 알았다.

1990년 린스는 「대통령제의 위험성The Perils of Presidentialism」이라는 논문에서 그 이유를 설명했다. 전 세계적으로 '안정적인 민주주의 국가들의 대다수'는 입법권을 가진 쪽이 행정권을 획득하는 의원내각제 체제였다.[9] 하지만 미국은 대통령제 민주주의 국가였다. 대통령은 의회와 별개로 선출되고 종종 의회와 의견 충돌을 겪는다. 이 시스템은 이전에도 시도된 적이 있었으나 걱정스럽게도 이 시스템이 살아남은 곳은 미국이 유일하다.

문제는 간단하다. 의원내각제에서 수상은 입법부를 장악하는 연합체의 지도자다. 만약 그 연합체가 선거에서 진다면, 권력을 잃는다. 어떤 순간에도 오직 한 정당이나 연합체만이 권력을 쥔다. 이와는 대조적으로 대통령제에서는 한 정당이 입법부를 장악하고 다른 정당이 대통령직을 장악할 수 있다. 그렇다면 두 정당 모두 민주적 정당성을 주장할 수 있게 된다. 린스는 물었다. "이런 상황에서 누가 국민을 대신해서 더 큰 목소리를 낼 자격이 있는가? 대통령인가 아니면 입법부 내 다수당인가?"

대통령과 의회가 다른 시기에 다른 방식으로 실시된 투표로 뽑힌다면 어떤 일이 벌어질까? 대통령은 유권자들에 의해 선출되는 경향이 있지만, 입법부는 작은 마을들과 시골 지역들에 더 큰 힘을 주는 상황에서 지리적 특성을 반영하는 경향이 있다고 린스는 지적했다. 단일 유권자들 사이의 민주적 의견 차이를 해결하기만도 어려운데 하물며 다른 유형의 유권자들을 반영하는 의견 불일치에 직면할 때는 어떻게 해야 할까?

이것은 답이 없는 질문이다. 보통 우리는 이러한 시스템이 타협을 장려한다고 가정하는데, 경쟁하는 정치적 연합체들이 타협에 열려 있을 때라면 그것은 사실이다. 하지만 이와 같은 시스템은 위기를 부추길 수도 있다. 다른 나라에서는 '군부가 중재자로서 정치에 개입하고자 하는 유혹을 느끼는'[10] 종류의 위기다.

이것이 미국을 제외하고는 오래가는 대통령제 민주주의가 없는 이유이며 미국이 다른 나라에 특정한 형태의 정부를 강요하지 않는 이유다. "독일, 일본, 이탈리아, 오스트리아에 대해 생각해보십시오"라며 《복스》의 매트 이글레시아스는 다음과 같이 썼다.

이 나라들은 제2차 세계대전 당시 미군에 패해 점령 당국과 긴밀히 협조하며 활동하는 지도자들이 작성한 헌법을 부여받은 나라들이다. 미국 헌법이 미국에서 신성한 텍스트로 취급되고 있음에도, 미국이 이 나라 중 그 어떤 나라에도 미국의 정부 형태를 채택하도록 강요하지 않았다는 사실은 놀랍다.[11]

린스는 '미국이 왜 다른가'라는 질문에 자신이 확실한 답을 내놓을 수 없음을 인정했다. 그는 "유례없이 분산된 미국 정당의 특성이(아이러니하게도 이것은 많은 미국 정치학자들을 화나게 하고, 그들에게 책임감 있고 이념적으로 훈련된 정당을 요구하게 한다) 관련되어 있을" 것으로 추정했다. 어떻게 설명하든, "미국은 예외적인 경우로 보인다. 현대 정당의 발전은 (특히나 사회와 이념적으로 양극화한 국가들에서) 일반적으로 입법부와 행정부 사이의 갈등을 중화하기보다는 악화한다"라고 린

스는 이어서 설명했다.[12]

 린스가 이 글을 쓴 것은 1990년이었는데, 당시 미국 정당은 오늘날보다 훨씬 더 혼합적이고, 온건했다. 그러나 1990년에는 무엇이 미국 정치 시스템을 다르게 만들었는지에 대한 설명처럼 읽혔던 이 글은 이제 미국의 시스템이 왜 위기에 처했는지에 대한 분석처럼 읽힌다. 갈런드 사건은 완벽한 예다. 매코널의 행동을 두고 분노하는 사람들이 많지만, 그가 잘못한 것이 정확히 무엇이란 말인가?

 2014년 선거에서는 공화당이 54석을 차지하면서 상원 다수당 지위를 확보했다. 2014년 선거는 70년 만에 가장 낮은 투표율을 보였고, 알다시피 어떤 해라도 상원 의석의 3분의 1만이 선거 대상이다. 그리고 상원은 와이오밍주의 유권자에게 캘리포니아주의 유권자보다 66배나 많은 권력을 주는 유해하고 비민주적인 제도다. 하지만 규칙은 규칙이다. 매코널은 미국 상원 다수당인 공화당의 리더였다. 그는 오바마가 누굴 지명하든 이를 저지할 수 있는 표를 갖고 있었다. 그걸 사용하지 않을 이유가 있을까? 그에게 그 다수를 준 유권자들은 오바마가 스캘리아의 자리를 민주당 법관으로(그가 아무리 온건하다 한들) 채우도록 내버려두기를 정말 원했을까? 만약 그가 새롭게 얻은 공화당의 상원 내 다수당 지위를 오바마가 대법원을 5 대 4 진보 진영 우세로 뒤집는 데 도움이 되도록 이끌었다면, 그것이야말로 유권자들에 대한 배신이 아니었을까?

 많은 사람이 그랬듯, 당신은 오바마가 더 정당한 민주적 다수를 대표한다고 주장할 수 있다. 오바마는 훨씬 더 높은 투표율을 보인 2012년 전국 선거에서 승리했으며 미국 대통령이었다. 그는 역사적 규범에 따라 자격을 갖춘 후보자를 지명했다. 매코널의 행동은 전례가 없었을 뿐만 아니라 위험하기도 했다. 매코널은 상대 당의 대통령이 지명한 그 어떤 후보도 단호히 거부함으로써 대법원을 파괴할 수도 있는 원칙을 세웠다. 상원의 소규모 주 편향성을 감안할 때, 분열된 통치 기간이 길어진다는 것은 쉽게 상상할 수 있다. 또 매코널의 방해 작전이 성공적으로 수행된 것에 비추어볼 때, 법원의 공석이 계속 채워지지 않은 채 유지되는 것을 쉽게 상상할 수 있다.

하지만 그게 왜 매코널의 문제인가? 그가 양보할 이유가 무엇인가? 오바마는 가장 최근 선거의 승리자들에게 고개를 숙이고 스캘리아의 자리에 그를 닮은 보수주의자를 지명했어야 했다. 우습게 들릴지 모르겠지만, 매코널과 오바마는 둘 다 정당하게 선거를 통해 다수의 대표자가 됐고, 두 사람 간의 차이를 해결할 분명한 방법은 없었다.

이념적 차이는 작을수록 해결하기 쉽다. 이것이 린스가 미국의 이례적인 정치적 성공의 핵심으로 '미국 정당들의 유례없이 분산된 특성'을 거론한 이유다. 20세기 들어 공화당과 민주당의 이념적·인구통계학적 다양성은 당파적·정치적 의견 불일치를 상당히 감소시켰다. 미국의 핵심적인 분열들은 단지 두 정당 사이에서만 있는 것이 아니라, 두 정당 내부에서도 있었다. 하지만 이제 그런 시대는 지났다.

매코널의 혁신적인 방해는 미국을 분열시키는 원인이기도 하지만, 분열의 결과이기도 하다. 현대의 대법원 공석은 이전 시대와는 의미가 다르다. 더욱 양극화한 정치 시스템이 더욱 양극화한 대법원으로 이어졌기 때문이다. (갈런드 사건에서처럼 이는 정치 시스템을 더욱 양극화한다. 모든 것이 순환 고리의 일부라는 점을 기억하라!)

법학 교수인 리 엡스타인Lee Epstein과 에릭 포스너Eric Posner는 앤서니 케네디Anthony Kennedy 대법관이 퇴임한 뒤 발표된 한 분석에서

"1950~1960년대에는 공화당 지명자와 민주당 지명자의 이념적 편향이 상대적으로 크지 않았다"라고 썼다.[13] 심지어 1990년대 후반까지도 대법관들은 "이념적으로 예측할 수 없는 방식"으로 투표하곤 했다. 예를 들어, 1991년에 민주당 지명자인 바이런 화이트Byron White는 "공화당 지명자 중 앤터닌 스캘리아와 윌리엄 렌퀴스트William Rehnquist를 제외한 나머지 두 명보다 더 보수적으로 투표했다."

하지만 상황은 변했다. 엡스타인과 포스너는 이렇게 썼다. "지난 10년간 대법관들은 자신들을 임명한 대통령의 이념에 반대표를 던진 적이 거의 없다. 로널드 레이건이 지명한 케네디 대법관만이 종종 그렇게 했다." 그들이 만든 도표는 놀랍다.

연방대법원은 미국인의 삶에 영향을 미치는 강력한 힘을 갖고 있다. 종종 논란의 대상이 되기도 했지만, 정치적으로 양극화한 기관이 된

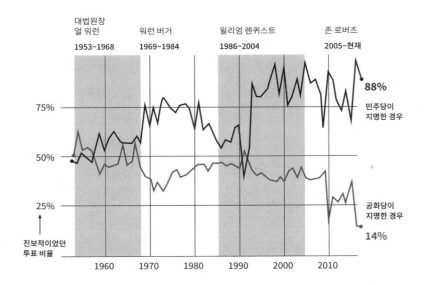

지는 그리 오래되지 않았다. 그러나 정당들이 더욱 이념적으로 변하면서 대법관들에 거는 미국인들의 기대도 양극화했다.

이런 분석을 읽고 나면 저자들이 황금기를 묘사하고 있다고 생각하기 쉽다. 하지만 모든 것은 관점의 문제다. 상대적으로 온건한 시대는 책임 있는 정당들의 실패와 배신의 시대들로 여겨진다. 공화당은 얼 워런, 존 폴 스티븐스John Paul Stevens, 데이비드 수터David Souter, 앤서니 케네디와 같은 대법관들의 이단성을 개탄한다. 정당들이 대법관들을 임명하는 더 이념적이고 신뢰할만한 방법을 개발하기 시작한 것은, 이러한 예측 불가능한 임명에 대응하기 위해서였다.

좀 더 이념적인 대법관들 가운데 한 명이었던 스캘리아는 자신의 견해를 명백히 밝혔고 2012년 이렇게 말했다. "사람들이 '정치화된 법정'이라고 말하는 걸 들으니 정말 화가 납니다. 아마도 의회와 대통령은 당신들이 생각하는 것처럼 멍청하진 않을 겁니다. 그 사람들은 대법관 후보들이 어떤 사람인지 확실히 알기 때문에, 그리고 대법원에서도 변하지 않을 것임을 알기 때문에 선택한 것입니다."[14] 이 이야기에 따르면, 임명 과정의 핵심은 후원자들의 기대에 부응해 투표할 후보를 찾는 것이다. 일탈은 독립적인 사고의 결과가 아니라 검증상의 실수다.

오늘날, 공석이 된 대법관 자리에 고려되는 후보들은 그들의 후원자들을 놀라게 할 가능성이 매우 적다. 대법관으로 지명되려면 이념성과 전문성을 갖고 수십 년간 정당을 위해 일해야 한다. 결국 케네디의 자리에 임명된 브렛 캐버노Brett Kavanaugh는 보수적 법률 단체인 연방주의자 협회Federalist Societ의 회원이었고, 조지 W. 부시 행정부의 최고 참모였다.

좀 더 이념적으로 신뢰할 수 있는 후보들이 대법관 임명에 걸린 이해관계를 심화하는 것만은 아니다. 더 깊은 정치적 분열은 더 당파적으로 이어지고 있다. 예를 들어 오바마케어를 무너뜨리도록 대법원을 설득하기 위해 우파가 했던 수년간의 노력을 생각해보라. 그들은 오바마케어와 실질적인 연관이 없어도 캠페인을 벌였다(예를 들면 메디케어나 메디케이드 관련 법안들이 의회에서 통과된다고 해도 달라질 건 없었다). 의회에서 당파적 의견 불일치로 기능이 마비되면 법원의 판단이 더욱 중요해진다. 대법원은 법안을 폐기하거나 프로그램을 무효로 할 수 있다. 의원들에게는 법안을 재검토하고 수정하는 방식으로 대법원에 대응할 수 있는, 초당적 합의나 당파적 권한이 거의 없다.

이것이 갈런드 충돌의 맥락이다. 그렇다, 매코널은 자격을 갖춘 민주당 후보들을 고려하는 것조차 거부하면서 과거의 관행을 깼다. 하지만 그는 대법원이 명백히 당파적인 사건들에 대해 명백히 당파적인 결정을 내리는 당파적 기관이 된 시대에 정치를 하고 있었다. 지명된 후보자들의 성향보다는 경력을 따져 판단해야 한다는 생각은 제도의 실제 운용 상태를 반영하지 못한 지 오래다. 미국 상원의원들이 하는 투표 중에 종신직 대법관을 임명하는 것보다 이념적으로 중요한 투표는 없을 것이다. 그리고 그들이 유권자들과 자신에게 하는 이념적 약속과는 별개로 그 투표만을 독립적으로 할 것을 요청하는 것은 기이하다.

이것은 미국 정치에서 괴로운 문제다. 헌법과 제도에서 정한 바대로 규칙들은 당파적 기능 장애, 갈등, 심지어 붕괴를 향해 나아가고 있다. 이 시스템은 분쟁의 해결을 보장하는 공식적인 메커니즘이 아니다. 오히려 서로의 이해관계가 첨예해지는 순간 무너지는 타협, 관용, 절제라는 비공식적인 규범을 통해 작동한다. 매코널은 갈런드를 막기 위해 법을 어기지 않았다. 단지 그의 당이 이념적으로 동의하지 않는 대법관을 임명하는 역사적 관행, 즉 정당들이 시스템을 위해 정기적으로 그들의 이데올로기와 유권자들을 배반해온 역사적 관행을 깼을 뿐이다. 그 선례를 깸으로써 그는 정확히 유권자들이 원하는 일을 했고, 유권자들은 다음 선거에서 그에게 보상을 주었다. 그의 후임자들이 다르게 행동할 이유가 뭐가 있겠는가?

하지만 작은 주에서 누리는 이점 때문에 공화당은 상원을, 지난 7번의 대통령 선거 중 6번의 대중 투표에서 승리한 민주당은 백악관을 장악하는 세상을 상상해보라. 그런 세계라면 대법원에서는 무슨 일이 일어날까? 공석은 채워지지 않은 채 유지될까? 만약 민주당이 대법원의 보수적 다수 체제가 공정하지 않다고 간주한다면 어떻게 될까? 민주당은 그들의 판결을 계속 존중할까?

린스가 주장한 것처럼, 권력이 다른 부들정부를 구성하는 3부인 입법부, 사법부, 행정부-옮긴이 사이에 분배되는 대통령제는 이 부들을 통제하는 정당들이 서로 협력할 수 있을 때 작동하며, 이것이 20세기 대부분 기간 동안 미국 정치 시스템이 성공할 수 있었던 비밀이었다. 하지만 지금 미국의 정당들은 이념적으로 양극화되어 있다. 또한, 이 점이 중요한데, '전국화'되어 있다.

모든 정치는 지역적이지 않다

네브래스카주 상원의원 벤 넬슨Ben Nelson은 전국민건강보험법(오바마케어)에 대해 최종적이고 결정적인 투표를 던졌다. 넬슨은 전통적인 민주당 성향 중도주의자였다. 그는 여봐란듯이 중도적 태도를 보이고 네브레스카주 사람들의 이익에 집중함으로써, 공화당 우세 주에서 버텨온 은발의 전직 보험회사 중역이었다. 하지만 그는 오바마케어 앞에서 곤경에 처했다. '예' 아니면 '아니오'를 택해야 했다. 민주당은 법안 통과를 위해 넬슨의 표가 필요했고 넬슨도 당연히 그 법이 통과되기를 원했다. 그러나 오바마케어는 그의 고향에서 인기가 없었고 넬슨은 2012년 재선에 성공하고 싶었다. 넬슨은 자신의 경력과 당, 양심 사이에서 고민했다.

넬슨의 해결책은 네브래스카주 공화당원들의 이념적 이익과 네브래스카주 사람들의 재정적 이익을 분리하는 것이었다. 오바마케어의 메디케이드 확장은 특이한 구조로 구축되어 있었다. 일반적으로 메디케이드는 연방정부와 주가 대략 60대 40 비율로 자금을 조달한다. 그러나 오바마케어는 2020년까지 부담 비율을 90대 10으로 단계적으로 인하하기 전에 연방정부가 3년간 새로운 메디케이드 비용의 100%를 부담하겠다고 약속했다. 그러나 일부 보수주의자들은 주가 지급해야 하는 10%도 지나치다고 말했다. 이것은 특히 네브래스카주의 공화당 주지사 데이브 하이네먼에 의해 부과되는 요금이었다. 그래서 넬슨은 특별한 거래를 타결했다. 네브래스카주의 경우, 연방정부가 메디케이드 확장 법안의 100%를 부담하는 방안이었고, 이것은 1억 달러 이상의 보조금에 해당했다.

넬슨은 공화국이 시작된 이래 의회에서 의원들이 해온 일을 하고 있었다. 그의 주에 대한 물질적인 양보를 얻어냄으로써 양극화한 국가 정책에 대한 지지를 받아내는 것이었다. 미국의 정치 시스템은 강한 지역 감각에 기반하고 있다. 하원은 두 정당의 회의를 개최하는 곳이 아니라 435개 선거구의 회의를 여는 곳이다. 상원은 민주당과 공화당을 대표하는 곳이 아니라 50개 주의 이익 균형을 맞추는 곳이다. 이것은 미국의 정치적 정체성이 국민이라는 더 추상적인 결합이 아니라 각자의 도시와 주에 뿌리를 두고 있다는 공화국 설립자들의 믿음(그 당시에는 옳았다)을 반영한다. 제임스 매디슨은 「연방주의자 논집 46」에서 "많은 고려사항을 볼 때 (…) 모두의 최초이며 가장 자연스러운 애착은 각 주의 정부에 대한 애착일 것이다"라고 썼다.

　　주와 지역 정치가 국가 정치의 중심이라는 점은 양극화에 대해 미국 정치 시스템이 가진 제동장치 중 하나였다. 양당 경쟁의 제로섬적인 힘은 특정 지역에 뿌리를 둔 정치인들의 지역적 이익 앞에서 완화되었다. 당신은 공화당 의원이고, 법안을 밀어붙이는 사람들은 민주당 의원들일 수 있다. 하지만 당신이 오클라호마주 공화당 의원이고, 그리고 젠장, 이 법안이 오클라호마주에 도움이 된다면? 당은 당신이 그 법안에 반대하길 바랄 수 있다. 하지만 당신이 찬성한다면 당신의 지역구는 절실히 필요했던 다리를 건설할 돈을 얻게 될 것이다. 그리고 당신의 이름을 그 다리에 새기는 것은 동료 의원들을 만족시키는 것보다 가치가 있다.

　　최소한 과거에는 그랬다.

　　대니얼 홉킨스는 『점점 더 미합중국이 되어 간다』에서 미국 정치의 골치 아픈 전국화를 추적했다. 전국화의 핵심은, '우리는 국가보다 우리의 고향과 더 깊은 일체감을 가질 것이다'라는 미국 건국자들의 가장 분명한 가정을 뒤집는 것이다. 홉킨스는 다양하고 영리한 방법으로 변화를 추적했다. 그는 1800년까지 거슬러 올라가는, 디지털화된 책들을 분석해 '나는 미국인이다'라는 표현과 '나는 캘리포니아인/버지니아인/뉴욕 사람이다'라는 표현을 비교했다. 남북전쟁 이전에는 국가 정체성 표현보다 주 정체성 표현이 훨씬 흔했다. 국가 정체성은 제1차 세계대전을 앞두고 주 정체성을 앞섰고, 20세기 초 잠시 자리를 바꾸기

도 했지만, 1968년경이 되면서 다시 국가 정체성 표현이 앞서기 시작
해, 이후 순위는 한 번도 바뀌지 않았다. 또한 설문조사에서 미국인들
에게 가장 중요한 정체성 순위를 매기라고 요청하면, 거의 모든 사람이
3위 안에 국적을 나열하는 반면 주, 도시, 이웃의 순위는 훨씬 뒤처진다
는 사실도 보여줬다. 그리고 사람들이 그들의 주나 도시가 경멸을 받을
때보다 미국이 비난을 받을 때 모욕감을 느낀다는 것을 발견했다. 왜
그들이 국가나 주를 자랑스러워하는지 물어보자, 정치와 관련한 가치
를 들어 국가적 자부심을 표현하는 반면, 주와 관련한 자부심은 지리적
특징에 초점을 맞추는 경향이 있었다. 나는 자유 때문에 미국을 사랑한
다. 나는 해변 때문에 캘리포니아를 사랑한다. 이런 식이다.

　이 모든 것이 당연해 보인다면, 즉 당신이 국가적 정체성의 중심성
을 당연하게 받아들인다면, 그것이 바로 문제의 요점이다. 건국의 아버
지들은 상상할 수도 없었던 일이 우리에게는 자명하다는 바로 그 점 말
이다.

　정체성에 해당하는 것은 정치에도 해당한다. 1918년까지 거슬러
올라가는, 1600개가 넘는 주 정당 정강을 분석한 결과, 홉킨스는 "이전
시대의 정강들은 주 단위 이슈에 더 초점을 맞췄지만, 현대의 정강들은
국가 의제를 지배하는 이슈라면 뭐가 됐든 강조한다"라고 밝혔다. 이와
유사하게, 1972년에는 "한 주가 대통령 선거에서 어느 쪽으로 기울었
는지를 아는 것은 주지사 선거 결과와 관련이 없었다"라고 밝혔다.[15] 하
지만 오늘날 대통령 선거 결과는 주지사 선거 결과를 대부분 알려준다.

　주된 이유는 명백하다. 최근 수십 년 동안, 미디어와 정치 환경은
모두 전국화했다. 오늘날 정치에 관심 있는 유권자들은 전국적인 정치
에 대해 생각할 수 있는 정보를 끊임없이 받지만, 주와 지역 정치에 대

한 보도는 감소하고 있다. 예를 들어, 나는《로스앤젤레스 타임스》를 읽고 LA의 공영 라디오 방송국인 KCRW를 들으며 자랐는데, 그 매체들은 국가적 정치 이야기는 물론 주와 지역에 관한 이야기도 들려주었다. 그 결과 나는 캘리포니아 정치에 대한 강한 정체성을 갖게 되었다. 캘리포니아 정치는 전국적인 정치보다 덜 양극화해 있었고, 매우 다른 문제에 초점을 맞췄다. 나는《뉴욕 타임스》를 읽지 않았다. 왜냐하면 그 신문을 살 수 없었기 때문이다. 전국적인 정치 관련 팟캐스트도 존재하지 않았다.

만약 내가 오늘날의 로스앤젤레스 외곽에서 자랐다면, 아마도《로스앤젤레스 타임스》를 읽었을 것이다. 하지만 정치광으로서《뉴욕 타임스》와《워싱턴 포스트》와《복스》를 읽고, 정치 팟캐스트를 듣고, 케이블 뉴스를 봤을 가능성이 더 크다. 이 모든 것이 유익하고 시민 의식을 고취하며 전국적인 정치 정체성을 높여주었겠지만, 반대로 내가 사는 곳에 뿌리를 둔 정치적·정신적 요소들을 충분히 발달시키지는 못했을 것이다. 전국화한 미디어는 전국화한 정치적 정체성을 의미한다.

예전에 주들은 국가 전체와 다른 정치적 문화를 갖고 있었다. 이것은 의회 의원들에게 전국적 정당들이 원하는 것과는 다른 동기를 주었다. 지금은 그런 동기들이 포개져 있다. 홉킨스는 이렇게 썼다. "전국화한 정치체의 입법자들은 '이 특정 법안이 내 선거구에 어떤 영향을 미칠 것인가?'라고 묻기보다는 '내 정당이 이 법안에 찬성하는가 아니면 반대하는가?'라고 묻게 된다. 의원들이 모두 같은 당파적 시각으로 제안된 법안을 평가하기 때문에 연합체 구축은 더욱 어려워진다." 더 전국화한 정치는 더 양극화한 정치다.

홉킨스가 말하고자 하는 진실을 좀 더 쉽게 이해할 방법이 있다.

만약 지역 이해관계가 투표 패턴을 주도한다면, 지역구 유권자 가운데 보험에 가입하지 않은 사람들의 비율이 전국 평균을 웃도는지 아니면 밑도는지를 알아냄으로써 한 의회 의원이 어떻게 전국민건강보험법 ACA에 투표할 것인지를 예측할 수 있다. ACA는 무엇보다도 보험에 가입하지 않은 인구가 더 많은 지역에 대한 직접적인 보조금이었다. 하지만 의회 의원이 ACA에 투표하는 방식은 소속 정당에 따라 거의 완벽하게 예측되었다. 이는 단 한 명의 상원 공화당원도 ACA에 찬성표를 던지지 않았고, 단 한 명의 상원 민주당원도 반대표를 던지지 않았다는 사실에서 알 수 있다. 주 상황은 아무것도 예측하지 못했다.

정치가 전국화되면서 이상한 일이 벌어졌다. 지방 정치가 전국적으로 다뤄지는 방식에 대해 우리가 혐오감을 느끼게 된 것이다. 의회 의원들의 선심성 예산을 생각해보라. 이런 예산은 고향의 도로, 병원, 직업훈련소 관련 재원을 마련하기 위한 법안에 약간의 수정 사항을 추가하는 방식으로 확보된다. 선심성 예산은 초당적 협력이 구매되는 방식이었다. 의회 담당 베테랑 기자인 존 앨런Jon Allen은 선심성 예산이 어떻게 작동하는지를 두고 이렇게 묘사했다.

2003년, 나는 매년 40억 달러의 선심성 예산을 관리하는 민주당 국방 예산 담당관 잭 머사Jack Murtha에게 표를 확보하는 능력 덕분에 '해머The Hammer'라고 알려진 공화당 지도자 톰 딜레이Tom DeLay에 대해 물었다. 머사는 언론사 자리에서는 보이지 않는, 하원 민주당 구역의 한 모퉁이에 앉아 있었고, 딜레이는 박빙의 투표가 있기 전에 그를 방문하곤 했다. 딜레이가 원내에서 승리를 확정 짓기 위해 몇몇 민주당 의원들의 표가 필요할 때면 "그는 내가 있는 모퉁이 쪽으로 오고, 그러면 우리는 문제 해결에 착수합니다"라고 머사는 말했다. 머사의 선심성 예산 배분 권한은 그가 자신에게 신세를 진 사람들의 목록을 가지고 있음을 의미했다. 돈을 조금 더 배분함으로써 그는 딜레이가 법안을 통과시키는 데 도움이 되도록 소규모 블록의 표들을 쉽게 움직일 수 있었다. 머사와 딜레이는 서로 의견이 맞지 않았지만, 선심성 예산이 그들을 계속 대화하게 했고, 서로 협력하게 했다.[16]

의회는 2011년 선심성 예산을 완전히 없앴다. 선심성 예산은 부패한 정치의 한 형태로 여겨졌다. 유권자들을 위해 구체적인 것을 협상하는 더러운 일보다는 순수한 원칙과 당파성으로 의회가 운영되도록 하는 것이 훨씬 낫다는 것이었다. 이념가들에게 협상가들의 거래는 항상 지저분해 보인다. 협상가들에게 이념가들은 자기 파괴적으로 보인다.

이것이 결국 넬슨에게 일어난 일이었다. 그는 네브래스카주에 달콤한 거래를 안겨준 것에 대해 고향에서 축하를 받기는커녕, 보수 미디어의 맹비난을 받았다. 그가 얻어낸 권리는 '네브래스카주 뇌물'이라는 낙인이 찍혔고, 주지사는 그에게 그것을 거절하라고 말했다. 하이네먼은 "이것은 원칙의 문제입니다. 연방정부는 그 돈을 가져도 됩니다"라고 말했다.[17] 넬슨은 그를 바보라고 불렀지만 결국 물러섰다. 관련 조항은 법안에서 삭제되었다. 불길한 징조를 읽은 넬슨은 2012년 재선에 출마하지 않았고, 그의 자리는 공화당 의원으로 교체됐다.

같은 해, 하이네먼은 자신의 유권자들에게 그들이 공짜로 가질 수 있었던 메디케이드 확장을 받아들이는 것에 대해 경고하며 이렇게 말했다. "자금 지원 없는 메디케이드 확대가 시행되면 교육과 네브래스카대학교 운영 자금에 대한 주 정부의 지원이 삭감되거나 세금이 인상될 겁니다."[18]

더 많은 경쟁, 더 많은 문제

미국 정치 시스템의 성공에는 또 다른 비밀이 있다. 나는 이것은 프린스턴대학교의 정치학자 프랜시스 리Frances Lee의『불안정한 다수들 Insecure Majorities』이라는 책을 읽기 전까지는 알아채지 못했다. 미국 역사에서 정치는 대부분 그다지 경쟁적이지 않았다. 통념과는 반대로 그것은 좋은 일이었거나, 적어도 미국 시스템의 특수성을 고려할 때 필요한 것이었다.

나는 이것을 시민윤리 시간에 배우지 않았다. 박빙의 경쟁은 유권자들이 진정한 선택권을 가지고 있고, 정치인들이 책임을 지고, 양쪽 모두가 여론과 공공선을 염두에 둘 필요가 있다는 것을 의미한다. 진정한 경쟁이 없다면 잘 조직된 민주주의도 부패한 독재정치로 전락한다.

하지만 리는 우리가 간과한 것이 있다고 말한다. 우리가 시민윤리 시간에 가장 애틋하게 배운, 협력적이고 미래 지향적인 시대들도 포함해서, 미국 정치는 거의 항상 경쟁적이지 않았다는 사실이다.[19] 1965년에 쓴 글에서, 새뮤얼 루벨Samuel Lubell은 "우리의 정치를 태양계라고 보면 (…) 동등하게 경쟁하는 두 개의 태양이 아니라, 태양과 달에 의해 특징지어져 왔다고 할 수 있다"라고 말했다.[20] 공화당은 19세기 후반과 20세기 초반 대부분 미국 정치를 운영했다. 민주당은 대공황과 제2차 세계대전 이후 수십 년간 정권을 잡았다. 그리고 대통령 선거 득표수와 의회 장악 측면 모두에서 권력은 종종 한쪽으로 크게 치우쳤다.

대통령 선거에서 양당이 획득한 투표수의 비중과 하원 의석 점유율, 상원 의석 점유율을 통합한 리의 도표를 살펴보자. 선이 왼쪽으로 뻗을수록 민주당의 우위는 커진다. 오른쪽으로 뻗을수록 공화당의 권력 장악은 더 강해진다.

정당별 의회 통제 역사

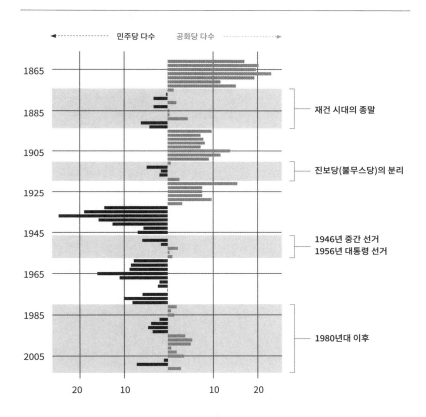

미국 정치사는 대통령의 역사인 경향이 있고, 대통령 선거는 의회 권력 장악보다 경쟁적인 경향을 띠므로, 미국 역사에서 정당에 의한 통제의 안정성은 놓치기 쉽다. 하지만 정치 권력을 더 넓은 렌즈로 바라보면, 우리 시대의 특이성이 보인다. 150년이라는 기간 동안 지난 40년만큼 정치적 통제가 허약했던 시기는 없었다. 그리고 이것은 정부 통제권이 얼마나 자주 바뀌는지, 우위를 점했을 때 다수당이 얼마나 많은

권력을 행사하는지에 상관없이 바뀌지 않는 사실이다.

　미국 정치의 안정성은 미국 정치에 대한 미디어 보도로 이어진다. 리는 1958년과 2014년 사이의 《뉴욕 타임스》 기록물을 훑어보았고, "1982년 이전에는 선거가 있던 해 가운데 두 해에만 《뉴욕 타임스》가 의회 권력의 변동 가능성이 있다는 추측성 기사를 실었다"라는 사실을 발견했다. 이에 반해 2010년에는 그런 기사가 70개가 넘었다.

　이러한 결과들은 정치 보도에서 변화하는 관행을 반영할 가능성이 크다. 오늘날의 뉴스는 수십 년 전에 비하면 결과에 대한 추측을 더 많이 담고 있지만, 이런 사실은 여전히 남는다. 의회에서 권력의 변화가 더 드물고, 그런 변화가 더 드물게 거론되는 정치 시스템은 위계질서에서 훨씬 더 안정적이고, 더 안정적이라고 느껴지는 정치 시스템이 될 것이라는 점이다.

　이것이 리가 주장하는 내용의 핵심이다. 한 정당이 지속해서 지배할 때, 종속하는 정당은 협조할 이유가 있는데, 그것이 영향력을 행사할 수 있는 유일한 기회이기 때문이다. 다수당과 잘 협력하든 정책에 대한 발언권을 갖지 못하든, 고향의 유권자에게 갖다줄 만한 것은 많지 않다.

　정치인의 우선순위는 대략 다음과 같다.

1. 재선에 성공하기
2. 다수당 되기
3. 정책에 최대한 참여하기(통치)

　통치가 세 번째 우선순위인데, 이것은 정치인들이 냉소적이기 때문이 아니라, 종종 냉소적이긴 해도 재선에 성공하지 못하면 아예 통치할 수 없고, 소수당은 효과적으로 통치를 할 수 없기 때문이다. 그렇긴 하지만, 다수당이 되는 게 불가능해지면 우선순위는 다음과 같아진다.

1. 재선에 성공하기
2. 정책에 최대한 참여하기(통치)

사실, 이 순위에서는 두 가지 우선순위가 함께 작용한다. 왜냐하면 적어도 과거에는, 의원이 자신의 지역구에 필요한 예산을 따오고 그가 내놓은 법안들을 자랑할 수 있다면, 재선 가능성이 커졌기 때문이다. 하지만 그러한 우선순위들이 함께 작동하려면, 다수당과 매우 좋은 관계를 맺어야 한다. 방해와 사보타주를 일삼을 수는 없다.

"어떤 정당도 자신을 영구적인 다수당 또는 영구적인 소수당이라고 인식하지 않는" 박빙의 경쟁이 전면적인 당파적 싸움을 낳는다는 것이 리의 주장이다. 의석 과반 확보가 가능해지면 협력의 논리는 해체된다. 만약 당신이 다수당의 법안에 찬성하고, 당신이 법안에 추가한 조항들에 대해 자랑한다면, 당신은 다수당의 재선 전략의 일부다. 만약 당신이 다수당의 모든 법안 통과를 막으면서 국민이 정치에 진저리치게 만들고 있다면, 유권자들이 변화를 일으킬 가능성이 크다.

이는 초당파주의의 모순이다. 1980년대 공화당 하원 원내 대표였던 밥 미셸Bob Michel이 "영구적인 소수당의 복종적이고 소심한 사고방식"[21]이라고 부른 것으로, 다수당과 협력하기는 쉬워지지만, 다수당 지위를 되찾기는 더 어려워진다. 통치와 선거운동이 서로 충돌한다.

소수당이 의회에서 다수당과 협력이 아니라 다수당 지위 탈환을 목표로 삼으면, 동기는 변한다. 당신은 상대 당 동료들과 좋은 관계를 형성하기보다는 그들을 파괴해야 한다. 왜냐하면 유권자들에게도 상대 당 의원들을 파괴해야 한다고 설득해야 하기 때문이다.

1985년 당시 하원의원이었던 딕 체니Dick Cheney는 이를 예리하게 표현했다. "대립은 우리의 전략과 잘 맞습니다." 그리고 그는 "양극화는 종종 매우 유익한 결과를 낳습니다. 모든 것이 타협과 조정을 통해 처리된다면, 민주당과 우리를 갈라놓는 실질적인 문제가 없다면, 왜 나라가 변하고 우리가 다수당이 되어야 합니까?"라고 물었다.[22]

이는 모든 곳에서 벌어지는 제로섬 경쟁의 논리다. 그러나 미국의 정치 시스템은 분열된 정부를 허용하고 필리버스터와 같이 소수당이 법안 통과를 방해하기 위해 사용할 수 있는 도구들로 가득하다는 점에서 특이하다.

당신이 한 회사에서 일하고 있는데 바보 같은 상사가 자신의 프로젝트를 끝내기 위해 당신의 도움을 필요로 한다고 상상해보라. 당신이 상사를 도와주면 그는 자신의 자리를 보전하고, 심지어는 승진할 수도 있다. 당신이 상사를 도와주지 않기로 하면 당신이 상사의 자리를 차지하고, 그는 해고될 수도 있다. 이제 불화의 정도가 좀 더 심한 경우를 가정해보자. 당신은 상사의 프로젝트에 반대한다. 그 프로젝트가 회사와 심지어 세상에 나쁜 영향을 미칠 수 있기 때문이다. 그리고 상사를 증오하는 동료들은 당신이 상사를 도와주면 불같이 화를 낼 것이다. 이런 상황에서 당신은 상사를 도울 수 있겠는가?

이것이 지금 미국 정치의 본모습이다. 통치를 위해서는 당을 초월한 협력이 필요할 때가 많지만, 소수당이 그런 협력을 제공하는 것은 비합리적이다.

이 기이한 구조는 미국 역사의 많은 기간 통했다. 왜냐하면 대부분 한 정당이 충분히 우세했기 때문에 소수당으로서는 협력하는 것이 가치가 있었다. 리는 1963년 시어도어 로위Theodore Lowi의 분석 「정치학에서의 기능주의를 향하여Towards Functionalism in Political Science」를 인용하며 "미국의 이상한 정치 구조에 가장 적합한 정당 체계는 경쟁적인 양당 체제가 아니라 제2당이 매우 약한 시스템, 즉 '수정된 일당제'다"라고 말했다. 하지만 미국은 거의 40년 동안 그런 시스템을 가지지 않았고, 설령 우리가 원한다고 해도 그 시스템으로 돌아갈 방법이 없다. 협력의 시대는 끝났다. 불화는 너무 깊고, 토론은 너무 전국화되었으며, 정당은 너무 다르고, 정치적 정체성은 너무 강력하다. 그래서 지금 일어나고 있는 일을 보자면, 비공식적인 시스템을 작동하게 했던 규범과 이해들이 무너지고 근본적으로 기능 불능인 구조가 명확해지면서 일상적으로 참담한 결과가 나타나고 있다.

그 예로, 필리버스터를 생각해보자.

통제를 위한 의회 고장 내기

상원 필리버스터와 관련해서 해둘 말이 있다. 그것은 존재해서는 안 되는 것이었다. 스티븐 스미스Steven Smith와 함께 『정치 또는 원칙: 미국 상원에서의 필리버스터Politics or Principle: Filibustering in the United States Senate』라는 책을 쓴 세라 바인더Sarah Binder는 그 규칙의 기원을 깊이 파고들었다. 그 결과 사실은 기원이라고 할 만한 게 전혀 없다는 것을 알게 되었다.

원래, 하원과 상원 모두에는 소위 '선결문제 동의'라고 불리는 것이 있었는데, 이것은 의회의 한 구성원이 지금 토론되고 있는 내용(의회 용어로는 선결문제)에서 벗어나 실제 투표를 요구할 수 있도록 하는 것이다. 그리고 하원이 오늘까지도 논의를 끝내기 위해 사용하는 조항이다. 상원에도 한때 그런 규칙이 있었다. 하지만 이후 상원은 이를 없애고 의도하지 않은 결과로 필리버스터를 만들어냈다.

바인더는 "1805년 에런 버Aaron Burr가 알렉산더 해밀턴을 죽인 지 얼마 지나지 않은 때였습니다"라고 내게 말했다1804년 7월 11일, 서로 정적 관계에 있는 두 정치인인 에런 버와 알렉산더 해밀턴 사이에서 벌어진 일대일 총격전이다. 총에 맞은 알렉산더 해밀턴은 다음 날 사망했다―옮긴이. "그는 상원으로 돌아와 고별 연설을 합니다. 버는 기본적으로 상원이 훌륭한 기관이라고 말합니다. '당신들은 양심적이고 현명하며, 열정의 변덕에 굴복하지 않습니다. 하지만 당신들의 규칙은 엉망입니다'라고 합니다. 그리고 그는 규칙집을 살펴보며, 중복된 것들과 불분명한 것들을 지적합니다."²³

이것은 언급할 만한 가치가 있는, 유명한 연설이다. 버는 훌륭한 연설자로 알려지지도 않았고, 결투에서 다른 정치인을 살해한 지 얼마 지나지 않았던 때였지만, 그는 말 그대로 상원의원들을 눈물 흘리게 만들었다고 기록되어 있다. 사람들에게 그들이 얼마나 위대한지, 그들의 유산이 얼마나 대단할지 말해줌으로써 감명을 불러일으키기는 그리 어렵지 않다.

버의 제안 가운데 하나는 '선결문제 동의'를 없애는 것이었다. 심사위원들은 자신들이 토론을 중간에 끊는 일을 불가능하게 할 것임을 깨닫지 못한 채 조항을 없애는 데 동조했다. 바인더는 이렇게 말했다. "우리는 상원이 소수당의 토론권을 보호하기 위해 필리버스터를 개발했다고 생각합니다. 그건 말도 안 되는 소리예요! 그건 실수였습니다. 날 믿으십시오. 나는 상원이 어떤 심의 기구를 만들어내기로 했다는 결정적인 증거를 찾는다면 좋겠다 싶었습니다. 그런데 실은 이때 필리버스터가 막 만들어졌다는 것을 알아차리는 데 몇 년이 걸렸습니다."

그 당시 필리버스터는 지금의 필리버스터와 달랐다. 오늘날 필리버스터는 60표로 종료될 수 있는데, 이 과정은 '토론 종결Cloture'로 알려져 있다. 이전에는 한 상원의원이나 한 상원의원 집단이 기꺼이 발언을 계속하고자 하는 한 필리버스터는 막을 수 없었다. 필사적인 한 사람만 빼고 상원의 모든 의원이 투표에 참여하려고 해도 그들이 할 수 있는 일은 아무것도 없었다. 이런 이유로, 과거의 필리버스터는 체력과 인내, 전술적 게임스맨십게임에서 어떻게든 이기려는 태도—옮긴이의 전쟁이었다. 예를 들어 1908년, 상원의원 토마스 고어Thomas Gore는 그의 동료 상원의원 윌리엄 스톤William Stone의 지원으로 통화 법안에 대해 필리버스터를 실시하고 있었다. 고어는 스톤에게 발언권을 넘겨주려고 했다. 그러나 시각장애인이었던 고어는 스톤이 회의장에서 나갔다는 사실을 알지 못했다. 다수당은 알았고, 그들은 그 실수를 이용해 발언권을 되찾고 투표를 시행했다.[24] 잔인한 일이었다.

1917년 일군의 상원의원이 우드로 윌슨 대통령의 법안(독일 잠수함에 대항하여 미국 상선을 무장할 수 있게 하는 법안)을 두고 23일 동안 필리버스터를 했을 때, 제대로 된 의회 절차의 필요성을 강하게 주장했던, 훈련된 정치학자인 윌슨이 '토론 종결' 규칙을 상원이 채택하도록 설득했다. 그 결과, 필리버스터는 전체 상원의원의 3분의 2 찬성으로 깨질 수 있게 되었다. 그리고 1975년이 되어서야 그 문턱이 현재의 5분의 3으로 낮아졌다.

약해진 필리버스터가 오늘날 미국 상원을 마비시키는 방식을 볼 때, 깰 수 없는 필리버스터가 존재하던 그 기간 어떻게 상원이 살아남았고, 심지어 번성까지 했는지 궁금해진다. 이 질문에 대한 답은, 규칙은 필리버스터를 강화했지만 '행동 규범'은 필리버스터를 약화했다는 사실이다. 필리버스터는 거의 사용되지 않았다. 한 상원의원, 한 상원의원 집단, 또는 한 당에 소속된 모든 상원의원이 필리버스터를 할 수 있다고 해서 그들이 그럴 것이라는 뜻은 아니었다. 만약 모두가 항상 필리버스터를 한다면, 상원이 한 가지 일이라도 해낼 수 있었겠는가?

내가 가장 좋아하는 예는 1964년 선거 이후 린든 존슨 대통령의 상원 연락 담당자 마이크 매너토스Mike Manatos가 쓴 편지다. 그 편지는 선거의 결과 메디케어의 의회 통과 가능성이 어떻게 바뀌었는지 이야기한다. 매너토스는 선거의 승자와 패자를 샅샅이 살펴본 뒤 "만약 우리 지지자들이 모두 참석한다면, 55 대 45로 우리가 투표에서 승리할 것"이라고 결론을 내렸다.[25] 상원은 누군가 필리버스터를 할 가능성을 염두에 두지 않고, 메디케어 법안과 같은 중요한 법안을 검토했다.

필리버스터 규칙은 좀 더 불분명한 장난에도 활용된다. 토론 종결 투표에는 분명 대가가 있다. 30시간의 추가 토론을 보장하기 때문이다. 이것은 비록 소수당이 질 것을 안다고 해도, 여전히 다수당의 속도를 늦추고, 상원의 의사 진행을 멈추게 하고, 다른 일이 처리되지 않도록 막기 위해 토론 종결 투표를 사용할 수 있다는 것을 의미한다. 대법관 후보자에 대해 필리버스터를 하다가 결국 만장일치로 통과된 사례들이 있다. 2009년 당시 아이오와주 출신의 민주당 상원의원 톰 하킨Tom Harkin은 한참 금융 위기가 진행되고 있던 시기에 나온, 특히나 터무니없는 예를 들려주었다. "우리는 실업보험 연장 건을 다뤘습니다. 필리버스터는 3주 이상 지속되었고 그들은 모든 것을 중단시켰습니다. 그리고 결국엔 97대 1로 투표가 끝났습니다."[26] 필리버스터는 외로운 상원의원들이 인기 없는 주장을 알리는 방법이 아니라, 유권자들이 권력을 가진 정당을 처벌하기를 희망하면서 상원 내 소수당이 다수당의 법안 통과를 방해하는 방법이다.

과거 상원에서는 필리버스터가 드물었다(한 가지 끔찍한 예외가 있는데, 반린치법과 시민권법의 입법화를 차단하기 위해 필리버스터가 일상적으로 사용되었다). 공식 기록에 따르면 1917년부터 1970년 사이 상원은 필리버스터를 깨기 위해 49번 투표했다. 이는 평균적으로 매년 1건이 안 되는 수치다. 2013~2014년에는 218번의 투표가 있었다. 이때 필리버스터가 최고치를 기록했지만, 이후에도 예전의 드문 필리버스터로 되돌아가지는 않았다. 2015~2016년 회기에는 123번의 토론 종결 투표가 있었고, 2017~2018년에는 168번 있었다.

이것이 린스와 리의 연구가 예측한 내용이다. 미국 정치가 덜 경쟁적이고 덜 양극화한 상태였을 때, 필리버스터는 드물었다. 그 이유는 이념적으로 다양성이 있었고, 이것이 전략적 방해로 이어지는 내부적 합의를 저해했기 때문이다. 또 다른 한편으로는 소수당이 재집권할 가능성이 거의 없었기에 다수당의 반감을 사는 것을 소수당이 매우 조심스러워했기 때문이다. 그러나 지금은 양당 간 이견이 깊고 상원에 대한 통제권이 아슬아슬한 상황이어서 필리버스터가 끊이지 않고 있다. 이를 볼 때 미국 정치가 비공식적인 규범을 따르는 협력적이고 관대한 접근법보다는 공식적인 규칙을 따르는 더 대립적이고 제로섬적인 전략으로 움직이고 있음을 알 수 있다.

이러한 역학 관계의 또 다른 좋은 예는 부채 한도다. 이것은 아마도 미국 정책 수립에서 가장 이상하고 위험한 부비 트랩일 것이다. 작동 방식은 이렇다. 의회와 대통령은 예측할 수 있고 경제적으로 안전한 결과로서 연방정부의 추가 차입을 수반하는 지출 결정을 일상적으로 내린다. 그러나 의회는 지출 결정이 내려질 때 차입을 승인하기보다는 별도의 투표를 해서 연방정부가 지출을 감당하는 데 필요한 돈을 빌릴 수 있도록 허용한다.

이것은 작은 기능 장애처럼 보일 수도 있지만, 사실은 세계 금융 시스템의 한가운데 놓여 있는 폭탄이다. 미국 재무부 발행 채권은 지구 상에서 가장 안전한 자산으로 여겨진다. 정부, 연기금, 헤지펀드, 투자은행, 심지어 일반 투자자들도 대량으로 보유하고 있다. 미국 재무부 채권은 안전하고 신뢰 가능한 금융 상품으로, 나머지 금융 시스템도 이 위에 구축되어 있다. 그들이 내는 이자율은 '위험 없는 수익률'이라고 불리며, 주택담보대출에서 자동차 대출에 이르기까지 다른 상품들은 이를 기준으로 한다.

금융 위기를 정의하는 한 가지 간단한 방법에 따르면, 사람들이 X의 가치가 있다고 생각하는 중요한 자산이 실제로 Y의 가치가 있다고 증명되고, 시스템 전체에 걸쳐 가격이 잘못되었음을 시장이 인식할 때 발생하는 것이 금융 위기다. 시장은 정보를 바탕으로 삼는데, 핵심 정보가 한꺼번에 무너지면서 혼돈이 초래되면 그 결과는 재앙이 될 수 있다. 시장이 위험도가 낮다고 생각했던 서브프라임 주택담보채권이 고위험으로 드러나고, 그 여파로 신용 시장이 크게 흔들렸던 2008년에도 그랬다.

만약 미국 정부가 부채 한도 인상을 통과시키지 못해 채무 상환을 중단한다면 시장은 가장 핵심적인 금융 정보를 재평가해야 할 것이다. 그 결과는 의회 내분으로 촉발된 전 세계적 금융 위기가 될 것이다.

부채 한도 관련 법안들은 항상 상대편을 당황하게 하는 데 사용되었지만, 그 결과가 너무나 끔찍했기 때문에 실제 수단으로 사용된 적은 없었다. 하지만 2011년, 새로 선출된 티파티2009년 미국에서 시작된 보수주의 정치 운동. 개인의 자유, 작은 정부, 미국 역사의 가치와 전통 존중 등을 강조한다—옮긴이 소속 공화당 의원들은 지출 삭감(공화당 후보가 대통령직에 당선된 순간 명백하게 사라진, 적자에 무조건 반대하는 교조주의의 일종)을 강제할 압력을 키우기 위해 부채 한도 인상을 거부했다. 이로 인한 위기는 금융시장을 뒤흔들었고, 스탠더드앤드푸어스S&P는 미국 정부 국채 등급을 하향 조정해야 했다.

부채 상한제가 양보를 요구할 힘을 준다는 점에서 공화당 의원들은 틀리지 않았다. 의회는 단순하게 차입 결정과 지출 결정의 연동을 선택할 수 있었기 때문에 의원들이 채무불이행을 강제할 가능성은 없었다. 대신 그들은 부채 상한을 그대로 내버려두었다. 이것은 경솔한 입법자들이 원하는 것을 얻지 못했을 때 나라를 인질로 잡기 위해 사용할 수 있는, 장전된 총이었다. 이런 일은 이전에 일어난 적이 없었다. 그건 미국 정치의 방식이 아니었기 때문이다. 하지만 지금은 일어날 수 있다.

지금은 미국 정치 시스템의 모든 곳에서 이러한 역학 관계를 발견할 수 있다. 협력과 존중의 규범이 무너지고, 결과적으로 나타나는 것은 위기, 마비, 양극화다. 연방정부 셧다운(일시적 업무 정지)은 더 흔해졌고, 사법부 인사 지명 시 지명자의 고향 주 상원의원들의 동의를 받는 것을 멈췄으며대통령의 지명을 받은 인사에 대해 상원 법사위원회는 인준 절차로서 후보자 출신 주 상원의원들에게 인준에 대한 지지 여부를 묻는 서한을 발송한다—옮긴이, 개정 절차와 위원회 토론을 제한하는 것으로 규칙이 진화했다. 모두 합리적이며 어쩌면 불가피할 수도 있다. 양쪽 모두가 자신들의 이점을 극대화하기 위해 규칙을 활용하지 말아야 할, 그리고 가능한 경우 변경하지 말아야 할 이유가 무엇인가? 문제는 그 규칙들이 해결할 수 없는 갈등과 지체, 심지어 전 세계적 금융 위기까지 유발하는 정치 시스템이라는 사실이다.

초당적 성향으로 널리 알려진 콜로라도주 민주당 상원의원 마이클 베닛Michael Bennet은 위험을 경고했다. "미국은 민주 공화국입니다. 우리 정치 시스템의 구조적 문제 때문에, 혹은 다른 사람들의 자격을 제한하는 고정관념 때문에 결정을 내릴 수 없다면, 우리는 제대로 통치할 수 없습니다. 그것은 다음 세대에 대한 실존적 위협입니다."[27]

9장

三

민주당과 공화당의 차이

2005년 내가 워싱턴으로 이사했을 때, 토머스 만Thomas Mann과 놈 오른스타인Norm Ornstein은 가장 잘 팔리는 정치 저널리스트였다. 다시 말해, 그들은 클리셰가 되었다진부하다는 의미보다는, 누구나 아는 사람이 되었다는 뜻으로 쓰였다─옮긴이. 만과 오른스타인은 공동 저자로 글을 쓰면서 소니 앤 셰어미국의 혼성 듀엣 음악 그룹─옮긴이처럼 항상 듀오로 불렸고, 한 세대 동안 벨트웨이미국의 수도 워싱턴 D.C.의 외곽 순환도로인 495번 도로를 말한다. 수도를 허리띠처럼 감싸고 있어서 벨트웨이Beltway라는 별명으로 불린다─옮긴이에서 누구나 찾는 의회 전문가였다. 그들은 모든 것을 알았고, 모든 사람과 이야기했으며, 어디에나 있었다.

　이 듀오가 명성을 얻게 된 핵심적 이유는 가차 없이, 여봐란듯이 균형이 잡힌 그들의 논조 때문이었다. 만은 중도좌파 성향의 브루킹스 연구소에서 근무했다. 오른스타인은 보다 대놓고 보수적인 미국기업연구소로 출근했다. 따라서 의회에 대한 그들의 풍부한 지식과 마감 시한에 맞춰 완벽한 인용문을 제공하는 재능에 더하여, 그들은 미국 정치의 근본적인 가정을 구체화했다. 두 당은 이념적으로 서로를 반대했지만, 그 외에는 동등했다. 한 기사에 그들이 함께 존재한다는 것은 초당파성에 대한 메타 메시지였다.

그러나 만과 오른스타인은 점점 불편함을 느끼게 되었다. 두 당은 균형을 이루고 있었을지 모르지만, 그들이 직업적으로 이해해야만 했던 정치 시스템은 불균형해졌다. 설상가상, 미디어의 병적인 집착이 미국 정치의 진실을 가리고 있다고 그들은 믿었다. 그래서 만과 오른스타인은 그 진실을 직접 말하기로 했다.

정치 분석에서 진정으로 용기 있는 행동은 거의 보기 힘들지만, 만과 오른스타인은 진정한 용기가 무엇인지 보여줬다. 그들은 자신들이 평생 축적한 정치적 자본을 사용하고 그간 세심하게 구축해온 브랜드를 날려버리면서 공화당이 어떤 존재가 되었는지에 대한, 그리고 언론이 그간 해온 역할에 대한 심판을 내렸다. 2012년 두 학자는 『그것은 보이는 것보다 훨씬 더 나쁘다It's Even Worse Than It Looks』라는 책을 발표했고, 그들은 이 책에서 돌려 말하지 않았다.

오늘날의 공화당은 (…) 반란의 아웃라이어다. 그것은 이념적으로 극단성을 띠고, 물려받은 사회·경제 정책 체제를 경멸하고, 타협을 조롱하고, 사실과 증거, 과학에 대한 전통적 이해에 설득되지 않고, 정부에 전쟁을 선포하는 것 외에는 모든 정치적 반대의 정당성을 무시한다. 민주당은 비록 시민적 미덕의 본보기는 아니지만, 이념적으로 더 다양하다. 지난 한 세기에 걸쳐 발전해온 정부의 역할을 보호하려고 하며, 공화당과의 협상을 통해 만들어진, 정책상의 점진적인 변화에 개방적이고, 정당 간의 공격적인 분쟁에 마음을 덜 기울이거나 덜 능숙하다. 저널리스트들과 학자들이 '균형'을 추구하면서 종종 무시하거나 은폐하는 정당 간의 비대칭은 효과적인 통치에 큰 장애물이다.[1]

당시 만과 오른스타인의 진단은 논란의 여지가 있었고, 두 학자는 정기적으로 출연하던 일요일 정치 프로그램들에 초대받지 못했다. 이전까지 열심히 연락하던 기자들도 그들을 무시했다. 물론 진보 진영은 그들의 책을 좋아했지만, 미디어는 만과 오른스타인을 이제 완전히 다른 이들로 간주했다. 그들은 정당 동등성을 대변하는 사람들에서 논쟁적으로 그것을 거부하는 사람들로 바뀌었다.

몇 년 뒤 트럼프는 만과 오른스타인의 말에 의해 소환된 골렘(유대인의 전통 이야기에 나오는, 점토나 나무 등으로 만들어 생명을 불어넣은 인형―옮긴이)처럼 등장했다. 오렌지색 머리카락, 심장 질환, 트위터 계정을 두고 그들이 했던 묘사는 트럼프에 관한 것이었다. 2015년 8월, 트럼프의 대선 후보 지명이(대통령이 된다는 것은 말할 것도 없이) 여전히 터무니없는 예측처럼 들릴 때, 오른스타인은 《디 애틀랜틱》에 한 기고를 통해 트럼프가 정말로 승리할 수 있으며, 그의 입후보와 승리는 모든 수준에서 공화당을 괴롭히는 과격화 순환으로 예측된다고 주장했다.

나는 그 자체로 매우 보수적인 기성 권력층이 티파티 급진주의자들을 포섭하기 위한 싸움에서 패배하고, 그 기성 권력층 대부분이 포섭당하거나, 최소한 그들로 인해 주눅이 든 상태인 공화당 의회를 보았다.

의회 정당이 변함에 따라 워싱턴 의회 외곽의 당 활동도 변했다. 주 의회, 주 정당 기구, 주 정당 강령에는 미국 의회에서 가장 극단적인 의원들을 온화하게 보이게 할 정도의 정례적인 성명이나 입장이 들어가 있다.

대담 라디오 쇼, 케이블 뉴스, 우파 블로그, 소셜미디어 등의 부추김에 따라, 예비선거와 코커스 선거인단을 구성하는 운동가 성향의 유권자들은 케냐의 사회주의 성향 대통령뿐만 아니라 자신의 지도자들에게도 점점 더 분노하고 있다.[2]

논평가 대부분은 트럼프를 공화당 전통과 내러티브에서 단절된 인물로 보았다. 오른스타인은 트럼프를 스스로 변화하면서 당 기관들과 지도부를 보복주의적 분노의 그릇으로 변화시키는 인물로, 당을 위한 다음 단계의 논리라고 보았다. 보수주의자들은 전임자들이 가지 못했던 곳으로 가고, 이전에는 속삭였던 것을 크게 말하고, 한때 외면받았던 전술을 포용하겠다고 약속하는 목소리 뒤로 결집하면서, 계속해서 최대 대립과 분열의 길을 선택하고 있었다.

트럼프는 공화당 전통과의 단절이 아니었다. 트럼프는 현대 정치의 심리를 가장 진정성 있게 표현했다. 예비선거는 오른스타인이 옳았음을 증명했다.

이것은 이념적으로 왼편으로 움직이긴 했어도 전통적인 제도와 행태에 얽매여 있는 민주당에 대해 할 수 있는 이야기는 아니다. 비록 의회 내에서 민주당이 오른편으로 움직인 것보다 공화당이 훨씬 더 왼편으로 움직였다는 것을 보여주는 많은 데이터가 있지만(내 말을 믿어주길, 나에게도 그런 자료가 있다), 간단명료한 사실은 공화당이 2016년 대선에서 도널드 트럼프를 후보로 지명했고 민주당은 힐러리 클린턴을 지명했다는 것이다. 즉, 한 정당이 기성 규범을 경멸하고, 정적들을 감옥에 보내는 데 집착하며, 음모론에 사로잡힌 후보를 공천한 것이다. 다른 당은… 그렇게 하지 않았다.

한 번의 대통령직으로 끝난 이야기가 아니었다. 2012년과 2018년 사이 공화당 하원의원들은 충분히 과격하지 않다는 이유로 존 베이너 John Boehner를 하원 의장직에서 물러나게 했고, 이후 폴 라이언을 비참하게 만들어서 3년 만에 자리에서 물러나게 했다. 반면, 2019년 기준으로 하원 민주당원들은 2006년에 선출된 지도부가 이끌고 있다.

빌 클린턴 행정부 시절 공화당은 대중적 지지를 받지 못한 기이한 탄핵을 단행했다. 오바마 대통령 재임 동안, 공화당은 민주당을 굴복시키려고 부채 한도를 거의 위반했고, 또 다른 세계 금융 위기를 일으킬 뻔했다. 두 대통령 재임 시절에 공화당은 반복적으로 연방정부를 셧다운 상태로 몰아갔다. 그 과정에서 고위직 공화당 의원들은 그들이 선택에 대해 불편함을 표현했지만, 지지층 유권자들의 분노를 전달하는 일 외에는 아무것도 할 수 없는 것으로 보였다.

2006년의 조지 W. 부시와 2018년의 도널드 트럼프에 대해 민주당이 느꼈던 분노에도 불구하고, 민주당은 세계 금융 시스템을 위태롭게 함으로써 영향력을 높이려는 시도를 하지 않았다. 2006년 민주당이 하원을 장악했을 때 낸시 펠로시Nancy Pelosi 하원 의장은 이라크 전쟁에 대한 재정 지원 중단 요구를 거부했다. 이상하지만, 시사하는 바가 명확하게도, 트럼프 시대 최장기 정부 셧다운은 공화당이 의회를 장악하고 트럼프가 국경 장벽에 자금을 대지 않은 공화당 지출 타협안을 놓고 셧다운을 강행하면서 시작됐다.

오해하지 말길. 많은 진보주의자는 이 요약된 역사를 민주당의 허약함에 관한 이야기로 읽을 것이다. 여기서 차이점은 진보 진영 운동가들이 민주당이 강하게 맞서기를 바라지 않았다는 것이 아니라, 민주당 의원들이 그들의 요구에 저항할 수 있었다는 것이다.

내가 이 책을 통해 지금껏 설명한 양극화하는 힘은 두 정당 모두에

작용하고 있다. 그렇다면 왜 민주당은 공화당과는 달리 그 힘을 견뎌냈을까? 두 정당은 왜 그렇게 다를까? 이 질문에 대한 답은 두 가지다. 민주당은 **다양성**과 **민주주의**라는 면역체계가 있다. 공화당은 그렇지 않다. 물론 민주당이라고 양극화의 영향을 받지 않은 것은 아니다. 그러나 양극화가 민주당에 독감을 유발했다면 공화당은 폐렴에 걸렸다.

다양성이 주는 이점

2020년 민주당 경선 초반, 이상한 일이 일어나기 시작했다. 민주당 후보들은 노예제도에 대한 배상을 요구받기 시작했다. 그들 중 몇몇, 특히 카멀라 해리스Kamala Harris와 엘리자베스 워런은 지지를 표명했다. 하지만 민주당은 노예의 후손에게 직접적으로 보상하는 대신 한 가지 정책, 말하자면 모두를 위한 정책을 펴고 있는 것으로 드러났다. 2019년 2월 AP통신은 "해리스가 모든 인종의 자격 있는 시민들에게 세액공제 형태로 매달 지급액을 주는 방안을 제안했다"라고 보도했다. "워런은 아이가 태어날 때부터 학교에 입학할 때까지 혜택을 보장하는 보편적인 보육 정책을 요구했다." 이 프로그램들은 모든 인종을 돕는 보편적인 프로그램인데, 개별적인 방식으로 홍보되었다.[3]

정치 행위로써 그것은 기이했고, 양쪽의 단점들만 끌어모은 타협이었다. "만약 이 제안이 기존의 정책을 단순히 보상금으로 이름만 바꾸는 공허한 제스처로 보인다면, 공화당의 호된 비판과 흑인 유권자들과 운동가들의 냉소적인 반응을 촉발할 위험이 있다"라고 AP통신은 썼다. 왜 해리스의 근로소득 세액공제 확대안처럼 널리 통용되는 정책을 채택한 다음, 이를 배상금처럼 분열을 일으키는 생각과 한데 묶는 것일까? 그 이유는 정당들 사이의 깊고, 과소 평가된 차이점에서 찾을 수 있다.

2장에서 우리는 두 정당이 이념, 인종, 종교, 지리, 심리에 따라 분류되는 방식에 대해 논의했다. 그러나 같은 당을 지지한다고 해도 모두 같지는 않다. 민주당 내부는 더 다양하고, 공화당 내부는 더 비슷했다. 이는 종종 민주당의 약점으로 간주된다. 민주당은 이익집단의 모음집이고, 목록 작성자들의 당이고, 아주 긴 점호가 필요한 단체다. 그리고 그것이 양극화에 대한 당의 대응을 완화하는 데 결정적인 역할을 했다.

공화당은 압도적으로 백인 유권자들에 의존한다. 민주당은 진보주의적 백인, 아프리카계 미국인, 히스패닉계, 아시아계 사람 들로 구성된 연합체다. 공화당은 압도적으로 기독교인에게 의존한다. 민주당은 진보주의적 기독교인과 비백인 기독교인, 유대인, 이슬람교도, 뉴에이지 음악 애호가, 무신론자, 불교 신자 등등의 연합체다. 앞서 논의한 고정적 대 유동적 심리적 차원에 있어서 공화당은 압도적으로 고정된 유권자들의 모임이다. 하지만, 헤더링턴과 월러가 그들의 책『프리우스 혹은 픽업트럭』에서 언급했듯이, 민주당은 백인 유권자들 사이에서만 심리적으로 분류된다. 헤더링턴과 월러는 "유색인종 공동체에는 전통적인 가족 위계질서와 하향식 권위를 중시하는 사람이 많이 포함되어 있다. (…) 사실 아프리카계 미국인들은 고정된 세계관을 가질 가능성이 가장 큰 집단이다"라고 썼다.[4] 그러나 공화당은 비백인 유권자들을 너무나 멀리 밀어내서 그들은 심리적 기질에 상관없이 민주당원이 되는 경향이 있다.

분류를 이야기할 때, 그것은 대칭적으로 들릴 수 있다. 공화당은 백인 유권자의 정당이 되었고, 민주당은 비백인 유권자의 정당이 되었다. 하지만 그 둘의 정당 구조는 매우 달라졌다. 분류는 민주당을 서로 다른 이들의 연합체로 만들었고 공화당원은 더 같게 만들었다. 그 결과 민주당에 호소하려면 서로 다른 관심사를 가진 다양한 사람들에게 호소해야 한다. 이는 뉴햄프셔주의 진보적인 백인들과 사우스캐롤라이나주의 전통주의적 흑인들의 지지를 얻는다는 것을 의미한다. 그것은 보스턴에 사는 아일랜드계 가톨릭 신자들과 캘리포니아에 사는 불교 수행자들과 대화하는 것을 의미한다. 민주당은 지지를 얻기 위해 넓게 움직여야 하며, 권력을 얻기 위해 우파 영역까지 손을 뻗어야 한다. 반면 공화당은 깊이를 추구할 여유가 있다.

이는 여론조사로 확인할 수 있다. 자신을 보수라고 부르는 미국인의 비율은 오랫동안 자신을 진보라고 생각하는 사람들의 비율을 압도했다. 1994년, 보수주의자들은 진보주의자들을 38% 대 17%로 압도했다. 이 격차는 최근 몇 년 동안 좁혀졌지만, 2019년 1월 기준으로 보면 여전히 보수주의자들이 35% 대 26%로 앞서고 있다. 공화당원들 중 4분의 3이 자신들을 보수적이라고 생각하는 반면, 민주당원들 가운데 절반만이 진보주의자라고 자처한다. 그리고 민주당에 이것은 역사적인 고점이다. 2008년까지 민주당 안에서는 자신을 중도라고 여기는 사람들이 진보주의자보다 많았다.[5] 이것이 의미하는 바는 공화당이 이데올로기를 통해 당원들에게 호소할 수 있었다는 것이다. 민주당은 그럴 수 없었다. 그들은 백인들과 흑인, 진보주의자와 중도파, 고정된 사람들과 유동적인 사람들로 구성되는 연합체의 요구를 들어야 했다. 민주당은 서로 다른 집단에 서로 다른 정책을 약속함으로써 그렇게 했다. 다시 말해, 정당 구축에 있어서 이념적 접근법 이상의 교류주의적 접근법을 내놓았다.

맷 그로스먼Matt Grossmann과 데이비드 홉킨스David Hopkins는 『비

대칭적 정치: 이념적인 공화당과 집단 이익의 민주당Asymmetric Politics: Ideological Republicans and Group Interest Democrats』에서 공화당 연합체와 민주당 연합체 사이의 차이점을 세심하게 관찰했다. 그들이 알아낸 내용에 따르면, 민주당은 정책 목표들에 의해 유지되는 다양한 이익집단의 집합체지만, 공화당은 더 추상적인 이념에 헌신함으로써 통합되는 더 동질적인 조직이다.[6]

그로스먼과 홉킨스는 다양한 근거를 들어 이 차이를 보여주었다. 민주당 예비선거에는 공화당 예비선거보다 2배 이상 많은 이익 단체가 지지를 표명한다. 1996년부터 2012년 사이의 대선 토론회를 분석한 결과, "공화당 대선 후보는 민주당보다 이념이나 원칙을 언급할 가능성이 2배 이상 높았지만", 민주당 대선 후보는 "공화당보다 사회와 인구 통계, 이익집단을 현저하게 높은 비율로 인용했고", 새로운 정책을 더 많이 제안했다. 여러 여론조사에 의하면, 공화당 소속 대통령 재임 시절에도 민주당은 일이 이루어지도록 타협하는 정치인을 선호하는 반면 공화당은 자신의 견해를 고수하는 정치인을 선호하는 것으로 나타났다.

하지만 나는 핵심 내용에서 그로스먼, 홉킨스와 생각이 다르다. 나는 그들이 정체성주의 운동을 이념 운동으로 착각한다고 본다. 보수주의자들이 행정부 권한, 제한적인 정부, 의회 우월성과 관련해서 자신들이 믿는다고 주장하는 것을 믿었다면, 트럼프의 대통령직을 위기로 보았을 것이다. 사실 몇몇 사람들은 실제로 그렇게 보았다.《워싱턴 포스트》의 칼럼니스트였던 조지 윌George Will은 공화당을 탈당했다. 사우스캐롤라이나 출신의 골수 보수파 하원의원 마크 샌퍼드Mark Sanford는 침묵하지 않았고, 예비선거 도전자에게 선거에서 졌다. 미시간주 출신으로서 자유지상주의를 신봉하는 공화당 하원의원 저스틴 어마시Justin

Amash는 트럼프 대통령 탄핵을 요구하며 당적을 포기했다.

그러나 대부분의 보수주의자는, 저명한 전문가이든 일상적인 유권자든 상관없이, 보수주의와 트럼피즘트럼프가 주장하는 정책이나 철학—옮긴이 사이에는 모순이 없다고 보았다. 하지만 실제는 그 반대다. 2019년 9월 갤럽 여론조사에 따르면, 자칭 보수주의자들의 75%, 자칭 보수 공화당원들의 91%가 트럼프가 하는 일에 찬성했다.[7] 이것은 사람들 대부분에게 보수주의는 이데올로기가 아니기 때문이다. 그것은 집단 정체성이다.

정치학자 마이클 바버Michael Barber와 제러미 포프Jeremy Pope가 2018년 발표한 영리한 논문은 이를 실험으로 증명했다. 트럼프는 이슈들에 대해 모순된 태도를 보였고, 뭐든지 말해버리는 그의 명성 때문에 유권자들은 그가 말했다고 들으면 그게 뭐가 됐든 실제로 말했다고 믿게 되었다. 바버와 포프는 "진보주의적 입장과 보수주의적 입장 사이를 이렇게 자주 오가는 대통령(또는 정당 지도자)은 없었다"라고 썼고, 이는 흥미로운 연구의 장을 열었다.[8]

바버와 포프는 유권자들에게 서로 다른 정책에 동의하는지 아니면 동의하지 않는지 물었다. 트럼프가 하는 말의 유연성(좋은 말로 하자면 유연성이다) 덕분에 그들은 트럼프가 진보적 견해와 보수적 태도를 모두 표명한 정책들을 선택할 수 있었다. 그런 다음 그들은 샘플을 세 집단으로 나누었다. 트럼프 관련 정보 없이 정책에 관한 질문을 받은 통제 집단, 정책에 관한 질문을 받고서 트럼프의 진보주의적 논평을 받은 통제 집단, 그리고 정책에 관한 질문을 받고서 그의 보수주의적 논평을 받은 집단이었다.

무엇보다 보수주의가 이념이라면, 그 이념에 대한 강한 애착은 트럼프라는 바람에 맞서 더 강한 계류장을 제공했어야 한다. 하지만 오히려 정반대의 사실이 드러났다. 가장 강한 보수주의자들이 트럼프에 호응하면서 움직일 가능성이 가장 컸다. 그리고 그 효과는 트럼프가 보수적 태도를 보이든 진보적 태도를 보이든 거의 같은 크기였다. 중요한 것은 정책의 방향이 아니라 트럼프의 방향이었다. 흥미롭게도, 강한 진보주의자들 사이에서는 유사하거나 반대되는 반응이 없었다. 그들은 트럼프에 반대할 목적으로 입장을 크게 바꾸지 않았다. (물론, 이것은 진보주의자들이 오바마나 샌더스에 대해 같은 행동을 보이지 않을 것이라는 증명이 되지는 못한다. 단지 그들이 트럼프에 대해 부정적인 행동을 보여주지 않았다는 것뿐이다.)

이것이 보수주의자들을 두고 많은 트럼프 비평가들은 놓쳤지만, 트럼프는 알고 있었던 부분이다. 그들은 위협받는 정체성 집단이었고, 누군가 그들에게 보호와 승리를 약속하기만 하면, 누군가를 따라 지옥이라도 갈 터였다. 어마시는 공화당을 탈당하기 며칠 전 《복스》의 제인 코스턴Jane Coaston과 진행한 인터뷰에서 이를 잘 표현했다.

트럼프를 지지하는 많은 공화당원이 좌파와 전면전을 벌여야 한다는 사고방식을 가지고 있습니다. 그리고 이를 위해 큰 정부를 이용해야 한다면, 그들은 완벽히 동의합니다. 내가 트위터에서 과다 지출이나 정부 규모를 말하면 트럼프 지지자들은 "정부가 얼마나 큰지 누가 신경 쓰느냐", "불법 이민에 맞서 싸우고 좌파를 상대하는 데 얼마나 지출하는지 누가 신경 쓰느냐"는 반응을 보입니다.[9]

폭스 뉴스 효과

민주당은 당원만 다양한 게 아니라 신뢰하는 정보의 소식통도 더 다양하다. 2014년 퓨 리서치 센터는 36개 매체에 대한 신뢰를 측정하는 설문조사를 실시했다. '일관된 진보주의자'들은 중도 우파에서 좌파에 이르는 다양한 언론 매체를 신뢰했다. 《이코노미스트》에서 BBC, NPR, PBS, 《월스트리트 저널》, ABC, CBS, NBC, CNN, USA 투데이, 구글 뉴스, 《워싱턴 포스트》, 《뉴욕 타임스》, MSNBC, 《가디언》, 블룸버그, 《뉴요커》, 《폴리티코》, 야후! 뉴스, 《마더 존스Mother Jones》, 《슬레이트Slate》, 《허핑턴포스트》, 〈콜베어 리포트Colbert Report〉, 〈더 데일리 쇼The Daily Show〉, 《데일리 코스Daily Kos》, 알자지라 아메리카, 〈에드 슐츠 쇼The Ed Schultz Show〉까지 두루 포함되었다.

반면, 일관된 보수주의자들은 그렇지 않았다. 36개 언론 매체 가운데 폭스 뉴스, 《브레이트바트》, 《월스트리트 저널》, 블레이즈The Blaze, 《드러지 리포트The Drudge Report》, 〈숀 해니티 쇼The Sean Hannity Show〉, 〈글렌 벡 프로그램The Glenn Beck Program〉, 〈러시 림보 쇼The Rush Limbaugh Show〉 등 이념성이 아주 강한 소수 소식통만을 신뢰했다.

퓨 리서치 센터는 또한 진보주의자들과 보수주의자들에게 어떤 매체가 그들의 '주요' 뉴스 출처로 기능하는지 물었다. 여기서도 역시 차이가 극명했다. 진보주의자들에게는 지배적인 뉴스 출처가 없었다. CNN이 15%로 1위를 차지했고, NPR이 13%, MSNBC가 12%, 《뉴욕 타임스》가 10%를 차지했다. 일관된 보수주의자들은 47%가 폭스 뉴스를 선택했고, 그다음으로 '지역 매체 뉴스'가 11%를 차지했다.

퓨 리서치 센터는 2년 후인 2016년, 대통령 선거 기간 동안 클린턴과 트럼프 지지자들이 뉴스를 어디서 얻는지를 조사했다. 클린턴 지지

자들에게 가장 인기 있는 매체는 CNN으로 18%를 차지했고, MSNBC
가 9%로 그다음이었다. 반면, 트럼프 유권자들은 40%가 폭스 뉴스를
꼽았다.[10]

퓨 리서치 센터의 조사 결과는 다른 연구원들이 알아낸 내용과 유사
하다. 6명의 하버드 연구원들은 「당파성, 선전, 그리고 허위 정보: 온라인
미디어와 2016년 미국 대통령 선거Partisanship, Propaganda, and Disinformation:
Online Media and the 2016 U.S. Presidential Election」라는 제목으로 2016년 선거
의 미디어 역학 관계를 연구했고, 다음과 같이 결론 내렸다.

> 우파와 좌파의 유력 미디어는 서로 다른 전통과 언론 관행에 뿌리를 두고 있
> 다. 보수 진영에서는 친트럼프 성향의 고도로 당파적인 언론 매체에 더 많은
> 관심을 기울였다. 반면 진보 진영에서는 주로 객관적인 저널리즘의 전통과 관
> 행이 남아 있는 오래된 미디어 기관들이 무게중심을 잡았다.[11]

정당은 정보 생태계 내에 존재한다. 유권자들이 요구를 하고, 정치
인들이 전략적인 선택을 하고, 대통령이 되려는 사람들은 메시지를 만
들어내는 생태계다. 민주당의 정보 생태계에서는 객관성을 추구하는
주류 소식통들, 편파성을 밀어붙이는 진보 소식통들, 심지어 《이코노미
스트》나 《월스트리트 저널》처럼 명성이 자자한 일부 중도우파 소식통
까지 자리를 차지한다. 어떤 이슈에 있어서 진보주의자들은 그들을 왼
편으로 끌어당기는 소식통들과 그들을 가운데로 끌어당기는 소식통들,
확대 지향적인 소식통들과 절제 지향적인 소식통들, 한 정치 운동에 그
들의 정체성을 뿌리내리게 하는 소식통들과 정치 운동에 적대적인 경
향이 있는 소식통들에 노출된다.

전적으로 보수적인 뉴스 출처들을 중심으로 구축된, 공화당의 신뢰를 받는 정보 생태계에는 이와 유사한 다양성이 없으며, 심지어 이들 중 다수는 선전·홍보 역할을 수행한다. 보수주의자들은 언론이 진보쪽으로 편향돼 있어 대안적인 미디어 채널을 볼 수밖에 없었다고 항의한다. 내 경험으로 보자면, 주류 매체 기자들은 경제적 이슈에 대해서는 다양한 입장을 보이지만, 문화적으로 진보적인 것이 사실이다. 내가 아는 뉴스룸은 임신중단 합법화에 대해 압도적으로 찬성하지만, 재정적자 반대와 국가안보 체제에 대해서는 편향되어 있다. 지배적인 관념은 (그런 게 있다는 전제하에) 〈모닝 조Morning Joe〉를 주시하지 《더 네이션 The Nation》을 주시하지 않는다〈모닝 조〉는 중도 성향인 MSNBC 뉴스 프로그램이고, 《더 네이션》은 매우 진보적인 신문이다. 미디어 내에서 상대적으로 우월한 지위를 누리는 매체가 있다면, 사람들은 진보적인 매체보다는 중립적인 매체를 지목한다고 설명하기 위한 예시다―옮긴이. 그렇긴 해도, 주류 뉴스룸은 정치적으로는 진보주의와는 차이가 있고, 가끔씩은 이에 반대되는 동기를 중심으로 구축된다. 《뉴욕 타임스》와 ABC 뉴스는 진보적인 평판을 두려워한다(그들은 진실의 중립적인 중재자로 남기를 원한다). 그리고 좌파 진영에 반대하고 그들을 불편하게 하는 보도는 자아 정체성과 비즈니스 모델의 일부다.

이때 주목할 것은, 주류 소식통과 좌파 소식통을 혼합하는 것이 전문적인 저널리즘 관행을 고수하게 한다는 점이다. MSNBC의 기자들과 황금 시간대 진행자들은 《워싱턴 포스트》 기자들의 존경을 받기를 원한다. 《슬레이트》의 작가들은 《뉴욕 타임스》에 스카우트되기를 원한다. 이처럼 주류 매체들의 비즈니스 모델과 평판을 향한 야망은 단지 일의 규율을 잡아주는 것에 그치지 않고, 그들을 존경하는 진보적인 매체들의 규율 역시 잡아준다.

반대로 《브레이트바트》, 〈러시 림보 쇼〉, 블레이즈는 자족적인 보수적 생태계에서 운영되고 있는데, 주류 기관에 대한 노골적인 적대감을 원동력으로 삼고 있다. 보수 미디어가 다른 미디어, 심지어 다른 정보에 대한 신뢰성을 떨어트리기 위해 일하는 모습은 종종 볼 수 있다. 폭스 뉴스의 슬로건인 '공정하고 균형 잡힌'은 나머지 미디어들이 불공정하고 편파적이라는 암시를 담고 있다. 〈러시 림보 쇼〉는 이것을 뛰어넘는다. 진행자 림보는 미디어, 과학, 학계, 정부를 '기만의 네 귀퉁이'라고 부르며 청취자들에게 이렇게 말했다.

> 우리는 두 우주에서 살고 있다. 하나는 거짓이다. 미국과 전 세계에서 좌파 진영이 운영하고, 지배하고, 통제하는 모든 것은 거짓이다. 또 다른 우주는 우리가 있는 곳이다. 여기서는 현실이 인정을 받고, 우리는 현실을 본다. 그리고 이 두 우주가 겹치는 경우는 거의 없다.[12]

보수 운동은 미디어와 학계의 진보주의적 편견과 싸우며 몇 년을 보냈다. 그들의 불만 가운데는 유익한 대목도 있었다. 그러나 우파 진영은 기관들을 개혁하거나 그와 유사하게 신뢰할 수 있는 경쟁 기관들을 구축하기보다는, 그것들의 구속에서 벗어나서 과정보다는 순수성을 전제로 한 정보 생태계를 구축했다. 그로스먼과 홉킨스는 자신들의 기고문 "정보는 어떻게 이데올로기가 되었는가How Information Became Ideological"에서 그 결과를 다음과 같이 기술한다.

> 오직 공화당만이 우리 사회 내 정보 수집 및 배포 기관들(대학들과 언론 매체들)을 적극적으로 반대해왔다. 반면 민주당은 그것들을 독립적인 중재자와 동맹

으로 간주하며 정책적 선택을 정당화하고 정치적 논쟁에 관여하기 위해 의존
해왔다. 비록 각 당의 엘리트들, 활동가들, 유권자들이 이제 서로 다른 지식의
원천에 의존하고 그들이 수신하는 메시지를 선택적으로 해석하지만, 이러한
정보 양극화의 근원은 미국 보수 운동이 구제할 수 없을 정도로 진보적이라고
여겨온 기관들을 대상으로 수십 년 동안 수행해온 싸움이다.[13]

　《복스》에 실린 기고문에서 데이브 로버츠Dave Roberts는 이를 '부족
적 인식론'이라고 부른다. 이것은 "증거의 공통 기준들을 준수하는지,
세계 공통의 이해와 부합하는지가 아니라 그것이 부족의 가치와 목표
를 지지하는지, 그리고 부족 지도자에 의해 그것이 보증되는지에 기초
하여 정보가 평가될 때" 나타난다.[14] 예를 들어, 텍사스주 공화당 소속
라마 스미스Lamar Smith 하원의원이 "대통령으로부터 직접 뉴스를 듣는
것이 더 낫습니다. 사실 그것이 있는 그대로의 진실을 얻는 유일한 방
법일지도 모릅니다"라고 말할 때, 우리는 이 부족적 인식론이 내는 소
리를 또렷하게 들을 수 있다.[15]
　이 모든 것은 트럼프가 끊임없이 외치는 '가짜 뉴스!'라는 말의 근
거나 맥락이 되어준다. 여기서도 트럼프가 공화당 전통에서 벗어난 것
이 아니라 전통들의 논리적 연장선에 있음을 보여준다.
　흥미로운 질문은 우파 진영이 왜 기성 언론을 대체할, 보수적인 직
원들로만 채워진 기관을 만들지 않았는지다. 터커 칼슨은 2009년 보수
주의 컨퍼런스인 CPAC 무대에 올라 우파 진영은 자신들만의 강한 언
론 문화가 필요하다고 경고하듯 말했다. "《뉴욕 타임스》는 진보적인 신
문이지만, (…) 실제로 정확성을 추구하는 신문이기도 합니다. 보수주
의자들은 그와 비슷한 기관들을 만들 필요가 있습니다." 이 연설 이후

의 과장된 인기를 타고 칼슨은 뉴스 사이트 《데일리 콜러Daily Caller》를 만들었다. 이 사이트는 오늘날 초창기의 높은 이상에서 멀어져, 수영복 모델 사진과 보수주의자들의 편집증을 혼합해서 보여주고 있다.[16] 이후 그는 폭스 뉴스에서 황금 시간대 방송 한 자리를 꿰찼고, 색깔이 짙어 져가는 미국에 대한 백인들의 공포에 장단을 맞추는 데 가장 뛰어난 케 이블 뉴스 비평가로 자리 잡았다.

《뉴욕 타임스》와 직접 경쟁하는, 보수적인 문화를 가진 강한 기관 들도 있다. 예를 들어, 루퍼트 머독Rupert Murdoch 소유의 《월스트리트 저널》이 그렇지만, 매우 예외적인 경우다. 그 이유에 대해서 내가 확실 한 답을 가지고 있지 않지만, 잘라내서 분리할 수 있는 시장을 반영하 는 것이라고 생각한다. 주류 미디어와 학계는 사실 그렇게 진보적이지 않기 때문에, 그리고 대부분 당파성보다 진실 추구를 우선시하기 때문 에, 대안을 요구하지 않는다. 주류 매체들은 사업 기회를 얻기 위해 보 수적인 청중을 소외시켜왔고, 그들에게 호소하기 위해서는 보수적 정 체성에 맞서는 상품이 아닌 그것을 충족하는 상품을 만들어야 한다. 그 러나 그 결과로 민주당은 상상력의 나래에 고삐를 당기는 다양한 정보 원에 의존하는 반면, 공화당은 양극화를 촉진하는, 더 협소하게 구성된 미디어 기관에 의존하게 되었다.

이런 행동에 대해서는 견제가 필요하다. 매체가 귀를 기울이는 정 보원의 폭이 좁아지면 그들의 말을 듣는 유권자도 적어진다. 그리고 정 당들은 궁극적으로 선거에서 이기기를 원한다. 충분히 많이, 충분히 여 러 번 선거에서 지면 가장 완고한 이념가들도 개혁을 받아들일 것이다. 다시 말해서, 민주주의는 양극화를 막아야 한다. 그러나 미국은 민주주 의 국가가 아니다.

비민주적인 나라, 미국

정치학자 조녀선 로든은 『도시는 왜 패배하는가』에 이렇게 썼다. "대부분의 민주주의 국가에서 승리하는 길은 간단하다. 경쟁자보다 더 많은 표를 얻는 것이다. 하지만 미국 민주당은 그 정도로는 부족할 때가 많다."[17]

내가 이 글을 쓰고 있는 지금(2019년 2분기), 공화당은 백악관과 상원, 대법원을 장악하고 있다. 민주당이 장악하고 있는 유일한 기관은 하원이다. 하지만 민주당이 하원의원 선거에서만 더 많은 표를 얻은 것은 아니다. 그들은 상원의원 선거에서도 더 많은 표를 얻었다. 공화당이 너무 형편없어서 총선에 후보조차 내지 않았던 캘리포니아주를 포함한다면 지난 세 번의 선거에서 대중 투표의 55%를 얻었고, 캘리포니아주를 빼면 51%를 얻었다. 그들은 2016년과 2000년 대통령 선거에서 더 많은 표를 얻었다. 만일 미국이 민주주의 국가라면 민주당은 하원, 상원, 백악관을 장악하고, 그 승리를 통해 대법원에서도 다수를 차지하고 있을 것이다. 이 문제의 원인은 지리다.

민주당의 문제는 개별 주에서 더 심각하다. 로든은 다음에 주목한다. "공화당은 거의 40년 동안 계속해서 펜실베이니아주 상원을 지배해왔지만, 그중 절반의 경우 주 전체 대중 투표에서 졌다. 공화당은 35년 동안 오하이오주 상원을 지배해왔으나, 이 기간에 민주당은 주 상원 선거의 절반과 주지사 선거의 약 3분의 1에서 이겼다."

미국은 민주주의 국가가 아니다. 우리의 정치 시스템은 지리적 단위를 중심으로 구축되어 있고, 이 모든 단위는 인구가 밀집한 도시보다 인구가 적은 시골에 특혜를 준다. 이는 버몬트가 뉴욕과 같은 권력을 행사하는 상원을 보면 명확히 드러나는 사실이다. 하지만 이것은 선거구 획정 방식 때문에 하원에서도, 그리고 선거인단 때문에 백악관에서도 마찬가지이며, 대통령 선거와 상원의원 선거 결과를 반영하는 대법원에서도 **마찬가지다**. 그리고 권력은 권력을 낳는다. 공화당은 당파적인 게리맨더링, 친기업적인 선거자금법, 엄격한 유권자 신분증 요건, 반노조 법안을 통과시키기 위해 다수당 지위를 이용하고 있고, 연방대법원의 결정은 민주당이 선거에서 더 불리하게 한다. 내가 말하고자 하는 요점은, 이것이 부당하다는 것이 아니다(물론 그렇다고 믿지만). 대신 나는 이 시스템이 민주당 의원들 사이에서는 양극화를 억제하고 공화당 의원들 사이에서는 양극화를 확산하는 방식에 초점을 맞추고자 한다.

민주당이 선거에서 승리하기 위해 꼭 한가운데에 있는 유권자들에게게만 호소할 필요는 없다. 중도 우파 유권자들에게도 잘 어필해야 한다. 파이브서티에이트의 네이트 실버가 추정한 바에 따르면, 상원의 경우 평균적인 주는 평균적인 유권자보다 6% 더 공화당 쪽인 것으로 나타났다.[18] 그래서 민주당이 상원을 두고 경쟁할 때, 그들은 국가 전체보다 훨씬 더 보수적인 유권자에게 호소할 수밖에 없다. 이와 비슷하게, 민주당이 하원을 장악하려면 대중 투표에서 상당히 우세한 다수를 차지해야 한다.[19] 그리고 민주당이 선거인단 때문에 지난 5번의 대통령 선거 중 2번을 패배했다는 사실은(미국 역사상 유일한 경우들이다), 선거인단에서도 불균형이 증가하고 있음을 의미한다. 실제로, 마이클 지루소Michael Geruso, 딘 스피어스Dean Spears, 이샤나 탈레사라Ishaana Talesara가 수행한 최근 연구는 "공화당은 대통령 선거에서 65%를 획득해 이길 것으로 예상되는데, 이들은 대중 투표로만 보면 공화당이 근소하게 패배하는 경쟁이다"라고 계산했다.[20]

미국 정치에서 힘의 균형을 쥐고 있는 유권자들은 나라 전체보다 더 하얗고, 더 나이가 많고, 더 기독교적이다. 그래서 민주사회주의와 알렉산드리아 오카시오코르테스의 스타 파워에 대한 모든 이야기에도 불구하고, 2018년 선거가 끝나고 상황이 정리되었을 때, 하원의 중도 신민주연합New Democrat Coalition은 40명의 새로운 의원이 가입해 민주당 내에서 가장 큰 코커스가 되었지만, 하원 진보 코커스House Progressives 는 17명의 의원을 추가했을 뿐이다.

지리적 이점 때문에 공화당은 중위 미국인보다 훨씬 오른쪽에 있는 유권자를 겨냥한 선거운동을 할 수 있다. 공화당은 지난 7번의 선거 중 6번의 선거에서 대중 투표로 보면 패했다. 만약 실제로 지난 7번의 대통령 선거 중 6번 패했다면, 그들은 경쟁력을 갖추기 위해 메시지와 의제를 정비했을 것이다. 트럼프가 2016년에 패배했다면, 그는(그리고 그가 대표하는 정치 스타일은) 승리할 수 있는 선거를 날려버렸다며 신뢰를 잃었을 것이다.◆ 그리고 흑인과 히스패닉 유권자들에게 더 많

◆ 2016년 대선에서 트럼프가 거둔 예상치 못한 승리가 준 충격이 그의 성과 부진을 퇴색시켰다. 《복스》는 선거 초기 대통령 선거를 예측하기 위한 선도적인 정치학 모델들을 모아서 과거 정확도에 따라 가중치를 주었고, 워싱턴대학교의 제이컵 몽고메리Jacob Montgomery와 텍사스A&M대학교의 플로리안 홀렌바흐Florian Hollenbach와 함께 모든 모델을 통합했다. 결과는 어땠을까? 경제, 오바마의 지지율, 그리고 다른 요소들을 고려할 때 공화당은 양당 간 투표에서 약 50.5%를 얻을 것으로 예상되었다. 트럼프는 그 예측치보다 훨씬 뒤처진 여론조사 지지율을 계속해서 보였는데, 선거 기간 내내 우리는 여론조사상의 트럼프 지지율과 모델 예측치 사이의 차이를 추적했고, 그것을 '트럼프 세금'이라고 불렀다. 선거가 있던 날 그 차이는 3.8포인트였다. 우리는 "우리가 보고 있는 것은 한 주요 정당이 완전히 승리할 수 있는 전국 선거를 날려버린 놀라운 예다"라고 썼다. 이는 선거 당일에 무참하게 박살 난 많은 평가 중 하나였다. 트럼프가 선거인단의 개입을 통해 궁극적으로 이기긴 했지만, 마코 루비오나 존 케이식John Kasich 같은 또 다른 공화당원이

이 다가가야 한다고 조언했을 법한 공화당 온건파의 힘이 강해졌을 것이다.

오해하지 말길. 다른 공화당, 더 폭넓은 공화당은 가능하다. 2019년 2분기 현재 미국에서 가장 인기 있는 주지사들인 매사추세츠주의 찰리 베이커Charlie Baker와 메릴랜드주의 래리 호건Larry Hogan은 민주당 우세주의 공화당원이다.[21] 공화당도 진정한 다수의 지지를 받을 수 있다. 그러나 중간 유권자들에게 호소할 필요성에서 자유로워진 공화당은 미국이 원하는 것보다 더 보수적이고 대립적인 길을 만들어냈다. 그들은 시민들의 가슴과 마음을 얻기보다는 땅을 얻어서 권력을 잡는 법을 배웠다.

공화당은 자신들의 연합체가 인구 통계상의 역풍과 고령화하는 지지 기반에 시달리며 위험에 처해 있다는 사실을 안다. 그리고 이 위기감은 그들의 전략에 거의 광기에 가까운 긴급함을 주입했다. 공화당의 전술적 극단주의 이면에는 종말론적 불안감이 숨어 있다. 한번 지면 다시는 이기지 못할 수도 있다는 것이다. 그리고 현재의 연합체 상태로 볼 때, 거기에는 핵심적 진실이 있을 것이다. 그렇지만 통제력이 조금씩 약해지는 권력을 휘두르는 다수당만큼 위험한 것도 없다. 시더 스코치폴Theda Skocpol과 버네사 윌리엄슨Vanessa Williamson은 『티파티와 공화당 보수주의의 재창조The Tea Party and the Remaking of Republican Conservatism』

대중 투표상의 확연한 다수로 힐러리 클린턴을 이겼을 가능성이 매우 크다(그리고 가상의 여론조사 대결은 이를 일관되게 뒷받침했을 것이다). 선거 결과가 대중 투표를 반영했다면, 트럼프와 트럼프 지지자들은 공화당이 이겼어야 했던 경쟁에서 패배했을 테고, 한 세대 동안 진보주의자들에게 연방대법원을 넘겨주었다는 비난을 받았을 것이다.

에서 오바마 시대에 티파티가 부상한 것은 이러한 절박감 때문이라고 썼다.

2010년 매사추세츠주의 한 남자가 "나는 내 나라를 되찾고 싶어요!"라고 우리에게 말했다. 다음 해에 한 버지니아 여성은 "우리는 우리의 나라를 되찾을 필요가 있어요"라고 똑같은 말을 했다. 이 애처로운 외침은 아마도 풀뿌리 티파티 운동의 가장 특징적이고 끈질긴 주제일 것이다. 버지니아 티파티 패트리어츠Virginia Tea Party Patriots의 마크 로이드Mark Lloyd가 설명하듯이, 사람들은 "자녀와 손주들에게 남겨주기로 계획했던 나라를, 그들이 사랑하는 국가를 잃는 것"에 대해 고민할 때 티파티에 이끌린다. 다양한 유산의 새 대통령이 "미국을 변혁하겠다"라고 약속하는 가운데, '우리나라'의 본질과 관련해서 인식된 위협이 많은 사람, 특히 나이 든 사람들이 티파티에 참여하게 했다.[22]

2016년 선거를 앞두고 보수 성향의 계간지 《클레어몬트 리뷰 오브 북스Claremont Review of Books》는 트럼프를 옹호하는, 익명이지만 파급력 있는 글을 게재했다. 익명의 저자는 "2016년 선거는 유나이티드 항공 93편9·11 테러 당시 테러리스트들에게 납치당한 미국 국내선 항공편 중 하나—옮긴이과 같다. 조종석으로 돌격하라. 그러지 않으면 당신은 죽는다. (…) 어차피 당신은 죽을지도 모른다. 당신이나 당신 일당의 지도자는 조종석에 앉을 수도 있겠지만, 비행기를 조종하거나 착륙시키는 방법을 모를 수도 있다. 보장 같은 건 없다. 시도하지 않으면 죽음은 확실하다는 한 가지 예외를 제외하면"이라고 썼다. 이 글은 수십 년 동안 위기에 대한 경고를 해왔으면서도 트럼프를 코웃음 치고 무시하던 보수주의자들을 맹비난했다.

단도직입적으로 말하겠다. 만약 당신이 근본적인 변화 없이도 지속될 수 있다고 진정으로 생각한다면, 당신은 은연중에 보수 진영이 틀렸음을 인정한 것이다. (…) 이것은 죽고 싶어 하는 당, 사회, 국가, 국민, 문명의 표식이다. 이번 선거 혹은 (적어도) 지난 7번의 선거 동안 고위직에 도전하는 후보 가운데 유일하게 나서서 이렇게 말한 사람이 트럼프였다. 나는 살고 싶다. 나는 내 당이 살길 원한다. 나는 내 나라가 살길 원한다. 나는 내 국민이 살길 원한다. 나는 미친 짓을 끝내고 싶다.[23]

이 종말론적 정치 분석의 저자는 훗날 마이클 앤턴Michael Anton으로 밝혀졌고, 그는 트럼프 행정부에서 국가안보 담당관으로 일하게 됐다.

민주당은 종종 정체성 정치를 한다고 조롱받지만, 사실 정당 간의 차이는 없다. 공화당은 정체성 정치에서도 연합체를 구축했다. 정당 간의 차이점이라면 민주당 후보는 공화당 후보보다 훨씬 더 많은 정체성을 갖고 있으며 더 회의적인 유권자들에게 호소할 수밖에 없다는 점이다. 전국적 민주당은 광범위한 연합체를 구축했고, 그것은 극단적인 양극화 동기에 반하는 힘을 제공한다.

전국적 공화당은 인구 통계적으로, 이념적으로 더 균질한 유권자에 의존하는, 심화한 연합체를 구축하는 법을 익혔다. 가장 많은 유권자의 표를 얻어 권력을 잡는 대신, 지지자가 가장 많은 곳을 노림으로써 권력을 얻었다. 이것은 그들이 중위 유권자에서 상당히 오른편에 있는 유권자들에게 어필할 수 있게 해주고, 상대편이 그랬다면 상당한 타격을 입을 만한 결정과 인물 기용을 해도 크게 문제가 되지 않게 만든다. 하지만 동시에 공화당은 권력의 상실을 두려워하게 되었고, 그 두려움을 공유하는 유권자들에게 의존할 수밖에 없게 되었다.

　이처럼 정당들은 구조적으로 대칭적이지 않고, 이것이 그들이 양극화 시대에 같은 방식으로 대응하지 않은 이유다. 민주당은 공화당에 통하는 선거운동과 전술로는 선거에서 이길 수 없다. 그들은 왼쪽으로 움직일 수 있지만(실제로 그렇게 하고 있다), 중도층을(혹은 미국 정치의 지형을 고려할 때 중도 우파를) 버리고서는 권력을 잡을 수 없다. 그리고 민주당은 이를 알고 있다.

　완연한 트럼프 시대에 접어든 2018년 12월, 갤럽은 민주당원들과 공화당원들을 대상으로 그들의 당이 더 진보적으로 혹은 더 보수적으로 되기를 바라는지, 아니면 더 온건해지기를 바라는지 물었다. 57% 대 37% 차이로 공화당원들은 당이 더 보수적으로 되기를 원했고, 54% 대 41% 차이로 민주당원들은 당이 더 온건해지기를 원했다.[24]

10장

二

양극화 관리하기,
그리고 우리 자신 관리하기

정치인을 보고 양극화하고 있다고 하는 것은 비하고, 유권자를 보고 양극화되었다고 하는 것은 일축이다. 그래서 양극화를 탐구하는 책들은 보통 의견 차이를 완화하고 같은 나라 국민들로서 공통적인 유대 관계를 재발견하기 위한 제안들로 끝을 맺는다. 이것은 마음을 뭉클하게 한다.

나는 양극화 그 자체가 문제라고 생각하지 않는다. 그것은 종종 해결책이 되기도 한다. 현대 미국의 양극화는 시민권 시대에 그 뿌리를 두고 있고, 인종 간 평등을 수용한 민주당, 백인들의 반발을 수습하고자 한 공화당에 그 뿌리가 있다. 분명 진보 이후 생겨난 양극화가 진보 이전의 억압보다 나았다. 다당제에서 양극화는 종종 정치적 견해 차이를 표현하기 위해 요구된다. 양극화의 대안은 합의가 아니라 억압일 때가 많다. 우리는 우리가 논의하지 않는 문제들을 두고 다투지 않지만, 그것들을 해결하지도 않는다.

그렇다고 미국 정치가 문제없다는 말은 아니다. 하지만 진단은 정확해야 한다. 미국 정치 시스템은 독특하고, 그것이 가장 잘 작동하는 것으로 보였던 시대들은 혼합 정당들에 의존했다. 덜 양극화된 나라가 살아 있는 사람들의 기억 속에 남아 있기 때문에, 우리는 이상적인 과거를 미화하는 경향이 있다. 하지만 이는 분명 이상이며, 자연 상태에 가까울 것이다.

내가 이 책에서 보여주려 했던 것처럼, 우리 주변에서 보이는 양극화는 동기, 기술, 정체성, 정치 기관들이라는 복잡한 시스템의 논리적 결과다. 여기에는 자본주의와 지리, 정치인들과 정치 기관들, 심리, 변화하는 인구 구조가 연루되어 있다. 그리고 그것은, 적어도 한동안은 미국에 남아 있을 것이다. 전쟁과 같이 통합을 강제하는 외생적인 힘이 없다면, 오늘날 우리가 보는 분열(혹은 더 나쁜 것)은 규범이고, 20세기 중반 미국의 탈양극화한 정치는 예외임이 입증될 것으로 보인다. 그리고 내가 생각하듯 우리가 양극화를 되돌릴 수 없다면, 앞으로 나아갈 길은 분명하다. 그것은 양극화 속에서도 기능할 수 있도록 정치 시스템을 개혁하는 것이다.

솔직히 말하자면, 나는 결론 장을 좋아하지 않는다. 작가들은 몇몇 핵심 사항들로 지독하게 복잡한 사회 문제를 해결할 수 있는 것처럼 군다. 나는 내가 내리는 처방보다 진단을 더 확신한다. 그리고 무엇보다도 내가 이 책에서 정치권의 다른 사람들이 우리의 문제를 이해하고 더 나은 시스템을 만드는 데 사용할 틀을 제시했기를 바란다.

앞으로 이어질 내용은 포괄적인 정책 의제가 아니라 일련의 접근법이다. 나는 소셜미디어가 분노로 기울어지거나, 인간의 두뇌가 정체성에 민감해지거나, 정치적 갈등이 아찔하게 확대되는 것을 '해결'하는 데 대한 환상을 갖고 있지 않다. 내 의도는 더 제한적이다. 내가 하고 싶은 일은 양극화 속에서 기능할 수 있는 정치 시스템을 구축하는 데 도움이 될 수 있고, 우리가 국가와 자신을 위해 더 나은 방법으로 정치에 참여할 수 있도록 우리의 정치적 정체성들을 만드는 데 도움이 될 원칙들을 제공하는 것이다.

시스템부터 시작해보자. 내가 특별히 탐구할 가치가 있다고 생각하는, 세 가지 범주의 개혁이 있다. 그것은 바로 내폭, 민주화, 균형이다.

내폭

우리는 정당들의 양극화로 초당적 합의가 점점 더 어려워지고 있음을 안다. 갈등을 증폭시키는 언론과 나약함을 혐오하는 지지자들에게 정치인들이 점점 더 반사적으로 반응하고 있음을 안다. 대립과 마비가 분열된 정부의 자연 상태라는 것을 안다. 정치적 싸움도 때로는 필요하고, 정체 중 일부는 단순히 분열된 국가를 반영한다. 하지만 우리는 그것이 끼치는 피해를 제한해야 한다. 우리는 가능한 한, 그리고 정치적 책임이라는 면에서 가능하고 부합하는 한에서, 정치적 재난으로 정부의 운영이 경색되지 않도록, 내폭성폭탄 같은 파열을 견뎌내는 성질—옮긴이을 가져야 한다.

가장 중요한 것은 부채 한도다. 8장에서 논의한 바와 같이, 부채 한도를 두고 벌어지는 의회 내의 일상적인 싸움은 전면적인 전 세계적 금융 위기로 발전할 수 있다. 당신이 어느 정당도 진정으로 채무불이행 상태를 보고 싶어 하지 않는다고 믿는다고 해도, 부채 한도와 관련한

대치 상황이 벌어져 계산 착오가 발생하고, 그 결과 끔찍한 일이 벌어
질 가능성이 5% 정도 된다고 가정해보라(나는 이 가정이 합리적이라고
생각한다). 이를 믿는다면, 당신은 10년 후에 우리가 적어도 한 번은 채
무불이행을 겪을 가능성이 있다고 믿는 셈이다.

부채 한도는 기이하고 불필요하다. 이것은 비용을 부담하기로 하
는 의회의 결정과 지출하기로 하는 의회의 결정을 분리한다. 우리는 이
를 없앨 수 있고, 없애야 한다. 세계 경제를 위험에 빠트리지 않고 미국
국채에 대한 전 세계의 신뢰를 손상하지 않는 동시에, 의회에서 의원들
이 견해를 표현하고, 영향력을 얻고, 유권자들 앞에서 인상 깊은 연설을
하고 지지를 얻을 수 있는, 다른 방법이 많이 있다.

다른 후보들도 있다. 의회의 예산 절차는 수년 동안 고장 나 있다.
의회는 예산안을 통과시키는 대신 토론하고, 교착 상태에 빠지고, 종종
예산안의 한심한 사촌 격인 '예산 계속 결의'를 두고 셧다운 상태에 돌
입한다. 이것은 전년의 지출을 몇 가지 사소한 수정과 함께 다음 해로
넘기는 것이다. 그 결과, 연방정부의 많은 부분에서 장기 재정 계획이
불가능해진다.

지출을 관리하는 것은 마땅히 의회의 책임이지만, 이를 잘 관리하
는 것도 이론적으로는 의회의 책임이다. 새 예산이 없는 상황에서 발생
할 수 있는 예측 가능한 지출 변화를 포함해서, 예산 편성을 더 자동화
하기 위해 예산 절차를 개혁하는 것은 정부에 자금을 대는 더 현명한
방법이 될 것이고, 의회가 미국 국민과 그들이 의존하는 서비스를 위해
더 적은 비용으로 싸울 수 있게 할 것이다.

마찬가지로, 대공황의 교훈 중 하나는 양극화와 장기간의 경제적
고통 사이의 관계가 위험스럽게도 고장 나 있다는 것이었다. 리먼 브라

더스 붕괴와 같은 위급한 순간들은 시스템의 타성에 일시적으로 구멍을 낼 수 있지만, 위기가 길어지면 소수 정당은 협력을 중단하고 비판을 시작할 유혹을 느끼게 된다. 불경기가 낳는 대중의 분노는 선거에서 강력한 무기다. 자동 경제 안정화 조치의 확대가 답이 될 수 있다. 실업률이 상승함에 따라, 연방정부는 자동적으로 더 많은 주 메디케이드 비용을 흡수하고, 실업과 식료품 할인 구매권 관련 지출을 증가시키고, 급여세 인하나 사회보장 지원을 확대할 수 있다.

정책 전문가들은 수백 가지 아이디어를 생각해낼 수 있겠으나, 통치 원칙은 간단하다. 의회의 무위가 큰 피해를 줄 수 있는 곳에서는 의회 심의의 장점이 정말로 불필요한 재앙의 위험보다 큰지 물어야 한다. 대표한다는 것은 우리 정치 시스템에서 명예로운 가치지만, 내가 이 글을 쓰고 있는 2019년 9월을 기준으로, 리얼 클리어 폴리틱스 여론조사의 평균치를 보면 의회 지지율은 16.6%고, 지지하지 않는 비율은 71.4%다. 미국인들은 의회가 자신들을 잘 대변한다고 느끼지 못하고 있다.

이것은 나를 다음 원칙으로 데려간다.

민주화

앞선 장에서 나는 민주주의에의 노출이 민주당에는 면역체계와 같은 것이 되었고, 공화당은 다수결주의적 의제를 만들지 않고 선거에서 승리할 수 있는 능력으로 인해 왜곡되었다고 언급했다. 만약 정치인들이 정치와 정책 모두에 대해 더 넓고 덜 양극화한 접근법을 채택하기를 원한다면, 우리는 그들이 더 넓고 덜 양극화한 연합체들을 만들게 해야 한다. 대중 투표에서 다수의 지지를 받을 필요가 있는 공화당은 더 건강한 당이 될 것이고, 이것은 더 건강한 정치를 만들어낼 것이다.

민주주의에 새로운 힘을 불어넣는 것은 기관별로 다른 형태를 띨 것이다. 대통령 수준에서는 단순히 오래된 선거인단 제도를 없애는 것을 의미한다. 이것은 헌법 개정을 통해 달성하기는 어렵지만, 입법 활동을 통해 달성하기는 쉽다. '전미 주간 대중 투표 협정National Interstate Popular Vote Compact'은 대중 투표에서 이기는 대통령 후보에게 선거인단의 표를 주기로 하는, 주들 간의 합의다. 이것은 전체 선거인단의 과반수인 270표를 대표하는 주들이 서명하는 순간 법적 강제력을 띨 것이며, 지금까지 참여한 주는 선거인단 196표를 대표한다. 목표치의 70% 이상을 채운 것이다.

하원에서는 비례대표제와 같은 것을 의미할 수 있다. 우리는 주들이 게리맨더링된 선거구들로 나뉜 것에 익숙하지만, 헌법은 그런 구조를 요구하지 않는다. 다른 나라들도 그런 구조를 사용하지 않는다. 싱크탱크인 뉴아메리카New America의 선임연구원 리 드루트먼Lee Drutman이 주장하듯이, 더 현명한 접근법은 중선거구와 순위 선택 투표제를 결합하는 것이다. 이 제도를 채택하면 주들이 여러 명의 의원으로 대표되는 선거 구역으로 나뉘게 되고, 유권자들은 자신이 좋아하는 후보들을 순서대로 나열한다. 어떤 후보도 과반수를 차지하지 못한다면, 가장 인기 없는 후보는 탈락하고, 탈락한 후보를 1순위로 지지한 유권자들 표에서는 2순위가 고려된다. 예를 들어, 3인 선거 구역이라면 이 과정은 상위 3명의 후보가 나올 때까지 계속된다.

이 제도에는 몇 가지 장점이 있다. 하나는 유권자들이 자신들이 가장 선호하는 정치인이 패배하더라도 자신의 표에 의미가 있다는 것을 알고 좋아하는 후보를 선택할 수 있다는 점이다. 또 다른 장점은 더 이상 유권자들이 그들의 표가 중요해지게 하려고 부동 지역구에 살지 않아도 된다는 점이다. 정당들은 어디에서나 모든 유권자를 두고 경쟁해야 할 것이다. 그러나 이와 같은 시스템의 세 번째이자 가장 중요한 장점은 승자 독식의 선거와 달리 제3의 정당이 생존할 수 있게 해준다는 점이다. 이러한 시스템에서는 22%의 득표율을 얻은 정당은 아무것도 얻지 못하는 것이 아니라 22%의 의석을 얻을 수 있다.

이것이 만드는 차이를 보기 위해, 공화당이 40%, 민주당이 45%, 자유지상당이 15%의 지지를 받는 선거를 상상해보자. 현재 미국의 체제하에서는, 자유지상당은 아무것도 얻지 못하고, 그들의 유권자들은 민주당의 승리에 책임이 있다. 이것이 바로 지금과 같은 시스템이 양당 독점으로 흘러가는 이유다. 반대로 비례대표제에서는 그런 상황이 자유지상당을 핵심적인 중개자로 만든다. 비례대표제가 다당제 민주주의를 촉진하는 이유다.

다당제 민주주의를 만병통치약으로 보는 사람들이 있다. 하지만 나는 그렇게 보지 않는다. 다당제 민주주의가 보편화되고 많은 나라가 자체적인 정치적 위기를 겪고 있는 유럽을 잠깐 살펴보는 것만으로도 기대를 낮추기에 충분하다. 그렇지만, 내가 설명한 20세기 중반의 미국 정당 시스템을 사실상 4당 체제로 보는 것도 방법이다. 즉 민주당, 딕시크랫, 보수 공화당, 진보 공화당으로 구성된 체제로 보는 것인데, 이 체제는 더 원활하게 작동한 것으로 보인다. 아마도 비례대표제가 우리를 그런 방향으로, 하지만 인종차별은 덜한 방향으로 움직이도록 슬쩍 밀어줄 것이다.

헌법에 따라 하원보다 상원을 민주화하는 것이 더 어렵다. 캘리포

니아 사람으로서, 나는 우리 주가 와이오밍주와 똑같은 대의권을 가진
다는 사실이 말도 안 된다고 생각한다. 하지만 건국의 아버지들이 한
설계를 고려했을 때, 우리는 상원을 없앨 수 없다. 그래서 나는 앞으로
도 불만이 부글부글 끓을 수밖에 없다. 우리가 할 수 있는 일은 두 가
지다.

첫째, 비민주적인 기관을 옴짝달싹 못 하게 하고, 설상가상 터무니
없는 압도적 다수 요건을 추가하는 필리버스터를 없애는 것이다. 필리
버스터가 타협을 부추길 것이라는 오래된 희망은 실패로 돌아갔다. 이
것은 논쟁의 여지가 없는 사안이다. 우리는 그 어느 때보다 많은 필리
버스터를 경험하지만, 타협은 그 어느 때보다 적다.

하지만 필리버스터의 가장 큰 죄는 시스템을 고장낸다는 것이다.
이론적으로, 미국 정치가 작동하는 방식은 정당이 책임을 지고, 정당이
통치하고, 유권자들이 결과에 대해 어떻게 생각할지 결정하는 것이다.
실제로 보면, 필리버스터는 상원 소수당이 다수당을 저지할 수 있게 해
준다. 유권자가 모두 의사당에서 벌어지는 절차적 술책을 지켜보라며
돈을 받는 의회 담당 기자라면 문제 될 게 없다. 하지만 유권자는 그런
사람들이 아니다. 유권자들이 아는 것이라곤 그들의 도로가 수리되지
않고, 일자리가 돌아오지 않고 있으며, 워싱턴 정계는 그들을 돕기 위해
아무것도 하지 않는 것처럼 보인다는 사실이다. 그래서 그들은 실제로
는 다수당의 잘못이 아닐지라도 합리적으로 다수당을 비난한다. 이처
럼 왜 어떤 일이 일어나지 않았는지를 파악하기 어려운 제도는 유권자
들이 의원들을 효과적으로 견제할 수 있는 제도가 아니다. 초당파주의
가 비합리적인 시대에, 당파적 다수가 잘 통치하는 것을 불가능하게 만
드는 것은 우리가 형편없는 통치를 받게 되리라는 사실을 보장한다.

필리버스터를 옹호하는 사람들은(이런 사람들은 두 정당 모두에 있다) 이 규칙이 없었더라면 상대 당이 통과시켰을지도 모를 모든 끔찍한 법안들을 이야기할 것이다. 그리고 이것은 사실이다. 하지만 근본적으로 제기해야 할 질문은 "당신은 통치의 문제와 마비의 문제 중 어떤 것을 선호합니까?"이다. 나는 통치의 문제를 선택한다. 미국인들이 궁극적으로 자신들의 이익을 지키고자 할 것이라 믿기 때문이다.

필리버스터가 없었다면 오바마케어가 폐지되었을 거라고 걱정하는 민주당 사람들은 수천만 명의 의료 서비스가 취소되는 것을 지켜보았을 국민을 신뢰하지 못하는 사람들이다. 의료 서비스는 국민의 삶에 핵심적인 것으로, 동시에 그들의 정치와 무관할 수는 없다. 이와 비슷하게, 미국 국민들이 견제받지 않는 진보주의에 대항하여 일어날 것이라고 믿는 공화당 사람들은 이 나라가 민주당의 진짜 색깔을 보도록 허용하는 것을 왜 그렇게 두려워하는지 자문해봐야 한다.

둘째, 워싱턴 D.C.와 푸에르토리코가 의회 의석을 가져야 했다. 상원이 사람보다 주를 대표하는 것이 한 가지 문제다. 그리고 너무나 많은 미국인이, 그들이 사는 곳이 정치적 이유로 주 지위를 박탈당했다는 이유로 대표권을 박탈당하는 것은 또 다른 문제다. 우리는 대의 원칙에 입각한 국가에 살고 있다. 너무나 많은 시민이 이 원칙에 따른 권리를 부정당했다는 사실은 변명의 여지가 없다. 우리가 특히 흑인과 히스패닉계 유권자들에게 이를 부정한다는 사실은 역사적 불의를 더하고, 체제를 백인 유권자들에게 편향되게 한다. 워싱턴 D.C.와 푸에르토리코가 대표권을 갖는다면, 공화당이 선거 전략 가운데 하나로 사용하는 인종적 양극화의 심화에서 벗어날 가능성이 좀 더 커질 것이다.

물론 이러한 모든 개혁은 사람들이 실제로 투표할 수 있어야 작동한다. 자동 유권자 등록과 오리건주의 우편 투표 시스템과 같이 투표를 쉽게 할 수 있는 다양한 방법이 있지만, 세부 사항보다 중요한 것은 투표가 쉬워야 한다는 단순한 원칙이다. 투표하기가 어려워질수록 확실해지는 것은, 가장 양극화한 사람들만 투표장에 나타날 거라는 사실이다.

공화당은 선거권 확대를 공화당을 약화하려는 음모로 보고 있는데, 민주주의가 당파적 문제가 된 것은 재앙과도 같은 일이다. 더 민주적인 미국이 더 민주당적인 미국이 될 가능성이 있지만, 더 다양한 유권자를 두고 경쟁해야 하는 공화당이 경쟁에서 승리하기 위해 스스로를 개혁할 가능성 역시 있다. 앞서 언급했듯이 이 나라에서 가장 인기 있는 주지사는 민주당 우세 주를 이끄는 온건한 공화당원들이다. 따라서 정당의 동기가 적절하게 조정될 때 공화당의 대중적 호소력이 부족할 거라고 믿을 이유는 없다. 덜 양극화된 공화당 없이 덜 양극화한 정치는 없으며, 덜 양극화한 공화당으로 가는 길은 공화당에 트럼프가 올라타고 승리를 거둔 종족 민족주의적 연합체를 넘어서는 것이다.

민주화하는 미국을 제외한 다른 대안은 단순한 양극화보다 더 무섭다. 그것은 바로 미국의 정치 시스템의 기반을 위협할 수 있는 정당성 위기다. 2040년까지 미국인의 70%가 가장 큰 15개 주에 거주할 것이다. 이는 미국의 70%가 30명의 상원의원으로 대표되는 반면, 미국의 나머지 30%는 70명의 상원의원으로 대표되게 된다는 것을 의미한다.[1] 공화당이 대중 투표에서 이기는 경우가 거의 없음에도 계속해서 대통령직을 쟁취하는 미국, 민주당보다 더 많은 득표를 하는 경우가 거의 없음에도 통상적으로 상원과 하원 모두를 공화당이 장악하는 미국, 대법원에서의 공화당 우세가 공고한 미국, 이 모든 권력이 당파적 게리맨더링, 친기업적 선거자금법, 엄격한 유권자 신분증 요건, 민주당의 선거 성과를 더욱 약화하는 반노조 법안을 뒷받침하는 데 사용되는 미국을 상상하는 것은 어렵지 않다. 이것은 장기적으로 볼 때 시스템을 불안정하게 만들 것이다.

　　이런 상황이 터무니없게 느껴질지 모르지만, 단순히 우리가 지금 살고 있는 나라를 묘사한 것이며, 앞으로도 그런 상황이 계속된다고 가정한 것일 뿐이다. 위스콘신주를 보라. 위스콘신주는 민주당이 장악하지 못하도록 주 공화당 의원들이 의석을 게리맨더링 한 주다.[2] 주 의원 선거에서 공화당 지지율을 5%p 상승시킨 시티즌스 유나이티드Citizens United보수 성향의 비영리단체—옮긴이를 보라. 히스패닉계 사람들을 인구조사 양식에 답하지 못하도록 겁주기 위해 인구조사에 시민권 질문을 추가하려는 트럼프 행정부의 노력을 보라.[3] 이를 설계한 사람은 "이 질문이 공화당과 비히스패닉계 백인에게 유리할 것"이라고 썼다.[4]

　　미국 정치의 너무 많은 부분은 게리맨더링처럼 투표하는 사람들을 제한하거나, 그런 투표들이 갖는 비중을 조작하려는 노력에 의해 결정된다. 좀 더 민주적인 시스템이 양극화를 끝내지는 못하겠지만, 더 건강한 경쟁을 만들어낼 것이다.

균형

　　이것은 사람들에게 가장 이상하게 느껴질 원칙이다. 솔직히 말하면 나에게도 이상하게 느껴진다.

　　미국에 대한 위협은 언제나 '분열'이었다. 건국 당시 가장 강하고 중요한 정체성은 주 정체성이었고, 그 중심적 긴장 관계는 대중(백인 남성)을 두려워하는 사람들과 그 대중을 신뢰하는 사람들 사이에 있었기 때문에, 우리는 그러한 분열을 진정시킬 시스템을 구축했다. 우리는 상원에서 크고 작은 주들의 균형을 맞췄다. 우리는 하원을 유권자에게, 상원을 주 의회에(1913년 미국 수정헌법 제17조의 비준과 함께 미국 상원에 대중 투표가 들어왔다) 넘겨주고, 백악관을 선거인단이라는 독특한 제도를 통해 양쪽에 넘겨줌으로써 민주 통치와 엘리트 통치의 균형을 맞췄다.

어느 자유 정치 시스템에서나 중심 문제는 어떻게 균형 잡힌 경쟁을 확보하느냐다. 미국 정치 시스템의 문제는 우리가 균형으로 이뤄낸 것이 더는 경쟁하는 것이 아니라는 점이다. 오늘날 가장 강하고 가장 중요한 정체성은 당파적 정체성이다. 우리는 큰 주들과 작은 주들에 대해 이야기하지 않고, 빨간 주와 파란 주에 대해 이야기한다. 만약 미국의 통합에 위협이 존재한다면, 그것은 버지니아주나 알래스카주 사람들의 특정한 관심사가 아니라 민주당원과 공화당원 사이의 증가하는 적대일 것이다. 그리고 이것을 알아둘 필요가 있다. 건국의 아버지들은 정당이 존재하지 않으리라 생각했기 때문에, 정당 간의 균형을 맞추는 방법은 생각하지 않았다.

릴리아나 메이슨은 이렇게 말한다. "만약 경쟁하는 집단이 주라면, 경쟁이 공정해지도록 하기 위한 일련의 규칙이 필요합니다. (…) 만약 경쟁하는 집단이 정당이라면, 당파적 경쟁이 공정해지게 하기 위한 일련의 규칙이 필요합니다."

건국의 아버지들의 지혜를 신뢰하는 사람들은 이를 더 심각하게 받아들일 필요가 있다. 만약 가장 강력한 정치적 단위가 균형 있고 예측 가능한 방식으로 시스템 내에서 대표될 필요가 있음을 인식할 정도로 그들이 현명했다고 한다면, 그들의 통찰을 존중하는 길은 그들의 실수를 바로잡는 데 있다. 정치 시스템 내에서 양당이 권력을 위해서라면 죽을 때까지 싸우게 하기보다는 양당에(또는 다당제의 경우, 기준 이상의 지지를 얻은 모든 정당에) 동등한 권력을 보장함으로써 게임에 걸린 판돈을 낮춰야 할 필요가 있다.

　법학과 교수인 대니얼 엡스Daniel Epps와 가네시 시타라만Ganesh Sitaraman은 이와 관련하여 한 가지 흥미로운 제안을 했다.[5] 그들은 갈런드에 대한 매코널의 거부로 인해 주도권을 잡기 위해서라면 무엇이든 허용되는 시대가 열렸고, 민주당은 매코널의 계략을 부정하기 위한 마지막 노력으로 당파적인 '대법원 재구성1937년 루스벨트 대통령은 사법부 개혁 법안을 의회에 제출했다. 이른바 '대법원 재구성 계획court-packing plan'으로 불리는 이 법안은 나이가 70세 6개월 이상인 대법관이 나올 때마다 대통령에게 대법관 1명씩, 최대 6명까지 증원할 수 있는 권한을 주는 것이 골자였으나, 의회에서 부결되었다―옮긴이'을 진지하게 논의하고 있어서, 연방대법원을 둘러싸고 소용돌이치는 갈등이 위험한 수준에 이르렀다고 주장한다. 엡스와 시타라만은 대법원을 재건해 15명의 대법관을 제안했다. 이 제안에 따르면, 각 정당은 5명을 임명하고, 10명의 당파적 대법관은 만장일치로 나머지 5명을 임명한다. 그리고 15명 모두가 합의에 따라 확정될 때까지 법원은 사건을 심리할 수 없다.

　이 시스템에는 몇 가지 장점이 있다. 첫째, 정치와는 어느 정도 거리를 두도록 의도된 기관의 철저히 정치화한 갈등을 진정시킬 수 있다. 둘째, 이것은 극도로 당파적이지 않고 이념적으로 당파적이지 않은 후보자들(이쯤이면 당신은 자격이 없다)이 대법원에서 일할 수 있는 길을 열어줄 것이다. 이론적으로 보면, 양측은 대법원을 동등하게 대표한다고 느낄 것이고, 최근 몇 년간의 전면전은 완화할 것이다.

의회는 필리버스터에 의존하지 않기 위해 참여와 발언을 보장하는 규칙을 다시 세울 수 있다. 예를 들자면, 소수 정당이 법안을 상정하는 일이 더 쉬워져야 한다. 하원의 소위 해스터트 규칙Hastert Rule(공화당 의원들, 그리고 종종 민주당 의원들에게 과반의 지지를 얻지 못하는 법안은 상정하지 않게 하는 규칙)은 보기 드문 연합에 힘입어 통과될 수도 있는 법안에 대한 투표를 시도도 해보지 못하게 한다. 또한 압도적 다수 요건과는 짝이 되지 못하는, 실제적이고 지속적인 토론에 대한 권리를 상상해볼 수도 있다.

이 모든 것의 기본 원칙은 두 정당 모두 매우 많은 미국인을 대표하며, 한쪽이 다수를 차지한다고 해서 다른 한쪽이 발언권을 박탈당해서는 안 된다는 사실이다.

우리 자신의 탈양극화

이 책의 주제 중 하나는 개인으로서 우리가 정치 시스템에 책임이 있는 것만은 아니며, 우리 역시 정치 시스템에 의해 변화하고 있다는 것이다. 시스템이 우리를 옭아매는 주된 방법은 우리의 정치적 정체성을 위협하거나 활성화하고, 그 촉매적 에너지를 사용하여 우리가 투표하고, 정치에 관한 글을 읽고, 공유하거나 아니면 그저 화나게 하는 것이다. 물론 그것이 항상 나쁜 것은 아니다. 정치는 큰 이해관계가 걸린 사업이며 우리가 투표하고, 글을 읽고, 공유하고, 그리고, 그렇다. 화를 내야 할 때가 많다.

그러나 양극화와 조작은 다르다. 우리의 목적을 위해 정치를 사용하는 것과 다른 사람의 정치적 목적을 위해 사용되는 것은 다르다. 그래서 나는 우리 모두를 위해 더 바람직할 수 있는, 정치와의 관계를 바꿀 수 있는 몇 가지 방법을 논의하고자 한다. 그것은 정체성 마음챙김과 장소의 정치학을 재발견하는 일이다.

정체성 마음챙김

모든 정치는 정체성의 영향을 받는다. 모든 정치가 말 그대로 정체성 정치이기 때문은 아니다. 인간의 모든 인식은 정체성의 영향을 받고, 정치는 인간 인식의 일부이기 때문이다. 우리는 우리 자신을 상황에서 분리할 수 없다. 우리가 처한 맥락이 얼마나 우리의 많은 부분을 형성하는지 우리는 결코 완전히 알지 못할 것이다. 우리가 누구인지, 어디서 자랐는지, 누구를 믿고 두려워하고, 사랑하고 미워하고, 존경하고 무시하는 법을 배웠는지, 이런 것들은 의식의 차원을 넘는 영역이기도 하다. 정체성이 활성화되는 데 걸리는 1000분의 1초를 바탕으로 만들어진 정신적 프로세스는 우리가 간단히 떼버릴 수 있는 것이 아니다.

하지만 정체성이 휘두르는 힘을 통제할 수 없다 하더라도, 그것을 이용할 수는 있다. 기억하라. 우리의 정체성은 여러 가지다. '공화당원'이나 '민주당원'은 정체성이다. 하지만 '공정한 사람', '기독교인', '호기심 많은 사람', '뉴요커'도 정체성이다. 자신을 가난한 사람, 동물, 아동권리의 옹호자로 보는 것은 한 정당의 당원이 되는 것만큼이나 중요한 정체성이다. 정치적 연합체들에는 정체성을 정의하고, 통제하고, 활성화하기 위한 거대한 기구가 있다. 당신이 이 상부 구조에서 벗어나고자 한다면, 노력이 필요하다. 하지만 불가능하지는 않다.

정체성 정치에 대한 지혜는 우리가 항상 거기에 참여하고 있다는 인식에서 시작된다. 그리고 정체성 정치에 대한 지혜의 길은, 우리 정체성 중 어떤 것이 활성화되고 있는지를 인식하는 것에서 시작될 것이다. 우리는 어떤 정체성을 활성화할 것인지 선택할 수 있어야 한다. 근육이나 신경처럼, 우리가 가장 많이 사용하는 정체성은 강해지고, 사용하지 않는 정체성은 약해진다. 우리는 이 메커니즘을 우리에게 유리하게 사용할 수 있다. 그렇게 하는 것은 마음챙김으로 시작한다.

그래, 당신이 무슨 생각을 하는지 안다. 캘리포니아에 사는 진보 성향 채식주의자의 정치 책이니 당연히 마음챙김으로 끝난다고 생각하겠지. 하지만 천천히 10번 심호흡을 하고, 마음을 차분히 가라앉히면서 내 말을 끝까지 들어보라. 우리가 처한 환경은 어떤 정체성은 활성화하지만 다른 정체성은 활성화하지 않도록 설계되어 있다. 예를 들어 미국인의 삶은 성조기로 가득 차 있다. 정치적인 면에서는 민주당과 공화당 사이의 분열과 당신이 그중 어느 편에 서는지를 상기시키는 것들로 가득 차 있다. 신앙생활은 당신을 한 방향으로 이끌 것이고, 힙스터 소비주의는 당신을 다른 방향으로 이끌 것이다. 그리고 참, 말 그대로 어디에나 상징이 널려 있는 지역 스포츠 팀은 어떤가? 우리가 가는 곳마다 우리의 정체성을 강화하려는 시도들이 있고, 어떤 것은 거대한 규모의 자금이 투입된 것이다. 그렇기 때문에 우리 안에서 어떤 일이 일어나는지 보려면 노력이 필요하다.

마음챙김은 명상과 동의어가 아니다. 저명한 정치 저널리스트이자 불교학자인 로버트 라이트Robert Wright는 이렇게 말한다. "번역될 당시 사용된 '마음을 챙기는'이라는 단어는 '생각하거나 보살피고, 주의를 기울이고, 기억하는 것'을 의미했다. 다시 말해, 마음을 챙기는 사람은 관련된 모든 요소를 예리하게 인식하고 세심하게 주의를 기울이는 사람이다."[6]

나는 당신이 정체성에 주목할 것을 요청한다. 한 기사는 어떤 정체성을 불러일으키는가? 어떤 정체성이 당신을 방어적으로 만드는가? 한 정체성이 궁지에 몰렸을 때 어떤 느낌인가? 당신은 언제 그런 일이 일어나는지 알 수 있는가? 하루에 9번 트위터에 접속한다면, 숨을 고르고 나서 로그인하기 전과 얼마나 달라졌는지 자문할 수 있는가?

이런 요청을 하는 것은 정치인과 언론이 우리를 조종하는 방식을 더 잘 의식하기 위해서다. 우리가 좋아하지 않는 정보와 정치적 논평에 대한 우리의 반응이 육체적이라는 것을 보여주는 연구가 많이 있다. 호흡은 빨라지고, 동공은 좁아지며, 심장박동이 빨라진다. 우리의 정체성이 활성화되거나, 위협받거나, 자극되었을 때 어떤 일이 일어나는지 인식하려고 노력하는 것은 그 과정에 대한 통제력을 확보하는 데 필수적인 첫 번째 단계다.

그렇다고 해서 우리의 정체성이 자극받거나 강한 감정이 분출되는 것을 두려워해야 한다는 말은 아니다. 우리가 상황에 대한 결정을 내리기 전에 무슨 일이 일어나고 있는지 충분히 알아야 한다는 의미다. 가끔은 화를 낼 필요가 있지만 그렇지 않을 때도 있다. 우리가 판단에 충분한 시간을 들이지 않으면, 정치와의 관계에서 통제력을 잃고 자신도 모르게 타인의 도구가 된다.

이 책의 요점은 우리의 행동을 형성하는 더 큰 맥락이 있다는 것이다. 때때로 그 맥락은 바꾸기 어렵다. 하지만 바꿀 수 있을 때도 있다. 우리의 정보 환경도 그중 하나다. 우리가 우리의 정체성을 조작하려는 음모 속에 존재한다는 사실을 인식하게 되면, 우리의 정체성을 형성하고 강화하기 위해 우리가 머물 환경을 만들어낼 수 있다. 그리고 나는 그 일을 어떻게 시작할지에 대해 제안하고자 한다.

장소의 정치학 재발견하기

2018년 3월, 《뉴욕 타임스》는 내가 지금도 종종 생각하는 기사를 실었다. "너무 조금 알았던 남자The Man Who Knew Too Little"라는 제목의 이 기사는 에릭 헤이거먼Erik Hagerman이 선거 이후 만들어낸 기이한 세계에 관한 것이다. 선거 결과에 크게 실망한 헤이거먼은 트럼프에 대해 더는 아무 소식도 듣지 않겠다고 결심했다. 말 그대로 아무것도. "엄격하고 완벽하게 차단하고 싶었습니다. 트럼프를 멀리하거나 대화 주제로 나오면 피하고 싶은 정도가 아니었습니다. 제가 마치 트럼프라는 티끌만 한 빛이 들이치기라도 하면 죽어버리는 흡혈귀가 된 것 같았습니다."[7]

그래서 그는 자신을 보호할 방어막을 만들기 시작했다. 한때 나이키 간부였던 그는 현재 오하이오주 남동부에 있는 돼지 농장에서 혼자 살고 있다. 커피숍에 갈 때는 녹음해둔 백색소음을 듣는다. 정치에 대해 언급하는 친구들과는 결별했다. 뉴스나 소셜미디어를 절대 보지 않는다. 상점에 갈 일이 있으면 시사 관련 이야기를 우연히라도 듣지 않기 위해 아침 일찍 간다. 그가 샌프란시스코에 있는 형제를 방문했을 때 "엄격한 준비가 필요했다. 신문은 눈에 띄지 않아야 했고, TV는 꺼둬야 했으며, 10대 조카들은 특별 지시를 받아야 했다."

어느 시점까지는 완전히 미친 짓이었다. 하지만 마지막에 완전히 바뀌었다. 세상과 멀어지는 과정에서 그는 '끊임없이 생각해온, 미국 사회에 기여할 수 있는 마스터 프로젝트'에 시간을 집중했다. 그는 노천 광산 꼭대기에 있는 45에이커(약 4050제곱미터)의 땅을 사서 그곳을 복원하고, 보호하고, 공동체가 즐길 수 있는 것으로 바꾸고 있다. 그 땅은 그의 '일생의 작품'이 되었다. 헤이거먼은 시민적 삶에서 벗어나지 못한 것으로 드러났다. 그는 그저 지역 변화에 집중하기 위해 국가 정치에서 손을 뗀 것이었다. 그리고 헤이거먼은 그 선택을 뒷받침할 정보 생태계를 구축했다. 그는 이 프로젝트에서 아주 멀리, 너무 멀리 나갔는지도 모른다. 하지만 우리는 충분히 멀리 가지 못하고 있다.

　　이 기사를 두고 인터넷은 분노로 도배되었다. "《뉴욕 타임스》는 백인 특권의 궁극적인 등댓불을 찾아냈습니다. 그리고 헤이거먼은 아마도 세상에서 가장 참을성이 없는 사람일 겁니다"라는 트윗이 대표적이다.[8] 헤이거먼은 자신을 어떤 사람이라고 생각했던 것일까? 이 부유한 백인 남자는 추방되지 않을 것이고, 감옥에 갇히지도 않을 것이며, 아마도 트럼프 행정부 아래에서 전혀 고통받지도 않을 터였다. 뉴스가 그를 슬프게 하자 뉴스를 꺼버린 그는 어떤 사람이었을까?

　　아니 그런데, 우리는 스스로를 어떤 사람이라고 생각했던 것일까? 우리 중 허공으로 분노에 찬 편지를 보내는 사람들은 이웃에게 줄 땅을 복구하는 사람보다 더 많은 일을 하고 있었던 것일까?

　　우리가 모든 정보를 회피해야 한다고 말하려는 게 아니다. 이건 내 직업적 이익에 반하는 말이지만, 그래도 단도직입적으로 하겠다. 우리는 국가 정치에 너무 많은 관심을 쏟고 있다. 이를 바꾸기 위해 우리가 할 수 있는 것은 매우 적다. 반면 우리는 지방 정치에는 너무 적은 관심을 쏟고 있다. 주와 지방에서는 우리의 목소리가 훨씬 더 중요할 수 있다. 트럼프가 올린 트윗에 분노하는 데 소비하는 시간은(분명 이 행위가 그가 당신에게 원하는 것이며, 핵심은 그가 대화를 통제할 수 있도록 모든 미디어 산소를 빨아들이는 것이다), 이웃에게 무슨 일이 일어나고 있는지 살펴보는 데 쓰는 것이 더 낫다.

대니얼 홉킨스는 "미국에는 50만 명이 넘는 선출직 공직자가 있으며, 그중 537명만이 연방정부에서 근무하고 있다"라고 썼다.[9] 537명의 연방 공직자들은 가장 많은 유권자를 보유하고 있다는 이유 하나만으로 우리가 가장 적은 영향력을 행사할 수 있는 사람들이다. 그런데 우리는 우리와 가장 가까이에 있는 공직자들의 이름은 잘 모른다. 그들은 커피 한잔으로도 기꺼이 우리를 만나줄 사람들인데도 말이다.

이건 우리가 게으르고 나쁜 사람들이기 때문이 아니다. 미디어가 전국화되었기 때문이며, 그로 인해 주와 지역 차원에서 특별한 결과물이 주어졌기 때문이다. 나는 이와 관련해서 답을 가지고 있지 않다(주와 지역 저널리즘을 되살리는 것은 그 자체로 책 한 권이 필요한 주제이다). 그저 노력하라는 말 외에는 해줄 말이 없다. 당신의 미디어 식단에 지역 뉴스 매체들을 포함시킴으로써 지역 관련 정치적 정체성을 더 강하게 만들 수 있다. 이것은 정말로 도움이 된다. 특히나 소셜미디어 친구들이나 당신이 사랑하는 전국 단위 출판물들이 당신이 사는 지역이나 주에 관한 이야기를 떠밀지 않는다면 더욱 그렇다.

우리가 사는 곳에 정치적 정체성의 뿌리를 더 많이 내림으로써 얻을 수 있는 진정한 보상은 다음과 같다. 첫째, 우리는 우리와 더 비슷한 사람들 가까이에 사는 경향이 있으므로, 정치가 덜 양극화한다. 둘째, 지역 정치에서 나오는 질문은 종종 더 실체적이고 덜 상징적이기 때문에 토론은 종종 더 건설적이며 덜 적대적이다. 셋째, 우리는 국가 정치보다 주 정치와 지방 정치에 훨씬 더 많은 영향을 미칠 수 있고, 정치 효능감을 느낄 수 있다. 넷째, 당신의 마음은 전국적인 정치에 있다 해도(나는 전국적인 정치를 취재하는 저널리스트라서 그 점을 이해한다), 주와 지방 정치에 개입하는 일은 당신을 훨씬 더 인상적인 사람으로 만들어줄 것이다. 그러한 경험이 귀중하기 때문이기도 하고, 지방 공직자가 결국 연방 공직자가 되기 때문이기도 하다. 그리고 그 과정에서 그들은 알고 지내던 사람들과 계속 접촉한다. 다음 대통령 선거운동이 시작될 때, 그들이 자원봉사자로서 가장 원하는 사람들은 지역사회에서 활동해온 사람들이다.

다시 말하지만, 나는 당신에게 전국적인 정치를 외면하라는 게 아니다. 다만 당신의 미디어 식단을 살펴보고, 당신이 읽는 정치 뉴스의 몇 %가 전국적인 내용이고 몇 %가 지방 관련 내용인지 자문해보라는 것이다. 일주일 동안 스스로를 지켜보며, 당신의 정치적 감정과 에너지가 얼마나 전국적인 정치 뉴스와 결부되어 있는지 성찰해보라. 만약 당신의 미디어 식단이 압도적으로 전국적인 내용으로 기울어져 있다면, 그것을 되돌리는 방법에 대해 생각해보라.

해결책은 없다, 오직 수정만이 있을 뿐

솔직히 말하겠다. 나는 해결책이라며 이러한 제안을 쓰면서도 불안감을 느낀다. 나는 더 양극화한 정당을 간절히 원하는, 20세기 중반의 정치 과학자들에 대해 이야기하면서 이 책을 시작했다. 미국 정치는 복잡하고 예측할 수 없으며, 때로는 한 시대의 뒤늦은 해결책으로 알려진 계획들이 다음 시대를 규정하는 문제가 되기도 한다.

하지만 그게 요점이다. 그렇지 않은가? 미국 정치에는 최종 상태라는 것이 없다. 정해진 답을 찾는 것은 언제나 어리석은 일이다. 시스템을 돌아가게 하는 정답은 없다. 지금 우리가 할 수 있는 것 중에 최선을 선택할 수밖에 없다. 그리고, 최선을 다한다면 우리는 오늘의 성공이 내

일의 좌절로 굳어지는 것을 볼 수 있을 것이다. 한 시대에 통했던 것이 다음 시대에는 실패한다. 그래도 괜찮다. 중요한 것은 최대한의 진보와 가장 적은 폭력으로 다음 시대에 도달하는 것이다.

나는 미국 정치에 대해 낙관적이냐 혹은 비관적이냐는 질문을 자주 받는다. 나는 스스로 낙관주의자라고 생각하지만, 그건 내가 우리의 과거를 미화하지 않고 현실적으로 보려고 하기 때문이다. 지금 우리가 가진 모든 문제에도 불구하고, 역사적인 시점에서 보면 미국은 거의 두 번에 한 번은 지금보다 더 나쁘고 더 추악한 나라였다.

이를 확인하기 위해 유럽에서 온 새로운 이민자들이 원주민들을 몰아내거나 살해했고, 수백만 명의 아프리카인을 노예로 데려왔으며, 여성을 열등한 시민으로 취급하는 법을 만들었던, 이 나라의 초창기로 돌아갈 필요는 없다. 불과 몇십 년 전만 해도 정치적 암살이 일상이었다. 1963년, 대통령 존 F. 케네디는 댈러스의 거리에서 살해당했다. 1965년, 맬컴 엑스는 붐비는 뉴욕의 무도회장에서 총에 맞아 죽었다. 1968년, 마틴 루서 킹 주니어와 로버트 F. 케네디가 살해되었다. 1975년, 제럴드 포드 대통령과 팔을 뻗으면 닿을 거리에 서 있던 리넷 '스퀴키' 프롬Lynette 'Squeaky' Fromme은 총을 겨누고 방아쇠를 당겼지만, 총알은 발사되지 않았다. 1978년, 샌프란시스코의 선구적인 동성애자 시의원이었던 하비 밀크Harvey Milk가 살해당했다. 로널드 레이건 대통령은 1981년에 총에 맞았다. 그 총알은 그의 갈비뼈 하나를 산산조각 내고 폐에 구멍을 냈다.

20세기의 상당 기간, 흑인들에게는 투표권이 없었고, 린치는 흔했다. 프리덤 라이더스Freedom Riders1961년 5월 모든 인종의 학생들이 흑백 인종차별에 항거하기 위해 남부 일대를 기차나 버스로 여행하며 연좌 농성을 벌인 시민불복종운동으로, 흑인 민권운동의 한 획을 그었다—옮긴이 참가자들은 남부 전역에서 잔인하게 구타를 당했다. 경찰은 군중이 인종 관련 욕설을 외치고 공격하겠다고 위협하자 흑인 아이들을 학교로 호송해야 했다.

1968년 민주당 전당대회에서 폭력이 발생했다. 도시에서 폭동이 일어나 전국을 휩쓸었다. 범죄가 증가했다. 미국은 캄보디아에서 불법적이고 비밀스러운 폭격 작전을 벌였다. 주 방위군이 켄트주립대학교에서 학생 시위대에 발포해 사망자가 발생했다. 리처드 닉슨은 민권운동에 대한 반발로 백악관에 입성했고, 정적들을 상대로 간첩 소탕 작전을 벌였으며, 헌법적 위기를 촉발했고, 탄핵 절차를 밟아 대통령직에서 쫓겨난 최초의 미국 대통령이 되었다.

이것은 미국 역사에 대한 비관적인 해석이 아니다. 전문가 사이에서는 의견 일치에 가까운 해석이다. 1900년부터 전문가들을 대상으로 세계 국가들의 민주주의 상태에 대한 설문조사를 벌여온 민주주의 다양성 프로젝트Varieties of Democracy Project는 1945년 미국 정치 시스템에 100점 만점에 48점을, 1965년에는 59점을 부여했다. 민권운동 이후에야 미국은 70~80점대를 받기 시작했고, 성공한 민주주의 국가가 되었다.[10]

우리가 종종 미국 민주주의의 황금기로 떠올리는 시대는 오늘날보다 훨씬 덜 민주적이고 덜 진보적이었고, 덜 점잖았다. 트럼프의 가장 무절제한 감정 분출과 가장 외설적인 생각도 역사 앞에서는 빛이 바랜다. 그리고 오늘날 미국 정치 기관들은 아직도 생생한 기억할 수 있는, 통치를 잘했던 체제들과 비교해서도 엄청난 발전을 이루었다. 우리가 내일 조금 더 잘할 수 있다면, 우리는 우리의 과거 그 어느 때보다 훨씬, 훨씬 더 잘하고 있을 것이다.

감사의 글

이 책은 개인이 주변 사람들과 공동체, 그리고 시스템에 어떻게 반응하는지를 다루고 있습니다. 따라서, 제대로 하려면 감사의 말은 이보다 훨씬 길어야 마땅할 겁니다. 하지만 너무 긴 감사의 말은 출판업계에서는 눈살을 찌푸리게 하는 일이라는 말을 익히 알고 있으므로, 빠진 분들께 미리 미안하다는 말을 전합니다. 그리고 여기에 포함된 모든 사람에게도 미안하다는 말을 전합니다. 그 어떤 말로도 당신들이 해준 역할을 제대로 전달할 수 없을 것입니다.

먼저, 출판사 사이먼 앤 슈스터의 벤 로넌에게 감사를 전합니다. 그는 내가 쓰려는 책을 믿어주었고, 6년 후에 쓴 아주 다른 책도 믿어주었습니다. 벤의 믿음, 인내, 편집, 격려가 없었다면 이 책은 존재하지 않았을 것입니다. 내 에이전트인 앤드루 와일리는 나를 겁주지 않으면서도 이 작업을 완수해야 한다는 걸 알려주고 작업이 얼마나 남았는지를 상기시켜주는 일 사이에서 균형을 잘 잡아주었습니다. 벤 칼린은 놀라운 엄격함과 쾌활함으로 팩트 체크를 해주었습니다. 존 사이드스, 릴리아나 메이슨, 유발 레빈은 초안을 읽고 중요한 코멘트를 해주었고, 특히 존은 내가 헛소리를 하지 않도록 막아주었습니다. 그들은 이 책을 더 좋은 책으로 만들어주었습니다. 그럼에도 남은 실수가 있다면 모두 제 잘못입니다.

나는 《워싱턴 포스트》 전통과는 어울리지 않는 직원이었습니다. 나를 고용하라고 관계자들을 설득해준 스티브 펄스타인에게 감사를 전합니다. 그리고 그 후 이어진 멘토로서의 역할, 논쟁, 우정, 교훈, 식사들에 대해서도 영원히 감사하게 생각합니다. 훌륭한 편집자, 친구, 그리고 속을 내보일 수 있는 사람이 되어준 켈리 존슨과 넉넉한 품위, 호기심, 정직, 친절을 보여준 마커스 브로클리, 라주 나리세티, 그레그 슈나이더, 마티 배런, 도널드 그레이엄에게도 감사를 전합니다.

하지만 무엇보다도 윙크블로그를 믿어준《워싱턴 포스트》에 감사드립니다. 닐 어원, 세라 클리프, 팀 리, 딜런 매슈스, 브래드 플러머와 함께한 수년간의 파트너십은 내가 표현할 수 있는 것보다 훨씬 더 소중합니다. 우리가 하는 일에 대한 가장 정확한 척도는 함께하는 사람들인데, 내가 딜런과 10년 이상 함께 일해왔다는 사실은 내게 제대로 일하고 있다는 확신을 주었습니다.

《복스》를 만든 것은 내 경력에서 가장 놀랍고 도전적이고 의미 있는 경험이었습니다. 여기서 이름을 대는 것조차 두렵지만, 놀라운 회사를 만들어준 짐 뱅코와 트레이 브런드렛에게 감사드립니다. 리더십, 집중력, 총명함, 관대함을 보여준 로런 윌리엄스, 앨리슨 로키, 조 포스너에게, 그리고 비전을 믿고 그것을 현실로 만들기 위해 매일 놀랍도록 열심히, 창의적으로 일해준 훌륭한 직원 여러분 모두에게 감사드립니다.

나는 매트 이글레시아스, 멀리사 벨과 함께《복스》를 설립했습니다. 대학 시절 매트의 블로그는 내 블로그에 영감을 주었고, 그의 격려 덕분에 나는 계속 힘낼 수 있었습니다. 나는 매트의 추천으로《아메리칸 프로스펙트》에 입사할 수 있었고, 워싱턴 D.C.에 있는 그의 커뮤니티에 들어갈 수 있었습니다. 매트는 나를 매일 조금씩 더 똑똑하게 해줍니다. 어떤 감사의 말로도 그가 내 인생에서 해온 역할에 보답할 수 없습니다.

나는《워싱턴 포스트》에서 멀리사를 만났습니다. 아무도 내게 멀리사의 역할이 정확히 무엇인지 설명해주지 않았지만, 멀리사는 디지털 관련 회의마다 꼭 참석해주었습니다. 결국 나는 깨달을 수 있었습니다. 큰일을 하고 싶으면 멀리사와 도모하라. 지금까지 지키며 살아온 교훈입니다. 나는 멀리사와의 파트너십 없는 지난 10년을 상상할 수 없지만, 멀리사와의 우정 없는 지난 10년은 더 상상할 수 없습니다.

가족들에게 어떻게 감사해야 할지 모르겠습니다. 형 기디언 크라코프에게는 정치에 대한 사랑을 배웠습니다. 형은 나를 여러 행진과 회의에 데리고 갔고, 특별히 기억에 남는 어느 날에는 위대한 폴 웰스톤과 함께 차를 타고 로스앤젤레스를 횡단하기도 했습니다. 형이 보여준 본보기에 부응하려고 계속 노력하고 있습니다. 어머니 재클린 클라인과 아버지 에이블 클라인은 조건 없는 사랑의 본보기를 보여주셨고, 매일매일 나를 지지하고, 지켜보고, 응원해주셨습니다. 여동생 릴리아나 클라인은 내 가장 친한 친구 중 한 명이자 맨 먼저 전화하는 상대입니다. 린다 러빈과 세라 와이즈먼은 나중에 내 삶에 들어왔지만, 그들의 존재로 인해 하루하루가 더 풍성했습니다.

나는 내가 만난 사람들 가운데 가장 흥미로운 사람과 결혼하는 행운을 누렸습니다. 애니 로리와 함께 세상을 경험하는 것은 내 인생의 위대한 선물이며 애니와 함께하기에 나는 모든 면에서 더 나은 사람이 되었습니다. 애니는 내가 가장 신뢰하는 편집자이자 공모자, 사상가이며, 애니의 사랑, 보살핌, 현명함 없는 인생은 상상할 수 없습니다.

마지막으로, 토머스 모지스 로리-클라인은 이 책을 쓰는 동안 태어났습니다. 그의 아버지라는 것이 내가 가장 소중히 여기는 정체성입니다. 이 책을 쓰면서 슬펐던 것은 토머스와 떨어져야 했던 시간들이었습니다. 이 책이 그 아이처럼 착하고 순한 세상을 만드는 데 조금이나마 보탬이 됐으면 좋겠습니다.

주석

들어가며: 일어나지 않은 일

I   Hillary Rodham Clinton, *What Happened*(New York: Simon & Schuster, 2017).

2   Emily Guskin and Scott Clement, "Clinton Leads by Five Points Nationally as Trump Personality Concerns Persist, Post-ABC Tracking Poll Finds," *Washington Post*, November 6, 2016, washingtonpost.com/news/the-fix/wp/2016/11/06/clinton-leads-by-five-points-nationally-with-large-advantages-on-temperament-and-qualifications-post-abc-tracking-poll-finds/?utm term=.c56d2927cb83.

3   Adam Gopnik, "Did the Oscars Just Prove That We Are Living in a Computer Simulation?," *New Yorker*, February 27, 2017, newyorker.com/culture/cultural-comment/did-the-oscars-just-prove-that-we-are-living-in-a-computer-simulation.

4   "Against Trump," editorial, *National Review*, January 22, 2016, nationalreview.com/2016/01/donald-trump-conservative-movement-menace.

5   Andrew Gelman and Pierre-Antione Kremp, "The Electoral College Magnifies the Power of White Voters," Vox, December 17, 2016, vox.com/the-big-idea/2016/11/22/13713148/electoral-college-democracy-race-white-voters.

6   Sidney Dekker, *Drift into Failure: From Hunting Broken Components to Understanding Complex Systems*(Farnham, UK; Burlington, VT: Ashgate, 2011).

7   Keeanga-Yamahtta Taylor, *How We Get Free: Black Feminism and the Combahee River Collective*(Chicago: Haymarket Books, 2017).

1장 · 어떻게 민주당원은 진보주의자가, 공화당원은 보수주의자가 되었을까

I   Joanne B. Freeman, *The Field of Blood: Violence in Congress and the Road to Civil War*(New York: Farrar, Straus and Giroux, 2018).

2   *Towards a More Responsible Two-Party System: A Report of the Committee on Political Parties*(Washington, DC: American Political Science Association, 1950).

3   The APSA report: jstor.org/stable/1950999.

4   Thomas E. Dewey, "The Two-Party System"(1950), in *Politics in the United States: Readings in Political Parties and Pressure Groups*, ed. Henry Turner (New York: McGraw Hill, 1955).

5   Qtd. in ibid.

6   Qtd. in ibid.

7   Qtd. in ibid.

8   Qtd. in Geoffrey Kabaservice, *Rule and Ruin: The Downfall of Moderation and the Destruction of the Republican Party*, from Eisenhower to the Tea Party#, Studies in Postwar American Political Development(New York: Oxford University Press, 2012).

9   Clinton Rossiter, *Parties and Politics in America* (Ithaca, NY: Cornell University Press, 1960).

10   Morris P. Fiorina, *Party Sorting and Democratic Politics*, series no. 4, Hoover Institution, Stanford University, hoover.org/sites/default/files/research/docs/fiorina_party_sorting_and_democratic_politics_4.pdf

II   Alan Abramowitz and Steven Webster, "All Politics Is National: The Rise of Negative Partisanship and the Nationalization of U.S. House and Senate Elections in the 21st Century," Annual Meeting of the Midwest Political Science Association, Chicago, IL, April 16–9, 2015.

Available at http://stevenwwebster.com/research/
all_politics_is_national.pdf. The 2018 numbers
from Abramowitz email to the author.
12 Abramowitz and Webster, "All Politics Is
National." Extension to 2016 from Webster email
to author.
13 Corwin Smidt, "Polarization and the Decline
of the American Floating Voter," *American
Journal of Political Science* 61, no. 2 (Apr. 2017):
365 – 1, doi .org/10.1111/ajps.12218.
14 "Partisanship and Political Animosity in
2016," Pew Research Center, June 2016, people-
press.org/2016/06/22/partisanship-and-
political-animosity-in-2016.
15 Sean Wilentz, "The Mirage," *New
Republic*, October 25, 2011, newrepublic.
com/article/96706/post-partisan-obama-
progressives-washington.
16 Yanna Krupnikov and Samara Klar, "Why
People Call Themselves 'Independent' Even
When They Aren't," *Washington Post*, January 10,
2014, washingtonpost.com/news/monkey-cage/
wp/2014/01/10/why-people-call-themselves-
independent-even-when-they-arent.
17 Carroll Doherty, "Key Takeaways on
Americans' Growing Partisan Divide over
Political Values," *Fact Tank* (blog), Pew Research
Center, October 5, 2017, pewresearch.org/fact-
tank/2017/10/05/takeaways-on-americans-
growing-partisan-divide-over-political-values.
18 "The Partisan Divide on Political
Values Grows Even Wider," Pew Research
Center, October 2017, pewresearch.org/
politics/2017/10/05/the-partisan-divide-on-
political-values-grows-even-wider.
19 npr.org/templates/story/story.
php?storyId=128303672.
20 Anna North, "How Abortion Became a
Partisan Issue in America,"
Vox, April 10, 2019, vox.com/2019/4/10/

18295513/abortion-2020-roe-joe-biden-
democrats-republicans.
21 "1976 Republican Platform: Equal Rights
and Ending Discrimination,"
Gerald R. Ford Library, fordlibrarymuseum.gov/
library/document/platform/rights.htm.
22 Bill Barrow and Elana Schor, "Biden:
Congress Should Protect Abortion Rights, if
Necessary," Associated Press, May 22, 2019,
apnews.com/37bcf15a80a54014bd37fa4298d5d
5c1.
23 Smidt, "Polarization."
24 "Partisanship and Political Animosity in
2016," Pew Research Center, June 22, 2016,
people-press.org/2016/06/22/partisanship-
and-political-animosity-in-2016/.

2장 · 딕시크랫 딜레마

1 Joseph Crespino, *Strom Thurmond's America*
(New York: Hill & Wang, 2012).
2 David A. Bateman, Ira Katznelson, and John
Lapinski, "*Southern Politics* Revisited: On V. O.
Key's 'South in the House,'" *Studies in American
Political Development* 29, no. 2 (Oct. 2015):
154 – 4, doi.org/10.1017/S0898588X1500005X.
3 Robert Mickey, *Paths Out of Dixie: The
Democratization of Authoritarian Enclaves in
America's Deep South, 1944–1972* (Princeton, NJ:
Princeton University Press, 2015).
4 Ezra Klein, "American Democracy Has Faced
Worse Threats Than Donald Trump," Vox, May
10, 2018, vox.com/2018/5/10/17147338/
donald-trump-illiberal-undemocratic-
elections-politics.
5 Ira Katznelson, *Fear Itself: The New Deal and
the Origins of Our Time*(New York: Liveright,
2013), 61.
6 Ibid., 63.

7 Mickey, *Paths Out of Dixie*, 38.

5 Carol Anderson, *White Rage: The Unspoken Truth of Our Racial Divide* (New York: Bloomsbury, 2016).

9 Mickey, *Paths Out of Dixie*.

10 Brenda Wineapple, *The Impeachers: The Trial of Andrew Johnson and the Dream of a Just Nation* (New York: Random House, 2019).

11 Mickey, *Paths Out of Dixie*.

12 Ira Katznelson, *Fear Itself*.

13 Qtd. in ibid.

14 Kabaservice, *Rule and Ruin*.

15 Michael Oreskes, "Civil Rights Act Leaves Deep Mark on the American Political Landscape," *New York Times*, July 2, 1989, nytimes.com/1989/07/02/us/civil-rights-act-leaves-deep-mark-on-the-american-political-landscape.html.

16 mischiefsoffaction.blogspot.com/2014/06/polarization-is-about-more-than-just.html.

17 Ezra Klein, "No One's Less Moderate Than Moderates," Vox, February 26, 2015, vox.com/2014/7/8/5878293/lets-stop-using-the-word-moderate.

18 Lilliana Mason, *Uncivil Agreement: How Politics Became Our Identity* (Chicago; London: University of Chicago Press, 2018).

19 Steven Levitsky and Daniel Ziblatt, *How Democracies Die* (New York: Crown, 2018).

20 "Religious 'Nones' Now Largest Single Religious Group among Democrats," Pew Research Center, October 23, 2015, pewresearch.org/religion/2015/11/03/u-s-public-becoming-less-religious/.

21 Pew Research Center, "Partisan Divide."

22 Alan Abramowitz, *The Great Alignment: Race, Party Transformation, and the Rise of Donald Trump* (New Haven, CT: Yale University Press, 2018).

23 Author correspondence with Wilkinson, vice president of research at the Niskanen Institute.

24 Ronald Brownstein, "How the Election Revealed the Divide between City and Country," *Atlantic*, November 17, 2016, theatlantic.com/politics/archive/2016/11/clinton-trump-city-country-divide/507902.

25 David Choi, "Hillary Clinton: 'I Won the Places That Are 'Dynamic, Moving Forward,' while Trump's Campaign 'Was Looking Backwards,'" *Business Insider*, March 13, 2018, businessinsider.com/hillary-clinton-says-trump-won-backwards-states-in-2016-2018-3.

26 Mark Muro and Sifan Liu, "Another Clinton-Trump Divide: High-Output America vs. Low-Output America," *Avenue* (blog), Brookings Institution, November 29, 2016, brookings.edu/blog/the-avenue/2016/11/29/another-clinton-trump-divide-high-output-america-vs-low-output-america.

27 Bill Bishop, *The Big Sort: Why the Clustering of Like-Minded America Is Tearing Us Apart* (Boston: Houghton Mifflin, 2008).

28 twitter.com/Redistrict/status/1071968383837618176.

29 Jonathan Mummolo and Clayton Nall, "Why Partisans Do Not Sort: The Constraints on Political Segregation," *Journal of Politics* 79, no. 1 (Oct. 2016): doi.org/10.1086/687569.

30 Pew Research Center, "Partisan Divide."

31 Christopher D. Johnston, Howard G. Lavine, and Christopher M. Federico, *Open versus Closed: Personality, Identity, and the Politics of Redistribution* (Cambridge and New York: Cambridge University Press, 2017).

32 Marc J. Hetherington and Jonathan Weiler, *Prius or Pickup? How the Answers to Four Simple Questions Explain America's Great Divide* (Boston; New York: Houghton Mifflin Harcourt, 2018).

33 John R. Hibbing, Kevin B. Smith, and John

R. Alford, *Predisposed: Liberals, Conservatives, and the Biology of Political Differences* (New York: Routledge, 2013).

34 Interview with author.

35 William F. Buckley Jr., "Our Mission Statement," *National Review*, November 19, 1955, https://www.nationalreview.com/1955/11/our-mission-statement-william-f-buckley-jr/.

36 Hetherington and Weiler, *Prius or Pickup?*

37 Johnston, Lavine, and Federico, *Open versus Closed.*

3장 · 집단을 대하는 당신의 뇌

1 Henri Tajfel, "Experiments in Intergroup Discrimination," *Scientific American* 223, no. 5 (Nov. 1970): 96 – 03, jstor.org/stable/24927662.

2 W. Peter Robinson, *Social Groups and Identities: Developing the Legacy of Henri Tajfel* (Oxford: Butterworth Heinemann, 1996).

3 Ibid.

4 Ibid.

5 Tajfel, "Experiments in Intergroup Discrimination."

6 Ibid.

7 Henri Tajfel et al., "Social Categorization and Intergroup Behaviour," *European Journal of Social Psychology* 1, no. 2 (Apr./June 1971): 149 – 8, doi.org/10.1002/ejsp.2420010202.

8 Carl Bialik, "The Latest Kentucky Riot Is Part of a Long, Destructive Sports Tradition," FiveThirtyEight, April 6, 2015, fivethirtyeight.com/features/the-latest-kentucky-riot-is-part-of-a-long-destructive-sports-tradition.

9 Will Blythe, *To Hate Like This Is to Be Happy Forever: A Thoroughly Obsessive, Intermittently Uplifting, and Occasionally Unbiased Account of the Duke–orth Carolina Basketball Rivalry* (New York: HarperCollins, 2006).

10 Murthy, Vivek. "Work and the Loneliness Epidemic." *Harvard Business Review*, September, 2017, hbr.org/cover-story/2017/09/work-and-the-loneliness-epidemic.

11 Johann Hari, *Lost Connections: Uncovering the Real Causes of Depression—nd the Unexpected Solutions* (New York: Bloomsbury USA, 2018).

12 Joseph Heath, *Enlightenment 2.0: Restoring Sanity to Our Politics, Our Economy, and Our Lives* (Toronto: HarperCollins, 2014).

13 Patrick R. Miller and Pamela Johnston Conover, "Red and Blue States of Mind: Partisan Hostility and Voting in the United States," *Political Research Quarterly* 68, no. 2 (June 2015): 225 – 9, doi.org/10.1177/1065912915577208.

14 Ezra Klein, "The Single Most Important Fact About American Politics," Vox, April 28, 2016, vox .com /2014 /6/13 /5803768 /pew-most-important-fact-american-politics.

15 Christopher D. Johnston, Howard G. Lavine, and Christopher M. Federico, *Open versus Closed: Personality, Identity, and the Politics of Redistribution* (Cambridge and New York: Cambridge University Press, 2017).

16 Barack Obama, "Obama: The Vox Conversation," interview by Ezra Klein, Vox, January 23, 2015, vox.com/a/barack-obama-interview-vox-conversation/obama-domestic-policy-transcript.

17 Lessley Anderson, "Fanboys," *Verge*, January 21, 2014, theverge.com/2014/1/21/5307992/inside-the-mind-of-a-fanboy.

18 Obama, "Obama: The Vox Conversation."

19 Mason, *Uncivil Agreement.*

20 "Conservatives Launch TV Attack Ad on Dean," *Washington Times*, January 5, 2004, washingtontimes.com/news/2004/jan/5/20040105-103754-1355r.

21 Donald J. Trump (@realDonaldTrump), "Just like the NFL, whose ratings [...]," Twitter,

September 5, 2018, 6:39 a.m., twitter.com/realdonaldtrump/status/1037334510159966214?lang=en.

22 Marilynn Brewer and Sonia Roccas, "Social Identity Complexity," *Personality and Social Psychology Review*, Vol. 6, Issue 2, (May 1, 2002).

23 Qtd. in Mason, *Uncivil Agreement*.

24 Joshua R. Gubler and Joel Sawat Selway, "Horizontal Inequality, Crosscutting Cleavages, and Civil War," *Journal of Conflict Resolution* 56, no. 2 (Apr. 2012): 206 – 2, doi. org/10.1177/0022002711431416.

25 Mason, *Uncivil Agreement*.

26 Shanto Iyengar and Sean J. Westwood, "Fear and Loathing across Party Lines: New Evidence of Group Polarization," *American Journal of Political Science* 59, no. 3 (July 2015): 690 – 07.

27 Ezra Klein and Alvin Chang, "'Political Identity Is Fair Game for Hatred': How Republicans and Democrats Discriminate," Vox, December 7, 2015, vox.com/2015/12/7/9790764/partisan-discrimination.

28 Ibid.

29 Klein and Chang, "'Political Identity Is Fair Game.'"

30 Tajfel, "Experiments in Intergroup Discrimination."

31 Julián Castro, "Julián Castro's Quiet Moral Radicalism," interview by Ezra Klein, Vox, September 12, 2019, vox.com/policy-and-politics/2019/9/12/20860452/julian-castro-2020-immigration-animals-policy-trump-climate-homeless.

4장 · 당신 마음속의 언론 비서관

1 Stuart M. Butler, "Assuring Affordable Health Care for All Americans," Heritage Foundation,

1989, thf_media.s3.amazonaws.com/1989/pdf/hl218.pdf.

2 Milton Friedman, "Gammon's Law Points to Health-Care Solution," *Wall Street Journal*, November 12, 1991.

3 Mark Pauly, "An Interview with Mark Pauly, Father of the Individual Mandate," by Ezra Klein, *Washington Post*, February 1, 2011, voices. washingtonpost.com/ezra-klein/2011/02/an_interview_with_mark_pauly_t.html.

4 Interview with author.

5 Qtd. in Haynes Johnson and David Broder, The System: *The American Way of Politics at the Breaking Point* (Boston: Little, Brown, 1996).

6 Ezra Klein, "Unpopular Mandate," *New Yorker*, June 18, 2012, newyorker.com/magazine/2012/06/25/unpopular-mandate.

7 Ibid.

8 Ibid.

9 Chuck Grassley, "Fox News Sunday," interview by Chris Wallace, June, 14, 2009. realclearpolitics.com/articles/2009/06/14/senators_grassley_and_dodd_on_fox_news_sunday_96993.html.

10 Ibid.

11 Andrew Prokop, "The Change in Republican Voters' Views of Putin Since Trump's Rise Is Remarkable," Vox, December 14, 2016, vox. com/2016/9/9/12865678/trump-putin-polls-republican.

12 Heath, *Enlightenment* 2.0.

13 Solomon E. Asch, "Opinions and Social Pressure," *Scientific American*, November 1955.

14 Geoffrey L. Cohen, "Party over Policy: The Dominating Impact of Group Influence on Political Beliefs," *Journal of Personality and Social Psychology* 85, no. 5 (2003): 808 – 2, pdfs. semanticscholar.org/4ecc/34af1b002340a02ed830d296819f64e1172f.pdf.

15 Jason Brennan, *Against Democracy* (Princeton,

NJ: Princeton University Press, 2016).

16 Jason Brennan, "Epistocracy: A Political Theorist's Case for Letting Only the Informed Vote," interview by Sean Illing, Vox, November 9, 2018, vox.com/2018/7/23/17581394/against-democracy-book-epistocracy-jason-brennan.

17 Dan M. Kahan et al., "Motivated Numeracy and Enlightened Self-Government," Behavioural Public Policy 1, no. 1 (May 2017): 54 – 6, doi.org/10.1017/bpp.2016.2.

18 D. N. Perkins, Michael Farady, and Barbara Bushey, "Everyday Reasoning and the Roots of Intelligence," in Informal Reasoning and Education, edited by James F. Voss, David N. Perkins, and Judith W.Segal (Hillsdale, NJ: Lawrence Erlbaum, 1991), 83 – 05.

19 Dan M.Kahan, Ellen Peters, Maggie Wittlin, Paul Slovic, Lisa Larrimore Ouellette, Donald Braman, and Mandel, Gregory, "The Polarizing Impact of Science Literacy and Numeracy on Perceived Climate Change Risks" (December 23, 2012), Nature Climate Change 2, pp. 732 – 5 (2012); Temple University Legal Studies Research Paper No. 2013-04; Yale Law & Economics Research Paper No. 464; Yale Law School, Public Law Working Paper No. 278, available at SSRN: ssrn.com/abstract= 2193133.

20 Dan M. Kahan, Hank Jenkins-Smith, and Donald Braman, "Cultural Cognition of Scientific Consensus" (February 7, 2010), Journal of Risk Research 14, pp. 147 – 4 (2011); Yale Law School, Public Law Working Paper No. 205, available at SSRN: ssrn.com/abstract=1549444.

21 Christopher Achen and Larry Bartels, "It Feels Like We're Thinking: The Rationalizing Voter and Electoral Democracy," Annual Meeting of the American Political Science Association, Philadelphia, PA, 2006.

22 Larry Bartels, "The Irrational Electorate," The Wilson Quarterly (Fall 2008), wilsonquarterly.

com/quarterly/fall-2008-the-glory-and-the-folly/the-irrational-electorate/

23 Christopher Achen and Larry Bartels, Democracy for Realists: Why Elections Do Not Produce Responsive Government (Princeton, NJ: Princeton University Press, 2016).

24 Dan M. Kahan, "Making Climate-Science Communication Evidence-Based—ll the Way Down" (February 13, 2013), Culture, Politics and Climate Change, ed. M. Boykoff and D. Crow (Milton Park, Abingdon, UK: Routledge Press, 2014), available at SSRN: ssrn.com/ abstract=2216469 or http://dx.doi.org/10.2139/ ssrn.2216469.

25 "The Disillusionment of David Brooks," The Ezra Klein Show (podcast), May 2, 2019, listennotes.com/podcasts/the-ezra-klein-show/ the-disillusionment-of-david-OnVcTGXr46D.

26 Qtd. in Klein, "Unpopular Mandate."

27 Marc A. Thiessen, "Why Are Republicans So Awful at Picking Supreme Court Justices?," Washington Post, July 2, 2012, washingtonpost. com/opinions/marc-a-thiessen-why-are-republicans-so-awful-at-picking-supreme-court-justices/2012/07/02/gJQAHFJAIW_ story.html.

28 Qtd. in Klein, "Unpopular Mandate."

29 Ibid.

30 Paul Bloom, "The War on Reason," Atlantic, March 2014, theatlantic.com/magazine/ archive/2014/03/the-war-on-reason/357561/.

5장 · 인구 통계적 위협

1 D'Vera Cohn, "It's Official: Minority Babies Are the Majority among the Nation's Infants, but Only Just," Fact Tank (blog), Pew Research Center, June 23, 2016, pewresearch.org/fact-tank/2016/06/23/its-official-minority-babies-

are-the-majority-among-the-nations-infants-
but-only-just.

2 Jonathan Vespa, David M. Armstrong, and
Lauren Medina, *Demographic Turning Points
for the United States: Population Projections for
2020 to 2060*, Current Population Reports,
U.S. Department of Commerce, Economics and
Statistics Administration, U.S. Census Bureau,
2018.

3 Ezra Klein, "White Threat in a Browning
America," Vox, July 30, 2018, vox.com/policy-
and-politics/2018/7/30/17505406/trump-
obama-race-politics-immigration.

4 Jed Kolko (@JedKolko), "Most common
age in U.S. [...]," Twitter, June 21,
2018, 5:09 a.m., twitter.com/JedKolko/
status/1009770292418306054.

5 Rogelio Saenz and Kenneth M. Johnson,
"White Deaths Exceed Births in a Majority of U.S.
States," Applied Population Lab, June 2018, apl.
wisc.edu/data-briefs/natural-decrease-18.

6 "Table 303.70. Total undergraduate fall
enrollment in degree-granting postsecondary
institutions, by attendance status, sex of student,
and control and level of institution: Selected
years, 1970 through 2026," *Digest of Education
Statistics*, National Center for Education
Statistics, nces.ed.gov/programs/digest/d19/
tables/dt19_303.70.asp.

7 "Women More Likely Than Men to Have
Earned a Bachelor's Degree by Age 29," *TED:
The Economics Daily*, Bureau of Labor Statistics,
April 13, 2016, bls.gov/opub/ted/2016/women-
more-likely-than-men-to-have-earned-a-
bachelors-degree-by-age-29.htm.

8 Neil Monahan and Saeed Ahmed, "There
Are Now as Many Americans Who Claim No
Religion as There Are Evangelicals and Catholics,
a Survey Finds," CNN, April 26, 2019, edition.
cnn.com/2019/04/13/us/no-religion-largest-

group-first-time-usa-trnd/index.html.

9 Robert P. Jones, *The End of White Christian
America* (New York: Simon & Schuster, 2016).

10 "Behind the Panic in White, Christian
America," *The Ezra Klein Show* (podcast), July
1, 2019, listennotes.com/podcasts/the-ezra-
klein-show /behind-the-panic-in-white-
YxmLpl2Ofsz.

11 James Baldwin, *The Devil Finds Work* (New
York: Dial Press, 1976).

12 Maureen A. Craig and Jennifer A. Richeson,
"On the Precipice of a 'Majority-Minority'
America: Perceived Status Threat from the Racial
Demographic Shift Affects White Americans'
Political Ideology," *Psychological Science* 25, no.
6 (2014): 1189 –7, spcl.yale.edu/sites/default/
files/files/Craig_RichesonPS_updated%20
version.pdf.

13 Maureen A. Craig and Jennifer A. Richeson,
"More Diverse yet Less Tolerant? How the
Increasingly Diverse Racial Landscape Affects
White Americans' Racial Attitudes," *Personality
and Social Psychology Bulletin* 40, no. 6 (June
2014): 750 – 1, groups.psych.northwestern.edu/
spcl/documents/Craig%20&%20Richeson%20
2014%20PSPB.pdf. Alexander Kuo, Neil
Malhotra, and Cecilia Hyunjung Mo, "Social
Exclusion and Political Identity: The Case of
Asian American Partisanship," *Journal of Politics*
79, no. 1 (January 2017), journals.uchicago.edu/
doi/10.1086/687570.

14 Ryan D. Enos, "How Segregation
Leads to Racist Voting by Whites," Vox,
November 28, 2017, vox.com/the-big-
idea/2017/11/28/16707438/social-geography-
trump-rise-segregation-psychology-racism.

15 Michael Tesler, *Post-Racial or Most-Racial?
Race and Politics in the Obama Era* (Chicago and
London: University of Chicago Press, 2016).

16 P. R. Lockhart, "How Russia Exploited Racial

Tensions in America During the 2016 Elections:
New Reports Detail How Russian Internet Trolls
Manipulated Outrage over Racial Injustice in
America," Vox, December 17, 2018, vox.com/
identities/2018/12/17/18145075/russia-
facebook-twitter-internet-research-agency-race.

17 Amy Chua, *Political Tribes: Group Instinct
and the Fate of Nations* (New York: Penguin, 2018).

18 Alexandra Bruell, "P&G Challenges Men to
Shave Their 'Toxic Masculinity' in Gillette Ad,"
Wall Street Journal, January 14, 2019, wsj.com/
articles/p-g-challenges-men-to-shave-their-
toxic-masculinity-in-gillette-ad-11547467200.

19 Klein, "White Threat."

20 Ronald Kessler, "Donald Trump: Mean-
Spirited GOP Won't Win Elections," Newsmax,
November 26, 2012, newsmax.com/Newsfront/
Donald-Trump-Ronald-Kessler/2012/11/26/
id/465363/.

21 Qtd. in Klein, "White Threat."

22 Qtd. in ibid.

23 Betsy Cooper et al., "How Immigration
and Concerns About Cultural Change Are
Shaping the 2016 Election: PRRI /Brookings
Survey," Public Religion Research Institute,
June 2016, prri.org/research/prri-brookings-
poll-immigration-economy-trade-terrorism-
presidential-race.

24 Sean Trende, "The Case of the Missing White
Voters," RealClearPolitics, November 8, 2012,
realclearpolitics.com/articles/2012/11/08/the_
case_of_the_missing_white_voters_116106.html.

25 Ashley Jardina, *White Identity Politics*
(Cambridge and New York: Cambridge University
Press, 2019).

26 "When You're Accustomed to Privilege,
Equality Feels Like Oppression," Quote
Investigator, October 24, 2016, quoteinvestigator.
com/2016/10/24/privilege/.

27 John Sides, Michael Tesler, and Lynn

Vavreck, *Identity Crisis: The 2016 Presidential
Campaign and the Battle for the Meaning of
America* (Princeton, NJ: Princeton University Press,
2018).

28 Zack Beauchamp, "White Riot," Vox, January
20, 2017, vox.com/2016/9/19/12933072/far-
right-white-riot-trump-brexit.

29 Eric Kaufmann, *Whiteshift: Populism,
Immigration, and the Future of White Majorities*
(New York: Abrams, 2019).

30 Klein, "White Threat."

31 Ibid.

32 Ibid.

33 Bret Stephens (@BretStephensNYT), "The
right to offend is [...]," Twitter, January 7, 2015,
1:16 p.m. [account deleted].

34 Bret Stephens, "Dear Millennials: The Feeling
Is Mutual," *New York Times*, May 17, 2019,
nytimes.com/2019/05/17/opinion/biden-
2020-millennials.html.

35 Dave Karpf (@davekarpf), "The bedbugs
are a metaphor [...]," Twitter, August 26,
2019, 2:07 p.m., twitter.com/davekarpf/
status/1166094950024515584.

36 Emma Pettit, "This Professor Compared a
Columnist to a Bedbug. Then the Columnist
Contacted the Provost," *Chronicle of Higher
Education*, August 27, 2019, chronicle.com/
article/this-professor-compared-a/247013.

37 Stephens, "Dear Millennials."

38 mediaite.com/news/bret-stephens-backs-
out-of-public-debate-with-bedbug-professor-
because-public-event-wouldn't-be-closed-to-
the-public/.

39 Klein, "White Threat."

40 Matthew Yglesias, "The Great
Awakening," Vox, April 1, 2019, vox.
com/2019/3/22/18259865/great-awakening-
white-liberals-race-polling-trump-2020.

41 Klein, "White Threat."

42 Ibid.

43 Ibid.

44 Aaron Zitner, Dante Chinni, and Brian McGill, "How Clinton Won," *Wall Street Journal*, June 8, 2016, graphics.wsj.com/elections/2016/how-clinton-won.

45 "Issues: Racial Justice," Bernie 2020, berniesanders.com/issues/racial-justice.

46 Bernie Sanders. Interview by Ezra Klein, Vox, July 28, 2015, vox.com/2015/7/28/9014491/bernie-sanders-vox-conversation.

6장 · 좌파-우파를 뛰어넘은 미디어 분열

1 Markus Prior, "News vs. Entertainment: How Increasing Media Choice Widens Gaps in Political Knowledge and Turnout," *American Journal of Political Science* 49, no. 3 (July 2005): 577 – 2.

2 James Hamilton, *All the News That's Fit to Sell: How the Market Transforms Information into News* (Princeton, NJ: Princeton University Press, 2004).

3 Ibid.

4 Douglas J. Ahler and Gaurav Sood, "The Parties in Our Head: Misperceptions About Party Composition and Their Consequences," *Journal of Politics* 80, no. 3 (July 2018): 964 – 1, doi.org/10.1086/697253.

5 Krista Tippett, "How to Oppose Trump without Becoming More Like Him," interview by Ezra Klein, *The Ezra Klein Show*, January, 22, 2018, podcasts.apple.com/gd/podcast/how-to-oppose-trump-without-becoming-more-like-him%20/id1081584611?i=1000400418072.

6 Chris Hayes, "Antisocial Media with Andrew Marantz," *Why Is This Happening?* September 29, 2019, podcasts.apple.com/us/podcast/why-is-this-happening-the-chris-hayes-podcast/

id1382983397.

7 Zeynep Tufekci, "YouTube, the Great Radicalizer," *New York Times*, May 10, 2018, nytimes.com/2018/03/10/opinion/sunday/youtube-politics-radical.html.

8 Jia Tolentino, *Trick Mirror: Reflections on Self-Delusion* (New York: Random House, 2019).

9 Obama, "Obama: The Vox Conversation."

10 Christopher A. Bail et al., "Exposure to Opposing Views on Social Media Can Increase Political Polarization," *PNAS* 115, no. 37 (Sept. 2018): 9216 – 1, doi.org/10.1073/pnas.1804840115.

11 Ezra Klein, "When Twitter Users Hear Out the Other Side, They Become More Polarized," Vox, October 18, 2018, vox.com/policy-and-politics/2018/10/18/17989856/twitter-polarization-echo-chambers-social-media.

12 Kevin Arceneaux and Martin Johnson, "Does Media Fragmentation Produce Mass Polarization? Selective Exposure and a New Era of Minimal Effects," APSA 2010 Annual Meeting Paper, 2010, papers.ssrn.com/sol3/papers.cfm?abstractid=1642723.

13 pubs.aeaweb.org/doi/pdfplus/10.1257/aer.20160812.

14 Jane Mayer, "The Invention of the Conspiracy Theory on Biden-Ukraine," *New Yorker*, October, 4, 2019, newyorker.com/news/news-desk/the-invention-of-the-conspiracy-theory-on-biden-and-ukraine.

15 Sides, Tesler, and Vavreck, *Identity Crisis*.

16 John Sides and Kalev Leetaru, "A Deep Dive into the News Media's Role in the Rise of Donald J. Trump," *Washington Post*, June 24, 2017, washingtonpost.com/news/monkey-cage/wp/2016/06/24/a-deep-dive-into-the-news-medias-role-in-the-rise-of-donald-j-trump/.

17 Sides, Tesler, and Vavreck, *Identity Crisis*.

18 Jay Rosen, "Is the Media Making American

Politics Worse?" interview by Ezra Klein, Vox, October 22, 2018, vox.com/ezra-klein-show-podcast/2018/10/22/17991170/press-media-trump-polarization-jay-rosen-avenatti.

19 Donald J. Trump (@realDonaldTrump), "Nick Sandmann and the students [...]," Twitter, January 22, 2019, 4:32 a.m., twitter.com/realDonaldTrump/status/1087689415814795264.

20 Zack Beauchamp, "The Real Politics behind the Covington Catholic Controversy, Explained," Vox, January 23, 2019, vox.com/policy-and-politics/2019/1/23/18192831/covington-catholic-maga-hat-native-american-nathan-phillips.

7장 · 설득 이후의 선거

I   Matthew Dowd interview in "Karl Rove—he Architect," *Frontline*, PBS, 2005, pbs.org/wgbh/pages/frontline/shows/architect/rove/2004.html.

2 Mark McKinnon interview in ibid.

3   Costas Panagopoulos, "All About That Base: Changing Campaign Strategies in U.S. Presidential Elections," *Party Politics* 22, no. 2 (Mar. 2016): 179–0, doi.org/10.1177/1354068815605676.

4   Julia Azari, "Weak Parties and Strong Partisanship Are a Bad Combination," Vox, November 3, 2016, vox.com/mischiefs-of-faction/2016/11/3/13512362/weak-parties-strong-partisanship-bad-combination.

5   Dan Senor (@DanSenor), "It's disorienting to have had commiserated w/someone re: Trump—bout how he was unacceptable, & then to see that someone become Trump's VP," Twitter, July 15, 2016, 9:49 a.m., twitter.com/dansenor/status/753994913830703104

6   Helsel, Phil, "Paul Ryan: Trump Is Not

Perfect, But He's Better Than Clinton," NBCNews .com, July 13, 2016, nbcnews.com/politics/2016-election /paul-ryan-trump-not-perfect-better-hillary-n608336.

7   Levitsky and Ziblatt, *How Democracies Die*.

8   Robert Boatright, *Getting Primaried: The Changing Politics of Congressional Primary Challenges* (Ann Arbor: University of Michigan Press, 2013).

9   James Rosen, "Joe Wilson's Obama 'You Lie' Shout Having a Big Payoff," McClatchy, October 4, 2009, mcclatchydc.com/news/politics-government/article24557848.html.

10 Ibid.

11 Raymond La Raja and Brian Schaffner, *Campaign Finance and Political Polarization: When Purists Prevail* (Ann Arbor: University of Michigan Press, 2015).

12 Hans J. G. Hassell, "Principled Moderation: Understanding Parties' Support of Moderate Candidates," myweb.fsu.edu/hanhassell4/HassellPartiesasModerators.pdf.

13 Joe Trippi, *The Revolution Will Not Be Televised: Democracy, the Internet, and the Overthrow of Everything* (New York: ReganBooks, 2004).

14 "Small Donations to Presidential Primaries Are on Rise, Study Finds," Phys. org, October 4, 2018, phys.org/news/2018-10-small-donations-presidential-primaries.html.

15 Shane Goldmacher, "Trump Shatters GOP Records with Small Donors," *Politico*, September 19, 2016, politico.com/story/2016/09/trump-shatters-gop-records-with-small-donors-228338.

16 Michael J. Barber, "Ideological Donors, Contribution Limits, and the Polarization of American Legislatures," *Journal of Politics* 78, no. 1 (Jan. 2016): 296–10, doi.org/10.1086/683453.

17 Glenn Thrush and Alex Isenstadt, "Welcome

to the GOP Civil War," Politico, March 3, 2016, politico.com/story/2016/03/gop-civil-war-2016-republicans-220209.

18 Stephen M. Utych, "Man Bites Blue Dog: Are Moderates Really More Electable Than Ideologues?" *Journal of Politics* (forthcoming 2019): researchgate.net/publication/330565898_Man_Bites_Blue_Dog_Are_Moderates_Really_More_Electable_than_Ideologues.

19 "Against Trump," *National Review*, January 22, 2016, nationalreview.com/2016/01/donald-trump-conservative-movement-menace/.

20 Sean Illing, "Can American Nationalism Be Saved? A Debate with National Review Editor Rich Lowry," Vox, November 22, 2019, vox.com/policy-and-politics/2019/11/22/20952353/trump-nationalism-america-first-rich-lowry.

8장 · 시스템이 비합리적이 될 때

1 "Constitution a 'Dead, Dead, Dead' Document, Scalia Tells SMU Audience," *Dallas Morning News*, January 28, 2013, dallasnews.com/news/highland-park/2013/01/28/constitution-a-dead-dead-dead-document-scalia-tells-smu-audience.

2 Scalia was often criticized for abandoning originalism when politically convenient. Cass Sunstein, "Antonin Scalia, Living Constitutionalist," Harvard Public Law Working Paper No. 16-15, *Harvard Law Review*, dx.doi.org/10.2139/ssrn.2759938.

3 Antonin Scalia, "In Conversation: Antonin Scalia," interview by Jennifer Senior, *New York*, October 4, 2013, nymag.com/news/features/antonin-scalia-2013-10.

4 Thomas Ferraro, "Republican Would Back Garland for Supreme Court," Reuters, May 6, 2010, reuters.com/article/us-usa-courthatch/republican-would-back-garland-for-supreme-court-idUSTRE6456QY20100506.

5 Robin Bradley Kar and Jason Mazzone, "The Garland Affair: What History and the Constitution Really Say About President Obama's Powers to Appoint a Replacement for Justice Scalia," *NYU Law Review* 91 (2016): nyulawreview.org/online-features/the-garland-affair-what-history-and-the-constitution-really-say-about-president-obamas-powers-to-appoint-a-replacement-for-justice-scalia/.

6 Mike DeBonis, "Will Hillary Clinton Stick with Merrick Garland If She Wins the White House?" *Washington Post*, August 16, 2016, washingtonpost.com/news/powerpost/wp/2016/08/16/the-forgotten-nominee-merrick-garlands-fate-rests-on-forces-beyond-his-control/.

7 Jennifer Bendery, "Democrats, Still Bitter over How Their SCOTUS Pick Was Treated, Now Weigh Trump's," *Huffpost*, January 31, 2017, https://www.huffpost.com/entry/democrats-merrick-garland-supreme-court_n_58911e44e4b02772c4ea1f68.

8 Ted Barrett, "In Reversal from 2016, McConnell Says He Would Fill a Potential Supreme Court Vacancy in 2020," CNN, May 20, 2019, cnn.com/2019/05/28/politics/mitch-mcconnell-supreme-court-2020/index.html.

9 Juan Linz, "The Perils of Presidentialism," *Journal of Democracy* 1, no. 1 (Winter 1990): 51–9.

10 Ibid.

11 Matthew Yglesias, "American Democracy Is Doomed," Vox, October 8, 2015, vox.com/2015/3/2/8120063/american-democracy-doomed.

12 Linz, "Perils of Presidentialism."

13 Lee Epstein and Eric A. Posner, "If the Supreme Court Is Nakedly Political, Can It Be

Just," *New York Times*, July 9, 2018, nytimes. com/2018/07/09/opinion/supreme-court-nominee-trump.html.

14 Abby Rogers, "Justice Scalia Flipped Out Last Night When People Asked Why the Court Was So Political," *Business Insider*, September 18, 2012, businessinsider.com/scalia-speaks-out-about-politicized-court-2012-9.

15 Daniel J. Hopkins, *The Increasingly United States: How and Why American Political Behavior Nationalized* (Chicago: University of Chicago Press, 2018).

16 Jonathan Allen, "The Case for Earmarks," Vox, June 30, 2015, vox. com/2015/6/30/8864869/earmarks-pork-congress.

17 Manu Raju, "Neb. Gov. to Nelson: Keep the Money," *Politico*, December 23, 2009, politico. com/story/2009/12/neb-gov-to-nelson-keep-the-money-030947.

18 Robert Pear and Michael Cooper, "Reluctance in Some States over Medicaid Expansion," *New York Times*, June 29, 2012, nytimes. com/2012/06/30/us/politics/some-states-reluctant-over-medicaid-expansion.html.

19 Frances E. Lee, *Insecure Majorities: Congress and the Perpetual Campaign* (London; Chicago: University of Chicago Press, 2016).

20 Qtd. in ibid.

21 Qtd. in ibid.

22 Qtd. in ibid.

23 Ezra Klein, "How the Filibuster Was Invented," *Washington Post*, March 8, 2010, voices.washingtonpost.com/ezra-klein/2010/03/how the filibuster was invente.html.

24 Gregory Koger, *Filibustering: A Political History of Obstruction in the House and Senate*, Chicago Studies in American Politics (Chicago: University of Chicago Press, 2010).

25 Ezra Klein, "How a Letter from 1964

Shows What's Wrong with the Senate Today," *Washington Post*, November 25, 2009, voices. washingtonpost.com/ezra-klein/2009/11/how_a_letter_from_1964_shows_w.html.

26 Tom Harkin, "End the Filibuster! An Interview with Sen. Tom Harkin," by Ezra Klein, *Washington Post*, December 26, 2009, voices. voices.washingtonpost.com/ezra-klein/2009/12/end_the_filibuster_an_intervie.html.

27 Interview with author.

9장 · 민주당과 공화당의 차이

1 Thomas E. Mann and Norman J. Ornstein, *It's Even Worst Than It Looks: How the American Constitutional System Collided with the New Politics of Extremism* (New York: Basic Books, 2012).

2 Norm Ornstein, "Maybe This Time Really Is Different," *Atlantic*, August 21, 2015, theatlantic. com/politics/archive/2015/08/maybe-this-time-really-is-different/401900/.

3 Errin Haines Whack, "2020 Democratic Hopefuls Embrace New Meaning of Reparations," Associated Press, February 25, 2019, apnews. com/afdefe3ec65e488baa1917101a9a7f0b.

4 Hetherington and Weiler, *Prius or Pickup?*

5 Lydia Saad, "U.S. Still Leans Conservative, but Liberals Keep Recent Gains," Gallup, January 8, 2019, news.gallup.com/poll /245813/leans-conservative-liberals-keep-recent-gains.aspx.

6 Matt Grossmann and David Hopkins, *Asymmetric Politics: Ideological Republicans and Group Interest Democrats* (New York: Oxford University Press, 2016).

7 Jeffrey M. Jones, "Subgroup Differences in Trump Approval Mostly Party-Based," Gallup, March 29, 2019, news.gallup.com/poll/248135/subgroup-differences-trump-approval-mostly-

341

party-based.aspx.

8 Michael Barber and Jeremy C. Pope, "Does Party Trump Ideology? Disentangling Party and Ideology in America," *American Political Science Review* 113, no. 1 (Feb. 2019): 38 – 4, doi.org /10.1017/S0003055418000795.

9 Justin Amash, "Justin Amash on Trump, Impeachment, and the Death of the Tea Party," interview by Jane Coaston, Vox, July 3, 2019, vox. com/policy-and-politics/2019/7/3/18759659/ justin-amash-trump-impeachment-gop-tea- party-republicans.

10 Jeffrey Gottfried, Michael Barthel, and Amy Mitchell, "Trump, Clinton Voters Divided in Their Main Source for Election News," Pew Research Center, January 18, 2017, journalism. org/2017/01/18/trump-clinton-voters- divided-in-their-main-source-for-election- news.

11 Rob Faris et al., "Partisanship, Propaganda, and Disinformation: Online Media and the 2016 U.S. Presidential Election," Berkman Klein Center, Harvard University, August 16, 2017, cyber.harvard.edu/publications/2017/08/ mediacloud.

12 Rush Limbaugh, "Climategate Hoax: The Universe of Lies versus the Universe of Reality," *Rush Limbaugh Show*, November 24, 2009, rushlimbaugh.com/daily/2009/11/24/ climategate_hoax_the_universe_of_lies_versus_ the_universe_of_reality/.

13 Matt Grossmann and David A. Hopkins, "How Information Became Ideological," Inside Higher Ed, October 11, 2016, insidehighered. com/views/2016/10/11/how-conservative- movement-has-undermined-trust-academe- essay.

14 David Roberts, "Donald Trump and the Rise of Tribal Epistemology: Journalism Cannot Be Neutral Toward a Threat to the Conditions That

Make It Possible," Vox, May 19, 2017, vox.com/ policy-and-politics/2017/3/22/14762030/ donald-trump-tribal-epistemology.

15 David Roberts, "Donald Trump Is the Sole Reliable Source of Truth, Says Chair of House Science Committee: 'Better to Get Your News Directly from the President,' said Rep. Lamar Smith of Texas," Vox, January 27, 2017, vox.com/ science-and-health/2017/1/27/14395978/ donald-trump-lamar-smith.

16 David Hookstead, "This Sexy Model Is Blowing Up the Internet [SLIDESHOW]," Daily Caller, December 16, 2016, dailycaller. com/2016/12/16/this-sexy-model-is- blowing-up-the-internet-slideshow/; David Hookstead, "This UFC Octagon Girl's Instagram Account Is Sizzling Hot [SLIDESHOW]," Daily Caller, December 24, 2016, dailycaller. com/2016/12/24/this-ufc-octagon-girls- instagram-account-is-sizzling-hot-slideshow/; Kaitlan Collins, "13 Syrian Refugees We'd Take Immediately [PHOTOS]," Dailey Caller, November 18, 2015, dailycaller. com/2015/11/18/13-syrian-refugees-wed- take-immediately-photos/.

17 Jonathan A. Rodden, *Why Cities Lose: The Deep Roots of the Urban-Rural Political Divide* (New York: Basic Books, 2019).

18 Ezra Klein, "What Nate Silver's Learned Abouty Forecasting Elections," Vox, October 23, 2018, vox.com/ezra-klein-show- podcast/2018/10/23/18014156/nate-silver- 538-forecasting-2018-2020-ezra-klein- podcast.

19 Osita Nwanevu, "How Much Do Democrats Need to Win By?" *Slate*, March 27, 2018, slate. com/news-and-politics/2018/03/how-much- do-democrats-need-to-win-by.html.

20 Michael Geruso, Dean Spears, and Ishaana Talesara, "Inversions in US Presidential Elections:

1836 – 016," *National Bureau of Economics Research*, Working Paper No. 26247 (September 2019), nber.org/papers/w26247.

21 "Morning Consult's Governor Approval Rankings," *Morning Consult*, Q2 2019, morningconsult.com/governor-rankings-q2-19/.

22 Theda Skocpol and Vanessa Williamson, *The Tea Party and the Remaking of Republican Conservatism* (New York: Oxford University Press, 2012).

23 Publius Decius Mus [Michael Anton], "The Flight 93 Election," *Claremont Review of Books*, September 5, 2016, claremontreviewofbooks.com/digital/the-flight-93-election/.

24 Megan Brenan, "Democrats Favor More Moderate Party; GOP, More Conservative," Gallup, December 12, 2018, news.gallup.com/poll/245462/democrats-favor-moderate-party-gop-conservative.aspx.

10장 · 양극화 관리하기, 그리고 우리 자신 관리하기

1 Adam Wisnieski, "Next 100 Days: In the Era of Trump, NYS Is Out of Step and in the Crosshairs," *City Limits*, June 30, 2017, citylimits.org/2017/06/30/next-100-days-in-the-era-of-trump-nys-is-out-of-step-and-in-the-crosshairs.

2 Nicholas Stephanopoulos, "The Research That Convinced SCOTUS to Take the Wisconsin Gerrymandering Case, Explained," *Vox*, July 11, 2017, vox.com/the-big-idea/2017/7/11/15949750/research-gerrymandering-wisconsin-supreme-court-partisanship.

3 Nour Abdul-Razzak, Carlo Prato, and Stephane Wolton, "How *Citizens United* Gave

Republicans a Bonanza of Seats in U.S. State Legislatures," *Washington Post*, February 24, 2017, washingtonpost.com/news/monkey-cage/wp/2017/02/24/how-citizens-united-gave-republicans-a-bonanza-of-seats-in-u-s-state-legislatures/.

4 Tara Bahrampour and Robert Barnes, "Despite Trump Administration Denials, New Evidence Suggests Census Citizenship Question Was Crafted to Benefit White Republicans," *Washington Post*, May 30, 2019, washingtonpost.com/local/social-issues/despite-trump-administration-denials-new-evidence-suggests-census-citizenship-question-was-crafted-to-benefit-white-republicans/2019/05/30/ca188dea-82eb-11e9-933d-7501070ee669_story.html.

5 Daniel Epps and Ganesh Sitaraman, "How to Save the Supreme Court," Vox, October 10, 2018, vox.com/the-big-idea/2018/9/6/17827786/kavanaugh-vote-supreme-court-packing.

6 Robert Wright, "'Mindful Resistance' Is the Key to Defeating Trump," Vox, October 9, 2017, vox.com/the-big-idea/2017/10/2/16394320/mindful-resistance-key-defeating-trump-mindfulness.

7 Sam Dolnick, "The Man Who Knew Too Little," *New York Times*, March 10, 2018, nytimes.com/2018/03/10/style/the-man-who-knew-too-little.html.

8 Shadi Hamid (@shadihamid), "The *New York Times* Managed to Find [...]," Twitter, March 14, 2018, 11:06 a.m., twitter.com/shadihamid/status/973983762135515137.

9 Hopkins, *Increasingly United States*.

10 Klein, "American Democracy Has Faced Worse Threats."

지은이 에즈라 클라인Ezra Klein

미국의 저널리스트이자 정치 분석가.《뉴욕 타임스》칼럼니스트이며 에즈라 클라인 쇼Ezra Klein Show 팟캐스트 진행자이다.《복스Vox》의 공동 설립자이며,《복스》의 넷플릭스 시리즈 〈Explained〉의 총괄 프로듀서로 일했다.《워싱턴 포스트》와 MSNBC, 블룸버그에 정기적으로 기고해왔다.

그는 인터넷의 태동을 지켜보며 성장기를 보냈고, 오랫동안 블로그 등에 정치 관련 글을 써왔다. 변화하는 미디어 환경에서《복스》를 설립하면서 전통 미디어와 대안 미디어를 교차하는 대표적인 저널리스트로 이름을 알렸다.

오랫동안 시대의 변화를 관찰하며 미국 정치를 예리하게 읽어내온 그는 현재 미국뿐 아니라 전 세계적 문제인 정치 양극화를 다룬 이번 첫 저서로 수많은 언론과 지식인의 주목을 받았다.

옮긴이 황성연

한국에서 프랑스어를 공부하고 미국에서 국제정치학 석사 과정을 전공했다. 지금은 작은 집 거실에서도 세상 이곳저곳을 여행하며 사유할 수 있게 해주는 세상의 수많은 책과 글을 좋아해서 번역가의 길을 걷고 있다. 바른번역 소속 번역가로 활동 중이며, 옮긴 책으로『결정 수업』,『기억되지 않는 여자, 애디 라뤼』,『세밀화로 보는 멸종 동물 도감』,『슈퍼 석세스』(공역) 등이 있다.

우리는 왜
서로를 미워하는가

편 가르기 시대 휘둘리지 않는 유권자를 위한
정당정치 안내서

펴낸날 초판 1쇄 2022년 6월 30일

지은이 에즈라 클라인

옮긴이 황성연

펴낸이 이주애, 홍영완

편집장 최혜리

편집1팀 양혜영, 문주영, 강민우

편집 박효주, 유승재, 박주희, 홍은비, 장종철, 김혜원, 김하영, 이정미

디자인 박아형, 김주연, 기조숙, 윤소정, 윤신혜

마케팅 김미소, 정혜인, 김태윤, 김예인, 김지윤, 최혜빈

해외기획 정미현

경영지원 박소현

펴낸곳 (주)윌북 **출판등록** 제2006-000017호

주소 10881 경기도 파주시 회동길 337-20

전화 031-955-3777 **팩스** 031-955-3778

홈페이지 willbookspub.com **전자우편** willbooks@naver.com

블로그 blog.naver.com/willbooks **포스트** post.naver.com/willbooks

페이스북 @willbooks **트위터** @onwillbooks **인스타그램** @willbooks_pub

ISBN 979-11-5581-488-8 03340